Über den Verfasser

Jürgen Schmidt, Dr. phil., geb. 1963, studierte Geschichte, Politikwissenschaft und Germanistik in Heidelberg, Innsbruck und Berlin (Freie Universität). Er ist wissenschaftlicher Mitarbeiter am Wissenschaftszentrum Berlin für Sozialforschung. Außerdem betreute er Ausstellungs- und Archivprojekte in Berlin und Frankfurt am Main zur Geschichte Berlins und der DDR sowie zur Agrar- und Ernährungsgeschichte.

Wichtigste Veröffentlichungen: Begrenzte Spielräume. Eine Beziehungsgeschichte von Arbeiterschaft und Bürgertum am Beispiel Erfurts 1870–1914, Göttingen 2005; Zivilgesellschaft und nichtbürgerliche Trägerschichten. Das Beispiel der frühen deutschen Arbeiterbewegung (ca. 1830–1880), Berlin 2004; «... mein Nervensystem war derart alteriert, daß ich mich allen ernsten Denkens enthalten mußte» – Psychische Krankheiten in Autobiographien von Arbeitern und Bürgern um 1900, in: Martin Dinges (Hg.), Männlichkeit und Gesundheit im historischen Wandel (ca. 1800 bis 2000), Stuttgart 2007, S. 341–356; Revolution von oben – Die preußischen Agrarreformen, in: Museumsverband des Landes Brandenburg (Hg.): Ortstermine. Stationen Brandenburg-Preußens auf dem Weg in die moderne Welt. Mit einem Essay von Günter de Bruyn, Berlin 2001, S. 10–31.

Jürgen Schmidt

ZIVILGESELLSCHAFT
Bürgerschaftliches Engagement
von der Antike bis zur Gegenwart

Texte und Kommentare

rowohlts enzyklopädie
im Rowohlt Taschenbuch Verlag

rowohlts enzyklopädie
Herausgegeben von Burghard König

Originalausgabe
Veröffentlicht im Rowohlt Taschenbuch Verlag,
Reinbek bei Hamburg, Juli 2007
Copyright © 2007 by Rowohlt Verlag GmbH,
Reinbek bei Hamburg
Umschlaggestaltung any.way, Walter Hellmann
Satz Proforma PostScript (PageOne)
Gesamtherstellung Clausen & Bosse, Leck
Printed in Germany
ISBN 978 3 499 55687 6

Inhalt

Vorwort

Für einen Modebegriff hat die Zivilgesellschaft in der politischen Öffentlichkeit inzwischen eine beachtliche Tradition aufzuweisen. Was vor 30 Jahren unter verschiedenen Begriffen in Osteuropa neu entdeckt, vor 20 Jahren in Westeuropa im englischen Sprachraum aufgegriffen sowie weiterentwickelt wurde («civil society») und sich vor rund 15 Jahren auch in der deutschen Sprache als Zivilgesellschaft etablierte, ist immer noch in den Medien, in der Wissenschaft und in der Politik zu finden. Freilich sind diese rund drei Jahrzehnte nichts im Vergleich zu den rund zweieinhalbtausend Jahren, in denen sich das heutige – diffuse – Verständnis von Zivilgesellschaft von der Antike über das Mittelalter, die Neuzeit bis zur Gegenwart entwickelte.

Das Problem ist bekannt. Der Begriff ‹Zivilgesellschaft› gilt als schwammig, als Allzweckwaffe im wissenschaftlichen, politischen und journalistischen Tagesgeschäft. Für manche Wissenschaftler bietet er sich an, komplexe Gesellschaftsabläufe zu bündeln und zu analysieren, für andere ist er ein schwarzes Loch, das alles in sich absorbiert. Für Politiker dient er als ideologisches Rüstzeug, um die Bürger zu mehr Eigenverantwortung zu bewegen, anderen als Segen bringendes Heilmittel, um der zersplitterten Gesellschaft eine neue Kohäsionskraft anzubieten. Im journalistischen Sprachgebrauch mäandert der Begriff zwischen einem Synonym für das System westlicher Demokratien schlechthin oder dient in eingeengter Wahrnehmung lediglich als ein äquivalenter Ausdruck für die Nichtregierungsorganisationen dieser Welt. Was verbirgt sich hinter diesem Begriff? Woher kommt er? Diesen Fragen geht der vorliegende Band nach. Angesichts der zahlreichen Debatten und seiner Popularität ist die Ortung und Verortung des Zivilgesellschaftsbegriffs ein nützliches und notwendiges Unterfangen.

Für die Aufbereitung des umfangreichen Stoffs zum Thema Zivilgesellschaft boten sich verschiedene Möglichkeiten. Zum einen hätte man angesichts der Flut an Quellen und Literatur ein Großprojekt *Monumenta*

Societas Civilis – wie mein Kollege Martin Lengwiler meinte – starten können. Aber Zeit und Geld als zentrale Ressourcen sind im heutigen Wissenschaftsbetrieb für solche Ansätze nur wenig vorhanden. Zum Zweiten hätte die Möglichkeit bestanden, zentrale Quellentexte des Zivilgesellschaftskonzepts ausführlich vorzustellen. Dies wiederum hätte für eine Einführung den Blick zu sehr verengt. Deshalb entschied ich mich für die dritte Möglichkeit, ein möglichst breites Spektrum an Texten in knapper Auswahl vorzustellen, um die große zeitliche wie inhaltliche Spannweite vorzustellen, die sich mit dem Zivilgesellschaftsbegriff verbindet. Es bietet daher vor allem für politisch Interessierte, Studierende, Lehrende und Lernende, aber auch für Spezialisten der Zivilgesellschaftsforschung die Möglichkeit, sich ein eigenes Bild über die verschlungenen Wege des Zivilgesellschaftskonzepts zu machen.

Entstanden ist das Projekt aus einer ersten Überlegung in einer Diskussionsrunde der Arbeitsgruppe «Zivilgesellschaft» am Wissenschaftszentrum Berlin: Man müsste doch einmal angesichts der vielschichtigen und diffusen Verwendung des Zivilgesellschaftsbegriffs eine Quellensammlung zur Zivilgesellschaft zusammenstellen. Diese Überlegungen habe ich aufgegriffen, weiterentwickelt und der zwischenzeitlich erweiterten Forschungsgruppe «Zivilgesellschaft, Citizenship und politische Mobilisierung in Europa» vorgestellt. Von den zahlreichen Diskussionen und Anregungen profitierte dieses Buch. Den Kollegen und Kolleginnen der Forschungsgruppe gilt daher mein besonderer Dank.

Unersetzlich war – auch bei diesem Projekt – die Unterstützung meiner Frau. Gewidmet ist das Buch Amira, Celina und Leon, die während der Fertigstellung oft darauf verzichten mussten, dass ihr Vater sie zum Voltigieren begleitete, mit ihnen Schach oder Fußball spielte.

Berlin, im zivilen[1] Winter 2006 / 2007
Jürgen Schmidt

Einleitung

Zivilgesellschaft und bürgerschaftliches Engagement: von den Chancen und Schwierigkeiten eines Konzepts

Man kennt das: In den Fernsehnachrichten erläutert ein Reporter, dass im Irak die Zivilgesellschaft gestärkt werden müsse, wolle sich der Staat aus den chaotischen Zuständen befreien; in der Tageszeitung wird zu mehr zivilgesellschaftlichem Engagement aufgefordert, um unser Gemeinwesen lebenswerter zu gestalten; in einer Rundfunkdiskussion debattieren Politiker darüber, dass der Sozialstaat sich auf seine Kernaufgaben besinnen müsse und die Bürger mehr Eigeninitiative an den Tag legen müssten, um die gesellschaftlichen Aufgaben zu bewältigen; und im Vereinsheim wird darüber geredet, dass nur mit Hilfe bürgerschaftlichen Engagements die Aufgaben des Vereins erfüllt werden können.

Der Begriff ‹Zivilgesellschaft› ist offensichtlich nicht klar umrissen und vielfältig einsetzbar.[2] Dabei kommt bei den gerade erwähnten Beispielen nur ein Definitionsmerkmal des Begriffs zum Tragen: Es handelt sich um die bürgerschaftliche Seite der Zivilgesellschaft. Die Mitglieder eines Gemeinwesens treten zusammen, um für das Gemeinwesen – direkt oder indirekt – einen Beitrag zu leisten.[3] Hier bricht sich eine Einstellung Bahn, die die Tradition des Zivilgesellschaftskonzepts durchzieht: Die Bürger organisieren sich selbstbestimmt und frei, um über die öffentlichen Belange zu befinden. In der Antike findet sich dieses Ideal in der griechischen Stadtgemeinde, der *pólis*, in der die mit den entsprechenden Tugenden und materiellen Gütern ausgestatteten Bürger über ihre Stadt befinden. Nur in der Partizipation am Gemeinwesen finden die Bürger ihre Erfüllung *(Platon, Aristoteles)*. Hierbei handelt es sich keineswegs nur um Rechte der Bürger, sondern auch um Pflichten, die sie dem Gemeinwesen gegenüber erbringen müssen; wird ihnen nicht nachgekommen, verliert man nicht nur seine Mitwirkungsrechte, sondern bringt das gesamte Gemeinwesen in Gefahr. Das bürgerschaftliche Engagement vollzieht sich allerdings im Rahmen des bestehenden Staates, der *pólis*, nicht

– wie im heutigen Verständnis von bürgerschaftlichem Engagement – jenseits staatlicher Strukturen. Selbst in den spätmittelalterlichen Überlegungen über eine Reform des Papsttums sowie bei der Reform der Kirche spielt die Einbeziehung und Partizipation der Gemeinden und der Gemeindemitglieder eine wichtige Rolle *(N. v. Kues, M. Luther)*.

In der Vorstellung der deutschen Stadtgemeinde und ihrer Bürger um und nach 1800 tauchen bürgerschaftliche Vorstellungen wieder auf *(K. Freiherr vom Stein, Preußische Städteordnung)*, freilich mit zwei entscheidenden Unterschieden. Zum einen wird in der griechischen Antike der Staat durch dieses bürgerschaftliche Engagement erst konstituiert, während im 19. Jahrhundert über den Ort der Gemeinde im Staat debattiert wird, sie aber nicht gleichbedeutend mit dem Staat ist *(Rotteck/ Welcker, W. H. Riehl, H. v. Treitschke)*. Zum anderen schloss in der griechischen *pólis* die Arbeit von den Bürgerrechten aus, dagegen eröffneten die durch Arbeit erworbenen Eigentumsrechte erst den Weg in den Bürgerstatus und damit zur Teilhabe am politischen Geschehen der Stadt. An der Wende zum 21. Jahrhundert wurde der Appell an die tugendhaft-republikanischen Bürger wieder aktualisiert.[4] Ein durch die Globalisierung herausgeforderter Sozialstaat sah sich gezwungen, die Bürger an ihren Anteil am Gemeinwesen zu erinnern *(G. Schröder, G. W. Bush, Enquete-Kommission «Bürgerschaftliches Engagement»)*, sollten zentrale Werte wie Demokratie und soziale Sicherheit nicht gefährdet werden.[5]

In einer entscheidenden weiteren Dimension ist bürgerschaftliches Engagement in den Zivilgesellschaftsbegriff integriert: In dem Moment, als im 18. und frühen 19. Jahrhundert die synonym verwendeten Begriffe von bürgerlicher Gesellschaft und Staat geschieden wurden, suchte man nach Vermittlungsinstanzen zwischen diesen Bereichen. «Intermediäre Sphären» gerieten in den Blick, zunächst – bei *Montesquieu* – in Form des Adels als vermittelnde Instanz im Rahmen der Monarchie, der ein Abgleiten der Monarchie in Despotie verhindert und die Macht des Regenten beschränkt, aber auch im Staat durchzusetzen hilft. Im 19. Jahrhundert geschah die Vermittlung in Form von Vereinen und Assoziationen, die den Bürgern Raum und Entfaltungsmöglichkeiten für ihre Ansichten boten. Dort konnten sie ihre Interessen artikulieren, verdichten und schließlich an die Öffentlichkeit bringen (siehe die Beiträge von *A. de*

Tocqueville, die Handbuchartikel im «*Volksthümlichen Handbuch*» und im «*Staatslexikon*» von *Rotteck/Welcker* sowie *M. Weber*).[6] Diesem bürgerschaftlichen Engagement in Vereinen wurde eine eigene Qualität zugeschrieben. In ihnen wurde die Gefahr der Atomisierung der Gesellschaft überwunden, interessenübergreifende Gemeinschaften gebildet und auf diese Weise «soziales Kapital» angehäuft, von dem nicht nur das Individuum, sondern auch die Gesellschaft und das Gemeinwesen profitierte. Man schuf sich stabile Strukturen *(R. Putnam)*. Zunehmend gerieten aber auch die Schattenseiten dieses bürgerschaftlichen Engagements in den Blick *(M. Weber, S. Berman)*. Starkes bürgerschaftliches Engagement, eine hohe Vereinsdichte und vielfältige ehrenamtliche Aktivitäten garantierten noch längst keine stabilen demokratischen Strukturen. Zivilgesellschaftliche Gruppen konnten unterwandert werden oder wurden von vornherein genutzt, um Eigeninteressen durchzusetzen, die Demokratie zu desavouieren und in letzter Konsequenz Verhalten zu befördern, das zivilgesellschaftlichem Handeln entgegenstand.

Neben dem bürgerschaftlichen Verständnis von Zivilgesellschaft gibt es weitere Definitionen. Denn bürgerschaftliches Engagement in Verbindung mit autonomer Selbstorganisation der Bürger markierte zwar eine zentrale Handlungsweise der Zivilgesellschaft, greift aber zu kurz, um «Zivilität» als entscheidende Norm und Form zivilgesellschaftlichen Verhaltens in ihrer Ganzheit zu fassen. Seit der Formulierung der Menschen- und Bürgerrechte gehört deren Einhaltung zu einer der Grundvoraussetzungen für zivilgesellschaftliches Verhalten. Die Anerkennung des Anderen und damit die Existenz von Differenz zu akzeptieren ist ein weiteres Merkmal. Dazu gehört auch, dass die Partizipation auf Freiwilligkeit beruhen muss:[7] Wird diese Grenze verletzt, steht das Individuum in Gefahr, in die «Gemeinschaftsfalle» zu geraten, wie es Richard Herzinger ausgedrückt hat.[8] Freiwilligkeit, Wahlmöglichkeit und Interessendivergenz bedeuten, dass zivilgesellschaftliche Akteure nicht zwingend nach einer harmonischen, konfliktfreien Gesellschaft streben, aber die entstehenden Konflikte gewaltfrei, im Dialog austragen, den Kompromiss und nicht die Eskalation suchen. Bei ihren Aktivitäten stehen nicht Einzelinteressen im Vordergrund, sondern sie richten ihr Engagement am Gemeinwohl aus *(S. v. Pufendorf, C. Wolff, G. E. Lessing, C. Rotteck)*. Unter diesen normativen und handlungsbezogenen Aspekten ist Zivilgesellschaft ein höchst anspruchsvolles Konzept – für die Akteure wie für die wissenschaftliche Erforschung. Zivilgesellschaftliches Handeln verlangt von den Akteuren zwar nicht den altruistischen Menschen schlechthin, fordert ihnen aber ein hohes Maß an Integrität und tugendhaftem Verhalten ab. In der Praxis wie in der Forschung sind mit diesem normativen Verhalten zahlreiche Probleme behaftet. Welches Verhalten kann und muss ich noch anerkennen? Wer setzt die Grenzen der Anerkennung fest? Dürfen zivilgesellschaftliche Akteure Gewalt anwenden, wenn das Gemeinwesen bedroht ist? In der griechischen Antike war die Verteidigungsbereitschaft ein zentrales Merkmal des bürgerschaftlichen Engagements; für die schottischen Frühaufklärer wie Ferguson und Smith bildete sich erst im Kampf eine «civil society» aus bzw. musste sich behaupten *(A. Ferguson, A. Smith)*. Haben moderne Zivilgesellschaften überhaupt die Möglichkeit, mit ihren ‹zivilen› Mitteln Gewalt zu verhindern? Wo wird Eigeninteresse nur mit Gemeinwohlrhetorik verbrämt?[9] Oder schaffen nicht erst das Eigentum und das Eigeninteresse die Voraussetzung und Fähigkeit, sich für das Gemeinwohl einzusetzen, und sei es, um seine eigenen Rechte zu schützen *(J. Locke)*?

In der Forschung und Auseinandersetzung mit dem Zivilgesellschaftskonzept zeichnen sich mehrere Wege ab, um sich diesen Problemen zu stellen. Zunächst besteht die Möglichkeit, sich selbst zu positionieren und einen Idealtypus von Zivilgesellschaft zu entwerfen,[10] an dem bürgerschaftliches Engagement und zivilgesellschaftliche Akteure gemessen werden. Dies erlaubt trennscharfe Ergebnisse, bleibt aber der konkret analysierten Situation verhaftet. Entwicklungen und Wandlungen oder regionale Spezifika geraten dabei leicht aus dem Blick. Eine weitere Möglichkeit, sich dem Zivilgesellschaftsbegriff zu nähern, besteht darin, sich die Ambivalenzen und Spannungsverhältnisse des Begriffes selbst nutzbar zu machen. Um nur ein Beispiel zu nennen: Zivilgesellschaftliches Engagement meint zwar, die Bürger und Bürgerinnen für das Gemeinwesen zu gewinnen, kann aber mit starken Ausgrenzungsmechanismen einhergehen. Schon die Bürger der griechischen *pólis* nahmen billigend die Existenz der Sklaven in Kauf; die Partizipationsrate der bürgerlichen Gesellschaft in den deutschen Bürgerstädten des frühen 19. Jahrhunderts erreichte durch die Forderung nach der «Selbständigkeit» der Bürger *(I. Kant)* kaum die Zehn-Prozent-Marke. Zudem blieb lange Zeit Zivilgesellschaft ein reines ‹Männerprojekt›.[11] Wer sich bürgerschaftlich engagiert, braucht Zeit, Geld *(A. Bebel)* und muss über bestimmte Fertigkeiten verfügen, die nicht allen gegeben sind. Die wieder aufgeflackerte Diskussion um die Existenz einer Unterschicht in Deutschland zeigt, dass auch heutzutage Zivilgesellschaft aus sich selbst heraus zur Exklusion ganzer Bevölkerungsgruppen führen kann und zivilgesellschaftliche Partizipation an ihre Grenzen stößt.[12] Paul Nolte etwa stellte in diesem Zusammenhang die Frage, ob sich Zivilgesellschaft «alleine mit einer bürgerlich und politisch engagierten Mittelklasse herstellen» lässt.[13]

Ist man sich dieser Ambivalenzen bewusst, erlauben sie differenzierte Analysen und zwingen zu einem genauen Blick: Wer gehört zur Zivilgesellschaft, wer wird ausgeschlossen; wo öffnet sich zivilgesellschaftliches Engagement für Akteure jenseits der Sozialgruppe der Bürger und des Bürgertums? Welche Interessen werden verfolgt, welche sind vorgeschoben? Die Ambivalenzen des Zivilgesellschaftsbegriffs sind daher bei der Auswahl der Texte in diesem Band berücksichtigt. Insgesamt geht es nicht darum, den Zivilgesellschaftsbegriff zu verklären, sondern die Chancen und Grenzen des Zivilgesellschaftsbegriffs sichtbar zu machen.

Neben die bürgerschaftliche und normativ-handlungsbezogene Definition des Zivilgesellschaftsbegriffs tritt eine zweite Variante: Sie umgeht die normativen Schwierigkeiten, indem sie die Zivilgesellschaft einem bestimmten Bereich innerhalb des gesellschaftlichen Gefüges zuordnet: Die Zivilgesellschaft findet jenseits des Staates, außerhalb der Wirtschaft und abseits der Privatsphäre statt. Ein gemeinsamer Bezugspunkt zur ersten Definition besteht darin, dass als Organisationsform die Vereine, Assoziationen und (neuen) sozialen Bewegungen in den Blick kommen, die sich durch das eingangs beschriebene autonome, selbstbestimmte, selbstorganisierte Handeln auszeichnen *(A. d. Tocqueville, R. Putnam)*.[14] Umstritten sind bei dieser Argumentationsweise zwei Aspekte. Zum einen erscheinen die Grenzziehungen als zu starr. In Wirklichkeit sind sie viel poröser und durchlässiger. In der Privatsphäre von Familie und Religion beispielsweise können zivilgesellschaftliche Verhaltensweisen eingeübt werden, die von großer Bedeutung sind, wenn man in der öffentlichen Sphäre agieren möchte *(G.-F. Budde)*, etwa die Vermittlung kommunikativer Kompetenzen oder das Verständnis für die Bedeutung von Bildung und sozialen Netzwerken zu wecken. In der Ökonomie werden materielle wie auch moralische Werte geschaffen, die erst das Agieren in der Sphäre der Zivilgesellschaft ermöglichen. Ohne Vertrauen kommt in der modernen Marktwirtschaft kein Unternehmen aus, ohne Vertrauen brechen zivilgesellschaftliche Netzwerke schnell zusammen *(D. Hume)*. Unternehmen gründen mit dem erwirtschafteten Gewinn Stiftungen, die im zivilgesellschaftlichen Sektor aktiv werden.[15] Hinzu kommt für den Bereich der Wirtschaft ein weiterer Faktor. Denn hier trat neben den partizipativen Zug in republikanischer Tradition die liberale Tradition der Interessendurchsetzung in der «bürgerlichen Gesellschaft» *(Rousseau (Ungleichheit), J. Locke, H. Münkler)* hervor – ein Charakterzug, der seine Kritiker auf den Plan rief *(K. Marx, F. Lassalle, VDAV)*.[16] Der Staat schließlich setzt vom Vereins- und Stiftungsrecht über die Ausübung von Repression und Verfolgung bis hin zur Sicherung der Menschen- und Bürgerrechte entscheidende Rahmenbedingungen für die Zivilgesellschaft und ihre Akteure *(J. Keane, A. Michnik, V. Havel)*. Will man von daher an dieser bereichsbezogenen Definition festhalten, empfiehlt es sich, nicht von klaren Grenzen auszugehen, sondern entlang der Grenzen nach Überschneidungsflächen zu suchen und entsprechend zu fragen, wie viel Staat, Wirtschaft und Privatheit eine Zivilgesellschaft für ihr Funktionieren braucht.[17]

Der zweite Kritikpunkt an der Definition der Zivilgesellschaft als besonderer Sphäre ergibt sich daraus, dass sie von den Inhalten, die in der zivilgesellschaftlichen Sphäre verhandelt werden, abstrahiert. Es entsteht eine gewisse Beliebigkeit des Zivilgesellschaftsbegriffs. In manchen Regionen der neuen Bundesländer agieren heute neonazistische Gruppen als zivilgesellschaftliche Akteure par excellence, wenn sie Veranstaltungen für Jugendliche organisieren, ein soziales Netzwerk für Arbeitslose bieten oder zu politischem Engagement aufrufen. Es besteht die Möglichkeit, auf die normative Ebene zurückzugreifen und antidemokratische Akteure und antidemokratisches Engagement aus dem Zivilgesellschaftsverständnis ‹herauszudefinieren›.[18] Andererseits lässt sich dieses Beispiel nutzen, um zu zeigen, dass Zivilgesellschaft nicht per se ein Projekt ist, das zur ‹besseren Gesellschaft› führt oder auf dieser beruht, sondern ‹das Dunkle› in sich tragen kann bzw., wie manche zugespitzt formulieren, in sich trägt *(Bauerkämper/Gosewinkel/Reichardt)*.[19]

Neben der Bestimmung der Zivilgesellschaft über bürgerschaftliches Engagement, normative Handlungsweisen oder über Bereiche, in denen zivilgesellschaftlich agiert wird, tritt als viertes Merkmal das in ihr angelegte utopische Element hervor.[20] Neben den ausschließenden Praktiken der Zivilgesellschaft ging es eben auch darum, möglichst viele Bürger in das ‹Projekt› einzuschließen, sie daran teilhaben zu lassen. Je nach historischer und sozialer Situation war dies immer unterschiedlich gewichtet; aber die Denker der Zivilgesellschaft sahen in der Teilhabe an der Zivilgesellschaft ein zentrales Element, um das Gemeinwesen zu stabilisieren oder es auf neue Bahnen zu lenken *(E. Burke, J. G. Fichte, F. Gentz, V. Havel, Neues Forum)*. Unter diesem Aspekt hatte es auch zahlreiche Gemeinsamkeiten mit Alternativkonzepten *(R. Luxemburg, G. Landauer)*.

Durch den normativ-utopischen Gehalt des Zivilgesellschaftsbegriffs kann Zivilgesellschaft auch als ideologisches Instrument in der Politik eingesetzt werden *(G. W. Bush)*. Zivilgesellschaft wird so zu einer «Selbstbeschreibungssymbolik» der Gesellschaft (Jeffrey Alexander), die – ins Extrem gesteigert – zu einer Abqualifizierung anderer Verhaltensweisen als «unzivil» führen kann.

Angesichts dieser verzwickten Lage setzt diese Quellensammlung eine Stufe früher ein. Sie macht sich die lange, verwickelte und höchst spannende sprach- und begriffsgeschichtliche Tradition zunutze und stellt Material zur Verfügung, um es den Lesern zu ermöglichen, sich ein eigenes Bild von dem Bedeutungswandel des Zivilgesellschaftsbegriffs zu verschaffen. Das Echolot ist eingeschaltet, um nach den Lagerstätten und Ursprüngen der Zivilgesellschaft zu suchen bzw. – wie Reinhard Koselleck es 1998 in einem Interview ausdrückte – die in den «sprachlichen Primärquellen enthaltene Erfahrungssammlung zu ermitteln»[21]. Die ausgewählten Texte zeigen, welche begriffliche und konzeptionelle Entwicklung der Begriff genommen hat, in welchen historischen Kontexten er in welcher Funktion gebraucht wurde. Dazu gehörte aber auch, nach Begriffen zu suchen, die Funktionen und Sachverhalte enthalten, die heutzutage mit Zivilgesellschaft verbunden sind, aber in anderen Kontexten nicht mit gleichen Begriffen umschrieben werden.[22] Kurz: Nicht immer, wenn die Bezeichnung Zivilgesellschaft fehlt, heißt das, dass man keine Zivilgesellschaft finden kann.

Eine umfassende Historisierung im Sinne einer Rekonstruktion des ‹geschichtlichen Orts› der jeweiligen Quellen kann in diesem breiten Panorama ausgewählter Quellentexte nur in Ansätzen geleistet werden. Dennoch gilt, was bereits Montesquieu in seiner Untersuchung «Vom Geist der Gesetze» feststellte: «Wenn ich auf die Antike zurückgegriffen habe, habe ich mich bemüht, ihren Geist zu treffen, um nicht Dinge für ähnlich zu halten, die in Wirklichkeit verschieden sind, und nicht die Unterschiede unter den ähnlich erscheinenden zu verfehlen».[23] So gesehen ist der Blick auf die mehr als zweitausendjährige Entwicklung des Konzepts der Zivilgesellschaft eine Vergegenwärtigung eines sich immer noch weiter entwickelnden Konzepts. Deshalb ist es so reizvoll, in diesem Kontinuum immer auch das ‹Anderssein› zu entdecken und zu berücksichtigen. Kurt Flasch meinte dazu: «Der Ideenhistoriker kann dem heutigen Betrachter Identitätsbrücken bauen, die ins Fremde führen und es besehbar machen, aber er muss wissen, dass *er* sie konstruiert hat. Es gibt keine problemlosen Spaziergänge in die Vergangenheit der Ideen als in eine in sich fertig vorliegende Natur»[24].

Zu Grunde gelegt wird ein breiter Zivilgesellschaftsbegriff, um eine Vielfalt an Quellen zum Sprechen zu bringen. In einem ersten Verständnis meint er eine besondere Form der Sozialbeziehung zwischen den Menschen. Sie ist das Resultat aus dem Bedürfnis des Menschen, als *zôon politikón* sich in verschiedenen Formen (z. B. in der Gemeinschaft des Hauses, des Herrschaftsverhältnisses von Herr und Knecht oder der bürgerlichen Gesellschaft) zu vergemeinschaften und zu vergesellschaften. Diese Vorform des heutigen Verständnisses von Zivilgesellschaft wird entsprechend den eingangs geschilderten Problemlagen in vier Richtungen erweitert. Zum Ersten gilt es, bürgerschaftliches und zivilgesellschaftliches Handeln zu berücksichtigen. Dieser Aspekt ist rückgebunden an die Tradition des Zivilgesellschaftsbegriffs – in seiner frühesten Form in der Vorstellung der griechischen Bürgergemeinde, der *pólis*. Dieser bürgerlich-republikanische Strang ist dem Zivilgesellschaftsbegriff trotz aller Bedeutungswandlungen «nie verlorengegangen»: nämlich «dass die Bürger über sich selbst bestimmen, dass sie sich frei und politisch selbst organisieren sollen»[25]. Neben der Bürgerpartizipation wird die Quellenedition weitere zivilgesellschaftliche Verhaltensweisen sichtbar machen. Zum Zweiten muss die Suchbewegung in diejenige Richtung offen sein, die das Beziehungsgeflecht zwischen Staat, Wirtschaft, Privatsphäre und Zivilgesellschaft sichtbar macht. Noch 1984 schrieb Anthony Black in seiner Untersuchung über die Zünfte und die «civil society», er habe sich für den Begriff «civil society» entschieden (statt etwa bürgerliche Normen oder liberale Werte), weil der Begriff kaum noch gebräuchlich sei und eine «neutrale Konnotation» besitze.[26] Da die westeuropäische Renaissance der Zivilgesellschaft zu diesem Zeitpunkt in der Tat noch ausstand (siehe Kapitel V), mochte Blacks Einschätzung nicht völlig unberechtigt sein, heute am Beginn des 21. Jahrhunderts kann davon keine Rede mehr sein. Deshalb gilt es, drittens, nach dem (möglichen) instrumentellen Charakter des Zivilgesellschaftsbegriffs Ausschau zu halten. Schließlich muss die Suche offen für die der Zivilgesellschaft inhärenten Ambivalenzen sein. Denn Zivilgesellschaft hieß eben immer auch Ausschluss von anderen, und die Entstehung der Zivilgesellschaft wurde immer von der Tendenz begleitet, sich gegen einen Gegner zu wenden – oder ihn sich eben zu konstruieren.[27]

Das *zôon politikón* als Ausgangspunkt: Traditionen und Brüche des Zivilgesellschaftsbegriffs

Es gibt in der Forschung zur Geschichte der Zivilgesellschaft den Standpunkt, dass eine Beschäftigung mit dem Begriff und dem Konzept erst ab jenem Zeitpunkt sinnvoll ist, in dem es sich als eigenständige Formation neben und unabhängig vom Staat etabliert hatte und als solche wahrgenommen wurde. Dies war erst ab dem späten 18. Jahrhundert der Fall.[28] Diese Einschätzung ist indessen angreifbar. Zum einen ignoriert sie die allmähliche Entwicklung hin zu dieser Scheidelinie (die übrigens auch nach 1800 noch keineswegs ‹common sense› war), zum anderen – und entscheidender – unterschlägt sie einen zentralen Strang innerhalb der Zivilgesellschaftsdebatte, der ohne einen Rückblick auf die Antike nicht verständlich ist: das Verständnis von Zivilgesellschaft als Reaktion auf die Frage nach der Natur des Menschen als *zôon politikón* und seiner Verhaltensweise als sich für das Gemeinwesen engagierender Bürger.

Als *zôon politikón* im Sinne Aristoteles' kann der Mensch nicht vereinzelt, sondern nur als soziales Wesen seine Fähigkeiten entwickeln. Seine Kernbestimmung ist die des Zusammenlebens in der Gemeinschaft, der *pólis*. Der Mensch bildet so die *politiké koinōnía*, die staatliche Gemeinschaft *(Aristoteles)*. Die Einsicht in die politische Natur des Menschen enthält bereits zahlreiche Einsichten, die in der weiteren Entwicklung des Zivilgesellschaftsbegriffs immer wieder eine Rolle spielen, aufgegriffen und variiert werden.

Die Trennung in eine private und öffentliche Sphäre, die Betonung von Bürgertugenden und das Engagement für das Gemeinwohl sind dabei zentral *(Platon, Aristoteles)*. In der lateinischen Sprache wird die bürgerliche oder politische Gesellschaft zur *societas civilis*.[29] Sie hat sich unter den römischen Bedingungen von der Vorstellung der *pólis* gelöst, meint aber immer noch das staatliche Gemeinwesen *(Cicero)*. Diese synonyme Bedeutung von bürgerlicher Gesellschaft und Staat bleibt bestehen; allerdings gerät die von den antiken Autoren als ideales Staatswesen gedachte bürgerlich-politische Gesellschaft bei *Augustinus* in die Kritik. Sie ist gekennzeichnet von Eigeninteressen und Gewalt; erst in einem jenseitigen Gottesstaat findet die wahre Gemeinschaft der Bürgerschaft Gottes ihre Verwirklichung. Zu einem sehr frühen Zeitpunkt verliert bei Augustinus die *societas civilis* die Aura des Idealen, und ihr wird eine andere Form der Vergesellschaftung gegenübergestellt.[30] Es sind die beiden gegensätzlichen Reformer *Nikolaus von Kues* und *Martin Luther*, die den zivilgesellschaftlichen Teilhabegedanken von der Ebene des staatlichen Gemeinwesens auf die Ebene der Gemeinde transformieren. Beide plädieren – in völlig unterschiedlichen Kontexten – für eine Stärkung der Rechte der einzelnen Gemeinden und Gemeindemitglieder.

Hatte die Skepsis über die diesseitige Welt Augustinus zur Kritik an der *societas civilis* geführt, stellte Thomas Hobbes die bis in seine Gegenwart reichende Grundannahme des *zôon politikón* von Aristoteles in Frage. Hobbes sah den Menschen nicht mehr als das soziale Wesen, sondern als den sich gegenseitig bekämpfenden Feind. Daher bedurfte es einer übergeordneten, unumschränkten staatlichen Macht, um den

Krieg aller gegen alle zu verhindern.[31] Die partizipative Zivilgesellschaft musste sich nicht nur dem Staat unterordnen, mit dieser Argumentation erschien sie auch als etwas aus sich heraus Gefährliches, da sie durch ihre Einzel- und Sonderinteressen den Staat gefährdete. Obwohl Hobbes Staat und bürgerliche Gesellschaft noch traditionell nicht getrennt dachte, lassen sich hier Brüche erkennen: Mit der Durchsetzung des Absolutismus (bzw. des modernen Staates) sowie der damit verbundenen Konzentration der Staatsgewalt auf den Herrscher und Staatsapparat erschienen die Traditionslinien der *pólis*-Bürgergemeinschaft obsolet, und die Zivilgesellschaft formierte sich neu als Antagonistin des Staates.[32] Die Konzentration der Macht ging seit dem 17. Jahrhundert mit einer sich abzeichnenden Monopolisierung der militärischen Gewalt durch den Staat einher. Die bürgerliche Gesellschaft differenzierte sich daher nicht nur gegenüber dem Staat aus, sondern begriff sich zunehmend als das nichtmilitärische Element, als die zivile Gesellschaft.[33]

Vorherrschendes Denkmodell und sprachliche Konvention von bürgerlicher Gesellschaft blieben aber zunächst Vorstellungen, wie sie *Gottfried Wilhelm Leibniz* darstellte: In einer Stufenfolge von Vergemeinschaftungen und Vergesellschaftungen steht die bürgerliche Gesellschaft an der Spitze der Gesellschaftsvorstellungen – unmittelbar unter der Kirche Gottes. Wie bei Leibniz' Zeitgenossen *John Locke* blieben Staat und bürgerliche Gesellschaft synonyme Begriffe. Doch bereits eine Generation später vollzog sich der allmähliche Wandel dieser Idee. *Christian Wolff* entdeckte im «gemeinen Wesen» eine Gesellschaftsform, die neben der bürgerlichen Gesellschaft existierte;[34] *August Ludwig Schlözer* und *Johann Gottlieb Fichte* sahen, wie die bürgerliche Gesellschaft sich in anderen Bereichen als denen des Staates etabliert, bis Fichte dann auf die im deutschen Sprachraum bestehende Begriffsverwirrung von bürgerlicher Gesellschaft und Staat aufmerksam machte und sie bereinigen wollte *(Fichte, Französische Revolution)*. Das späte 17. und das 18. Jahrhundert als Zeitalter des Absolutismus und des aufsteigenden Kapitalismus bedeuteten nicht nur in Deutschland, sondern in Europa insgesamt eine Beschleunigungsphase für den Zivilgesellschaftsbegriff. Sowohl die politischen als auch die gesellschaftlich-wirtschaftlichen Herausforderungen wollten erklärt und vermittelt werden: im deutschen Sprachraum durch die neue Bestimmung der bürgerlichen Gesellschaft, im französischen durch die Definition «intermediärer Sphären» als zentrale Vermittlungsinstanzen *(Montesquieu)* und im englischen mit der ökonomischen und sozialen Ausgestaltung der «civil society» *(J. Locke, A. Ferguson, A. Smith)*. Fragen des Eigentums *(J. Locke, J. Rousseau)*, des Erwerbs ziviler Handlungsweisen (etwa im Gegensatz zu den ‹entdeckten› ‹Naturmenschen› des Pazifiks) *(Ferguson)*, der Erhaltung oder der Veränderung des (absoluten) Staates *(E. Burke, T. Paine, F. Gentz, G. Fichte)* wurden nun innerhalb des Paradigmas der bürgerlich-zivilen Gesellschaft erörtert. Als am Ende des 18. Jahrhunderts die Amerikanische und die Französische Revolution die alten Strukturen beseitigt hatten, kam als weiterer Aspekt die Frage hinzu, wie sich in der modernen Welt das Individuum zu positionieren hat: In welcher Gemeinschaft, in welcher Gesellschaft sollte es seinen Platz finden; wie konnte es sich in das Gemeinwesen einbringen *(G. E. Lessing, F. Gentz, W. v. Humboldt)?*

Die besondere Bedeutung der Phase von Absolutismus, Kapitalismus und (Früh-)Aufklärung zeigt sich darin, dass diese Problemkreise auch die weitere Entwicklung des Zivilgesellschaftskonzepts markierten. So interpretierte Charles Taylor den Weg, den die Zivilgesellschaft nahm, entlang einer «Montesquieu-Linie» einerseits, einer «Locke-Linie» andererseits.[35] Die Locke-Tradition orientiert sich an der ökonomischen Seite der Zivilgesellschaft: Sie schafft Räume unabhängig von staatlichen, politischen Strukturen; die Sicherung von Eigentumsrechten garantiert darüber hinaus in einem weiteren Schritt den Schutz vor Übergriffen des Staates.[36] Zugespitzt formuliert, kennzeichnet bei *Locke* nicht das *zôon politikón* den Menschen im Naturzustand, sondern der *homo faber*, der sich als aktiv tätiger Mensch die Natur aneignet. Dieser ist ‹ursprünglicher› als der sich vergesellschaftende Mensch.

Montesquieu suchte nach Mitteln der Begrenzung monarchischer Gewalt. Dafür sind rechtlich geschützte Körperschaften notwendig, die gleichzeitig eine Vermittlungsfunktion innehaben und despotische Regierungsformen verhindern sollen.[37] Daneben blieb trotz der sich abzeichnenden gedanklichen Trennung von Staat und bürgerlicher Gesellschaft die Frage ihres Verhältnisses virulent und nahm auch zweihundert Jahre später bei der «Wiederentdeckung» des Konzepts in den Oppositionellenkreisen Osteuropas einen prominenten Platz ein. Ferner stellte sich im Angesicht der Revolutionen die Frage des *zôon politikón* neu. Wie konnte es in der staatlichen Gemeinschaft einen Platz finden, wenn es sich gegen sie mit allen zur Verfügung stehenden (Gewalt-)Mitteln erhob? Von daher wurde in dieser Epoche auch der Grundstein für weitergehende Fragen nach der Reformfähigkeit von Staat und Zivilgesellschaft sowie für alternative Konzepte zur Vergemeinschaftung der Menschen gelegt.

Der Zivilgesellschaftsdiskurs des 19. Jahrhunderts war weiterhin an diesen Fragen interessiert. Im deutschen Sprachraum fixierte *G. F. Hegel* endgültig die Trennung von Staat und bürgerlicher Gesellschaft und erkannte in ihr sowohl ein «System der Bedürfnisse» als auch einen Bereich, in dem Korporationen ihren Platz finden sollten. Doch Hegels Doppelperspektive auf die bürgerliche Gesellschaft wurde im deutschen Sprachraum zunehmend zurückgedrängt,[38] und es erfolgte eine Verengung auf die ökonomische Seite des Bedürfnissystems. Die bürgerliche Gesellschaft wurde nur noch als Exklusionsinstrument der Bourgeoisie wahrgenommen *(K. Marx, F. Lassalle, VDAV-Programmdiskussion)* oder parteipolitisch instrumentalisiert *(Flugblatt 1848, VDAV-Programmdiskussion)* – bürgerschaftliches und zivilgesellschaftliches Verhalten auf die Gemeindeebene transferiert *(Rotteck, Blum)*. Gleichzeitig entwickelte man auf marxistisch-sozialistischer Seite eigene Konzepte, die aber in der Wertschätzung bürgerlicher Tugenden wie Eigenverantwortung, autonomes Handeln und (staats-)bürgerschaftliches Engagement eine enge Verwandtschaft zur Konzeption der «bürgerlichen Gesellschaft» erkennen lassen *(«Die Verbrüderung»)*.

Die von Charles Taylor als Montesquieu-Linie bezeichnete Zivilgesellschaftstradition fand ihre Fortsetzung in *Tocquevilles* Untersuchung «Über die Demokratie in Amerika», in der er – durchaus ähnlich wie *Hegel* – die Macht der Korporationen und Assoziationen herausstrich. Sie sorgten für die Integration der Bürger in die Gesellschaft, vermittelten zwischen lokaler und nationaler Ebene und trugen sehr viel stärker als in den europäischen Staaten dazu bei, dass die Bürger sich für ihr politisches Gemeinwesen einsetzten.[39] Realgeschichtlich nahm auch in Deutschland das Vereinswesen einen immensen Aufschwung im 19. Jahrhundert; jedoch wurde es – wie das Beispiel *M. Webers* zeigt – mit wesentlich mehr Skepsis gesehen als bei *Tocqueville*. Vereine erscheinen bei Weber als Ideologieträger, die von staatlicher wie von nichtstaatlicher Seite instrumentalisiert werden können. Vielleicht resultierte aus der Skepsis gegenüber dem Integrationsangebot der Vereine auch die Suche nach neuen Formen der Vergesellschaftung über Formen der Vergemeinschaftung *(F. Tönnies)*, in die sich ein modernisierungsfeindlicher Zug (gegen die Großstadt, gegen die Massenpolitik und gegen die sich herausbildende liberale Öffentlichkeit) schlich, der einen Teil des deutschen Zivilgesellschaftsdiskurses des späten 19. Jahrhunderts dominierte *(W. H. Riehl, H. v. Treitschke, F. Tönnies)*.

Hatte im Verlauf des 19. Jahrhunderts die Vorstellung einer «bürgerlichen Gesellschaft» als Utopie und Vision für die Gestaltung der Gesellschaft an Attraktivität verloren, ging sie zu Beginn des 20. Jahrhunderts als Begriff wie auch als Gesellschaftsmodell unter. Stattdessen entwickelten sich Alternativkonzepte, wobei der Ausgangspunkt immer noch die ‹klassische Zivilgesellschaftsfrage› bleiben sollte, nämlich: Wie sozialisiert sich der Mensch, wie bringt er sich in das Gemeinwesen ein? *Gustav Landauer* und *Rosa Luxemburg* entwickelten je eigene Vorstellungen, die letztlich aber ähnliche Probleme schufen, die auch dem Zivilgesellschaftskonzept inhärent waren: Den Mitgliedern der zukünftigen Gesellschaft wurde ein Tugendkatalog auferlegt, Exklusionsmechanismen waren vorprogrammiert, und ein utopischer Überschuss war unübersehbar. Im Angesicht von Krieg und Krise schließlich entwickelten sich radikale Gegenentwürfe, die den Kampf verherrlichten und parlamentarische Regeln als degenerierte Herrschaftspraxis verunglimpften *(E. Jünger, C. Schmitt)*. Aber selbst noch in den Texten im «Zeitalter der Extreme» (Eric J. Hobsbawm) lassen sich Rudimente zivilgesellschaftlichen Handelns finden;[40] etwa wenn *Ernst Jünger* in der gemeinsamen Kampferfahrung jenes einigende Band sieht, das die Frontsoldaten am ehesten zur Versöhnung mit dem Feind befähigen würde; oder wenn *Carl Schmitts* massive Kritik am Parlamentarismus mit der Forderung nach einer auf einem gemeinsamen Willen beruhenden Partizipation der Bürger verbunden ist.[41] Das zeigt, dass man sich über die normative Seite der Zivilgesellschaft Rechenschaft ablegen und ihren historischen Kontext einbeziehen muss. Die Ideen, Ideologien und Konzepte der ersten Hälfte des 20. Jahrhunderts sind deshalb nicht nur als Angriff auf eine ohnehin geschwächte Zivilgesellschaft zu interpretieren,[42] sondern können als ein Beispiel für die Ambivalenzen der Zivilgesellschaft dienen.

Eine Weiterentwicklung der marxistisch-ökonomischen Sichtweise auf die Zivilgesellschaft bot im ersten Drittel des 20. Jahrhunderts schließlich *Antonio Gramsci*, in dem er sich von der rein ökonomischen Sichtweise auf die «società civile» löste. Die Zivilgesellschaft in Westeuropa sei – unabhängig vom Staat – tief in der politischen und kulturellen Sphäre verwurzelt, sodass die kommunistische Revolution im Gegensatz zu Russland sich nicht habe durchsetzen können.[43] Es war nur konsequent, dass in der deutschen Gramsci-Rezeption und Gramsci-Übersetzung der 90er Jahre des 20. Jahrhunderts der Begriff Zivilgesellschaft genutzt wurde, statt auf den der «bürgerlichen Gesellschaft» zurückzugreifen.

Zu diesem Zeitpunkt hatte im angelsächsischen Raum der Begriff «civil society» wieder Fuß gefasst. Doch seine Neuformulierung war in Ostmitteleuropa auf den Weg gebracht worden. Wie *Václav Havels* Begriff der «Parallel-Polis» und *Adam Michniks* Begriff des «neuen Evolutionismus» zeigen, durchaus mit eigenen, kreativen Neubezeichnungen, die sich erst in einem – möglicherweise transnationalen Prozess zwischen West *(J. Keane, K. Michalski)* und Ost – zu einem neuen Verständnis von Zivilgesellschaft bündelten,[44] das schließlich auch den Weg zu der Oppositionsbewegung der DDR fand *(Aufruf Neues Forum)*.

An der Wende zum 21. Jahrhundert erreichte der Zivilgesellschaftsbegriff nicht nur die politischen Akteure und Medien (Kapitel VI.1.), sondern wurde in der Wissenschaft zunehmend in seiner weltweiten Verflechtung *(H. Anheier / M. Glasius / M. Kaldor)*, in seiner Ambivalenz und Widersprüchlichkeit *(G.-F. Budde, S. Berman, A. Bauerkämper / D. Gosewinkel / S. Reichardt)*, aber auch in seiner Bedeutung für die Stabilisierung der Gesellschaft *(R. Putnam)* reflektiert. Dabei dominierten jene Definitionen, Probleme und Überlegungen, die im ersten Teil dieser Einleitung vorgestellt wurden. Insgesamt gesehen entwickelte sich Zivilgesellschaft in den letzten 30 Jahren von einem politischen Kampfbegriff in Osteuropa (und Lateinamerika) gegen die dort herrschenden Diktaturen zu einem «Objekt wissenschaftlicher Forschung», von einem Modell zur Beschreibung der Gesellschaft und des (politischen) Gemeinwesens zu einem wissenschaftlichen Analyseinstrument.[45] Dabei bietet die Zivilgesellschaft Chancen zur Interpretation und zum Verständnis der Verfasstheit unserer heutigen Gesellschaft wie auch der vergangener historischer Epochen, kann das Spannungsverhältnis zwischen Ideal und Praxis ausleuchten sowie zur Historisierung des Begriffs selbst beitragen.

Auswahl der Quellen und editorische Hinweise

Die Beschäftigung mit bürgerschaftlichem Engagement und Zivilgesellschaft führt ins Herz der politischen Philosophie. Dennoch ist dieser Band keine Einführung in die politische Philosophiegeschichte; vielmehr präpariert er mit der Zivilgesellschaft einen zentralen Strang heraus und verfolgt seine Traditionen und Veränderungen im europäischen Kontext.

Angesichts der Vielzahl an möglichen Texten konnte nur eine beschränkte Auswahl getroffen werden. Der Schwerpunkt lag auf dem deutschsprachigen Raum; allerdings wurden weitere europäische Texte berücksichtigt, die für die Entwicklung des Zivilgesellschaftskonzepts von Bedeutung sind. In letzter Zeit ist darauf aufmerksam gemacht worden, dass außerhalb europäischer Normen und Begriffe sehr wohl zivilgesellschaftliches Handeln vorhanden ist, wenn auch möglicherweise unter anderen Begrifflichkeiten;[46] eine Ausdehnung in diese Richtung hätte allerdings den Rahmen dieses Buchs gesprengt.[47] Darüber hinaus sollten neben den «Meisterdenkern» auch Beiträge von Akteuren der Zivilgesellschaft berücksichtigt werden. Von daher führen die Wege der Zivilgesellschaft in das antike Athen und Rom, in das frühaufklärerische Schottland, in Kants Königsberg und das reformerische Berlin des frühen 19. Jahrhunderts, auf die Plätze des Weltsozialforums in Lateinamerika und auf die von der Solidarność beherrschten Straßen Polens, aber auch in die ‹Studierstuben› frühneuzeitlicher Philosophen und an die Schreibtische der Dissidenten des letzten Viertels des 20. Jahrhunderts oder die der Politiker (bzw. ihrer Redenschreiber) des 21. Jahrhunderts.

Die aktuellen zivilgesellschaftlichen Positionen der Gegenwart wurden vor allem in der Einleitung berücksichtigt. Angesichts der Vielfalt der aktuellen Texte zur Zivilgesellschaft konnte hier nur eine Auswahl geboten werden. Die Auswahlkriterien wurden von der Frage geleitet, welche Texte das zentrale Problem nach der Sozialisierung des Menschen als *zôon politikón* unter Aspekten des bürgerschaftlichen Engagements und des zivilgesellschaftlichen Handelns erklären und beschreiben. Darüber hinaus galt es, den Bedeutungsgehalt des Zivilgesellschaftsbegriffs als einer eigenen Sphäre innerhalb des Kräftedreiecks zwischen Staat, Wirtschaft und Privatsphäre sowie seine politische Instrumentalisierung und seinen Utopiecharakter zu beleuchten.

Die Texte sind chronologisch geordnet und unter allgemeinen Aspekten gebündelt. Eine themenzentrierte Darstellung hätte die Texte zerrissen. Jede Quelle wird mit einer kurzen Einführung versehen, die auf den historischen Kontext und die verschiedenen Bezugspunkte zur Zivilgesellschaftsdebatte verweist. Die Quellen werden mit knappen Anmerkungen erläutert; Namen, Sachverhalte, Daten und Begriffe werden erklärt; außerdem wird auf weiterführende Literatur verwiesen.[48] Fremdsprachige Texte wurden übersetzt. Bewusst wurden nicht nur aktuelle Übersetzungen herangezogen, sondern auch auf historische, zeitgenössische Übersetzungen zurückgegriffen. Es zeigen sich so auch begriffliche Nuancen: Während im Jahr 1793 der Übersetzer der in der französischen Nationalversammlung verabschiedeten *Menschen- und Bürgerrechte* wie selbstverständlich *corps social* mit «bürgerlicher Gesellschaft» übersetzte, liest man in heutigen Übersetzungen von «gesellschaftlichem Verband» oder schlicht nur von «Gesellschaft». Bei deutschen Texten erfolgte keine Anpassung an die moderne Rechtschreibung. *Schlözers* eigenwillige Schreibweise macht dem Leser die historische Distanz sprachlich bewusst und hilft zu verhindern, «bürgerliche Gesellschaft» als Äquivalent zur Zivilgesellschaft zu sehen. Überhaupt bietet sich im Deutschen die Möglichkeit der sprachlichen Differenzierung, die im Englischen mit dem Begriff «civil society» so nicht vorhanden ist.

Einige Hinweise zur Literatur

Einen guten Überblick bietet Frank Adloffs knappe Studie über Zivilgesellschaft. Sie enthält neben einem ausführlichen begriffs- und konzeptgeschichtlichen Kapitel, das auf weitere Autoren verweist, die im vorliegenden Buch nicht berücksichtigt werden konnten, kurze problemorientierte Einführungen u. a. zu den Themen des Verhältnisses von Zivilgesellschaft und Staat, Zivilgesellschaft und Sozialkapital sowie zur transnationalen Zivilgesellschaft. Ergänzend und weiterführend kann Ansgar Kleins Arbeit über den «Diskurs der Zivilgesellschaft» sowie das Sonderheft zur Zivilgesellschaft des «Forschungsjournals Neue Soziale Bewegungen» 2/2003 herangezogen werden. Für die Entwicklung des Begriffs «bürgerliche Gesellschaft» ist der umfangreiche Artikel von Manfred Riedel unersetzlich. Im englischsprachigen Bereich wichtig ist John Ehrenbergs 1999 erschienenes Buch, das der Entwicklung der Zivilgesellschaft von der Antike bis zur Gegenwart nachspürt, auf ihre politische Instrumentalisierbarkeit, ihre Exklusions- und Inklusionsmechanismen sowie allgemein auf die Chancen und Risiken dieses Konzepts aufmerksam macht.[49]

Im deutschsprachigen Raum gibt es zurzeit keine Quellensammlung zur Zivilgesellschaft. Der von Hall/Trentmann herausgegebene «Reader» ist ähnlich wie der vorliegende Band strukturiert, greift allerdings nicht auf die antiken und mittelalterlichen Wurzeln zurück.[50]

Einen guten Einblick über die Entwicklung der Anwendung des Zivilgesellschaftsbegriffs vermitteln verschiedene Buchreihen. Zu nennen sind hier «Bürgerschaftliches Engagement und Non-Profit-Sektor (2000 ff.) sowie deren Nachfolger «Bürgergesellschaft und Demokratie» (2003 ff.). Hinzu kommen die Reihen «Civil Society der österreichischen Forschungsgemeinschaft» und die jüngst begonnene Serie «European Civil Society» (2005 ff.).

Mehrere Sammelbände zeigen die Anwendung des Zivilgesellschaftsbegriffs in der Geschichtswissenschaft. Für den deutschsprachigen Raum sind die Bücher «Zivilgesellschaft als Geschichte», «Praxis der Zivilgesellschaft» sowie «Europäische Zivilgesellschaft in Ost und West» zu nennen. Sie fragen nach den unterschiedlichen Trägergruppen der Zivilgesellschaft, untersuchen das Agieren der Zivilgesellschaft in Krisenzeiten (etwa der Weimarer Republik), analysieren die Bedeutung des Mäzenatentum oder fragen nach zivilgesellschaftlichen Entwicklungen in verschiedenen europäischen Staaten und Regionen.[51] Das englischsprachige Pendant bildet das von Frank Trentmann herausgegebene «Paradoxes of Civil Society», das sich mit ähnlichen Fragen befasst wie die deutschsprachigen Sammelbände. Eine historische Perspektive auf die Zivilgesellschaft in zahlreichen europäischen Ländern öffnet der Sammelband «Civil Society before Democracy».[52]

Über den jeweiligen englischsprachigen Forschungsstand, über alternative Konzepte sowie über die außereuropäische Dimension der Zivilgesellschaft informieren die Sammelbände von J. A. Hall, J. Alexander, S. Kaviraj / S. Khilnani und S. Chambers / W. Kymlicka.[53] Wer sich vertiefend und mit speziellen Problemstellungen der Zivilgesellschaft beschäftigen möchte, kann auf die «discussion papers» des Wissenschaftszentrums Berlin zurückgreifen, die zum größten Teil über das Internet (www.wzb.eu) einsehbar sind. Insgesamt hat sich die Forschung zur Zivilgesellschaft in den letzten 15 Jahren erheblich beschleunigt und verbreitert, sodass mit dem hier vorliegenden Quellenband ein Blick zurück auf die historischen Wurzeln nur nützlich sein kann.

I
Ursprünge und Vorläufer

1. Antike Wurzeln

Platon, *Der Staat*, ca. 370 v. Chr.

Vor Aristoteles' grundlegender Formulierung des Begriffs der «politiké koinōnía» (bürgerliche oder politische Gesellschaft) war diese Bezeichnung in der griechischen politischen Philosophie nicht gebräuchlich.[54] Allerdings wird bereits in
Platons (427–347 v. Chr.) «Staat» der fundamentale Gedanke geäußert, dass
der Mensch nicht allein auf Grundlage seiner Privatinteressen ein erfülltes und
glückliches Leben führen könne. Er sei deshalb bestrebt, sich in der «pólis» zu
vereinigen und als Bürger tätig zu sein (Der Staat, 2. Buch; 9. Brief). Mit dieser
Analyse war die Grundlage für die weitere Begriffsarbeit gelegt, die von der «pólis» zur Beschreibung der «politiké koinōnía» führte. Um existieren und bestehen zu können, war der «Staat» Platons auf die Einhaltung und Etablierung
von Tugenden – Weisheit, Tapferkeit, Besonnenheit, Gerechtigkeit – angewiesen
(Der Staat, 4. Buch). Dabei zeigt sich, dass die Gerechtigkeit – im Sinne Platons –
die zentrale Tugend ist, die die anderen Tugenden überlagert und am Ursprung
der Bildung der «pólis» steht.[55] Allerdings war die Bürgergemeinde der «pólis»
weit entfernt von zivilgesellschaftlichen Entitäten, die bürgerschaftliches Engagement propagieren. Zum einen blieb das Engagement einer kleinen Elite innerhalb des Staatswesens vorbehalten – die Stände waren in ihren Aufgaben fest
gefügt, zum anderen zielte das Streben für die Gemeinschaft nicht auf die Erhaltung der Vielfalt und der Anerkennung von Differenz ab; vielmehr galt die vollkommene Einheit als Ideal (Der Staat, 5. Buch). Für das Streben und die Aufrechterhaltung eines universellen Guts war Platon darüber hinaus bereit, dem
Staat eine Rolle als Zensor zuzuweisen. Es war daher nur konsequent, dass Platon unter der Tugend der Besonnenheit jene Charaktereigenschaft verstand, in
der der Bürger seinen Platz in der Machthierarchie des Staates anerkannte und
sich mit dieser Position abfand.[56]

Es entsteht also, sprach ich, eine Stadt, wie ich glaube, weil jeder einzelne von uns sich selbst nicht genügt, sondern vieler bedarf. Oder glaubst du, daß von einem andern Anfang aus eine Stadt gegründet wird? – Von keinem andern, sagte [Adeimantos]. – Auf diese Weise also, wenn einer den andern, den zu diesem und den wieder zu jenem Bedürfnis, hinzunimmt und sie so, vieler bedürftig, auch viele Genossen und Gehilfen an einem Wohnplatz versammeln, ein solches Zusammenwohnen nennen wir eine Stadt. Nicht wahr? – Allerdings. – Einer aber teilt dem andern mit, wenn er ihm etwas mitteilt,[57] oder empfängt in der Meinung, daß dies für ihn selbst besser sei. – Freilich. – Wohlan, sprach ich, laß uns also in Gedanken eine Stadt von Anfang an gründen. (2. Buch, 369 b–369 c, 106 f.)[58]

[…]

Ich denke, unsere Stadt, wenn sie anders richtig angelegt ist, wird ja auch wohl vollkommen gut sein. – Notwendig, sagte [Glaukon]. Offenbar also ist sie weise und tapfer und besonnen und gerecht. – Offenbar. (4. Buch, 427 e, S. 155)[59]

[…]

[W]ir haben ja festgesetzt und oftmals gesagt, wenn du dich dessen erinnerst, daß jeder nur eines betreiben müsse von dem, was zum Staate gehört,[60] wozu nämlich seine Natur sich am geschicktesten eignet. – Das haben wir freilich gesagt. – Und gewiß, daß das Seinige tun und sich nicht in vielerlei mischen Gerechtigkeit ist, auch das haben wir von vielen andern gehört und gewiß auch öfter selbst gesagt. – Gewiß haben wir es gesagt. – Dieses also, o Lieber, sprach ich, wenn es auf gewisse Weise geschieht, scheint die Gerechtigkeit zu sein, daß jeder das Seinige verrichtet. Weißt du, woher ich das schließe? – Nein, sondern sage es! antwortete er. – Mich dünkt nämlich, sprach ich, das noch Übrige in der Stadt, außer dem, was wir schon betrachtet haben, der Besonnenheit, Tapferkeit und Vernünftigkeit, müsse dasjenige sein, was jenen allen die Kraft gibt dazusein, und müsse auch jenes, nachdem es nun da ist, erhalten, solange es selbst vorhanden ist. Nun aber sagten wir doch, die Gerechtigkeit müsse dasjenige sein, was noch fehle, wenn wir die drei andern würden gefunden haben. – Und das ist auch notwendig so, sagte er. – Aber doch, sprach ich, wenn man nun (159) ‖ entscheiden sollte, welche von diesen wohl vorzüglich unsere Stadt gut mache durch ihre Anwesenheit:

so möchte schwer zu entscheiden sein, ob die Übereinstimmung der Herrschenden und Beherrschten, oder die Aufrechterhaltung der gesetzmäßigen Vorstellung von dem, was furchtbar ist oder nicht, unter den Kriegsmännern, oder die den Herrschenden einwohnende Einsicht und Obhut, oder ob das sie vorzüglich gut macht, wenn sich bei Kindern und Weibern, Knechten und Freien, gemeinen Arbeitern und Herrschenden und Beherrschten dieses findet, daß jeder, wie er einer ist, auch nur das Seinige tut und sich nicht in vielerlei mischt! – Schwer zu entscheiden, sagte er, allerdings. – Es wetteifert also in bezug auf die Tugend der Stadt mit der Weisheit und Besonnenheit und Tapferkeit diese Eigenschaft, daß jeder in ihr das Seinige tut. – Gar sehr, sagte er. – Und du würdest doch wohl nur der Gerechtigkeit einen Wettstreit mit jenen in bezug auf die Tugend der Stadt zugestehen? – Allerdings. – Erwäge aber auch von dieser Seite, ob es dir so scheint. Wirst du wohl den Herrschenden in der Stadt auftragen, die Rechtssachen zu schlichten? – Wem anders? – Werden sie nun wohl nach irgend etwas anderem mehr streben bei ihren Entscheidungen als danach, daß einem jeden weder Fremdes zugeteilt noch ihm das Seinige genommen werde? – Nein, sondern danach. – Als nach dem Gerechten? – Ja. – Auch so demnach würde, daß jeder das Seinige und Gehörige hat und tut, als Gerechtigkeit anerkannt werden. – So ist es. – Sieh nun zu, ob du noch weiter meiner Meinung bist. Wenn der Zimmermann sich einfallen läßt, des Schuhmachers Werke zu verrichten, oder der Schuhmacher die des Zimmermanns, mögen sie nun ihre Werkzeuge und ihren Lohn wechseln, oder mag auch einer und derselbe beides zu verrichten unternehmen, alles andere hiernach umgestellt, meinst du, daß das in der Stadt großen Schaden anrichten wird? – Nicht eben, antwortete er. – Allein, wenn ein Handwerker oder einer, der sonst ein Gewerbsmann ist seiner Natur nach, hernach, aufgebläht durch Reichtum oder Verbindungen oder Stärke oder etwas dergleichen, in die Klasse der Krieger überzugehen sucht, oder einer von den Kriegern in die der Berater und Hüter, ohne daß er es wert ist, und diese dann ihre Werkzeuge und ihre Ehrenstellen gegeneinander vertauschen, oder einer und derselbe dies alles zu verrichten unternimmt: dann, denke ich, wirst auch du der Meinung sein, daß solcher Tausch und Vieltuerei hierin der Stadt zum Verderben gereicht. – Auf alle Weise freilich. – Also dieser drei

Klassen Einmischerei in ihr Geschäft und gegenseitiger Tausch ist der größte Schaden für die Stadt und kann mit vollem Recht Frevel genannt werden? – Offenbar. – Und den größten Frevel gegen die eigene Stadt, wirst du den nicht Ungerechtigkeit nennen? – Wie sollte ich nicht! – Dies ist also die Ungerechtigkeit. […]

Und so laß uns wiederum so erklären: der erwerbenden, beschützenden und beratenden Klasse Geschäftstreue, daß nämlich jede von (160)‖ diesen das Ihrige verrichtet in der Stadt, würde das Gegenteil von jenem, also Gerechtigkeit sein und die Stadt gerecht machen. (4. Buch, 433 a–434 c)

[…]

Wird nun nicht dies der Anfang der Verständigung sein, daß wir uns selbst fragen, was wir wohl als das größte Gut anzuführen haben für das Bestehen eines Staates, auf welches zielend der Gesetzgeber alle Gesetze geben muß, und was als das größte Übel; und dann untersuchen, ob, was wir eben durchgegangen sind, uns in die Spur des Guten gleichsam paßt, von der des Bösen aber abweicht? – Durchaus, antwortete [Glaukon]. – Gibt es nun wohl ein größeres Übel für den Staat als das, welches ihn zerreißt und zu vielen macht, anstatt eines? Oder ein größeres Gut als das, was ihn zusammenbindet und zu einem macht? – Keines. – Nun bindet doch die Gemeinschaft der Lust und Unlust[61] zusammen, wenn, soviel möglich, alle Bürger, sooft etwas entsteht und vergeht, sich auf die gleiche Weise freuen und betrüben? – Allerdings freilich, sagte er. – Dagegen die Sonderung in dergleichen löst auf, wenn einige tief betrübt und andere hoch erfreut werden über dieselben Ereignisse des Staates oder derer im Staat. – Wie könnte es anders sein. – Entsteht nun dergleichen nicht daraus, wenn die im Staat nicht zusammen aussprechen solche Worte wie «mein» und «nicht mein». Und mit dem Fremden ist es wohl ebenso?[62] – Offenbar freilich. – In welchem Staat also die meisten in bezug auf die nämlichen Dinge eben dieses auf dieselbe Weise anbringen, das «Mein» und das «Nicht mein», dieser ist am besten eingerichtet? – Bei weitem. – Und derjenige also, welcher dem einzelnen Menschen am allernächsten kommt? So wie, wenn einem unter uns der Finger verwundet ist, die gesamte, sich über den Leib hin zur Seele als zur *einen* Zusammenordnung des in ihr Herrschenden sich erstreckende Gemeinschaft es zu fühlen pflegt und insgesamt zugleich mit zu leiden mit einem einzelnen schmerzenden Teile, sie die ganze, und wir sodann sagen, daß der Mensch Schmerzen hat am Finger. Und ebenso verhält es sich mit jeglichem andern am Menschen, sowohl bei Unlust [Leid], wenn ein Teil leidet, als bei Lust, wenn einer sich wohlbefindet. – Ganz ebenso freilich, sagte er, und, wonach du fragst, einem solchen zu allernächst steht der am besten eingerichtete Staat. – Wenn nun, denke ich, einen unter den Bürgern irgend etwas betrifft, sei es nun Gutes oder Schlimmes, wird ein solcher Staat vorzüglich sagen, das Betroffene gehöre ihm zu, und wird sich also ganz mit freuen oder mit betrüben. – Notwendig, sagte er, ein wohlgeordneter. (5. Buch, 462 a–e, S. 183).

Neunter Brief an Archytas

[D]ann besprachen sie [die Überbringer der Nachrichten von Archytas] mit mir das von dir ihnen Aufgetragene, indem sie erklärten, es sei dir einigermaßen unangenehm, daß du dich nicht von der Beschäftigung mit dem Gemeinwesen loszumachen vermagst. Freilich begreift so ziemlich jeder, daß es das Angenehmste ist, im Leben mit seinen eigenen Angelegenheiten sich zu beschäftigen, vorzüglich, wenn jemand Ähnliches wie du als seine Angelegenheit erachtet. Aber du mußt auch bedenken, daß jeder von uns nicht bloß für sich selbst geboren ist, sondern daß einen Teil unseres Lebens das Vaterland beansprucht, einen Teil unsere Eltern, einen anderen die übrigen Freunde, und daß vieles auch von den unser Leben betreffenden Ereignissen abhängig ist. Aber ungehörig ist es wohl, wenn das Vaterland selbst uns zur Teilnahme an dem Gemeinwesen auffordert, dieser Aufforderung keine Folge zu leisten; (331) ‖ denn dabei geschieht es auch, daß wir statt unserer schlechte Menschen eintreten lassen, welche nicht in der besten Absicht sich mit dem Gemeinwesen befassen. Soviel genüge zu diesem Gegenstand.

Quellen: Platon, Sämtliche Werke, 1988, 1989, Bd. 1, S. 331 f. (9. Brief), Bd. 3, S. 106 f., 155, 159–161, 183 («Der Staat»)

Aristoteles, *Politik*, um 350 v. Chr.[63]

Mit der Beschreibung des «zôon politikón» durch Aristoteles (384 – 323 v. Chr.)
betritt eine zentrale Figur der Zivilgesellschaftsdebatte die Bühne.[64] *Der Mensch*
ist als soziales Wesen darauf ausgerichtet, sich als Gesellschaft zu organisieren
und in ihr zu agieren. Die «politiké koinōnía» bildet die am höchsten stehende
Gemeinschaft, schließt alle anderen Gemeinschaften wie Familie, Haus und Dorf
ein und strebt nach dem höchsten Gut.[65] *Trotz aller Wandlungen, die der Zivil-*
gesellschaftsbegriff im Lauf der Zeit vollzogen hat, sollte sich aus diesem Ansatz
eine der zentralen Leitlinien zivilgesellschaftlichen Handelns entwickeln: Bürger
sollen sich selbst organisieren und über sich selbst bestimmen.[66] *Der Grundstein*
für bürgerschaftliches Handeln war ideengeschichtlich gelegt.

Die Teilhabe als Bürger an der «politischen Gemeinschaft» ist jedoch reglemen-
tiert; als vollwertiger Bürger kann nur gelten, wer aktiv an den zentralen Auf-
gaben des Staates sich beteiligt: dem Regieren und Richten (1275a, b). Zwar
zeigt der folgende Ausschnitt (1281b), dass Aristoteles durchaus Vorteile in der
Herrschaft des ganzen Volks, zumindest im Rahmen – zivilisierter – politischer
Gesellschaften erkennt, schränkt diese aktive Teilhabe allerdings wieder ein: Es
bedarf der Muße, um seinem bürgerschaftlichen Engagement nachzugehen
(1328b, 1329a).[67] *Inklusion und Exklusion als Grundprobleme zivilgesellschaft-*
lichen Handelns zeichnen sich bereits in dieser frühen konzeptionellen Formulie-
rung der bürgerlichen Gesellschaft ab, am konkreten Fall der Ausgestaltung der
griechischen «pólis».

Alles, was Staat *(pólis)* heißt, ist ersichtlich eine Art von Gemeinschaft
(koinōnía), und jede Gemeinschaft bildet sich und besteht zu dem Zweck,
irgendein Gut *(agathón)* zu erlangen. Denn um dessentwillen, was ihnen
ein Gut zu sein scheint, tun überhaupt alle alles, was sie tun. Wenn nun
aber sonach eine jede Gemeinschaft irgendein Gut zu erreichen strebt, so
tut diese offenbar ganz vorzugsweise und trachtet nach dem vornehms-
ten aller Güter diejenige Gemeinschaft, welche die vornehmste von allen
ist und alle anderen in sich schließt. Dies ist aber der sogenannte Staat
und die staatliche Gemeinschaft[68] *(politiké koinōnía)*. (1252a, S. 43)

[...]

Die aus mehreren Dörfern sich bildende vollendete Gemeinschaft nun
aber ist bereits der Staat, welcher, wie man wohl sagen darf, das Endziel

völliger Selbstgenügsamkeit *(autárkeia)* erreicht hat, indem er zwar entsteht um des bloßen Lebens, aber besteht um des vollendeten Lebens willen. Darum, wenn schon jene ersten Gemeinschaften[69] naturgemäße Bildungen sind, so gilt dies erst recht von jedem Staat, denn dieser ist Endziel *(télos)* von jenen; die Natur *(phýsis)* ist eben Endziel, denn diejenige Beschaffenheit, welche ein jeder Gegenstand erreicht hat, wenn seine Entwicklung vollendet ist, eben diese nennen wir die Natur desselben, wie z. B. die des Menschen, des Rosses, des Hauses. Auch ist das Ziel und der Endzweck das Beste, die Selbstgenügsamkeit ist aber der Endzweck und das Beste.

Hiernach ist denn klar, daß der Staat zu den naturgemä- (46) ‖ ßen Gebilden gehört und daß der Mensch von Natur ein politisches Lebewesen *(zôon politikón)* ist; und derjenige, der von Natur und nicht durch zufällige Umstände außer aller staatlichen Gemeinschaft lebt, ist entweder mehr oder weniger als ein Mensch […]. Daß ferner der Mensch in weit höherem Maße als die Bienen und alle anderen herdenweise lebenden Tiere ein politisches Lebewesen ist, liegt klar zutage. Denn nichts tut, wie wir behaupten, die Natur zwecklos. Der Mensch ist aber das einzige Lebewesen, das Sprache *(lógos)* besitzt. Die bloße Stimme *(phōné)* nämlich zeigt nur Angenehmes und Unangenehmes an, darum kommt sie auch den anderen Lebewesen zu […], die Sprache dagegen ist dazu bestimmt, das Nützliche und Schädliche deutlich kundzutun und also auch das Gerechte *(díkaion)* und Ungerechte *(ádikon)*. Denn das ist eben dem Menschen eigentümlich im Gegensatz zu den Tieren, daß er allein fähig ist, sich vom Guten *(agathón)* und Schlechten *(kakón)*, von Recht und Unrecht Vorstellung zu machen. Die Gemeinschaftlichkeit dieser Vorstellungen ruft aber eben das Haus und den Staat ins Leben. (1252b, 1253a, S. 46 f.)

[…]

Also das ist zunächst die Frage, wen man Staatsbürger zu (126) ‖ nennen hat und was ein Staatsbürger ist. Denn auch darüber ist man keineswegs einig, und keineswegs wird überall einer und derselbe als Staatsbürger anerkannt, vielmehr wer es in einer Demokratie ist, ist es damit noch vielfach nicht auch in einer Oligarchie. Diejenigen nun, welche auf irgendeine außerordentliche Weise zu dieser Bezeichnung gelangen, wie z. B. die mit dem Bürgerrecht Beschenkten, haben wir hierbei ganz aus dem Spiel zu lassen. Aber auch durch das Wohnen an einem Ort wird man noch nicht zum Bürger daselbst, denn auch Beisassen *(métoikos)*[70] und Sklaven *(doûlos)* haben mit den Bürgern den Wohnort gemeinschaftlich, und auch noch nicht dadurch, daß man an der Gerichtsbarkeit eines Staates in der Weise Teil hat, daß man vor Gericht gezogen werden oder sich Recht verschaffen kann, denn das kommt auch denjenigen zu, die kraft besonderer Verträge an einem Staat teilnehmen, sofern in solchen Verträgen auch dies mit eingeschlossen ist, – an vielen Orten ist freilich selbst den Beisassen vollständig nicht einmal dieses Recht eingeräumt, sondern sie müssen sich einen Vertreter bestellen, so daß sie also an dieser Art von Gemeinschaft nur unvollständig Anteil haben. Vielmehr steht es hiermit ähnlich, wie man auch schon die Bürgersöhne, die wegen ihres Alters noch nicht in die Bürgerliste eingetragen, und die Greise, die bereits von der Ausübung ihrer bürgerlichen Pflichten entbunden sind, auch noch in gewisser Weise Bürger nennen muß, aber nicht mehr schlechthin, sondern mit dem Zusatz bei den einen ‹unvollständige› und bei den anderen ‹ausgediente› Bürger oder sonst einem anderen ähnlichen, denn auf den Namen kommt es hierbei nicht an, da es wohl klar ist, was ich damit sagen will.

Nun aber suchen wir ja hier den Bürger im unbedingten Sinne ohne jeden der Berichtigung durch einen solchen Zusatz bedürftigen Mangel, denn sonst ließen sich auch hinsichtlich derer, die ihre bürgerlichen Ehrenrechte verloren haben *(átimos)* oder in der Verbannung leben *(phygás)*, dieselben Probleme stellen und lösen. Der Staatsbürger schlechthin läßt sich nun durch nichts anderes bestimmen, als dadurch, daß er am Richten *(krísis)* und an der Regierung *(arché)* teilnimmt. Die Regierungsämter sind aber wieder zweifacher Art: die Teilnahme an den einen ist einer bestimmten zeitlichen Beschränkung unterworfen, dergestalt, daß manche von ihnen derselbe Bürger zum zweiten Male entweder (127) ‖ gar nicht oder doch erst nach Ablauf einer bestimmten Zeitfrist bekleiden darf, die anderen sind ohne eine solche Beschränkung, nämlich die Mitgliedschaft an Volksgericht *(dikastés)* und Volksversammlung *(ekklēsiastés)*. Freilich könnte man hiergegen vielleicht einwenden, daß solche Mitglieder auch gar keine Staatsbeamten *(árchōn)* sind und daß man durch diese Tätigkeit noch keineswegs an der Regierung teilhat; allein, es wäre doch lächerlich, wenn man denen, welche die wichtigsten Dinge entscheiden, die Teilnahme an der Staatsregierung absprechen wollte. Aber es soll darauf nicht ankommen, denn die Frage geht nur nach einem Namen; denn das Gemeinsame für den Richter und das Mitglied der Volksversammlung hat keinen Namen, mit dem man die beiden nennen könnte, und so wollen wir sie denn der Unterscheidung zuliebe ‹eine nicht an besondere Bestimmungen gebundene Regierungsgewalt› nennen. So erklären wir denn für Staatsbürger die, welche so an der Regierung teilhaben. Dies wäre also die Bestimmung, die am meisten auf alle diejenigen paßt, welche man Staatsbürger nennt. Es ist aber nicht zu übersehen, daß bei allen Gegenständen *(prágma)*, deren zugehörige Subjekte *(hypokeímenon)* der Art nach *(eîdos)* verschieden sind, und zwar so, daß das eine in erster Linie, das andere in zweiter, ein weiteres in dritter usf. zugehört, das Gemeinsame in diesen Gegenständen als solchen, entweder ganz fehlt, oder in sehr schwachem Maße vorhanden ist. Wir sehen aber, daß die Verfassungen der Art nach verschieden sind und die einen in geringerem, die anderen in höherem Maße Verfassungen sind, denn die verfehlten und entarteten müssen es doch notwendig in geringerem Maße sein als die nichtverfehlten, – was ich aber unter ‹entarteten› verstehe, wird hernach klar werden. Der Staatsbürger wird also je nach der Verfassung ein anderer sein. Und daher paßt denn die von uns gegebene Bestimmung des Staatsbürgers in einer Demokratie ganz vorzugsweise, in den anderen Verfassungen dagegen kann sie zwar zutreffen, aber sie muß es nicht notwendig. Denn manche kennen gar kein selbständiges Volk und keine Volksversammlungen *(ekklēsía)*, sondern nur einen außerordentlich zusammenberufenen Rat *(sýnklētos)*, und die Gerichtsbarkeit ist in den Händen verschiedener Staatsbeamten [...] (128) [...]. Indessen läßt sich die obige Bestimmung des Staatsbürgers korrigieren. In den anderen Verfassungen ist nämlich nicht der Inhaber jener ‹unbestimmten Regierungsgewalt› Mitglied der Volksversammlung und Richter; sondern bestimmten Staatsbeamten, entweder diesen allen oder einigen von ihnen, ist die beratende *(bouleúesthai)* und richterliche Tätigkeit *(dikázein)*, sei es über alle, sei es doch über gewisse Sachen übertragen.

Was also der Staatsbürger sei, ist hiernach klar. Jeden nämlich, dem in einem Staat der Zutritt zur Teilnahme an der beratenden und richtenden

Staatsgewalt desselben offen steht, haben wir auch als Bürger eben dieses Staates zu bezeichnen und den Staat selbst, um es kurz zu sagen, als eine Vielzahl solcher Bürger von ausreichender Zahl zu einem selbstgenügsamen *(autárkēs)* Leben. (1275a, b, S. 126–129)

[…]

Denn es ist möglich, daß die große Volksmasse *(polloí)*, wenn auch die einzelnen, aus denen sie besteht, keine besonders tüchtigen Leute sind, doch in ihrem Zusammentreten besser ist als eben diese besonders tüchtigen Leute, wenn man dabei nicht auf die einzelnen als solche, sondern auf die Gesamtheit sieht, geradeso wie ein Schmaus, zu dem viele beigetragen haben, besser sein kann, als der, welcher auf Kosten eines einzigen veranstaltet wird. Denn da eben diese viele sind, kann ja jeder einzelne von ihnen seinen Teil an Tugend *(areté)* und Einsicht *(phrónēsis)* besitzen, und gleichwie nun, wenn sie alle zusammenkommen, dadurch die Menge gleichsam ein einziger Mensch werden kann, mit vielen Füßen und Händen und mit vielen Sinnen, ebenso kann es ja auch in bezug auf die Sittlichkeit *(êthos)* und den Verstand *(diánoia)* zugehen. Daher beurteilen ja auch die Vielen (150) ‖ die Werke von Musikern und Dichtern am besten, nämlich der eine diese, der andere jene Seite an denselben und alle zusammen das Ganze. […] Ob nun freilich bei jedem Volk *(dêmos)* und jeder Volksmenge es möglich ist, daß der Unterschied der großen Masse von den wenigen besonders tüchtigen Leuten eben dieser sei, ist fraglich, oder vielmehr es steht außer Frage, daß bei manchen Völkern dies unmöglich ist, denn dann müßte dieselbe Rede auch für die Tiere gelten; denn geradezu gesagt: was ist denn für ein Unterschied zwischen manchen Völkern und den Tieren! Aber für die Menge gewisser Völker steht nichts im Wege, daß das Gesagte richtig ist. (1281b, S. 150f.)

[…]

Nachdem nun aber dies festgestellt, bleibt noch zu untersuchen, ob jeder, der im Staate lebt, an allen diesen Verrichtungen teilhaben soll – denn möglich wäre es ja, daß alle insgesamt zugleich Ackerbauern, Handwerker, Mitglieder des Rates *(bouleuómenos)* und Richter wären – oder ob für jede der genannten Verrichtungen ein besonderer Stand anzusetzen ist oder ob endlich ein Teil von ihnen von besonderen Ständen, ein anderer aber von allen gemeinsam ausgeübt werden muß. […] Hier ist nun aber unsere Untersuchung auf die beste Verfassung gerichtet, das aber ist diejenige, durch welche der Staat am meisten glückselig *(eudaímōn)* wird, Glückseligkeit endlich, so wurde vorhin bemerkt, ist ohne Tugend unmöglich, und hieraus ergibt sich denn, daß in dem aufs schönste verwalteten Staat, dessen Bürger gerechte Männer schlechthin und nicht bloß bedingungsweise sind, dieselben weder das Leben eines Handwerkers *(bánausos)* noch das eines Kaufmanns führen dürfen, denn ein solches ist unedel und der Tugend *(areté)* zuwider, und daß auch Ackerbauern diejenigen nicht sein dürfen, welche (312) ‖ hier Staatsbürger sein wollen, denn es bedarf voller Muße *(scholé)* zur Ausbildung der Tugend und zur Besorgung der Staatsgeschäfte. [...] Hiermit ist denn nun über alles, ohne welches der Staat lediglich nicht bestehen kann, und über alles das, was eigentliche Teile des Staates bildet, gehandelt. Denn Ackerbauern, Handwerker und jede Art von Lohnarbeitern sind zwar unentbehrlich für die Staaten, aber Teile des Staates sind nur der Wehrstand und die Berater des Staates; jedes dieser Elemente besteht für sich, und in manchen Fällen bleiben sie für immer getrennt, in anderen aber nur für bestimmte Zeit. (1328b, 1329a, 312 f., 314)

Quelle: Aristoteles, Politik, 2003, S. 43, 46 f., 126 – 129, 150 f., 312 f., 314

Cicero, *De re publica*, 54 / 51 v. Chr.

Im Angesicht der Krise der römischen Republik[71] ruft Cicero (106 – 43 v. Chr.) in seiner Schrift «De re publica» dazu auf, für das Gemeinwesen tätig zu werden (1. Buch, 8, 9). Sein Verständnis für die Bildung des Gemeinwesens beruht auf der aristotelischen Annahme, dass diese Bestrebung dem Menschen von Natur gegeben sei (1. Buch, 39).

Die bürgerliche Gesellschaft («societas civilis») beruht nicht auf der Idee der Gleichheit von Interessen, Können oder Reichtum, sondern auf politischer Gleichheit und Rechtsgleichheit (1. Buch, 48).[72] Darüber hinaus sind partizipative Elemente als auch institutionelle Strukturen für das Funktionieren des Gemeinwesens notwendig (1. Buch 69, 70). Das Zusammenleben in der staatlichen Gemeinschaft setzt schließlich voraus, dass die Spannungen zwischen den unterschiedlichen Interessengruppen ausbalanciert werden (2. Buch, 69).[73]

Aber nicht nach *dem* Gesetz hat uns die Heimat gezeugt oder aufgezogen, daß sie kein Ziehgeld gleichsam von uns erwartete und nur selber unserem Vorteil dienend eine sichere Zuflucht für un- (95) ‖ sere Ruhe zur Verfügung stellte und einen ungestörten Platz zum Ausruhen, sondern daß sie die meisten und größten Teile unseres Geistes, unserer Anlage, unserer Einsicht selbst sich zu ihrem Nutzen ausbedang, und uns nur soviel zu unserem eigenen Gebrauch überließ, wie ihr selber entbehrlich sein könnte.

Auf das vollends, was sie sich als Ausflucht zur Entschuldigung nehmen, um so leichter die Muße zu genießen, ist sicherlich am wenigsten zu hören, wenn sie so sagen, an das Gemeinwesen machen sich meistens Menschen, die keiner guten Sache wert wären, mit denen verglichen zu werden, schändlich, zusammenzustoßen aber, zumal wenn die Masse aufgepeitscht wäre, kläglich und gefährlich sei. Deshalb zieme es einem Weisen nicht, die Zügel zu ergreifen, da er die unvernünftigen und ungezügelten Angriffe der Masse nicht bändigen könne, nicht einem Freien, mit schmutzigen und unmenschlichen Gegnern streitend, entweder die Streiche der Schmähungen auf sich zu nehmen oder für einen Weisen unerträgliche Rechtsverletzungen zu erwarten; gerade als ob es für Gute und Tapfere, mit einer großen Seele Begabte einen gerechteren Grund gäbe, an die öffentlichen Angelegenheiten Hand zu legen, als nicht den Ruchlosen gehorchen und nicht zulassen zu müssen, daß das Gemeinwesen von ebendiesen Leuten zerrissen wird, während sie selbst Hilfe zu bringen nicht vermöchten, auch wenn sie es wünschten. (1. Buch, 7 – 9)

[…]

‹Es ist also›, sagte Africanus, ‹das Gemeinwesen [res publica] die Sache des Volkes, ein Volk aber nicht jede irgendwie zusammengescharte Ansammlung von Menschen, sondern die Ansammlung einer Menge, die in der Anerkennung des Rechtes und der Gemeinsamkeit des Nutzens vereinigt ist. Ihr erster Beweggrund aber zusammenzukommen, ist nicht so sehr die Schwäche als eine sozusagen natürliche Geselligkeit der Menschen; ist doch diese Gattung nicht einzellebend und einzelgängerisch, sondern so geartet, daß sie nicht einmal im Überfluß an allen Dingen [die Gemeinschaft entbehren kann]›.[74] (1. Buch, 39)

[…]

[D]a das Gesetz das Band bürgerlicher Gemeinschaft ist,[75] Recht aber die Gleichheit des Gesetzes, mit welchem Rechte kann die Gemeinschaft der Bürger behauptet werden, wo die Bedingung der Bürger nicht gleich ist? Wenn man nämlich die Vermögen gleichzumachen nicht gewillt ist, wenn die Begabungen aller nicht gleich sein können, müssen sicherlich wenigstens die Rechte derer unter sich gleich sein, die Bürger in demselben Gemeinwesen sind. Was ist denn der Staat, wenn nicht die Rechtsgemeinschaft der Bürger?[76] (1. Buch, 48)

[…]

Da das so ist,[77] ragt von den drei ersten Arten[78] meiner Meinung nach weit die königliche hervor, über die königliche aber selbst wird die hervorragen, die ausgeglichen und maßvoll gemischt ist aus den drei ersten Formen des Gemeinwesens. Es scheint nämlich richtig, daß es im Gemeinwesen etwas an der Spitze Stehendes und Königliches gibt, daß anderes dem Einfluß der fürstlichen Männer zugeteilt und zugewiesen ist und daß bestimmte Dinge dem Urteil und dem Willen der Menge vorbehalten sind. Diese Verfassung hat erstens eine gewisse Gleichheit aufzuweisen, die freie Männer kaum länger entbehren können, dann Festigkeit, weil jene ersten leicht in die entgegengesetzten Fehler umschlagen, derart, daß aus dem König der Herr, aus den Optimaten die Clique, aus dem Volk der wirre Haufen entsteht, und weil die Arten selber häufig mit neuen Arten abwechseln; dies aber kommt in dieser verbundenen und maßvoll gemischten Verfassung des Gemeinwesens fast nicht ohne große Mängel der führenden Männer vor. Es liegt nämlich kein Grund zum Umschlag vor, wo ein jeder in seinem Stand fest aufgestellt ist und nichts lauert, wohin er stürzen und fallen könnte […] So ist nämlich meine Entscheidung, meine Meinung, meine Versicherung: keines von allen Staatswesen ist nach Verfassung, Ordnung, Zucht zu vergleichen mit dem, was uns unsere Väter, schon damals von den Vorfahren übernommen, hinterlassen haben.[79] (1. Buch, 69, 70)

[…]

Laelius: ‹Ich sehe schon, welcher Pflicht und welcher Aufgabe du jenen (237) ‖ Mann, den ich erwartete[80] vorstehen läßt.› ‹Dieser einen natürlich fast allein›, sagte Africanus, – denn in dieser einen liegt fast alles übrige – daß er nie abläßt, sich selbst zu unterrichten und zu betrachten, daß er die anderen aufruft zur Nachahmung seiner selbst, daß er sich durch den Glanz seiner Seele und seines Lebens seinen Mitbürgern wie einen Spiegel hinhalte. Wie nämlich beim Saitenspiel oder der Flöte und im Gesang selbst und den Stimmen eine bestimmte Harmonie aus verschiedenen Tönen zu halten ist, die gebildete Ohren nicht ertragen können, wenn sie sich ändert oder disharmonisch wird, und diese Harmonie infolge der Abstimmung der verschiedenen Töne doch einträchtig und zusammenstimmend gemacht wird, so stimmt der Staat aus den höchsten und niedersten und den dazwischenliegenden Ständen wie aus Tönen durch maßvolle Vernunft im Zusammenklang der allerverschiedensten zusammen; und was von den Musikern beim Gesang Harmonie geheißen wird, das ist im Staate die Eintracht, das engste und beste Band der Unversehrtheit in jedem Gemeinwesen, und die kann ohne Gerechtigkeit nicht sein. (2. Buch, 69)

Quelle: Cicero, De re publica, 1983, S. 95 / 97, 131 / 133, 145, 171 / 73, 237 / 39

2. Ansätze in der Spätantike, im Mittelalter und im Zeitalter der Glaubensspaltung

Augustinus, *Vom Gottesstaat*, um 410 n. Chr.

Augustinus (354–430) schreibt seinen «Gottesstaat» im Angesicht der Niederlage Roms gegen die Westgoten, die im Jahr 410 Rom erobern und plündern. Er verteidigt das Christentum gegen Vorwürfe, die Christen seien für den Niedergang Roms verantwortlich. Vielmehr sei die weltliche Bürgerschaft («civitas terrena») seit der Stadtgründung durch den Brudermörder Romulus von Eigeninteresse, Selbstliebe, Krieg, Konflikt, Gottesverachtung, kurz durch Sünde geprägt.[81] In seinem «Räuber-Staat-Vergleich» wird zum einen die tiefe Skepsis gegenüber dem weltlichen Reich deutlich, zum anderen verstecken sich in dieser knappen Skizze Ansätze eines modernen Staatsverständnisses (4. Buch). Dieser wird von der Gemeinschaft der Menschen gebildet, die einen Gemeinschaftsvertrag untereinander geschlossen haben. Sie stehen zwar unter der Herrschaft eines Anführers, dessen Macht sich aber nicht nur durch seine Autorität begründet, sondern auch auf der Zustimmung der Mitglieder beruht.[82] Im zweiten Teil, den Büchern 11 bis 22, zeigt Augustinus die Entwicklung des Neben- und Gegeneinanders der weltlichen und der göttlichen Bürgerschaften (civitates) auf. Zivilgesellschaftliche Ideale sind nur in der Bürgerschaft Gottes zu verwirklichen (14. und 19. Buch),[83] doch um in die Bürgerschaft Gottes aufgenommen zu werden, für die von Gott ‹Erwählten›, gilt es, bereits in der «civitas terrena» Normen und Gebote einzuhalten (15. Buch).[84] Zentrale Merkmale des guten Bürgers in den beiden Bürgerschaften sind u. a. die bedingungslose Hingabe an die Gemeinschaft und die Bereitschaft, sich in die Gemeinschaft einzubringen, statt der Muße zu frönen.[85]

Was anders sind also Reiche, wenn ihnen Gerechtigkeit fehlt, als große Räuberbanden? Sind doch auch Räuberbanden nichts anders als kleine Reiche. Auch da ist eine Schar von Menschen, die unter Befehl eines Anführers steht, sich durch Verabredung zu einer Gemeinschaft zusammenschließt und nach fester Übereinkunft die Beute teilt. Wenn dies üble Gebilde durch Zuzug verkommener Menschen so ins Große wächst, daß

Ortschaften besetzt, Niederlassungen gegründet, Städte erobert, Völker unterworfen werden, nimmt es ohne weiteres den Namen Reich an, den ihm offenkundig nicht etwa hingeschwun- (173) ‖ dene Habgier, sondern erlangte Straflosigkeit erwirbt. Treffend und wahrheitsgemäß war darum die Antwort, die einst ein aufgegriffener Seeräuber Alexander dem Großen gab. Denn als der König den Mann fragte, was ihm einfalle, daß er das Meer unsicher mache, erwiderte er mit freimütigem Trotz: Und was fällt dir ein, daß du das Erdreich unsicher machst? Freilich, weil ich's mit einem kleinen Fahrzeug tue, heiße ich Räuber. Du tust's mit einer großen Flotte und heißt Imperator. (4. Buch, 4. Kapitel)

[…]

Demnach wurden die beiden Staaten durch zweierlei Liebe begründet, der irdische durch Selbstliebe, die sich bis zur Gottesverachtung steigert, der himmlische durch Gottesliebe, die sich bis zur Selbstverachtung erhebt. Jener rühmt sich seiner selbst, dieser «rühmt sich des Herrn». Denn jener sucht Ruhm von Menschen, dieser findet seinen höchsten Ruhm in Gott, dem Zeugen des Gewissens. Jener erhebt in Selbstruhm sein Haupt, dieser spricht zu seinem Gott: «Du bist mein Ruhm und hebst mein Haupt empor.» In jenen werden Fürsten und unter- (210) ‖ worfene Völker durch Herrschsucht beherrscht, in diesem leisten Vorgesetzte und Untergebene einander in Fürsorge und Gehorsam liebevollen Dienst. Jener liebt in seinen Machthabern die eigene Stärke, dieser spricht zu seinem Gott: «Ich will dich lieben, Herr, meine Stärke.» (14. Buch, 28. Kapitel)

[…]

Diese Krankheit aber, nämlich der Ungehorsam, von dem wir im vierzehnten Buch sprachen, ist Strafe des ersten Ungehorsams, darum nicht Natur, sondern Gebrechen. Deswegen wird den fortschreitenden Guten, die auf dieser Pilgerreise aus Glauben leben, gesagt: «Einer trage des andern Last, so werdet ihr das Gesetz Christi erfüllen», ebenso an anderer Stelle: «Vermahnet die Unruhigen, tröstet die Kleinmütigen, traget die Schwachen, seid geduldig gegen jedermann. Sehet zu, daß keiner dem andern Böses mit Bösem vergelte», ferner: «So ein Mensch etwa von einem Fehler übereilt würde, helfet ihm wieder zurecht mit sanftmütigem Geist, die ihr geistlich seid, und siehe auf dich selbst, daß du nicht auch versucht werdest» […] Darum auch die vielen Vorschriften über die Bereitschaft zu gegenseitigem Verzeihen und die große Sorge, den Frieden zu bewahren, ohne den niemand Gott schauen kann; darum jenes Schreckenswort, das dem Knecht befiehlt, die erlassene Schuld von zehntausend Talenten zurückzuzahlen, da er seinem Mitknecht die (220) ‖ geschuldeten hundert Denare nicht erlassen hatte, ein Gleichnis, an das der Herr Jesus das Wort knüpft: «Also wird euch euer himmlischer Vater auch tun, so ihr nicht vergebet von eurem Herzen ein jeglicher seinem Bruder seine Fehler.» Auf solche Weise werden sie geheilt, die Bürger des Gottesstaates, die auf dieser Erde pilgern und nach dem Frieden des höheren Vaterlandes seufzen. (15. Buch, 6. Kapitel)

[…]

Was aber jene drei Arten der Lebensführung anlangt, die müßige, die geschäftige und die aus beiden zusammengesetzte, so kann man zwar unbeschadet des Glaubens auf jede dieser Weisen sein Leben zubringen und den ewigen Lohn erlangen, doch muß jeder darauf achten, was er um der Liebe willen tun muß. Demnach darf niemand so müßig sein, daß er in seiner Muße das Wohl des Nächsten vergißt, aber auch nicht so geschäftig, daß er die geistliche Betrachtung versäumt. Bei der Muße soll nicht etwa träges Nichtstun locken, sondern das Erforschen und Auffinden der Wahrheit, und jeder darauf bedacht sein, in der Erkenntnis fortzuschreiten und, was er gefunden, auch dem Nächsten zu gönnen. Beim tätigen Leben aber ist nicht weltliche Ehre oder Macht anzustreben – denn (564) ‖ alles unter der Sonne ist eitel –, sondern das Werk selbst, das mit Hilfe einer etwaigen Ehren- oder Machtstellung zustande kommt, vorausgesetzt, daß es etwas Gutes und Nützliches ist, was zum Wohl der Untergebenen, wie es Gott gefällt, beiträgt. […] Deswegen sagt der Apostel: «Wer ein Bischofsamt begehrt, der begehrt ein köstlich Werk.» Er will hier darlegen, was das Bischofsamt zu bedeuten hat, und daß schon der Name auf das Werk hinweist und nicht auf die Ehre. Denn das Wort «Episkopos», Bischof, stammt aus dem Griechischen und besagt, daß der Vorgesetzte über die, welchen er vorgesetzt ist, Aufsicht führt, indem er nämlich sich ihre Fürsorge angelegen sein läßt. […] Nicht der ist also ein rechter Bischof, der vorzustehen, sondern der beizustehen gewillt ist. So ist denn das Streben nach Wahrheitserkenntnis, wie es zu einer löblichen Muße gehört, niemandem verwehrt, aber ein höheres Amt, wie es zur Leitung des Volkes nötig ist, mag wohl in geziemender Weise bekleidet und verwaltet werden, doch wäre es unziemlich, danach zu streben. So ist es Liebe zur Wahrheit, die die heilige Ruhe sucht, aber Zwang der Liebe, der die geschäftige, aber gottwohlgefällige Unruhe auf sich nimmt. Legt niemand diese Bürde auf, mag man seine Muße der Erforschung und Betrachtung der Wahrheit widmen, wird sie aber auferlegt, soll man sie um des Zwanges der Liebe willen übernehmen. Doch darf man auch in diesem Falle nicht aufhören, sich an der Wahrheit zu freuen, denn sonst würde jener heilige Genuß fehlen und dieser Zwang niederdrücken. (19. Buch, 19. Kapitel)

Quelle: Augustinus, Vom Gottesstaat, 1977 / 1978, Bd. 1, S. 173 f., Bd. 2, S. 210 f., 220 f., 564 f.

Nikolaus von Kues, *Concordantia catholica*, 1433

Obwohl Nikolaus von Kues in der Literatur zur Zivilgesellschaft kaum eine Rolle spielt, stellt er ein wichtiges Bindeglied zwischen antiker und mittelalterlicher Tradition des Zivilgesellschaftsbegriffs dar. In seiner frühen Schaffensperiode sprach er sich in seiner Schrift «De concordantia catholica» (Von der allgemeinen Eintracht) für eine Stärkung und Aufwertung des Konzils aus, ja forderte ein Wahlrecht für diese Institution. Letztlich hing für ihn jede Herrschaft von der Zustimmung der Betroffenen ab.[86] Trotz Kues' ausgefeiltem Wahlmodus liegt hier kein demokratisches Verständnis vor, sondern Kues bewegt sich in einem hierarchischen Denken.[87] Dennoch ist sein Bestreben auch dahin zu interpretieren, dass er der Kirche als Gemeinschaft Mitwirkungsräume eröffnen wollte, um den Missbrauch päpstlicher Herrschaft zu begrenzen. Darüber hinaus rezipierte Kues über die Schrift «Defensor pacis» von Marsilius von Padua,[88] dessen Werk die katholische Kirche auf den Index hatte setzen lassen, die aristotelischen Gedanken der Partizipation in der «pólis».[89] Damit machte er diesen Diskussionszusammenhang für den kircheninternen und den sich allmählich entwickelnden papstkritischen Diskurs zugänglich. Neuere Untersuchungen legen darüber hinaus die Vermutung nahe, dass Vorstellungen des Nikolaus von Kues durch John Locke rezipiert wurden.[90]

Und weil die römischen Bischöfe Dekrete erlassen haben, in denen sie sich die Ernennung der Bischöfe durch die stillschweigende Zustimmung der gesamten römischen Kirche vorbehielten und die durch sie ernannten Bischöfe bis jetzt nicht zurückgewiesen und abgelehnt wurden – obwohl sie meiner Meinung nach abgelehnt werden könnten –, wurde Stillschweigen als Zustimmung ausgelegt; dies ist eine ausreichende Basis für den legitimen Titel derer, die ernannt worden sind. Stillschweigen wird als Zustimmung genommen, wie es in der Regel *Qui tacet [consentire videtur]*[91] steht – in diesem Fall Mangel an Widerstand, wie es in einem alten Kommentar [...] festgehalten ist, wenn es dort heißt: «Wenn jemand in einer öffentlichen Angelegenheit seine oppositionelle Haltung nicht zeigt, obwohl er es könnte, wird dies als Zustimmung ausgelegt [...].» (186)

Aber wegen verschiedener Missbräuche ist dieses Prinzip zu einem großen Problem geworden und hat sich Widerstand gebildet. Folglich denke ich nicht, dass der (186) ‖ Papst die Wahlämter, angesichts der Opposition, die entstanden ist, noch länger zurückhalten kann, außer es wird ihm ausdrücklich durch das heilige Konzil erlaubt. Denn der Papst sollte keinen Bischof über jene ernennen, die gegen den Bischof opponieren, wie der Text «*In Novo*» [...] beweist, wenn es heißt, dass Petrus durch den Willen der Apostel ernannt wurde und der Kommentar aus dieser Textstelle schließt, dass der Papst so lange keinen Bischof ernennen sollte, solange nicht diejenigen, über die er steht, zustimmen. [...]»

Ein weiterer starker Grund, dass Übereinstimmung notwendig ist, kann angeführt werden. Es ist offensichtlich, dass die Geistlichen über Rechtswissen verfügen müssen (siehe *Der Prophet Maleachi 2: [Strafrede gegen die Priester]*) und dass die Menschen nicht auf Grund eines falschen Unterrichts, der von unwissenden und böswilligen Priestern verbreitet worden ist, entschuldigt werden können. Wenn folglich die Menschen nicht in die Einsetzung ihres Oberhaupts [*praeside*] miteinbezogen werden, wäre es ungerecht, sie für die Unwissenheit und Arglist der Priester zu bestrafen, da sie entsprechend dem oben erwähnten Prinzip ihre Zustimmung zu seiner Herrschaft nie gegeben haben. Aus diesem Grund kann nicht dem Volk [*populo*] die Schuld zugeschrieben werden [*imputari*]. Folglich erfordert das allgemeine Wohl, dass die Herrscher durch Wahlen und Zustimmung der Menschen eingesetzt werden. (187) (II. Buch, §§ 239–241)

[…]

Wenn Wahlen geordnet durchgeführt werden […], und die Bischöfe, die von Gesetzes wegen gehalten sind, gute Kurate [*curate*] zu berufen, […] und ihre Kirchen besuchen, ohne dass ihnen dies zur Last fällt, […] und sie die Werte der Kirche als zuverlässige Wärter in Übereinstimmung mit den kanonischen Regeln verwenden, und wenn deshalb Harmonie in der göttlichen Verehrung in allen Provinzen herrscht, […] und die Einsetzung zum Bischof [*ordinatio*] auf der Basis von Erkenntnisvermögen [*intelligentia*] und Hingabe, nicht auf der Basis von stimmlichen Fertigkeiten oder ermüdenden Wiederholungen von Psalmen vorgenommen wird, denn wir sollen Gott nicht mit unseren Stimmen, sondern mit unseren Herzen preisen und theatralische Bräuche sollen nicht unsere Kirchen füllen – wenn alle diese Bedingungen verwirklicht sind, wird eine süße Übereinstimmung im Tempel Gottes vorherrschen, die nichts von Schwere oder Anstrengung spüren lässt.

Deshalb soll das Konzil befehlen, dass jeder die Anforderungen seines Amtes, seiner Gelübde, seiner religiösen Pflichten und seiner Stellung erfüllen muss. Und dieser Befehl muss genau befolgt werden, wenn wir die Rettung aller fördern wollen. […] (188) ‖

Das Ziel von Wahlen ist es, die Entscheidung der Mehrheit auszudrücken, und verschiedene Verfahren sind zu diesem Zweck entwickelt worden. Weil die Entscheidung derjenigen, die wählen (189) ‖, nicht getroffen werden kann, ohne dass alle Anwärter miteinander verglichen werden und jeder mit jedem anderen, und weil dies in dem Verfahren, das bis jetzt verwendet wurde, nicht der Fall ist und voller Schwierigkeiten und Unsicherheiten steckt – da die Wahlen nicht geheim sind sowie Angst und Furchtsamkeit die Wahrheit unterdrücken können –, scheint ein besseres und ehrlicheres Wahlverfahren das weiter unten vorgestellte zu sein.[92] Dieses Verfahren macht es unmöglich, dass jemand gewählt wird, der nicht nach dem allgemeinen Urteil der Wähler als der Beste beurteilt wird, wie es bei einer Ein-Stimmen-Wahl geschehen kann; gleichzeitig bewahrt es die Geheimhaltung der Wahl, so dass niemand erfahren kann, wie ein anderer gewählt hat. (189) (II. Buch, §§ 242, 245a)

[...]

Aber weil die Herrschaft von Gott gegeben ist, zu dem Zweck um Einheit zu schaffen und Spaltung zu verhindern, kann die Einheit nicht mit Recht bewahrt werden, sofern nicht ein kirchlicher Herrscher über zwingende Macht verfügt – allerdings nicht in der Form, die Fürsten ausüben. Wenn der Körper der Kirche gesund erhalten werden soll, muss das faule Glied und der faule Fuß abgeschnitten werden, muss das Auge, das Anstoß erregt, ausgerissen werden. Folglich sind die Zwangsmittel nicht diejenigen der Fürsten, denn deren Herrschaft beruht auf der Macht über den Körper und über Eigentum. Vielmehr wird es ein Zwangsmittel sein, das auf der freiwilligen Unterwerfung aller oder der Mehrheit beruht; Bestrafung wird nur verhängt, wenn sie zur Rettung der zu Bestrafenden wirkt. Und daher sagen Papst Anaklet[93] und andere [...], dass Christus (201) ‖ Petrus in Übereinstimmung mit den Aposteln an deren Spitze stellte. Daher beruht die zwingende Gewalt eines Oberhaupts über seine Bürger (*subiecti*)[94] auf Wahl und Übereinstimmung. Jene, die früher völlig frei waren, unterwerfen sich ihrem Herrscher durch die Wahl. (202) (II. Buch, § 261)

[...]

Von Anbeginn an waren die Menschen mit Vernunft ausgestattet, die sie von den Tieren unterscheidet. Durch den Gebrauch ihres Verstandes wissen sie, dass Genossenschaft und Gemeinschaft [*consodalitatem ac communionem*] am nützlichsten sind – notwendig für ihre Selbsterhaltung und um den Zweck ihrer menschlichen Existenz zu erreichen. Deshalb fanden sie durch natürlichen Instinkt zusammen und gründeten Dörfer und Städte, in denen sie gemeinsam lebten. Und hätte man nicht Gesetze erlassen, um den Frieden zu erhalten, hätten die verdorbenen (205) ‖ Wünsche vieler diese Gemeinschaft davon abgehalten, das menschliche Leben zu verbessern. Aus diesem Grund entstanden Städte [*civitates*], in denen die Bürger [*civium*] sich mit dem Einverständnis aller auf Gesetze einigten und sie anwendeten, um Einheit und Harmonie zu bewahren; und sie stellten Wächter auf, die diese Gesetze schützen, und statteten sie mit der nötigen Macht aus, um für das Gemeinwohl zu sorgen.

Durch ein wundersames und wohltätig göttliches Gesetz, das allen

Menschen eingeflößt war, wussten sie, dass die gemeinschaftliche Vereinigung das wohltätigste für sie sei und dass das gesellschaftliche Leben durch Gesetze aufrechterhalten würde, die in allgemeiner Übereinstimmung aller angenommen seien – oder zumindest mit der Zustimmung der Weisen und Erhabenen [*sapientum heroicorum*] sowie der Übereinkunft mit den anderen. (206) (III. Buch, § 269)

[…]

Auf Grundlage dieses Modells [95] sollte wahre Herrschaft über die eine reine Kirche oder eine Versammlung von Menschen aus der reinsten Übereinstimmung hervorgehen, nicht aus Gewalt oder Ehrgeiz oder kriminellem Ämterverkauf, sondern aus der Reinheit, mit der Christus geruhte in die Welt zu kommen: aus Liebe für die Rettung der Menschen. Und wenn irgendeiner von Christus, der die wahre Pforte ist, auserwählt und berufen wurde, ein Herrscher zu sein, sich die Bescheidenheit Christi als Beispiel nimmt und als Fürst den Fußspuren Christi folgt, wird die Gemeinschaft [*rem publicam*] in der bestmöglichen Weise regiert und des Namens des Herrschers wird für immer gedacht werden. Denn Christus stand unter dem Gesetz. Er kam nicht, um das Gesetz zu zerstören, sondern es zu erfüllen, mild und bescheiden von Herzen, der sanftmütigste Heiler. Und für den Herrscher ist es nur notwendig, seinen Fußspuren zu folgen, denn dann wandelt er im Licht der Wahrheit und wird ewiges Leben erreichen. (214) (III. Buch, § 290)

Quelle: Cusa, Catholic Concordance, 1991, S. 186 f., 188 – 190, 201 f., 205 f., 214; mit Abgleich in: Nicolai de Cusa, De Concordantia catholica. Libri Tres (Opera Omnia XV). Hamburgi: Meiner 1963 / 1964 (Deutsche Übersetzung auf Grundlage des Englischen, mit Abgleich im Lateinischen, vom Herausgeber)

Martin Luther, *Eine christliche Versammlung*, 1523

Durch Martin Luthers Zwei-Reiche-Lehre fand nicht nur eine Trennung zwischen Welt und Reich Gottes statt, sondern auch eine Trennung zwischen einer privaten und öffentlichen Sphäre. Der Glaube stand außerhalb der staatlichen Gewalt [96] und eröffnete dem Individuum Raum für autonomes Handeln. [97] Dieser Gedanke wurde in der Untersuchung über «eine christliche Versammlung»

vertieft und konkretisiert. Die Gemeinde konnte gegenüber dem Lehrer Autono-
mie beanspruchen, ja Luther gestand ihr ein gewisses Widerstandsrecht zu, falls
sie unchristlich behandelt werden sollte.[98] *Eine Gemeinde völlig ohne Führer-*
schaft intendierte er allerdings in seinen Überlegungen nicht; deshalb waren
«Lehrer und Prediger» vorgesehen, die von der Gemeinde gewählt werden soll-
ten. Der Partizipationsgedanke ging sogar noch weiter, indem Luther am Schluss
dieses Ausschnitts betont, dass jeder Einzelne das Recht und die Pflicht hat, sich
für den Glauben einzusetzen. Für die heutige Zivilgesellschaftsdebatte ist in die-
sem Zusammenhang von Bedeutung, dass zivilgesellschaftliches Handeln in der
kirchlich-religiösen Sphäre eingeübt und praktiziert wird.[99]

Der dritte Spruch ist ferner der des Paulus, 1. Thess. 5, 21: «Prüfet aber alles, und das Gute behaltet». Sieh, hier will er weder Lehre noch Satz gehalten haben, er werde denn von der Gemeinde, die es hört, geprüft und
für gut erkannt. Denn dies Prüfen geht doch nicht den Lehrer an, sondern
die Lehrer müssen (das) vorher sagen, was man (nachdem sie es gesagt
haben) prüfen sollte. Also ist auch hier den Lehrern das Urteil genommen und den Schülern gegeben, (und zwar) unter den Christen; so daß es
unter den Christen ganz und gar ein ander Ding ist als mit der Welt. In der
Welt gebieten die Herren, was sie wollen, und die Untertanen nehmen es
auf. «Aber unter euch», sagt Christus (Matth. 20, 26), «solls nicht so
sein». Sondern unter den Christen ist ein jeglicher des anderen Richter,
und umgekehrt auch dem anderen unterworfen, obwohl die geistlichen
Tyrannen eine weltliche Obrigkeit aus der Christenheit gemacht haben.
  Der vierte Spruch ist abermals Christi, Matth. 24, 4 f.: «Sehet zu, daß
euch niemand verführe. Denn es werden viele kommen unter meinem
Namen und sagen: Ich bin der Christus, und werden viele verführen.» In
Summa: was ists notwendig, mehr Sprüche vorzuführen? Alle Warnun-
gen, die Paulus gibt, Röm. 16, 17 f.; 1. Kor. 10, 14; Gal. 3–5; Kor. 2, 8 und allenthalben, ferner aller Propheten Sprüche, da sie lehren, Menschen
Lehre zu meiden: die tun nichts anderes, als daß sie das Recht und die
Vollmacht, alle Lehre zu beurteilen, den Lehrern nehmen und mit ernst-
lichem Gebot, bei der Seele Verlust, den Zuhörern auflegen. Sie haben
also nicht allein Macht und Recht, alles, was gepredigt wird, zu beurteilen; sondern sie sind bei göttlicher Majestät Ungnade zu beurteilen

schuldig. Daran sehen wir, wie die Tyrannen so unchristlich mit uns verfahren sind, da sie uns solch Recht und Gebot genommen und sich selbst zugeeignet haben. Damit alleine (50) ‖ haben sie reichlich verdient, daß man sie aus der Christenheit vertreibe und verjage als die Wölfe, Diebe und Mörder, die wider Gottes Wort und Willen über uns herrschen und lehren.

Also folgern wir nun, daß, wo eine christliche Gemeinde ist, die das Evangelium hat, sie nicht allein Recht und Vollmacht hat, sondern bei der Seelen Seligkeit ihrer Pflicht nach, die sie Christus in der Taufe gelobt hat, schuldig ist, zu meiden, zu fliehen, abzusetzen, sich zu entziehen von der Obrigkeit, welche die jetzigen Bischöfe, Äbte, Klöster, Stifte und ihresgleichen treiben; weil man offen sieht, daß sie wider Gott und sein Wort lehren und regieren. So daß also dies für das erste sicher und stark genug begründet sei, und man sich darauf verlassen soll, daß es göttliches Recht sei und der Seelen Seligkeit not, solche Bischöfe, Äbte, Klöster und was des Regiments ist, abzutun oder zu meiden.

Zum zweiten: weil aber eine christliche Gemeinde nicht ohne Gottes Wort sein soll noch kann, folgt aus dem vorigen kräftig genug, daß sie dennoch ja Lehrer und Prediger haben müssen, die das Wort treiben. Und weil in dieser verdammten letzten Zeit die Bischöfe und das falsche geistliche Regiment solche Lehrer nicht sind noch sein wollen, sie dazu auch nicht geben noch leiden wollen, und weil Gott nicht zu versuchen ist (mit der Bitte), daß er vom Himmel neue Prediger sende, müssen wir uns nach (dem Gebot) der Schrift (ver)halten, und unter uns diejenigen selbst berufen und einsetzen, die man geschickt dazu findet und die Gott mit Verstand erleuchtet und mit Gaben dazu geziert hat.

Denn das kann niemand leugnen, daß ein jeglicher Christ Gottes Wort hat und von Gott gelehrt und zum Priester gesalbt ist, wie Christus Joh. 6, 45 spricht: «Sie werden alle von Gott gelehrt sein», und Ps. 45, 8: «Gott hat dich gesalbt mit Freudenöl wie keinen deinesgleichen.» Diese Mitgenossen sind die Christen, Christi Brüder, die mit ihm zu Priestern geweiht sind, wie auch Petrus 1. Petr. 2, 9 sagt: «Ihr seid das königliche Priestertum, daß ihr verkündigen (51) ‖ sollt die Wohltaten dessen, der euch berufen hat von der Finsternis zu seinem wunderbaren Licht.»

Ists aber so, daß sie Gottes Wort haben und von ihm gesalbt sind, so sind sie auch schuldig, dasselbe zu bekennen, zu lehren und auszubreiten, wie Paulus 2. Kor. 4, 13 sagt: Wir haben auch denselben Geist des Glaubens, darum reden wir auch, wie der Prophet Ps. 116, 10 sagt: «Ich bin gläubig geworden, darum rede ich», und Ps. 51, 15 sagt er von allen Christen: «Ich will die Übertreter [Gottlosen] deine Wege lehren, daß sich die Sünder zu dir bekehren.» Also ist hier abermals sicher, daß ein Christ nicht allein Recht und Vollmacht hat, das Gotteswort zu lehren, sondern schuldig ist, dasselbe zu tun, bei seiner Seele Verlust und Gottes Ungnaden.

Quelle: Luther, Christliche Versammlung, 1966, S. 50–52

II
Die Entstehung des Konzepts
im 17. und 18. Jahrhundert

1. Naturrecht und bürgerliche Gesellschaft

Thomas Hobbes, *Vom Menschen. Vom Bürger,* 1658 / 1642
Tief geprägt von einer allgemeinen Skepsis gegenüber dem Menschen, entfernt sich Thomas Hobbes (1588–1679) vom aristotelischen Bild, dass sich der Mensch vereint, weil es in seiner Natur liege und er nur in der bürgerlichen Gesellschaft seine positiven Fähigkeiten entwickeln könne. Stattdessen sei im Naturzustand «jedem ein Recht auf alles gegeben», und man könne «nicht leugnen, dass der natürliche Zustand der Menschen, bevor sie zur Gesellschaft zusammentraten, der Krieg gewesen ist, und zwar nicht der Krieg schlechthin, sondern der Krieg aller gegen alle».[100] Aber auch der durch Vertrag vollzogene Zusammenschluss findet – wie der Textausschnitt im Folgenden zeigt – nur um des eigenen Vorteils willen statt.[101] Daraus folgt für Hobbes, dass es einen starken Staat braucht, um die Interessenkonflikte zu beherrschen.[102] Zivilgesellschaftliches Handeln muss sich vollständig dem Staat unterordnen, weil die Menschen als Folge ihres Egoismus wieder in die Gefahr des Krieges aller gegen alle zurückfallen können: ohne Staat keine Zivilgesellschaft.[103]

Die meisten, welche über den Staat geschrieben haben, setzten voraus oder erbitten oder fordern von uns den Glauben, daß der Mensch von Natur ein zur Gesellschaft geeignetes Wesen sei,[104] also das, was die Griechen ζωον πολιτικόν (75) [*zôon politikón*] ‖ nennen. Auf dieser Grundlage errichten sie ihre Lehre von der bürgerlichen Gesellschaft, als ob zur Erhaltung des Friedens und zur Regierung des menschlichen Geschlechts nichts weiter nötig wäre, als daß die Menschen sich auf gewisse Verträge und Bedingungen einigten, die sie selbst dann Gesetze nennen. Dieses Axiom ist jedoch trotz seiner weitverbreiteten Geltung falsch; es ist ein Irrtum, der aus einer allzu oberflächlichen Betrachtung der menschlichen Natur herrührt. Denn untersucht man genauer die Gründe, warum die Menschen zusammenkommen und sich gegenseitig an ihrer Gesellschaft erfreuen, so findet man leicht, daß dies nicht naturnotwendig, sondern nur zufälligerweise geschieht. Denn wenn die Menschen einander von Natur, d. h. bloß weil sie Menschen sind, liebten, wäre es unerklärlich, weshalb nicht jeder einen jeden in gleichem Maße liebte, da sie ja alle in gleichem Maße Menschen sind; (76) ‖ oder weshalb der Mensch lieber die Gesellschaft derer aufsucht, die ihm mehr als den übrigen Ehre und Vorteil erweisen. Der Mensch sucht also von Natur keine Gesellschaft um der Gesellschaft willen, sondern um von ihr Ehre und Vorteil zu erlangen; dies begehrt er zuerst, das andere nur an zweiter Stelle. Die Absicht, weshalb die Menschen sich zusammenschließen, ergibt sich aus dem, was sie nach einem Zusammenschluß tun. Ist es des Handels wegen geschehen, so sorgt ein jeder nicht für den Genossen, sondern für sein eigenes Vermögen; ist es des Amtes wegen geschehen, so entsteht eine Art Amtsfreundschaft, die aber mehr Eifersucht aufeinander als Liebe enthält und aus der wohl manchmal Zwietracht, aber niemals Wohlwollen hervorgeht; kommen Menschen des geistigen Verkehrs oder des Vergnügens wegen zusammen, so neigt jeder dazu, sich besonders an dem zu erfreuen, was Lachen erweckt, damit er selbst (wie es die Natur des Lächerlichen mit sich bringt) durch Vergleich mit den Fehlern und Schwächen anderer Menschen wenigstens seiner Meinung nach desto lobenswerter hervortrete. Und wenn dies auch manchmal nicht in böser Absicht und ohne jemand zu verletzen geschieht, so ist doch klar, daß dabei nicht so sehr die Gesellschaft, wie die eigene eitle Ehre das Vergnügen hervorruft. Übrigens werden in solchen Zusammenkünften meist die Abwesenden verletzt: ihr ganzes Leben, ihre Worte und Handlungen werden untersucht, beurteilt, verdammt oder zu beißenden Scherzen benutzt; ja selbst die Anwesenden werden nicht geschont, denn sobald sie zur Tür hinaus sind, müssen sie Gleiches erleiden. Deshalb war es gar kein törichter Einfall, aus solchen Klatschgesellschaften immer nur als der letzte fortzugehen. Und das sind in der Tat die wahren Freuden der geselligen Vereinigung, nach denen wir von Natur, d. h. durch die allen lebenden Wesen eingepflanzten Leidenschaften so lange verlangen, bis durch trübe Erfahrungen oder heilsame Lehren die Begierde nach dem Gegenwärtigen durch das Andenken an das Vergangene gemäßigt ist, was bei vielen nie der Fall ist. (1. Kapitel: Vom Zustand der Menschen außerhalb der bürgerlichen Gesellschaft[105])

[…]

Wenn sonach die Übereinstimmung des Willens vieler zu demselben Zwecke nicht genügt, um den Frieden zu erhalten und eine dauernde Verteidigung zu ermöglichen, muß in bezug auf die zum Frieden und zur Selbstverteidigung notwendigen Mittel *ein* Wille in allen bestehen. Dies ist aber nur möglich, wenn die einzelnen ihren Willen dem Willen eines einzelnen, d. h. *eines* Menschen oder *einer* Versammlung so unterwerfen, daß dieser Wille für den Willen aller einzelnen gilt, soweit er etwas über das zum gemeinsamen Frieden Notwendige bestimmt. Eine Versammlung aber nenne ich einen Zusammentritt mehrerer Menschen, welche über das, was zu dem gemeinen Besten aller zu tun oder zu unterlassen ist, beratschlagen.

Diese Unterwerfung des Willens aller unter den Willens *eines* Menschen oder *einer* Versammlung erfolgt dann, wenn jeder sich jedem der übrigen durch Vertrag verpflichtet, dem Willen dieses *einen*, dem er sich unterworfen hat, sei es ein Mensch oder eine Versammlung, keinen Widerstand zu leisten; d. h. er verweigert jenem nicht den Gebrauch seiner Mittel und Kräfte gegen irgendwelche andere (da angenommen wird, daß er sich das Recht der Selbstverteidigung gegen Gewalt vorbehält). Dies nennt man Union oder *Vereinigung*. Als Wille der Versammlung gilt aber der Wille der Mehrzahl der Personen, aus denen sie besteht.

Obgleich der Wille nicht selbst freiwillig, sondern nur das Prinzip der freiwilligen Handlungen ist (denn man will nicht wollen, sondern handeln) und daher keineswegs unter Überlegung und Verträge fällt, so überträgt doch der, welcher seinen Willen dem eines andern unterwirft, diesem andern das Recht auf seine Kraft und seine Fähigkeiten. Wenn daher die übrigen dasselbe tun, so erlangt der, dem man sich unterwirft, eine so große Macht, daß er durch den Schrecken derselben die Willen der einzelnen zur Einheit und Einigkeit bestimmen kann.

Die so gebildete Vereinigung ist der Staat oder die bürgerliche Gesellschaft oder auch die bürgerliche Person.[106] Denn da alle hier nur *einen* Willen haben, so gelten sie für *eine* Person, die durch diese Einheit sich von allen einzelnen Menschen unterscheidet, die ihre besonderen Rechte (128)‖ und ihr besonderes Vermögen hat. Deshalb kann (mit Ausnahme desjenigen, dessen Wille für den Willen aller gilt) weder irgendein Bürger, noch können alle zusammen als der Staat gelten. Der Staat ist daher als *eine* Person zu definieren, zu deren Wille vermöge des Vertrages mehrerer Menschen als ihrer aller Wille gilt, so daß sie die Kräfte und Fähigkeiten der einzelnen für den gemeinsamen Frieden und Schutz verwenden kann. (5. Kapitel: Von den Ursachen und der Entstehung des Staates)

Quelle: Hobbes, Vom Menschen. Vom Bürger, 1966, S. 75 – 77, 128 f.

Samuel Pufendorf, *Pflicht des Menschen und des Bürgers*, 1673

Samuel Pufendorf (1632–1694), der entscheidende Naturrechtslehrer des 17. Jahrhunderts,[107] erhebt die Vereinigung der Menschen zu einer Gesellschaft zu einem Naturrecht. Mit dem Schritt der Vereinigung sind bei Pufendorf mehrere Aspekte verbunden. Dazu gehört die Akzeptanz, dass alle Menschen gleich sind; in der Gesellschaft besteht eine wesentliche Aufgabe darin, den «Vorteil der anderen zu fördern». Zentral ist schließlich die Forderung, dass man als Bürger die Gemeinschaft schützen und fördern muss und bereitwillig die Pflichten erfüllt.[108] Im Naturzustand lebt der Mensch in Freiheit, muss sich nicht unterordnen. Doch sind nach Pufendorf die damit verbundenen Gefahren für die Menschen zunehmend evident, und sie schließen sich zu einer «staatlichen Gesellschaft» zusammen.[109] Der Übergang zum Zusammenschluss erfolgt jedoch nicht aufgrund eines natürlichen Bedürfnisses zur Gemeinschaft, sondern weil der Mensch sich einen Vorteil erhofft. In der staatlichen Gesellschaft ist der Mensch gezwungen, sich zu unterwerfen und nach normativen Vorgaben zu leben, damit der Staat sich zu seiner vollkommensten Form entwickeln kann.[110]

Der Mensch ist also das Lebewesen, das am meisten auf seine Selbsterhaltung bedacht ist. Dabei ist er aber auf sich allein gestellt ganz hilflos. Er ist nicht in der Lage, ohne Unterstützung von seinesgleichen zu überleben, ist aber auch bestens geeignet zur gegenseitigen Förderung. Bei allem ist er jedoch böswillig, angriffslustig und leicht reizbar und ebenso schnell bereit, anderen zu schaden, wie er dazu auch in der Lage ist. Daraus ergibt sich, daß der Mensch, um zu überleben, ein Leben in der Gemeinschaft führen muß, d. h., er muß sich mit seinen Mitmenschen zusammentun und sich ihnen gegenüber so betragen, daß sie ihrerseits nicht jeden Vorwand ergreifen, (47) ‖ ihm zu schaden, sondern statt dessen bereit sind, auch seinen Vorteil zu wahren und zu fördern.

Die Regeln dieses Gemeinschaftslebens oder die Lehren darüber, wie sich ein jeder betragen muß, um ein nützliches Glied der menschlichen Gesellschaft zu sein, werden als Naturrecht bezeichnet.

Daraus ergibt sich folgende Grundregel des Naturrechts: Jeder muß die Gemeinschaft nach Kräften schützen und fördern. Nach dem Grundsatz «Wer ein Ziel will, dessen Wille umfaßt notwendigerweise auch die Mittel, ohne die das Ziel nicht erreicht werden kann» folgt daraus: Gebot des Naturrechts ist alles, was für das Leben in der Gemeinschaft notwendig und nützlich ist; was stört und schadet, ist verboten. Alle übrigen Vorschriften, deren Richtigkeit im Lichte der natürlichen Vernunft, die dem Menschen gegeben ist, unmittelbar einleuchtet, sind nur Folgesätze dieses obersten Grundsatzes. (48) (I. Buch, Kap. 3: Über das Naturrecht)

[…]

Der Mensch ist nicht nur ein auf Selbsterhaltung bedachtes Lebewesen. Ihm ist auch ein feines Gefühl der Selbstachtung eingegeben, dessen Verletzung ihn nicht weniger tief trifft als ein Schaden an Körper oder Vermögen. […] Deswegen steht folgende Regel an zweiter Stelle unter den Pflichten aller gegen alle: Daß jeder jeden anderen Menschen als jemanden, der ihm von Natur aus gleich ist und in gleicher Weise Mensch ist, ansieht und behandelt. (78) […]

Aus dieser Gleichheit folgt ferner: daß derjenige, der die Hilfe anderer zu seinem Vorteil heranziehen will, sich als Gegenleistung auch zu deren Nutzen einsetzen muß. Denn wer fordert, daß die anderen ihm zu Diensten sind, selbst hingegen stets frei von Leistungen sein will, der betrachtet die anderen nicht als gleichwertig. Daher sind diejenigen am meisten zum Leben in der Gemeinschaft geeignet, die allen bereitwillig das erlauben, was sie auch für sich selbst als erlaubt ansehen. Unsozial sind demnach diejenigen, die sich anderen überlegen fühlen und sich allein alles herausnehmen wollen, die vor allen anderen Ehre für sich beanspruchen und den besten Teil von allem, was zur Verfügung steht, obwohl sie nicht mehr Rechte haben als die anderen. Daher gehört es zu den grundlegenden Pflichten des Naturrechts, daß niemand, der nicht ein besonderes Recht erworben hat, für sich mehr beansprucht als die anderen, sondern zuläßt, daß die anderen gleiches Recht genießen wie er selbst. (79) (I. Buch, Kap. 7: Über die Anerkennung der natürlichen Gleichheit der Menschen)

[…]

Unter den Pflichten aller gegen alle, die mit Rücksicht auf das gemeinsame Leben in der Gesellschaft zu erfüllen sind, steht an dritter Stelle: Jeder muß den Vorteil des anderen fördern, soweit er es ohne eigene Einbuße kann. Da nämlich von Natur aus eine Verwandtschaft zwischen allen Menschen besteht, wäre es zu wenig, die anderen nicht zu verletzen oder zu verachten. Vielmehr muß man den anderen alles zuteil werden und sich alles gegenseitig zukommen lassen, woraus das gegenseitige Wohlwollen unter den Menschen gespeist wird. Wir nützen aber den anderen entweder mittelbar oder unmittelbar und auch ohne eigenen Nachteil oder unter Opfern. (82) (I. Buch, Kap. 8: Über die gegenseitigen Pflichten der Menschlichkeit)

[…]

Da der Mensch […] ganz offensichtlich ein Lebewesen ist, das sich selbst am meisten liebt und auf seinen Vorteil bedacht ist, ist es notwendig so, daß er irgendeinen Vorteil für sich im Auge hat, wenn er sich freiwillig für das Leben in der Gemeinschaft des Staates entscheidet. Zwar wäre die Lage des Menschen außerhalb einer Gemeinschaft mit seinesgleichen höchst elend gewesen, doch die natürlichen Wünsche und Bedürfnisse des Menschen hätten auch in den ursprünglichen Gesellschaften durch Erfüllung der allgemeinen mitmenschlichen oder der durch Vertrag übernommenen Pflichten vollauf befriedigt werden können. Daher kann nicht unmittelbar aus der nach Gesellschaft verlangenden Natur des Menschen geschlossen werden, daß sein Wesen zwingend zur Bildung von Staaten führt.

Das wird deutlicher, wenn wir betrachten, welche Lage sich für die Menschen aus der Gründung von Staaten ergibt; weiter, was erforderlich ist, damit jemand wirklich als Gemeinschaftswesen, d. h. als guter Bürger bezeichnet werden kann, und welche Züge sich schließlich in der Natur des Menschen finden lassen, die einem Leben im Staate entgegenstehen. (159)‖

Wer Staatsbürger wird, büßt die natürliche Freiheit ein und unterwirft

sich einer Herrschaft, die das Recht auf Leben und Tod umfaßt. (160) [...]
Als Gemeinschaftswesen, d. h. als guten Staatsbürger bezeichnen wir
den, der den Anordnungen der Herrscher bereitwillig gehorcht, der mit
allen Kräften nach dem Gemeinwohl strebt und seinen eigenen Vorteil
gern hintansetzt; ja, der nichts als seinen Vorteil ansieht, was nicht auch
dem Staat zum Vorteil dient und der sich schließlich gegenüber den anderen Bürgern zuvorkommend verhält. Doch es lassen sich nur wenige
Menschen finden, deren angeborene Anlagen auf dieses Ziel ausgerichtet
sind. Der größte Teil wird durch die Furcht vor Strafe so gut es geht im
Zaume gehalten. Viele bleiben ihr ganzes Leben lang schlechte Bürger,
die sich nicht als Gemeinschaftswesen aufführen. (160) (II. Buch, Kap. 1:
Über die Menschen im Naturzustand)
  [...]
  Die Pflichten der Bürger sind teils allgemeine und teils besondere
Pflichten. Die ersteren ergeben sich aus der alle Bürger treffenden Ver-
pflichtung, kraft deren man der Herrschaft des Staates unterworfen ist.
Besondere Pflichten sind die Folge besonderer Aufgaben und Ämter, die
einzelnen durch die oberste Gewalt im Staate auferlegt werden.
  Die allgemeine Pflicht der Bürger bezieht sich entweder auf die Lenker
des Staates, auf den Staat im ganzen oder auf die Mitbürger.
  Den Lenkern des Staates schuldet der Bürger Achtung, Treue und Gehorsam. Damit verbunden ist, daß er sich mit der bestehenden Lage zufrieden gibt, nicht auf Umsturz sinnt und auch keinem anderen Herrscher mehr ergeben ist und Bewunderung oder Verehrung zollt. Weiter
darf der Bürger auch nur Gutes und Ehrenhaftes über die Lenker des Staates und alle ihre Maßnahmen denken und äußern.
  Gegenüber dem Staat im ganzen hat ein guter Bürger die Pflicht, nichts
höher zu veranschlagen als dessen Sicherheit und Wohl, Leben, Hab und
Gut und alle Mittel zu seiner Erhaltung bereitwillig zur Verfügung zu
stellen, sowie alle Kräfte des Geistes und des Körpers auf die Vermehrung
seines Glanzes und die Förderung seiner Wohlfahrt auszurichten.
  Im Verhältnis zu den Mitbürgern trifft den Bürger die Pflicht zu
freundschaftlichem und friedfertigem Zusammenleben. Er muß sich zuvorkommend und umgänglich zeigen und nicht durch Eigensinn und
Hartnäckigkeit Unruhe stiften. Er darf nicht neidisch sein auf Vorteile,

die andere haben, und nicht versuchen, etwas auf die Seite zu schaffen. (211) ‖

Die besonderen Pflichten sind im ganzen Staat verbreitet oder nehmen nur einen Teil in Anspruch. In bezug auf alle gilt aber das generelle Gebot, daß niemand ein Amt im Staat anstreben oder übernehmen darf, zu dem er sich für ungeeignet hält. […] (212)

Eine besondere Pflicht eines Bürgers währt aber so lange, wie er in dem Amt ist, aus dem sich die Pflicht ergibt. Wenn er dieses Amt verläßt, endet die Pflicht. Doch die allgemeine Pflicht besteht, solange man Bürger ist. Man hört aber auf, Bürger zu sein, wenn man mit ausdrücklicher oder stillschweigender Zustimmung des Staates wegzieht und sein Glück an einem anderen Ort sucht. (214) (II. Buch, Kap. 18: Über die Pflichten der Bürger)

Quelle: Pufendorf, Über die Pflicht, 1994, S. 47 f., 78 f., 82, 159 f., 211 f., 214

Gottfried Wilhelm Leibniz, *Vom Naturrecht*, ca. 1690

Knapp formuliert Gottfried Wilhelm Leibniz (1646 – 1716) die Stufenfolge der Vergesellschaftung, die bis in das 18. Jahrhundert hinein das politische Denken von der Entstehung der bürgerlichen Gesellschaft bestimmte. Die bürgerliche Gesellschaft ist dabei im Allgemeinen synonym mit dem Begriff Staat verwendet, kann aber bei Leibniz auch eine Landschaft oder eine Zunft meinen.[111] Deutlich wird darüber hinaus im letzten Absatz durch die Verwendung des Konjunktivs, dass die Entstehung der bürgerlichen Gesellschaft ein utopisches Fernziel darstellt – ein Aspekt, der auch in den heutigen Zivilgesellschaftsdebatten mitschwingt.

Die *Gerechtigkeit* ist eine gemeinschaftliche Tugend, oder eine Tugend, so die Gemeinschaft erhält.

Die *Gemeinschaft* ist eine Vereinigung verschiedener Menschen, zu einem gemeinen Absehen.

Eine *natürliche* Gemeinschaft ist, so die Natur haben will.

Die Zeichen, daraus man schließen kann, daß die Natur etwas will, sind, wenn uns die Natur eine Begierde gegeben und Kräfte oder Wirkung solche zu erfüllen: denn die Natur thut nichts vergebens.

Vors andere, wenn die Sach eine Nothwendigkeit oder beständigen Nutzen hat: denn die Natur fügt überall das Beste.

Die *vollkommenste* Gemeinschaft ist, deren Absehen ist die allgemeine und höchste Glückseligkeit.

Das *natürliche* Recht ist, so die natürlichen Gemeinschaften erhält oder befördert.

Die *erste* natürliche Gemeinschaft ist zwischen Mann und Weib, den[n] die ist nöthig, das menschliche Geschlecht zu erhalten.

Die *andere* zwischen Eltern und Kindern; die entstehet nächst aus der vorhergehenden; denn wenn die Kinder einmal (414) ‖ gezeugt, oder doch freiwillig angenommen, müssen sie erzogen werden, das ist regieret und ernähret. Dagegen sie den Eltern Gehorsam und Hülfe schuldig, wenn sie einmal erzogen. […]

Die *dritte* natürliche Gemeinschaft ist zwischen Herr und Knecht, welche der Natur gemäß, wenn eine Person Mangel an Verstand hat, nicht aber Mangel an Kräften, sich zu ernähren. Denn eine solche Person ist ein Knecht von Natur, welcher arbeiten muß, wie es ihm ein Ander [sic] vorschreibt, und hat davon den Unterhalt; der Ueberschuß ist des Herrn. Denn alles, was der Knecht ist, ist er seines Herrn wegen, dieweil alle ander [sic] Kräfte nur des Verstandes wegen sein [sic]. Nun ist der Verstand im Herrn, alle andern Kräfte aber nur im Knechte. Weil ein solcher Knecht des Herrn wegen ist, so ist ihm der Herr nichts als Unterhalt schuldig […] ‖ (415)

Die *vierte* natürliche Gemeinschaft ist die Haushaltung, so aus obgemeldeten [sic] Gesellschaften, etlichen oder allen, zusammengesetzt. Ihr Absehen ist die tägliche Nothdurft.

Die *fünfte* natürliche Gemeinschaft ist die bürgerliche Gemeinschaft (ist sie klein, so wirds eine Stadt genannt; eine Landschaft ist eine Gemeinschaft unterschiedener Städte und ein Königreich oder große Herrschaft ist eine Gemeinschaft verschiedener Landschaften – alles um zur Glückseligkeit eher zu gelangen und dabei sicher zu bleiben) deren Glieder bisweilen zusammen wohnen in einer Stadt, bisweilen im Land ausgebreitet. Ihr Absehen ist zeitliche Wohlfahrt.

Die *sechste* natürliche Gemeinschaft ist die *Kirche Gottes*, welche auch wohl ohne Offenbarung unter den Menschen bestehen, und durch

Fromme und Heilige hätte erhalten und fortgepflanzt werden können. Ihr Absehen ist eine ewige Glückseligkeit. Und ist kein Wunder, daß ich sie eine natür- (416) ‖ liche Gesellschaft nenne, maßen ja auch eine natürliche Religion und Begierde der Unsterblichkeit uns eingepflanzet [sic]. Diese Gemeinschaft der Heiligen ist katholisch oder allgemein, und verbindet die ganze menschliche Gesellschaft zusammen. Kom[met die] Offenbarung dazu, wird das vorige Band nicht zerrissen, sondern verstärket.

Divisio Societatum.
Abtheilung der Gesellschaften oder Gemeinschaften.
Alle Gesellschaft ist *gleich* oder *ungleich*. Gleich, wenn einer so viel als der andere dabei Macht hat, ungleich, wenn einer den andern regieret.

Alle Gesellschaft ist entweder *unbeschränkt* oder *beschränkt*. Eine unbeschränkte Gesellschaft geht aufs ganze Leben und gemeine Beste. Eine beschränkte Gesellschaft geht auf gewisse Absehen, zum Exempel, Handel und Wandel, Schiffahrt, Kriegsdienst, Reisen.

Eine *unbeschränkte gleiche* Gesellschaft ist zwischen wahren Freunden. Und solche ist sonderlich zwischen Mann und Weib, zwischen Eltern und erwachsenen Kindern, zwischen Herren und Freigelassenen, insgemein aber zwischen allen verständigen Menschen, so mit einander genugsame Kundschaft haben.

Eine *unbeschränkte ungleiche* Gesellschaft ist zwischen den Regierenden und Untergebenen. Solche Regierung nun geschieht entweder umb [sic] der Erhaltung willen. Ist sie umb der Verbesserung willen, so hat sie eigentlich Statt zwischen Eltern und Kindern, auch zwischen uns und denen, so wir an Kindes Statt aufnehmen, oder doch dazu erziehen, daß sie alle ihre Wohlfahrt von uns haben und allein unter unser Regierung sein. Denn zwischen Lehrmeister und Schüler hat sie nicht Statt, weil diese jenen (417) ‖ nur auf eine gewisse Maße und Weise untergeben werden; wir aber hier von unbeschränkter Gesellschaft reden, so aufs ganze Leben und Wohlfahrt gehet [Satz sic]. Thumme Menschen sind erwachsene Kinder. Ist aber solche Regierung um der Erhaltung willen, so ist sie zwischen Herrn und Knecht, und bestehet darin, daß ein Herr dem Knecht seine Wohlfahrt sicher stellet, dieser dagegen sich jenes Regierung davor untergiebt. […]

Alle unbeschränkten Gesellschaften gehen zwar auf die Wohlfahrt, können aber nicht solche allemal leisten; daher haben mehr Menschen zusammentreten und größere und kräftige Gemeinschaften machen müssen. Daher Haushaltungen, Geschlechter, Dörfer, Klöster, Orden, Städte, Landschaften, und endlich das ganze menschliche Geschlecht, welches unter dem Gebiet Gottes gleichsam eine Gemeine macht.

Wenn Alles in der Welt aufs vollkommenste eingerichtet (418) ‖ wäre, so würden erstlich Eltern, Kinder, Verwandte, die besten Freunde sein, und ganze Familien eine gewisse Art zu leben gewählet haben, alles das Ihrige dazu einzurichten, und dabei bleiben, und sich in ihrer Kunst vollkommen machen, und ihrer Kinder Erziehung darnach einrichten, und von einerlei Beruf sich zusammen verheirathen, um schon durch die Erziehung gleichsam von den Eltern vereinigt zu sein. Diese Geschlechter würden Zünfte oder Kasten machen, aus denen würden Städte entstehen, solche zu einer Landschaft treten, und alle Länder endlich unter der Kirche Gottes stehen. (419)

Quelle: Leibnitz' [sic] Deutsche Schriften, 1838, 1. Band, S. 414–419

Christian Wolff, *Vernünfftige Gedancken*, 1732

Christian Wolff (1679–1754), der in der ersten Hälfte des 18. Jahrhunderts die deutsche Rechtsphilosophie maßgeblich beeinflusste und bis zu Kant und Wilhelm von Humboldt weiterwirkte, entwickelt mit dem Begriff des «gemeinen Wesens» einen Wertekatalog, der sich auch im heutigen Zivilgesellschaftsdiskurs wieder findet. Wolff richtet sich damit gegen die skeptische Sichtweise von Hobbes. Der Mensch ist keineswegs von Natur aus auf Vereinzelung angelegt.[112] Wolffs «gemeines Wesen» meint dabei nicht den Staat, sondern «innerhalb der allgemeinen ‹Gesellschaften der Menschen› eine ‹Art› neben den anderen Arten von Gesellschaft, eben die ‹bürgerliche› im Unterschied zur häuslichen, herrschaftlichen, ehelichen und väterlichen Gesellschaft».[113] Es deutet sich hier die Abtrennung der bürgerlichen Gesellschaft vom Staat an, die bisher als Begriff und Idee stets synonym verwendet wurden.[114] Allerdings lässt sich diese ange-

deutete Trennung nicht im liberalen Sinn einer vor staatlichen Zugriffen ge-
schützten Sphäre interpretieren; dies würde Wolffs Vorstellungen völlig aus dem
historischen Kontext reißen.[115] *Der Begriff des «gemeinen Wesens» macht dar-*
über hinaus deutlich, dass Handlungslogiken und Funktionen der Zivilgesell-
schaft auch unter anderen Begriffen gefunden werden können. Das heißt für die
Debatte um die Zivilgesellschaft, offen zu sein für Begriffe auch außerhalb des
abendländisch-westeuropäischen Kulturzusammenhangs, die zivilgesellschaft-
liches Engagement in anderen Begriffen erfassen.

§. 213. Da nun einzelne Häuser nicht alle Bequemlichkeiten des Lebens
ihnen selbst verschaffen können, derer sie fähig sind (161) ‖ noch auch
des ihrigen, ja ihres Leibes und Lebens gesichert seyn; folgends das
höchste Gut, darnach sie zu streben verbunden sind, nicht zu erlangen
vermögen: so ist nöthig, daß so viele sich zusammen begeben und mit
vereinigten Kräfften ihr Bestes befördern, biß sie in dem Stande sind sich
alle Bequemlichkeiten des Lebens zu verschaffen, der natürlichen Ver-
bindlichkeit gemäß von einer Vollkommenheit zu der andern ungehindert fortzuschreiten und sich wieder [wider] alle Beleidigungen sattsam
zu vertheidigen. Wenn dieses geschiehet, so begeben sie sich in eine Gesellschafft, und der ungehinderte Fortgang in Beförderung des gemeinen
Bestens, das sie durch vereinigte Kräffte erhalten können, ist die Wohlfahrt dieser Gesellschaft. Diese Gesellschafft pflegt man das gemeine Wesen zu nennen.

§. 214. Es ist demnach das gemeine Wesen eine aus so viel Häusern bestehende Gesellschafft als zu Beförderung der gemeinen Wohlfahrt und
Erhaltung der Sicherheit nöthig ist. Und demnach sind zwey Absichten,
welche die Menschen gehabt, warum sie ein gemeines Wesen aufgericht-
etn, nehmlich [sic] damit sie in dem Stande wären dem höchsten Gute
desto sicherer nachzustreben, oder ihre Wohlfahrt mit vereinigten Kräfften zu befördern, und sich (162) ‖ wieder [wider] alle Gewalt und Unrecht
zu schützen.

§. 215. Die gemeine Wohlfahrt demnach und Sicherheit ist das höchste
und letzte Gesetze im gemeinen Wesen, und demnach die Regel, darnach
man alles im gemeinen Wesen zu entscheiden hat, diese: Thue, was die
gemeine Wohlfahrt befördert und die gemeine Sicherheit erhält. Hinge-

gen unterlaß, was die gemeine Wohlfahrt hindert und der gemeinen Sicherheit zuwieder ist.[116]

§. 216. Auf solche Weise erhellet, daß wir im gemeinen Wesen bey unsern Handlungen zugleich mit auf andere sehen müssen, damit dadurch nicht andern, die unsere Mitglieder sind, einiger Eintrag geschehe, sondern vielmehr ihre Wohlfahrt zugleich dadurch befördert wird. Derowegen hat ein jeder bey seinen Handlungen darauf zu sehen, was sie veränderliches in dem Zustande des gemeinen Wesens nach sich ziehen. Es hat manche Handlung nicht viel zu sagen, wenn wir sie in Ansehung unsers Zustandes erwegen: allein wenn wir sie gegen den Zustand des gemeinen Wesens halten, so kommet viel schlimmes daraus. (163)

[…]

§. 224. Da die Vollkommenheit in einer Zusammenstimmung des mannigfaltigen bestehet, im gemeinen Wesen aber alles, was zu seiner Einrichtung und Verwaltung gehöret, mit einem Worte, alles was auf einige Art und Weise dazu gehöret, mit der gemeinen Wohlfahrt und Sicherheit zusammen stimmen muß; so ist klar, wie man die Vollkommenheit eines gemeinen Wesens zu beurtheilen hat. Nehmlich es ist weiter nichts von nöthen, als daß wir 1. sorgfältig alles anmercken, was man darinnen der gemeinen Wohlfahrt und Sicherheit halber vornimmet, 2. mit Fleiß anmercket, was für veränderliches in dem Zustande derer, die darinnen (166) ‖ leben, erfolget; und endlich 3. beurtheilet, wie solches mit der gemeinen Wohlfahrt und Sicherheit bestehet. Man erkennet ohne mein Erinnern, was für eine weitläufige Ueberlegung bey dem letzten nöthig ist: Nehmlich bey der gemeinen Wohlfahrt hat man auf alles zu sehen, wozu der Mensch durch das Gesetze der Natur verbunden wird, und also so wohl auf die Pflichten gegen sich selbst, als gegen GOtt [sic] und andere Menschen, die wir in der Sitten-Lehre ausgeführet: bey der gemeinen Sicherheit ist nicht allein auf die innere Ruhe und Einigkeit, sondern auch auf den äusseren Frieden und das gute Verständniß mit auswärtigen zu sehen. (167)

Quelle: Wolff, Vernünfftige Gedancken, 1975, S. 161–163, 166 f.

August Ludwig Schlözer, *StatsRecht*, 1793

Bei August Ludwig Schlözer (1735–1809), Historiker, Sprachwissenschaftler und Anhänger der Aufklärung in Göttingen, findet sich die moderne Idee der «Erfindung» des Staates, obwohl seine Theorie nach wie vor naturrechtlich fundiert ist. Die Parallelsetzung des Staates mit einer Assoziation – nämlich einer Brandkasse – macht bei Schlözer den Staatsbegriff dem ähnlicher, was wir heute unter Zivilgesellschaft verstehen. Die «bürgerliche Gesellschaft» wird von Schlözer als bloßes Resultat des «tierischen Instinktes» des Menschen dargestellt. Mit Schlözer zeichnet sich immer deutlicher die Entwicklung ab, dass Staat und bürgerliche Gesellschaft getrennt zu betrachten seien.[117] Erst wenn in einem «pacto subjectionis» sich Obrigkeit und Untertan gebildet haben, dann «(heißt) eine auf diese Art veränderte bürgerliche Gesellschaft Staat».[118] Dem Staat kommt die Sphäre der Politik und Macht zu, in der bürgerlichen Gesellschaft beschäftigt man sich mit der «Metapolitik», daher behandelt Schlözer die «Metapolitik» in einem eigenen Abschnitt – getrennt von seinem Hauptkapitel über das «StatsRecht». Zur Metapolitik gehören unter anderem Gesetzgebung, wirtschaftliches Handeln, Rechte und Pflichten gegenüber dem Vaterland sowie die Religion. Dabei gesteht Schlözer den Mitgliedern der bürgerlichen Gesellschaft «Freiheit, Unabhängigkeit und Gleichheit» zu.[119]

Der Stat [die folgende ‹ungewöhnliche› Rechtschreibung: alle sic] ist eine I. Erfindung: Menschen machten sie zu ihrem Wol, wie sie Brand-Cassen [etc.] erfanden. Die instruktivste Art, StatsLere abzuhandeln, (3) ‖ ist, wenn man den Stat als eine künstliche, überaus zusammengesetzte Maschine, die zu einem bestimmten Zwecke gehen soll, behandelt.[120]

Aber II. uralt ist diese Erfindung: wir treffen sie schon beim allerersten Anfang der Geschichte an.

Und III. fast allgemein ist sie, trotz ihres natürlichen Unangenemen, bei Wilden, Barbaren, und cultivirten Menschen. Alle bisher bekannt gewordenen MenschenHaufen, alter, mittler und neuer Zeiten, leben in den 3 Arten häuslicher[121] Gesellschaft. Alle one Ausname leben in bürgerlicher Gesellschaft. Und bei weitem die allermeisten, wenn gleich nicht alle, leben in StatsGesellschaften, oder unter Obrigkeit.[122] (4) ‖

Die beiden ersten Arten von Gesellschaft, die häusliche und die bürgerliche, sind aus blosem tierischem Instinct erklärbar; zum Uebergang in die dritte mußte schon raisonnirende Erfarung wirken. Aber IV. ser leicht mußte die Erfindung seyn, dies beweist ihr Alter und ihre Allgemeinheit. Man brauchte nur zu bemerken, daß MenschenGlück one Verein, und dauernder Verein one Stat, nicht möglich sei: so unterwarf man sich freiwillig; oder falls auch die erste Unterwerfung erzwungen war, so harrte man gern in derselben fort.

Uebrigens, da sich noch kein einziges nur halbcultivirtes Volk one Stat gefunden hat: so muß der Stat V. ein unentberliches Bedürfnis der Menschheit seyn, und mit im Plane des Schöpfers liegen, vorausgesetzt, daß dieser die möglichsthohe Vervollkommung seiner MenschenGeschöpfe wolle. Unstreitig ist in der Bedeutung alle ‹*Obrigkeit vor Gott*›.» (5)

[...]

Der Mensch war eher, als der Untertan. Und ehe er sich in eine StatsGesellschaft begab, oder hineingeriet, hatte er schon, als EheMann, Vater, HausHerr, und Bürger, die Freuden und Leiden des geselligen Lebens gekostet. Wie kam er in alle diese Verbindungen? Wie besonders aus der 4ten in die 5te? Wenn tierischer Zwang nicht alles tat, so bleibt uns nichts, als seine Natur, zum ErklärungsGrund übrig. Also, Wie sah der Mensch, vor aller Verbindung mit andern Menschen, in seinem UrZustande, aus? Wie war er, als er aus der Hand des Schöpfers kam, mit der Ehrenvollen Bestimmung, in der Folge aus sich selbst alles zu machen, was er werden konnte, falls ihm nur, beim Auslaufen in der Ban der Menschheit, kein Ziel gesteckt würde? Er, ursprünglich one alles äußere Eigentum, one Feuer, one Sprache, folglich auch one Vernunft: wie rückte er dennoch allmälich, in bleibende Gesellschaften mit Wesen seiner Art, ein? [123] (31)‖

[...]

Zwei oder mehrere erwachsne vollbürtige Menschen, begegnen sich zum erstenmal. Was werden, was dürfen, sie miteinander anfangen?

I. *Quid facient?* Sie werden sich balgen (Hobbes). Sie werden sich kalt, one Notiznemung von einander, vorüber gehen (Rousseau). – Man sollte doch wol das letzte glauben. Fast im ganzen Tierreich ‹similis simili gaudet›.[124] Der Mensch wird sich nicht verläugnen können, daß der andre Mensch ein Wesen seiner Art sei: folglich wird er ihn, d. i. sich selbst in seinem andern Ich, lieben; er wird sich bei dessen Schmerz und Lust interessiren; und sein unausbleibliches Gefül wird seyn, quod (38) ‖ tibi vis aut non vis fieri, alteri feceris aut ne feceris.[125]

Anmerk. Diese Grundsätze oder Anamen von Gesellligkeit und Sympathie, bestätigen auch viele Nachrichten von Wilden, die, so lange sie nicht gereizt waren, fremden Menschen mit zuvorkommender Güte begegnet sind.

Quelle: Schlözer, StatsRecht, 1970, S. 3–5, 31, 38 f.

Johann Gottlieb Fichte, *Grundlage des Naturrechts*, 1796

Nach Meinung von Johann Gottlieb Fichte (1762–1814) bedeutet der Verlust des Eigentumsrechts nicht den Ausschluss vom Bürgervertrag.[126] Vielmehr gilt: Erfüllt man die Voraussetzungen, ist man als Mitglied der (staats-)bürgerlichen Gesellschaft berechtigt, von ihr Unterstützung zu verlangen. Eigentumsrechte lassen sich nach Fichte auch über abhängige Arbeit, nicht nur über selbständige Tätigkeiten erwerben. Darüber hinaus wird im folgenden Ausschnitt deutlich, dass die bürgerliche Gesellschaft sich nicht mehr über staatliche Macht bestimmt, sondern sich im «Bereich der Bedürfnisse» (Hegel), also des Wirtschaftens und Arbeitens, etabliert.[127]

Das Wesen der ro- (208) ‖ hen Materie, welche selbst nur neben der organisirten und nur als Theil des organisirten [alle sic] Weltganzen zu denken ist, besteht darin, dass in ihr kein Theil anzutreffen sey, der nicht den Grund seiner Bestimmung in sich selbst habe, dessen Trieb nicht durch sein Seyn, und sein Seyn durch seinen Trieb vollkommen erklärt werde; das der organisirten darin, dass in ihr kein Theil angetroffen werde, der in sich selbst den Grund seiner Bestimmung habe, und in dem nicht Trieb angetroffen werde, der ein Seyn ausser [alle sic] ihm, nicht Seyn angetroffen werde, das einen Trieb ausser ihm voraussetzt. Das gleiche Verhältniss ist zwischen dem isolirten Menschen und dem Bürger. Der erstere handelt lediglich um seine Bedürfnisse zu befriedigen, und es wird keines derselben befriedigt, ausser durch sein eignes Handeln; was er äusserlich ist, ist er nur durch sich. Der Bürger hingegen hat mancherlei zu thun und zu lassen, nicht um sein selbst, sondern um der Anderen willen; dagegen werden seine höchsten Bedürfnisse befriedigt, ohne sein Zuthun, durch das Handeln der Andern. In dem organischen Körper erhält jeder Theil immerfort das Ganze, und wird indem er es erhält, dadurch selbst erhalten; ebenso verhält sich der Bürger zum Staat. Und zwar, es bedarf bei dem einen so wenig wie bei dem anderen einer besonderen Veranstaltung für diese Erhaltung des Ganzen, jeder Theil, oder jeder Bürger erhalte nur sich selbst in dem durch das Ganze ihm bestimmten Stande, so erhält er eben dadurch an seinem Theil das Ganze: und eben dadurch, dass das Ganze jeden Theil in diesem seinem Stande erhält, kehrt es in sich selbst zurück, und erhält sich selbst. (209)

[...]

Wir bekommen sonach eine nähere Bestimmung, des im Eigenthumsvertrage jedem einzelnen zugestandenen ausschliessenden Freiheits-Gebrauchs. Leben zu können ist das absolute unveräusserliche Eigenthum aller Menschen. Es ist ihm eine gewisse Sphäre der Objecte zugestanden worden ausschliessend für einen gewissen Gebrauch, haben wir gesehen. Aber der letzte Zweck dieses Gebrauchs ist der, leben zu können. Die Erreichung dieses Zweckes ist garantirt; dies ist der Geist des Eigenthumsvertrags. Es ist Grundsatz jeder vernünftigen Staatsverfassung: Jedermann soll von seiner Arbeit leben können.

Alle Einzelnen haben mit allen Einzelnen diesen Vertrag geschlossen. Alle haben sonach allen versprochen, dass ihre Arbeit wirklich das Mittel zur Erreichung dieses Zweckes seyn (212) ‖ soll: und der Staat muss dafür Anstalten treffen. (In einem Volke von Nackenden wäre das Recht, das Schneiderhandwerk zu treiben kein Recht; oder soll es ein Recht seyn, so muss das Volk aufhören nackend zu gehen. Wir gestehen dir das Recht zu, solche Arbeiten zu verfertigen, heisst zugleich; wir machen uns verbindlich sie dir abzukaufen.)

Ferner: – Alles Eigenthumsrecht gründet sich auf den Vertrag aller mit allen, der so lautet: wir alle behalten dies, auf die Bedingung, dass wir dir das deinige lassen. Sobald also jemand von seiner Arbeit nicht leben kann, ist ihm das, was schlechthin das Seinige ist, nicht gelassen, der Vertrag ist also in Absicht auf ihn völlig aufgehoben, und er ist von diesem Augenblicke an nicht mehr rechtlich verbunden, irgend eines Menschen

Eigenthum anzuerkennen. Damit nun diese Unsicherheit des Eigenthums durch ihn nicht eintrete, müssen alle von Rechtswegen, und zufolge des Bürgervertrages, abgeben von dem Ihrigen, bis er leben kann. – Von dem Augenblick an, da jemand Noth leidet, gehört keinem derjenige Theil seines Eigenthums mehr an, der als Beitrag erfordert wird, um einen aus der Noth zu reissen, sondern er gehört rechtlich dem Nothleidenden an. Es müssten für eine solche Repartition gleich im Bürgervertrage Anstalten getroffen werden; und dieser Beitrag ist so gut Bedingung aller bürgerlichen Gerechtsame, als der Beitrag zum schützenden Körper, indem diese Unterstützung des Nothleidenden selbst ein Theil des nothwendigen Schutzes ist. Jeder besitzt sein Bürgereigenthum, nur insofern und auf die Bedingung, dass alle Staatsbürger von dem Ihrigen leben können; und es hört auf, inwiefern sie nicht leben können, und wird das Eigenthum jener; es versteht sich immer, nach dem bestimmenden Urtheil der Staatsgewalt. Die executive Macht ist darüber so gut als über alle anderen Zweige der Staatsverwaltung verantwortlich, und der Arme, es versteht sich, derjenige der den Bürgervertrag mit geschlossen hat, hat ein absolutes Zwangsrecht auf Unterstützung. –

IV. Jeder muss *von seiner Arbeit* leben können, heisst der aufgestellte Grundsatz. Das Lebenkönnen ist sonach durch (213) ‖ die Arbeit bedingt, und es giebt kein solches Recht, wo die Bedingung nicht erfüllt worden. Da alle verantwortlich sind, dass jeder von seiner Arbeit leben könne, und ihm beisteuern müssten, wenn ers nicht könnte, haben sie nothwendig auch das Recht der Aufsicht, ob jeder in seiner Sphäre soviel arbeite, als zum Leben nöthig ist, und übertragen es der für gemeinschaftliche Rechte und Angelegenheiten verordneten Staatsgewalt. Keiner hat eher rechtlichen Anspruch auf die Hülfe des Staats, bis er nachgewiesen, dass er in seiner Sphäre alles mögliche gethan, um sich zu erhalten, und dass es ihm dennoch nicht möglich gewesen. Weil man aber doch auch in diesem Falle ihn nicht umkommen lassen könnte; auch der Vorwurf, dass er nicht zur Arbeit angehalten worden, auf den Staat selbst zurückfallen würde, so hat der Staat nothwendig das Recht der Aufsicht, wie jeder sein Staatsbürgereigenthum verwalte. – Wie nach dem obigen Satze kein Armer, so soll nach dem gegenwärtigen, auch kein Müssiggänger in einem vernunftmässigen Staate seyn. […]

V. Der Eigenthumsvertrag fasst sonach folgende Handlungen in sich. a) Alle zeigen allen, und bei Leistung der Garantie dem *Ganzen*, als einer Gemeine an, wovon sie zu leben gedenken. Dieser Satz gilt ohne Ausnahme. Wer dies nicht anzugeben weiss, kann kein Bürger des Staats seyn, denn er kann nie verbunden werden, das Eigenthum der anderen anzuerkennen. b) Alle, und bei der Garantie die Gemeine, erlauben jedem diese Beschäftigung[,] ausschliessend in einer gewissen Rücksicht. – Kein Erwerb im Staate ohne Vergünstigung desselben. Jeder muss seinen Erwerb ausdrücklich angeben, und keiner wird sonach Staatsbürger *überhaupt*, sondern tritt zugleich in eine gewisse Klasse der Bürger, sowie er in den Staat tritt. Nirgends darf eine Unbestimmtheit seyn. Das Eigenthum der Objecte besitzt jeder nur insoweit, als er dessen für die Ausübung seines Geschäfts bedarf. c) Der Zweck aller dieser Arbeiten ist der, leben zu können. Alle, und bei der Garantie die Gemeine, sind Jedem (214) ‖ Bürge dafür, dass seine Arbeit diesen Zweck erreichen wird, und verbinden sich zu allen Mitteln dazu von ihrer Seite. Diese Mittel gehören zu dem vollkommenen Rechte eines jeden, das ihm der Staat schützen muss. Der Vertrag lautet in dieser Rücksicht so: Jeder von allen verspricht, alles ihm mögliche zu thun, um durch die ihm zugestandenen Freiheiten und Gerechtsame leben zu können; dagegen verspricht die Gemeine, im Namen aller Einzelnen, ihm mehr abzutreten, wenn er dennoch nicht sollte leben können. Alle Einzelne[n] machen sich für diesen Behuf zu Beiträgen verbindlich, so wie sie es zum Schutze überhaupt gethan haben, und es wird eine Unterstützungsanstalt sogleich im Bürgervertrage mit getroffen, sowie eine schützende Gewalt errichtet wird. Der Beitritt zu der ersteren ist, wie der Beitritt zu der letzteren, Bedingung des Eintritts in den Staat. Die Staatsgewalt hat die Oberaufsicht über diesen Theil des Vertrages, sowie über alle Theile desselben, und Zwangsrecht, sowohl als Gewalt, jeden zur Erfüllung desselben zu nöthigen. (215)

Quelle: Fichte, Grundlage des Naturrechts, 1971, S. 209, 212–215

2. Zivilgesellschaft in der Gesellschaftstheorie

John Locke, *Zwei Abhandlungen*, 1690

Die ökonomische Seite der bürgerlichen Gesellschaft, die bei Fichtes Überlegungen zum Naturrecht zu erkennen war, hatte John Locke (1632–1704) bereits in seinem Essay über «Zwei Abhandlungen über die Regierung» aus dem Jahr 1690 intensiv beschäftigt.[128] Im Gegensatz zu Hobbes, bei dem jeder sein Recht auf Kosten eines anderen durchsetzen konnte, setzt Locke Grenzen durch die Freiheits- und Eigentumsrechte der anderen (§ 87). Erst in diesem Rechtssystem konstituiert sich die «bürgerliche Gesellschaft», an deren Mitwirkung alle Mitglieder verpflichtet sind (§ 89). Wird dieses Rechtssystem – etwa in der absoluten Monarchie – nicht eingehalten (§ 90), befinden sich die Menschen noch im Naturzustand. Da Lockes «Essay» auch eine Entgegnung auf Robert Filmers Verteidigung des Gottesgnadentums der absoluten Monarchie darstellte,[129] war es nur konsequent, dass Locke den Bereich der staatlichen Macht zu begrenzen suchte. Locke traf zwar begrifflich noch keine Trennung zwischen Staat und bürgerlicher Gesellschaft, dennoch entwickelte er die Idee einer Sphäre, in die die «Legislative» nicht eingreifen sollte; sie sollte sich vielmehr auf klar umrissene Themenkreise beschränken (§ 131).[130]

§ 87. Der Mensch wird […] mit einem Rechtsanspruch auf vollkommene Freiheit und uneingeschränkten Genuß aller Rechte und Privilegien des natürlichen Gesetzes in Gleichheit mit jedem anderen Menschen oder jeder Anzahl von Menschen auf dieser Welt geboren. Daher hat er von Natur aus nicht nur die Macht, sein Eigentum, d. h. sein Leben, seine Freiheit und seinen Besitz gegen die Schädigungen und Angriffe anderer Menschen zu schützen, sondern auch jede Verletzung dieses Gesetzes seitens anderer zu verurteilen und sie so zu bestrafen, wie es nach seiner Überzeugung das Vergehen verdient, sogar mit dem Tode, wenn es sich um Verbrechen handelt, deren Abscheulichkeit nach seiner Meinung die Todesstrafe erfordert. Da aber keine *politische Gesellschaft* bestehen kann, ohne daß es in ihr eine Gewalt gibt, das Eigentum zu schützen und zu diesem Zweck die Übertretungen aller, die dieser Gesellschaft angehören, zu bestrafen, so gibt es nur dort eine *politische Gesellschaft*, wo jedes einzelne ihrer Mitglieder seine natürliche Gewalt aufgegeben und zugunsten der Gemeinschaft in all denjenigen Fällen auf sie verzichtet hat, die ihn nicht davon ausschließen, das von ihr geschaffene Gesetz zu seinem Schutz anzurufen. Auf diese Weise wird das persönliche Strafgericht der einzelnen Mitglieder beseitigt, und die Gemeinschaft wird nach festen, stehenden Regeln zum unparteiischen und einzigen Schiedsrichter für alle. Durch Männer, denen von der Gemeinschaft die Autorität verliehen wurde, jene Regeln zu vollziehen, entscheidet sie alle Rechtsfragen, die unter den Mitgliedern dieser Gesellschaft auftreten können, und bestraft jene Vergehen, die von irgendeinem Mitglied gegen die Gesellschaft begangen werden, mit den vom Gesetz vorgesehenen Strafen. Daran kann man leicht beurteilen, welche Menschen in einer *politischen Gesellschaft* zusammenleben und welche nicht. Diejenigen, die zu einem einzigen Körper vereinigt sind, eine allgemeine feststehende Ge- (256) ‖ setzgebung und ein Gerichtswesen haben, das sie anrufen können und das genügend Autorität besitzt, die Streitigkeiten unter ihnen zu entscheiden und Verbrecher zu bestrafen, bilden zusammen eine *bürgerliche Gesellschaft.* Diejenigen aber, die keine solche gemeinsame Berufungsinstanz besitzen, zumindest nicht auf Erden, befinden sich noch im Naturzustand. Da es keinen anderen Richter gibt, ist jeder zugleich sein eigener Richter und Vollstrecker. Und genau das ist, wie ich schon oben gezeigt habe, der vollkommene *Naturzustand.*

[...]

§ 89. Wo immer daher eine Anzahl von Menschen sich so (257) ‖ zu einer Gesellschaft vereinigt hat, daß jeder einzelne seine exekutive Gewalt des natürlichen Gesetzes aufgibt und zugunsten der Gemeinschaft darauf verzichtet, entsteht, und zwar nur unter diesen Umständen, eine *politische oder bürgerliche Gesellschaft.* Und das ist überall dort der Fall, wo eine Anzahl von Menschen im Naturzustand sich zu einer Gesellschaft formt, um ein Volk, einen politischen Körper unter einer höchsten Regierung zu bilden, oder wo sich irgend jemand einer schon bestehenden Regierung anschließt und sich ihr einverleibt. Denn dadurch ermächtigt er die Gesellschaft oder, was dasselbe ist, ihre Legislative, ihm Gesetze zu geben, wie sie das öffentliche Wohl der Gesellschaft erfordern, und zu deren Vollziehung er mit seiner eigenen Mitwirkung verpflichtet ist (als ob es seine eigenen Beschlüsse seien). Und dies *versetzt die Menschen* aus dem Naturzustand in ein *Staatswesen*, indem sie einen Richter auf Erden einsetzen und ihn mit einer hinreichenden Autorität versehen, alle Streitigkeiten zu entscheiden und das Unrecht zu sühnen, das einem Mitglied des Gemeinwesens möglicherweise zugefügt wird. Dieser Richter ist die Legislative oder die von ihr ernannte Obrigkeit. Doch überall dort, wo eine wie auch immer vereinigte Anzahl von Menschen eine solche Gewalt mit Entscheidungsbefugnis, die sie anrufen könnten, nicht besitzen, befinden sie sich noch im *Naturzustand*.

§ 90. Das beweist, daß die *absolute Monarchie*, die manche Menschen für die einzige Regierung der Welt halten, in Wahrheit *mit bürgerlicher Gesellschaft unverträglich* ist und überhaupt keinerlei Form von bürgerlicher Regierung sein kann. Denn das *Ziel der bürgerlichen Gesellschaft* ist es, die Unzuträglichkeiten des Naturzustandes, die sich notwendigerweise ergeben, wenn jeder sein Richter in eigener Sache ist, zu vermeiden und ihnen abzuhelfen, indem eine allen bekannte Autorität eingesetzt wird, die jedes Mitglied der Gesellschaft anrufen kann, wenn es ein Unrecht erlitten hat oder ein Streit entstanden ist. Dieser Autorität muß jeder in der Gesellschaft gehorchen. Wo es also Menschen gibt, die keine solche Autorität besitzen, die sie (258) ‖ zur Entscheidung ihrer Streitigkeiten anrufen können, befinden sich diese Menschen immer noch *im Naturzustand*. Und das gilt für jeden *absoluten Fürsten* gegenüber denjenigen, die unter seiner *Herrschaft* stehen.

[...]

§ 131. Mit ihrem Eintritt in die Gesellschaft verzichten nun die Menschen zwar auf die Gleichheit, Freiheit und exekutive Gewalt des Naturzustandes, um sie in die Hände der Gesellschaft zu legen, damit die Legislative so weit darüber verfügen kann, wie es das Wohl der Gesellschaft erfordert. Doch geschieht das nur mit der Absicht jedes einzelnen, um damit sich selbst, seine Freiheit und sein Eigentum besser zu erhalten (denn man kann von keinem vernünftigen Wesen voraussetzen, daß es seine Lebensbedingungen mit der Absicht änderte, um sie zu verschlechtern). *Man kann deshalb auch nie annehmen, daß sich* die Gewalt der Gesellschaft oder der von ihr eingesetzten *Legislative weiter erstrecken soll als auf das ge-*

meinsame Wohl. Sie ist vielmehr verpflichtet, das Eigentum eines jeden dadurch zu sichern, indem sie gegen jene drei erwähnten Mängel[131] Vorsorge trifft, die den Naturzustand so unsicher und unbehaglich machten. Wer immer daher die Legislative oder höchste Gewalt des Staatswesens besitzt, ist verpflichtet, nach festen, *stehenden Gesetzen* zu regieren, die dem Volke verkündet und bekanntgemacht wurden, und nicht nach Beschlüssen des Augenblicks; durch *unparteiische* und aufrechte *Richter*, die Streitigkeiten nach jenen Gesetzen entscheiden müssen. Weiter ist er verpflichtet, die Macht dieser Gemeinschaft im Innern *nur zur Vollziehung dieser Gesetze*, nach außen zur Verhütung und Sühne fremden Unrechts und zum Schutz der Gemeinschaft vor Überfällen und Angriffen zu verwenden. Und all dies darf zu keinem anderen Ziel führen als *zum Frieden, zur Sicherheit und zum öffentlichen Wohl* des Volkes. (286)

Quelle: Locke, Zwei Abhandlungen, 1967, S. 256–259, 286

Charles-Louis Montesquieu, *Vom Geist der Gesetze*, 1748

Der zentrale Stellenwert Charles-Louis Montesquieus (1689–1755) in der Entwicklung der politischen Theorie liegt darin, für die Trennung der Gewalten in Legislative, Exekutive und Judikative plädiert zu haben. In der Entwicklung des Zivilgesellschaftsdiskurses spielt der Autor des Buchs «Vom Geist der Gesetze» ebenfalls eine entscheidende Rolle. Als Angehöriger und Verteidiger der Monarchie zielt sein Interesse auf die Erhaltung bzw. Stabilisierung dieser Regierungsform. Ihre Stärke sieht er darin, dass sie über «intermediäre Instanzen» (puissances intermédiaires) verfügt, die zum Ausgleich zwischen den Beteiligten im Staat beitragen (Buch II, Kap. 4; Buch V, Kap. 11).[132] Diese Vorstellung der vermittelnden Instanzen erwies sich als Ausgangspunkt, von dem aus über zivilgesellschaftliches Engagement jenseits des Staates reflektiert werden konnte.[133] Ideengeschichtlich betrachtet hat also eines der zentralen zivilgesellschaftlichen Paradigmen, das Assoziationsprinzip, seine Grundlage nicht in einer republikanisch-liberalen, sondern in einer monarchischen Denktradition. In der modernen Zivilgesellschaftsforschung gibt es Tendenzen, die Entwicklung des Zivilgesellschaftskonzeptes nach einer Montesquieu- und einer Locke-Linie zu unterscheiden.[134]

Das Vorhandensein untergeordneter und abhängiger Zwischengewalten [*pouvoirs intermédiaires*] macht das Wesen der monarchischen Regierungsform aus, d. h. der, in welcher ein einzelner nach Grundgesetzen regiert. Ich sagte: untergeordnete und abhängige Zwischengewalten, denn in der Monarchie ist tatsächlich der Fürst die Quelle aller staatlichen und bürgerlichen Macht. Diese Grundgesetze erfordern mit Notwendigkeit verbindende Kanäle, durch welche die Macht fließen kann; denn wenn in einem Staat nur der von Augenblickslaunen diktierte Wille eines einzelnen gilt, so kann es keine feste Regeln und daher auch kein Grundgesetz geben.

Die natürlichste untergeordnete Zwischengewalt ist der Adel. Er gehört gewissermaßen zum Wesen der Monarchie, deren Hauptgrundsatz lautet: Ohne Monarch kein Adel, ohne Adel kein Monarch. Sonst hätte man einen Despoten. (28) […]

Um die Freiheit zu fördern, haben die Engländer alle Zwischengewalten, die ihre Monarchie ausmachten, beseitigt. Sie haben allen Grund, diese Freiheit zu bewahren. Würde sie ihnen verlorengehen, so würden sie in schlimmerer Knechtschaft leben als alle anderen Völker der Erde. […]

Es genügt nicht, daß in einer Monarchie Stände als Mittelglieder vorhanden sind, sondern es muß auch ein sicherer Hort für die Gesetze da sein. Dieser Hort kann nur in den politischen Körperschaften liegen, welche die erlassenen Gesetze verkünden und in Vergessen geratene wieder in Erinnerung rufen. Die dem Adel eigene Unwissenheit, seine Gleichgültigkeit und sein Mißachtung gegenüber der bürgerlichen Verwaltung erfordern eine Körperschaft, die unaufhörlich die Gesetze aus dem Staube, darin sie vergraben werden, hervorholt. (30) (Buch II, Kap. 4, S. 28, 30)

[…]

Die monarchische Regierungsform besitzt einen großen Vorzug gegenüber der despotischen. Da es in ihrem Wesen liegt, daß unter den Fürsten verschiedene Stände bestehen, die sich zur Verfassung bekennen, so ist der Staat fester gefügt, die Verfassung unerschütterlicher und die Person des Herrschers gesicherter. […]

In der Tat sieht man, daß bei Unruhen in einem despotischen Staat das führerlose Volk immer alles auf die Spitze treibt; die Ausschreitungen, die es begeht, sind ohne (83) ‖ Maß, während es in Monarchien selten bis zum Äußersten kommt.

Die Führer sind hier um sich selbst besorgt, sie fürchten verlassen zu werden; die abhängigen Zwischengewalten [*puissances intermédiaires*] wollen das Volk nicht zu hoch kommen lassen. Selten kommt es vor, daß die Stände im Staat gänzlich verdorben sind. Der Fürst verläßt sich auf die Stände und die Aufrührer, die weder den Willen noch die Hoffnung haben, eine Staatsumwälzung herbeizuführen, können und wollen auch nicht den Fürsten stürzen.

Unter solchen Umständen schalten sich kluge und angesehene Leute ein; man findet Mittelwege, verständigt sich, verspricht Abhilfe, die Gesetze treten wieder in Kraft und verschaffen sich Geltung.

Daher ist auch unsere ganze Geschichte voll von Bürgerkriegen ohne Revolutionen, während die Geschichte der despotischen Staaten von Revolutionen ohne Bürgerkriege voll ist.[135] (Buch V, Kap. 11, S. 83 f.)

Quelle: Montesquieu, Vom Geist der Gesetze, 1951, S. 28, 30, 83 f.

Jean-Jacques Rousseau, *Diskurs über die Ungleichheit*, 1755

In seinem «Diskurs» wird Jean-Jacques Rousseau (1712 – 1778) zum Kritiker der bürgerlichen Gesellschaft, die sich im wirtschaftlichen Handeln ihre Freiräume gegenüber dem Staat erkämpft. Das Eigentum produziert Kriege und Ungleichheiten. In seinen Lebensformen entfernt sich der moderne Mensch der bürgerlichen Gesellschaft von seinen natürlichen Grundlagen, verzichtet auf seine natürliche Freiheit. Die bürgerlichen Lebensformen sind von Entfremdung und gegenseitiger Abgrenzung geprägt.[136] Zivilgesellschaftliches Handeln in der bürgerlichen Gesellschaft erscheint nicht mehr als Ideal und Tugend, sondern als Anpassung an die «Meinung der anderen».[137]

Der erste, der ein Stück Land eingezäunt hatte und es sich einfallen ließ zu sagen: *dies ist mein* und der Leute fand, die einfältig genug waren, ihm zu glauben, war der wahre Gründer der bürgerlichen Gesellschaft[138]. Wie viele Verbrechen, Kriege, Morde, wie viel Not und Elend und wie viele

Schrecken hätte derjenige dem Menschengeschlecht erspart, der die Pfähle herausgerissen oder den Graben zugeschüttet und seinen Mitmenschen zugerufen hätte: ‹Hütet euch, auf diesen Betrüger zu hören; ihr seid verloren, wenn ihr vergeßt, daß die Früchte allen gehören und die Erde niemandem.› Aber mit großer Wahrscheinlichkeit waren die Dinge damals bereits an dem Punkt angelangt, an dem sie nicht mehr bleiben konnten, wie sie waren; denn da diese Vorstellung des Eigentums von vielen vorausliegenden Vorstellungen abhängt, die nur nach und nach haben entstehen können, bildete sie sich nicht auf einmal im menschlichen Geist. Man mußte viele Fortschritte machen, viele Fertigkeiten und Einsichten erwerben und sie von Generation zu Generation weitergeben und vergrößern, ehe man bei diesem letzten Stadium des Naturzustandes angelangte. (173)

[…]

Der wilde Mensch und der zivilisierte Mensch sind im Grund ihres Herzens und in ihren Neigungen derart verschieden, daß das, was das höchste Glück des einen ausmacht, den anderen zur Verzweiflung treiben würde. Der erstere atmet nur Ruhe und Freiheit; er will nur leben und müßig bleiben; und selbst die Ataraxie [139] des Stoikers reicht nicht an seine tiefe Gleichgültigkeit jedem anderen Objekt gegenüber heran. Der Bürger dagegen, immer aktiv, schwitzt, hetzt und quält sich unablässig, um sich noch mühsamere Beschäftigungen zu suchen; er arbeitet bis zum Tode, er läuft ihm sogar entgegen, (267) ‖ um zu leben sich in den Stand zu setzen, oder er entsagt dem Leben, um die Unsterblichkeit zu erlangen. Er macht den Großen, die er haßt, und den Reichen, die er verachtet, den Hof; er läßt es an nichts fehlen, um die Ehre zu erlangen, ihnen zu dienen; er rühmt sich hochmütig seiner Niedrigkeit und ihrer Protektion; und stolz auf seine Sklaverei, spricht er mit Geringschätzung von jenen, die nicht die Ehre haben, sie mit ihm zu teilen. Welch ein Schauspiel muß die mühevolle und begehrte Arbeit eines europäischen Ministers für einen Kariben sein! Wie viele grausame Tode zöge jener indolente Wilde nicht der Entsetzlichkeit eines solchen Lebens vor, das oft nicht einmal durch das Vergnügen, Gutes zu tun, versüßt wird! Um aber den Zweck so vieler Mühen einsehen zu können, müßten die Wörter *Macht* und *Reputation* in seinem Geist einen Sinn haben; er müßte lernen, daß es eine Sorte von Menschen gibt, denen die Beachtung, die ihnen der Rest der Welt entgegenbringt, etwas bedeutet, die eher auf das Zeugnis anderer als auf ihr eigenes hin glücklich und mit sich selbst zufrieden zu sein verstehen. Dies ist in der Tat die wahrhafte Ursache all dieser Unterschiede: Der Wilde lebt in sich selbst, der soziale Mensch weiß, immer außer sich, nur in der Meinung der anderen zu leben; und sozusagen aus ihrem Urteil allein bezieht er das Gefühl seiner eigenen Existenz. Es gehört nicht zu meinem Thema zu zeigen, wie aus einer solchen Disposition so viel Gleichgültigkeit gegenüber Gut und Böse entsteht – bei so schönen Reden über Moral; wie, da sich alles auf den Schein reduziert, alles künstlich und gespielt wird: Ehre, Freundschaft, Tugend und häufig sogar die Laster selbst, deren sich zu rühmen, man schließlich das Geheimnis findet; mit einem Wort: wie wir, da wir immer die anderen fragen, was wir sind, und es niemals wagen, mit uns selbst hierüber zu Rate zu gehen, inmitten von so viel Philosophie, Humanität, Höflichkeit und erhabenen Maximen nichts als ein trügerisches und wertloses Äußeres haben: Ehre ohne Tugend, Vernunft ohne Weisheit und (269) ‖ Vergnügen ohne Glück. Es genügt mir, bewiesen zu haben, daß dies nicht der ursprüngliche Zustand des Menschen ist und daß es allein der Geist der Gesellschaft ist und die Ungleichheit, welche sie gebiert, die alle unsere natürlichen Neigungen so verändern und entstellen. (271)

Quelle: Rousseau, Diskurs über die Ungleichheit, 1984, S. 173, 267, 269, 271

Jean-Jacques Rousseau, *Vom Gesellschaftsvertrag,* **1762**
Hatte Montesquieu seine Argumentationslinie noch in der Welt des Adels und der Staatsform der Monarchie entwickelt, bildet bei Rousseau die Republik den argumentativen Rahmen. Im Gesellschaftsvertrag treten die Mitglieder des Gemeinwesens ihre Ansprüche an die Allgemeinheit ab.[140] *Der Bürger als «citoyen» wird vom «bourgeois» unterschieden und hat bürgerlichen Tugenden zu folgen; werden diese verletzt oder missachtet, ist das gesamte Gemeinwesen in Gefahr.*[141] *Der Orientierungspunkt für die Bürger muss der gesellschaftlich bestimmte Gemeinwille sein, dem sich alle unterzuordnen haben, da er unfehlbar ist.*[142] *Offen bleibt allerdings, wie im Gesellschaftsvertrag die Individualinteres-*

sen in den Gemeinwillen überführt werden und wer den Gemeinwillen definiert. Letztlich sind hier Ausgrenzungsmechanismen Tür und Tor geöffnet.[143] Zivilgesellschaftliche Akteure, die sich heute auf das Gemeinwohl als zentrale Maxime berufen, stehen vor einem ähnlichen Problem.[144] Die Gefahr der Instrumentalisierbarkeit normativer Kategorien wie «Gemeinwille» und «Gemeinwohl» bleibt aktuell.

Ich unterstelle, daß die Menschen jenen Punkt erreicht haben, an dem die Hindernisse, die ihrem Fortbestehen im Naturzustand schaden, in ihrem Widerstand den Sieg davontragen über die Kräfte, die jedes Individuum einsetzen kann, um sich in diesem Zustand zu halten. Dann kann dieser ursprüngliche Zustand nicht weiterbestehen, und das Menschengeschlecht würde zugrunde gehen, wenn es die Art seines Daseins nicht änderte.

Da die Menschen nun keine neuen Kräfte hervorbringen, sondern nur die vorhandenen vereinen und lenken können, haben sie kein anderes Mittel, sich zu erhalten, als durch Zusammenschluß eine Summe von Kräften zu bilden, stär- (16) ‖ ker als jener Widerstand, und diese aus einem einzigen Antrieb einzusetzen und gemeinsam wirken zu lassen.

Diese Summe von Kräften kann nur durch das Zusammenwirken mehrerer entstehen: da aber Kraft und Freiheit jedes Menschen die ersten Werkzeuge für seine Erhaltung sind – wie kann er sie verpfänden, ohne sich zu schaden und ohne die Pflichten gegen sich selbst zu vernachlässigen? Diese Schwierigkeit läßt sich, auf meinen Gegenstand angewandt, so ausdrücken: «Finde eine Form des Zusammenschlusses, die mit ihrer ganzen gemeinsamen Kraft die Person und das Vermögen jedes einzelnen Mitglieds verteidigt und schützt und durch die doch jeder, indem er sich mit allen vereinigt, nur sich selbst gehorcht und genauso frei bleibt wie zuvor.» Das ist das grundlegende Problem, dessen Lösung der Gesellschaftsvertrag darstellt.

Die Bestimmungen dieses Vertrages sind durch die Natur des Aktes so vorgegeben, daß die geringste Abänderung sie null und nichtig machen würde; so daß sie, wiewohl sie vielleicht niemals förmlich ausgesprochen wurden, allenthalben die gleichen sind, allenthalben stillschweigend in Kraft und anerkannt; bis dann, wenn der Gesellschaftsvertrag verletzt wird, jeder wieder in seine ursprünglichen Rechte eintritt, seine natürliche Freiheit wiedererlangt und dadurch die auf Vertrag beruhende Freiheit verliert, für die er die seine aufgegeben hatte.

Diese Bestimmungen lassen sich bei richtigem Verständnis sämtlich auf eine einzige zurückführen, nämlich die völlige Entäußerung jedes Mitglieds mit allen seinen Rechten an das Gemeinwesen als Ganzes. Denn erstens ist die Ausgangslage, da jeder sich voll und ganz gibt, für alle die gleiche, und da sie für alle gleich ist, hat keiner ein Interesse daran, sie für die anderen beschwerlich zu machen.

Darüber hinaus ist die Vereinigung, da die Entäußerung ohne Vorbehalt geschah, so vollkommen, wie sie nur sein kann, und kein Mitglied hat mehr etwas zu fordern: denn wenn den Einzelnen einige Rechte blieben, würde jeder – da es keine allen übergeordnete Instanz gäbe, die zwischen (17) ‖ ihm und der Öffentlichkeit entscheiden könnte – bald den Anspruch erheben, weil er in manchen Punkten sein eigener Richter ist, es auch in allen zu sein; der Naturzustand würde fortdauern, und der Zusammenschluß wäre dann notwendig tyrannisch oder inhaltslos.

Schließlich gibt sich jeder, da er sich allen gibt, niemandem, und da kein Mitglied existiert, über das man nicht das gleiche Recht erwirbt, das man ihm über sich einräumt, gewinnt man den Gegenwert für alles, was man aufgibt, und mehr Kraft, um zu bewahren, was man hat.

Wenn man also beim Gesellschaftsvertrag von allem absieht, was nicht zu seinem Wesen gehört, wird man finden, daß er sich auf folgendes beschränkt: *Gemeinsam stellen wir alle, jeder von uns seine Person und seine ganze Kraft unter die oberste Richtschnur des Gemeinwillens; und wir nehmen, als Körper, jedes Glied als untrennbaren Teil des Ganzen auf.*

Dieser Akt des Zusammenschlusses schafft augenblicklich anstelle der Einzelperson jedes Vertragspartners eine sittliche Gesamtkörperschaft, die aus ebenso vielen Gliedern besteht, wie die Versammlung Stimmen hat, und die durch ebendiesen Akt ihre Einheit, ihr gemeinschaftliches Ich, ihr Leben und ihren Willen erhält. Diese öffentliche Person, die so aus dem Zusammenschluß aller zustande kommt, trug früher den Namen Polis[145], heute trägt sie den der (18) ‖ *Republik* oder der staatlichen Körperschaft, die von ihren Gliedern *Staat* genannt wird, wenn sie passiv, *Souverän*, wenn sie aktiv ist, und *Macht* im Vergleich mit ihresgleichen.

Was die Mitglieder betrifft, so tragen sie als Gesamtheit den Namen *Volk*, als Einzelne nennen sie sich *Bürger*, sofern sie Teilhaber an der Souveränität, und *Untertanen*, sofern sie den Gesetzen des Staates unterworfen sind. Aber diese Begriffe werden oft vermengt und einer für den anderen genommen; es genügt, sie auseinanderhalten zu können, wenn sie im strengen Sinn gebraucht werden. (19) (1. Buch, 6. Kapitel)

[…]

Sobald der Dienst am Staat aufhört, die hauptsächlichste Angelegenheit der Bürger zu sein, und diese vorziehen, mit der Geldbörse statt mit ihrer Person zu dienen, ist der Staat seinem Zerfall schon nahe. Muß man denn in die Schlacht ziehen? sie bezahlen Truppen und bleiben zu Hause; muß man denn in den Rat? sie benennen Abgeordnete und bleiben daheim. Dank Faulheit und Geld haben sie schließlich Söldner, um das Vaterland zu versklaven, und Volksvertreter, um es zu verkaufen.

Plackerei in Handel und Künsten, gieriges Gewinnstreben, Schlaffheit und Bequemlichkeitsliebe verwandeln die persönlichen Dienste in Geld. Man tritt einen Teil seines Gewinns ab, um ihn beliebig zu steigern. Gebt Silber, und bald werdet ihr in Eisen liegen. Das Wort *Steuer* ist ein Sklavenwort; in der Polis ist es unbekannt. In einem wirklich freien Staat tun die Bürger alles eigenhändig und nichts mit Geld. Weit entfernt davon, sich von ihren Pflichten loszukaufen, würden sie dafür bezahlen, sie selbst erfüllen zu dürfen. Ich bin von den gängigen Vorstellungen weit entfernt; ich halte Hand- und Spanndienste für weniger freiheitswidrig als eine Besteuerung.

Je besser der Staat verfaßt ist, desto mehr überwiegen im Herzen der Bürger die öffentlichen Angelegenheiten die privaten. Es gibt sogar viel weniger private Angelegenheiten; denn indem die Gesamtheit des gemeinsamen Glücks einen bedeutenderen Anteil zu dem jedes Individuums beiträgt, muß dieses sein Glück weniger in der Sorge um sein eigenes Wohl suchen. In einem gut geführten Staat eilt jeder zu den Versammlungen; unter einer schlechten Regierung möchte niemand auch nur einen Schritt dorthin tun; weil nämlich keiner mehr Interesse daran hat, was dort geschieht, weil man voraussieht, daß der Gemeinwille dort nicht herrscht, und weil schließlich die Sorgen um das (102) ‖ häusliche Wohl alles in Anspruch nehmen. Gute Gesetze lassen bessere entstehen,

schlechte ziehen schlechtere nach sich. Sobald einer bei den Staatsangelegenheiten sagt: *Was geht's mich an?*, muß man damit rechnen, daß der
Staat verloren ist.

Das Erkalten der Vaterlandsliebe, die Betriebsamkeit des Privatinteres-
ses, die Übergröße der Staaten, die Eroberungen und der Regierungsmiß-
brauch haben in den Nationalversammlungen den Gedanken an das Mittel der Volksvertreter oder der Abgeordneten des Volkes aufkommen lassen. In gewissen Ländern wagt man das den Dritten Stand zu nennen. So
wird das Sonderinteresse zweier Gruppierungen an die erste und zweite
Stelle gesetzt, und das öffentliche Interesse steht erst an dritter.

Die Souveränität kann aus dem gleichen Grund, aus dem sie nicht ver-
äußert werden kann, auch nicht vertreten werden; sie besteht wesentlich
im Gemeinwillen, und der Wille kann nicht vertreten werden: er ist derselbe oder ein anderer; ein Mittelding gibt es nicht. Die Abgeordneten des
Volkes sind also nicht seine Vertreter, noch können sie es sein, sie sind
nur seine Beauftragten; sie können nicht endgültig beschließen. Jedes
Gesetz, das das Volk nicht selbst beschlossen hat, ist nichtig; es ist überhaupt kein Gesetz. Das englische Volk glaubt frei zu sein, es täuscht sich
gewaltig, es ist nur frei während der Wahl der Parlamentsmitglieder; sobald diese gewählt sind, ist es Sklave, ist es nichts. Bei dem Gebrauch, den
es in den kurzen Augenblicken seiner Freiheit von ihr macht, geschieht
es ihm recht, daß es sie verliert. (3. Buch, 15. Kapitel)

Quelle: Rousseau, Gesellschaftsvertrag, 1977, S. 16 – 19, 102 f.

3. Zivilgesellschaftliche Konzepte im Umfeld der Amerikanischen und Französischen Revolution

Französische Nationalversammlung, *Erklärung der Menschen- und Bürgerrechte*, 1789

In der «Erklärung der Menschen- und Bürgerrechte» kamen ein neues Selbstverständnis und ein neues Selbstbewusstsein des Bürgertums zum Ausdruck.[146] In der Erklärung verschmelzen die Forderungen des Staatsbürgers (citoyen) mit denen des Besitzbürgers (bourgeois). Die zivilgesellschaftlichen Ideenstränge des nach Normen und Tugenden ausgerichteten Verständnisses finden mit denen eines auf Interessen ausgerichteten Zivilgesellschaftsverständnisses zusammen: Das Assoziationsprinzip in Form des Vereinigungsrechts sowie die Öffentlichkeit als zentrale Sphäre bürgerschaftlichen Engagements, die es vor staatlichem Zugriff zu sichern gilt, werden deutlich. Daneben tritt gleichberechtigt der Schutz des Eigentums und damit (indirekt verbunden) die Sicherung der wirtschaftlichen Interessen des Besitzbürgertums. Der Menschen- oder Grundrechtsdiskurs bleibt für das liberal-bürgerliche Verständnis von Staat und Gesellschaft von zentraler Bedeutung.[147] Knapp 60 Jahre nach der Französischen Revolution nehmen sich 1848 die Abgeordneten der Frankfurter Paulskirche zunächst der Debatte um die Menschenrechte an. Als dort die Abgeordneten über die Eigentumsfrage diskutierten, zeigte sich der Vorrang interessegeleiteter wirtschaftsliberaler Vorstellungen vor einem umfassenden partizipativen Staatsbürgerverständnis.[148]

Die zu einer Nationalversammlung konstituierten Repräsentanten der französischen Nation haben in Erwägung gezogen, daß Unwissenheit, Vernachlässigung oder Verachtung der Rechte der Menschheit die einzigen Ursachen des öffentlichen Elends und des Verderbnisses der Regierungen sind, sie beschließen demnach diese natürlichen, unverjährbaren, unverlierbaren Rechte, mittelst (129) ‖ einer feyerlichen Erklärung vorzulegen, damit diese Erklärung den sämmtlichen Mitgliedern der bürgerlichen Gesellschaft [149] stets gegenwärtig sey, und sie an ihre ausübenden Macht, durch stete Vergleichung mit dem Endzweck aller

Staatseinrichtungen, mehr Ansehen erhalten; und damit dereinstige Foderungen [sic] der Bürger, auf einfache und unumstößliche Grundsätze gestützt, stets auf die Erhaltung der Konstitution und des allgemeinen Besten abzweken [sic] mögen.

Dem zu Folge erkennt und erklärt die Nationalversammlung in Gegenwart des höchsten Wesens und hoffend dessen Segen und Beystand folgende *heilige* Rechte des Menschen und Bürgers:

1) Alle Menschen werden frei geboren und bleiben frei und einander an Rechten gleich; folglich können alle gesellschaftlichen Unterscheidungen sich nur auf gemeine Nutzbarkeit gründen.

2) Die Erhaltung der natürlichen und unverjährlichen Rechte des Menschen ist der Endzweck aller politischen Verbindungen. Diese Rechte bestehen in Freiheit, Eigentum, Sicherheit und Widerstand gegen Unterdrükung [sic].

3) Die Urquelle aller Souveränität beruht wesentlich in der Nation. Kein Einzelner, oder eine Gesammtheit kann eine Gewalt ausüben, die nicht ausdrücklich aus dieser Quelle hergeleitet wird. (130) ‖

4) Die bürgerliche Freiheit besteht in dem Vermögen, alles zu thun, was keinem andern schadet; mithin besteht die einzige Einschränkung des Gebrauchs der natürlichen Rechte nur darin, den andern Gliedern der Gesellschaft die nämlichen Rechte zu sichern. Nur das Gesetz kann diese Einschränkungen bestimmen.

5) Das Gesetz kann nur solche Handlungen verbieten, die der Gesellschaft nachtheilig sind. Was das Gesetz nicht verbietet, darf niemand hindern, und eben so wenig darf jemand gezwungen werden, etwas zu thun, was das Gesetz nicht befiehlt.

6) Das Gesetz ist der Ausdruck des allgemeinen Willens; alle Bürger haben entweder persönlich oder durch ihre Repräsentanten das Recht an der Abfassung desselben Theil zu nehmen. Das Gesetz muß für alle Bürger gleich gelten, es beschütze oder strafe. Alle Bürger sind vor ihm gleich, und folglich haben alle, nach Maaßgabe ihrer verschiedenen Fähigkeiten, gleiche Ansprüche auf öffentliche Würden, Stellen und Aemter, und nur ihre Tugenden und Talente können einen Unterschied bestimmen.

7) Niemand mus [sic] angeklagt, verhaften, oder gefangen gehalten werden, außer in den von den Gesetzen bestimmten Fällen. [...] (131) ‖

8) Das Gesetz darf nur durchaus und augenscheinlich nothwendige Strafen festsetzen, und niemand kann bestraft werden, außer nach einem bereits vor dem Verbrechen bekannt gemachten und auf dasselbe richtig angewandten Gesetz.

9) Jedermann wird so lange für unschuldig angesehen, bis er des Vergehens überwiesen ist. […].

10) Niemand darf wegen seiner Meinungen beunruhigt werden, selbst in Religionssachen nicht, so lange ihre Aeußerung die vom Gesetz eingeführte Ordnung nicht stört.

11) Freie Mittheilung der Gedanken und Meinung ist eine der unschätzbarsten Rechte des Menschen, folglich darf jeder, unter der Bedingung, für den Misbrauch [sic] dieser Freiheit, in den von dem Gesetz bestimmten Fällen, einzustehen, frei reden, schreiben und drucken lassen, was er will.

12) Die Sicherstellung der Rechte des Menschen und des Bürgers erfodert [sic] unumgänglich eine öffentliche Gewalt. Diese Gewalt ist zum allgemeinen Besten der Gesellschaft und nicht zum besonderen Vortheile derjenigen, denen sie anvertraut wurde, eingeführt.

13) Zum Unterhalt der öffentlichen Gewalt, und zur Bestreitung der Regierungskosten ist ein (132) ‖ allgemeiner Betrag unvermeidlich, der unter alle Bürger nach Maasgabe [sic] des Vermögens gleich verteilt werden mus [sic].

[…]

16) Eine Gesellschaft, worin entweder die Rechte der einzelnen Glieder nicht sicher gestellt, oder die Abtheilung der verschiedenen Zweige der Gewalt nicht bestimmt ist, hat keine Konstitution.

17) Da jedes Eigenthum ein heiliges und unverletzliches Recht in sich schließt; so kann niemand desselben beraubt werden, im Fall nicht die öffentlich gesetzmäßig erwiesene Noth es unumgänglich erfordert [sic: richtig], und nur unter der Bedingung einer gerechten und vorher zu bestimmenden Schadlosigkeit [= Entschädigung]. (133)

Quelle: Erklärung der Menschen- und Bürgerrechte, in: Paine, Rechte des Menschen, 1793, S. 129–133

Edmund Burke, *Über die Französische Revolution*, 1790

In der bürgerlichen Gesellschaft gesteht Edmund Burke (1729–1797) den Menschen Freiheitsrechte zu, die allerdings Ungleichheit zur Folge haben. Die Freiheitsrechte bleiben auf die vertraglich fixierte bürgerliche Gesellschaft beschränkt; darüber hinaus können diese Gesetze nicht wirken. Im Bereich des Staates gelten andere Gesetze, denen sich die Menschen unterwerfen müssen, soll die staatliche Gemeinschaft funktionieren. Im Staat, in der Politik allgemein, regiert das «Prinzip einer moralischen Rechenkunst», während in der Sphäre der bürgerlichen Gesellschaft die ökonomischen Interessen zählen, die aus «einer sehr mühsamen Schätzung und Vergleichung zwischen Gewinn auf einer und Gewinn auf der andern Seite, oft zwischen Gewinn und Verlust» bestehen.[150] Burke als konservativer Autor vertraut auf die Macht und Kraft gewachsener Strukturen, die die Menschen nicht in einem revolutionären Akt niederreißen dürfen.[151] Zivilgesellschaftliches Handeln hat sich auf klar umrissene gesellschaftliche Bereiche zu konzentrieren und nicht in die staatliche Sphäre einzugreifen.

Ich bin weit entfernt, die wahren Rechte des Menschen in der Theorie abzuleugnen, ebensoweit entfernt, sie in der Ausübung zu verwerfen (wenn es in meiner Macht stünde, sie (131) ‖ anerkennen oder verwerfen zu lassen). Ich widersetze mich eben darum den falschen Ideen von diesen Rechten, weil sie gerade auf die Zerstörung der wahren abzielen. Wenn bürgerliche Gesellschaft zum Besten des Menschen gestiftet ist, so erwirbt der Mensch ein Recht auf alle die Vorteile, welche die Gesellschaft zum Zweck hat.[152] Bürgerliche Gesellschaft ist ein Institut, dessen Essenz Wohltätigkeit ist, und das Gesetz selbst nichts anders als Wohltätigkeit nach einer Regel. Es ist des Menschen Recht, unter dieser Regel zu leben, es ist sein Recht, immer nach Gesetzen behandelt zu werden, weil er sich beständig unter seinesgleichen findet, diese mögen nun in öffentlichen Funktionen oder in Privatbeschäftigungen begriffen sein. Der Mensch hat ein Recht auf die Früchte seiner Industrie[153] und auf die Mittel, seine Industrie fruchtbringend zu machen. Er hat ein Recht auf das, was seine Vorfahren erworben haben, auf die Ernährung und Erziehung seiner Kinder, auf Unterricht im Leben und Trost im Tode. Zu allem, was er für sich selbst und abgesondert tun kann, ohne andre zu beeinträchtigen, dazu hat er ein Recht, und außerdem hat er seine gerechten Ansprüche auf einen billigen Anteil an allem, was die Gesellschaft mit allen ihren Mitteln, Kräfte und Geschicklichkeit zu vereinigen, zu seiner Beglückung beitragen kann. In dieser Gemeinschaft haben alle Menschen gleiche Rechte: aber nicht alle auf gleiche Gegenstände. Der, welcher nur *fünf Schillinge* in die Sozietät einlegt, hat auf diese fünf Schillinge (und auf das, was damit gewonnen wird) ein ebenso vollständiges Recht als der, welchem *fünfhundert Pfund* gehören, auf seinen größern Anteil. Aber nie hat er ein Recht auf eine gleiche Dividende an dem Gewinn, den das gemeinsame Kapital schafft, und noch weniger auf eine gleichen Anteil an Macht, Ansehen und Einfluß in die Führung des Staats, weil dabei von unmittelbaren ursprünglichen Rechten (des Menschen in bürgerlicher Gesellschaft, denn nur mit diesem und keinem andern beschäftige ich (132) ‖ mich) gar nicht die Rede ist. Hier muß alles durch Vertrag bestimmt werden.

Wenn bürgerliche Gesellschaft durch Verträge entstanden ist, so müssen diese Verträge ihre Grundgesetze sein.[154] Diese Verträge müssen die Form und die Grenzen jeder Staatsverfassung, die unter ihrer Sanktion errichtet wird, bestimmen. Jede Art von gesetzgebender, richterlicher oder ausübender Macht ist ihr Werk. Nur in einer Ordnung der Dinge, die diese Verträge hervorbrachten, ist eine solche Macht denkbar. Wie kann es einem Menschen einfallen, sich auf den gesellschaftlichen Vertrag zu berufen, wenn er Rechte ausüben will, die nicht einmal die Existenz des gesellschaftlichen Vertrages voraussetzen? Rechte, die sogar diesem Vertrage schnurstracks zuwiderlaufen? Einer der ersten Bewegungsgründe, eine bürgerliche Gesellschaft zu errichten, und eine der ersten Fundamentalregeln einer solchen Gesellschaft ist, «daß niemand Richter in seiner eignen Sache sein (133) ‖ soll». Vermöge dieses Grundgesetzes entsagt jeder einzelne einmal für immer dem ersten Fundamentalrecht des unverbündeten Menschen, für sich selbst zu entscheiden und seine Sache nach eigner Willkür zu verfechten. Er entsagt allen Ansprüchen auf die natürliche, unbeschränkte Souveränität über seine Handlungen. Er gibt sogar, wenn auch nicht gänzlich, doch im großem Maße, das Recht der Selbstverteidigung, die älteste Forderung seiner Natur auf. *Der Mensch kann nicht die Rechte eines ungeselligen und eines geselligen Zustandes zu gleicher Zeit genießen.* Damit nur Recht überhaupt gelte, tut er Verzicht auf seine Befugnis zu bestimmen, was gerade in den Punkten, die für ihn die allerwesentlichsten sind, Recht ist. Damit er nur über einen Teil seiner Freiheit wahrhaft disponieren könne, legt er die ganze Masse derselben in den gemeinschaftlichen Schatz der Gesellschaft nieder.

Staaten sind nicht gemacht, um natürliche Rechte einzuführen, die in völliger Unabhängigkeit von allen Staaten existieren können und wirklich existieren, und in viel größrer Klarheit und in einem weit höhern Grade abstrakter Vollkommenheit existieren. Aber eben in ihrer abstrakten Vollkommenheit liegt ihre praktische Unzulänglichkeit. Solange der Mensch ein Recht auf alles hat, mangelt es ihm an allem. Staaten sind Kunststücke menschlicher *Weisheit*, um menschlichen *Bedürfnissen* abzuhelfen. Der Mensch (in Gesell- (134) ‖ schaft) hat ein Recht zu verlangen, daß seinen Bedürfnissen durch menschliche Weisheit abgeholfen werde. Unter diesen Bedürfnissen ist eins der dringendsten, daß es für menschliche Leidenschaften, die im außergesellschaftlichen Zustande schrankenlos wüten, einen Zügel gebe. Wenn die Gesellschaft bestehen soll, ist es nicht hinlänglich, daß die Leidenschaften des einzelnen gehorchen: auch wenn der vereinigte Haufen, auch wenn eine große Masse wirkt, ist es schlechterdings notwendig, daß ihren Neigungen oftmals Widerstand geleistet, ihrem Willen Einhalt getan, ihrer Begierde eine Grenze gesetzt werde. Dies kann nur durch eine *Gewalt von außen*, nicht durch eine solche geschehen, die in ihrer Ausübung demselben Willen und denselben Leidenschaften, die sie im Zaum halten und unterdrücken soll, unterworfen ist. Von dieser Seite betrachtet, gehören die Einschränkungen des Menschen so gut als seine Freiheiten unter seine Rechte. Da aber die Grade der Freiheit und der Einschränkung nach Zeit und Umständen wechseln müssen, so können sie unmöglich vermittelst einer abstrakten Regel festgesetzt werden: und nichts ist abgeschmackter, als darüber in der Voraussetzung einer solchen Regel zu räsonieren.

Von dem Augenblick an, da die geringste künstliche (oder nur willkürliche) Einschränkung das volle natürliche Recht des einzelnen Menschen, sich selbst zu regieren, angreift, tritt eine neue Ordnung der Dinge ein. Von diesem Augenblick an (135) ‖ wird die ganze Organisation des gesellschaftlichen Systems der Gegenstand einer Berechnung nach Regeln der Zweckmäßigkeit. Eben deswegen muß die Anordnung eines Staats und die Austeilung der Macht in demselben das Werk der geübtesten Hand und des vielseitigsten Talents sein. Sie erfordert eine tiefe Einsicht in die menschliche Natur und menschlichen Bedürfnisse und eine sehr genaue Kenntnis von allen den Umständen, welche die Zwecke, denen die große Maschine der bürgerlichen Gesellschaft gewidmet ist, befördern oder stören können. Der Staat braucht, wie die Individuen, Nahrung für seine Kräfte und Heilmittel für seine Krankheiten. Was hilft alles Disputieren über das abstrakte Recht eines Menschen auf Lebensmittel und Arzneien? Die große Frage ist, auf welche Art man sie anschaffen und beibringen kann: und wo über diese Frage beratschlagt wird, da werde ich den Ökonomen und den Arzt allemal lieber sehen als den Professor der Metaphysik.

Die Wissenschaft, einen Staat zu bauen oder wiederherzustellen oder zu verbessern, kann, wie jede andre Erfahrungswissenschaft a priori nicht gelehrt werden; und die Erfahrung, die uns in dieser bloß praktischen Wissenschaft unterrichten soll, darf keine kurze Erfahrung sein. […] Es gibt in einem Staat versteckte, fast unsichtbare Einwirkungen, Umstände, die beim ersten Anblick ganz geringfügig scheinen und von denen doch ein großer Teil seiner Wohlfahrt oder seines Verfalls wesentlich abhängt. Da also die wahre Staatskunst eine an sich so praktische, so ganz auf praktische Zwecke gerich- (136)‖ tete Wissenschaft ist, da sie Erfahrung und so viel Erfahrung erfordert, als der schärfste und unermüdlichste Beobachter im Lauf eines ganzen Lebens nicht erwerben kann: so sollte wohl niemand ohne unendliche Behutsamkeit ein Staatsgebäude niederzureißen wagen, das jahrhundertelang den Zwecken der gesellschaftlichen Verbindung auch nur leidlich entsprochen hat, oder es neu zu bauen, ohne Grundrisse und Muster von entschiedner Vollkommenheit vor Augen zu haben.

[…]

Wenn die jährlichen Freiheitspredigten, auf welche sich ein großer Teil meiner Betrachtungen bezieht, auch nicht die Folge haben, daß sie die Menschen durch die immer-wiederkehrende lebhafte Erinnerung an das Vergangne aus ihrer gegenwärtigen Ruhe aufstören, so werden sie doch sicherlich manchen um die Grundsätze, auf welche die Revolution gebaut ist, und um das eigentlich Wohltätige in dieser Begebenheit bringen. Ich gestehe es frei: ich habe dies beständige Geschwätz von Widerstand und Revolution immer gehaßt: ich kann es nicht ertragen, daß man die letzte Arznei eines Staats in sein tägliches Brot zu verwandeln sucht. Dies führt ein gefährliches Kränkeln in die ganze Lebensweise des gesellschaftlichen Körpers ein. Merkurialmittel werden, statt für verzweifelte Krankheiten aufbewahrt zu bleiben, nach und nach in gewöhnliche Speise verkehrt, und Kantharidentränke zu Anfachung unsrer Freiheitsliebe, wie gemeines Wasser verschluckt.[155] (141)

Quelle: Burke / Gentz, Französische Revolution, 1991, S. 131 – 137, 141

Thomas Paine, *Rechte des Menschen,* 1791

Sah Edmund Burke die Suprematie des Staates über die Gesellschaft, kehrt sich bei Thomas Paine (1737 – 1809) dieses Verhältnis um.[156] Er versucht zu zeigen, «daß der Mensch in sittlichem und gesellichem Zustande beinahe alles, was zu seinem Schutz und zu seiner Regierung nothwendig ist, selbst verrichten kann»[157]. Paine erkennt in der Gesellschaft den Ort, um die «Ordnung, die unter den Menschen herrscht», herzustellen. Der Mensch entwickelt hierbei Fähigkeiten, die es ihm ermöglichen, eigenverantwortlich und selbstbestimmt das gesellschaftliche und politisch-staatliche Leben zu regeln.

Ein großer Theil der Ordnung, welche unter den Menschen herrscht, ist nicht Würkung der Regierung. Sie entspringt aus den Grundsätzen der Gesellschaft und aus der natürlichen Verfassung des Menschen. Sie war vor der Regierung vorhanden und würde fortdauern, wenn alle förmliche Regierung abgeschafft wäre. Die gegenseitige Abhängigkeit des Menschen vom Menschen; der gegenseitige Vortheil, der alle Glieder einer sittlichen Gesellschaft [civilized society] mit einander verbindet, erzeugt die große Kette des Zusammenhangs, welche das Ganze verknüpft. Der Landbesitzer, der Bauer, der Manufacturist, der Kaufmann, der Handwerker und jeder Stand gedeiht durch die Unterstützung, welche jeder von dem andern und von dem Ganzen erhält. Gemeinschaftlicher Vortheil ordnet ihre Angelegenheit und macht ihre Gesetze; und das Gesetz, welches der allgemeine (1) ‖ Gebrauch zuschreibt, hat ein größeres Gewicht, als die Gesetze der Regierung. Mit einem Worte, die Gesellschaft selbst verrichtet beinahe alles, was der Regierung zugeschrieben wird.

Um die Art und Weise der für den Menschen gehörenden Regierung zu bestimmen, muß man seinen Zustand kennen. Da die Natur ihn zum geselligen Leben schuf, rüstete sie ihn zu dem Stande aus, wozu sie ihn bestimmte. In allen Fällen macht sie seine natürlichen Bedürfnisse größer, als seine einzelnen Kräfte. Niemand ist im Stande, ohne Hülfe der Gesellschaft, seine eigenen Bedürfnisse zu befriedigen, und diese Bedürfnisse, die auf jeden einzelnen würken, treiben alle in Gesellschaft, eben so natürlich, als die Schwere sich nach dem Mittelpunkt senkt.

Wenn wir mit Aufmerksamkeit den Bau und die Anlage des Menschen, die Verschiedenheit seiner Mängel, und die Verschiedenheit der Talente bei verschiedenen Menschen, ihnen gegenseitig abzuhelfen, seinen Hang zur Gesellschaft (2) ‖ und folglich zur Erhaltung der daraus entspringenden Vortheile, betrachten, so werden wir leicht einsehn [sic], daß ein großer Theil von dem, was Regierung genannt wird, bloß Täuschung ist.

Die Regierung ist nicht weiter nöthig, als zu den wenigen Fällen, wo Gesellschaft und Versittlichung, nicht hinreichen können; es fehlt nicht an Beispielen, um zu zeigen, dass alles natürliche, was sie bewürkt, durch die gemeinschaftliche Einwilligung der Gesellschaft ohne Regierung bewürkt worden ist.

[…] Der Mensch hat eine natürliche Fähigkeit – und noch mehr in Gesellschaft, weil er dort eine größere Menge von Kräften und Hülfsmitteln um sich sieht – sich nach jeder Lage, worin er geräth, zu fügen. Sobald die förmliche Regierung abgeschafft ist, fängt die Gesellschaft an zu würken.[158] Es tritt eine allgemeine Verbindung ein, und gemeinschaftliches Interesse bringt gemeinschaftliche Sicherheit zu Wege.[159]

Weit entfernt aber, wie man behauptet hat, daß die Abstellung aller förmlichen Regierung die (3) ‖ Auflösung der Gesellschaft seyn sollte, würkt sie vielmehr durch entgegengesetzten Antrieb, sie enger zu vereinigen. Derjenige Theil ihrer Einrichtung, welchen sie der Regierung anvertraut hatte, fällt wiederum auf sie zurück, und wird durch sie selbst bewürkt. Wo die Menschen sowohl vermöge natürlicher Instinkte, als wegen ihres gegenseitigen Vortheils wegen, sich an ein geselliges und sittliches Leben gewöhnt haben, sind ihre Grundsätze immer würksam genug, sie bei allen Veränderungen, die sie in ihrer Regierung zu machen für gut oder nöthig findet, zu leiten. Mit einem Worte, der Mensch ist von Natur so sehr ein Geschöpf der Gesellschaft, daß es beinahe unmöglich ist, ihn aus derselben zu treiben.

Die formelle Regierung macht nur einen kleinen Theil des sittlichen Lebens aus, und wenn selbst das beste [die beste Regierung], was [die] menschliche Weisheit erfinden kann, eingeführt wäre, so bleibt es [die Regierung] doch mehr etwas dem Namen und der Idee, als der Sache nach. Von den großen und Fundamental-Grundsätzen von Gesellschaft und Versittlichung, dem gewöhnlichen, allgemein angenommenen, und gegenseitig und rechtsweise unterhaltenen Gebrauche, dem unaufhörlichen Umlauf des eigenen Vortheils, der auf seinem Wege durch Millionen Kanäle die ganze Masse der sittlichen Menschen belebt – von diesen Dingen unendlich mehr als von allem, was die am besten eingerichtete Regierung leisten kann, hängt der Wohlstand und das Gedeihen des Einzelnen und des Ganzen ab.[160] (4) ‖

Je vollkommener die Versittlichung ist, je weniger bedarf sie der Regierung, weil sie um so würksamer ihre eigene Angelegenheit ordnen und sich selbst regieren kann. [...]

Der Mensch [...] ist ein selbstständigeres Geschöpf als er selbst glaubt, oder aber die Regierung ihn überreden möchte. Alle großen Gesetze der Gesellschaft sind Gesetze der Natur. Die des Handels und Gewerbes, es sey in Betracht des Verkehrs zwischen Einzelnen oder zwischen Nationen, sind Gesetze des gegenseitigen Vortheils. Man befolgt sie und gehört ihnen, weil es der Vortheil der Partheien mit sich bringt[161], nicht aber weil die formellen Gesetze ihrer Regierung sie auflegen oder gebieten. (5) [...]

Quelle: Paine, Rechte des Menschen. Zweiter Theil, 1793, S. 1–5

Johann Gottlieb Fichte, *Französische Revolution,* **1793**
Mit der Französischen Revolution und dem Sieg des dritten Standes, des Bürgertums, gerieten traditionelle, fest gefügte Begriffe in Bewegung. Fichte verweist

auf den Unterschied zwischen bürgerlicher Gesellschaft und Staat, der in der bis-
herigen politischen Philosophie nicht wahrgenommen wurde. Gesellschaft ist
außerhalb des Staates sehr wohl möglich und unterliegt ebenfalls moralischen
Normen. Durch die Fixierung auf die Idee des Krieges aller gegen alle im Natur-
zustand ist diese Form des gesellschaftlichen Zusammenlebens ignoriert worden.
Dabei herrscht in dieser bürgerlichen Gesellschaft jenseits des Staates Freiheit
und das «Sittengesetz» der Anerkennung von Leistung und Gegenleistung. Der
so positiv bestimmte Naturzustand trägt demnach zur Fähigkeit des zivilgesell-
schaftlichen Handelns unabhängig vom Staat bei: «er läuft ununterbrochen mit
durch den Staat hindurch».[162]

Fürs erste muss [sic] ich hier eine Verwirrung der Begriffe rügen, die, soviel ich weiss [alle sic], bis auf diesen Tag allgemein herrscht, und so sehr
bis in das Innere der Sprache sich verwebt hat, dass es schwer fällt, ein
Wort zu finden, um ihr (128) ‖ ein Ende zu machen. Das Wort «Gesellschaft» nemlich [sic] ist die Quelle des leidigen Misverständnisses [sic].
Man braucht es als gleichlautend bald mit Menschen, die überhaupt in
einem Vertrage, bald mit Menschen, die in dem besonderen Bürgervertrage stehen, mit dem Staate; und schleicht sich dadurch über die wichtige Erörterung weg: wie es mit Menschen beschaffen sey, die um, neben,
zwischen einander leben, ohne in irgend einem Vertrage, geschweige
denn im Bürgervertrage zu stehen? Ich unterscheide beim Worte Gesellschaft zwei Hauptbedeutungen; einmal indem es eine physische Beziehung mehrerer auf einander ausdrückt, welches keine andere seyn kann,
als das Verhältniss [sic] zu einander im Raume; dann, indem es eine moralische Beziehung ausdrückt, das Verhältniss [sic] gegenseitiger Rechte
und Pflichten gegen einander. In der letzteren Bedeutung brauchte man
das Wort, und liess diese Rechte und Pflichten durch Verträge, entweder
überhaupt, oder durch den besonderen Bürgervertrag bestimmt werden.
Und so war und musste nothwendig jede Gesellschaft durch Vertrag entstanden seyn, und ohne Vertrag war keine Gesellschaft möglich.
  Warum vergass man doch die erstere Bedeutung des Wortes Gesellschaft so gar? – Wesen, die einmal nicht bloss Körper sind, können auch
selbst als Körper nie ohne moralische Beziehungen bei einander im
Raume seyn. – Richtig; aber? Daran hatte jene alte falsche Vorstellung

vom Naturzustande des Menschen Schuld; jener Krieg Aller gegen Alle, der da Rechtens seyn sollte; jenes Recht des Stärkeren, das auf diesem Boden herrschen sollte. Zwei Menschen könnten sich nicht auf eines Fusses Breite nahe kommen, meinte man, ohne dass jeder das vollkommene Recht erhielte, den anderen für einen guten Fund zu erklären, ihn zu ergreifen und zu braten. Wenn keiner recht wisse, ob er auch der Stärkere seyn werde, so müssten sie einander sagen: Iss mich nicht, Lieber, ich will dich auch nicht essen; – und von nun an sey es nicht mehr Rechtens, sich unter einander aufzufressen, denn sie hätten sichs ja versprochen; und ob sie gleich an sich das völlige Recht hätten, sich aufzufressen, so hätten sie doch das Recht (129) ‖ nicht – einander ihr Wort nicht zu halten. Nun dürften sie sicher bei einander leben. Eine gründliche Philosophie! Selbst in denjenigen Systemen, wo jene Vorstellung gänzlich verworfen wird, zeigen sich doch nähere oder entferntere Folgesätze derselben.

Die Menschen könnten allerdings, d. h. es ist moralisch möglich, in Gesellschaft in der ersteren Bedeutung des Worts, d. i. um, neben, zwischen, unter einander leben, ohne in Gesellschaft in *eurer* zweiten Bedeutung, im Vertrage, zu stehen. Sie sind dann nicht ohne gegenseitige Rechte und Pflichten. Ihr gemeinschaftliches Gesetz, welches diese scharf genug bestimmt, ist das Freiheitsgesetz; der Grundsatz: hemme niemandes Freiheit, insofern sie die deinige nicht hemmt. – «Aber, *würden* sich denn auch die Menschen ohne Zwangsgesetze diesem Grundsatze unterwerfen? Würden sie nicht immer mehr darnach fragen, was sie vermöchten, als darnach, was sie dürften?» – Ich weiss, dass ihr euch immer auf eine ursprüngliche Bösartigkeit der Menschen beruft, von der ich mich nicht überzeugen kann; aber es sey; diese Zwangsgesetze gelten auch im Naturzustande; wer meine Freiheit hemmt, den darf ich rechtlich zwingen, sie selbst, und alle Wirkungen derselben wieder herzustellen. – «Du *darfst*; aber wirst du allemal *können* – allemal der Stärkere seyn?» – Immer nur davon, was ich *würde*, oder *werde*; ich rede davon, was ich *sollte*. Wenn das Sittengesetz die Natur beherrschte, *würde* ich allemal der Stärkere seyn, wenn ich recht habe; denn ich *soll* es dann seyn. Ihr versetzt mich unaufhörlich in das Gebiet der Naturnotwendigkeit. Eine kleine Geduld, und ich werde euch die Einwendung, die ihr auf dem Herzen habt, entwunden haben, ohne mich mit euch in die Untersuchung der Hypothese, was der Mensch im Naturzustande *wirklich seyn würde*, einzulassen.

Die Menschen können auch in Gesellschaft, in eurer zweiten Bedeutung des Worts, d. i. im Vertrage überhaupt, stehen, ohne eben im Staate, im Bürgervertrage zu leben. Was beim Vertrage überhaupt rechtlich sey, wird nicht erst durch eine besondere Art des Vertrages, durch den bürgerlichen, be- (130) ‖ stimmt; das würde (im Vorbeigehen sey auch das noch für diejenigen erinnert, denen es so einleuchtender ist) ein greiflicher Cirkel seyn. – Wir machen einen Vertrag, dass Verträge überhaupt gültig seyn sollen; und derselbe Vertrag ist gültig, weil, laut unseres Vertrages, Verträge überhaupt gültig sind. – Es ist, wie oben gezeigt worden, durch das Sittengesetz genau bestimmt: – gegenseitige Leistung, oder Zurückgabe der einseitigen Leistung und Schadenersatz. Darauf zu dringen erhalte ich das Recht nicht vom Staate; ich erhielt es zugleich mit dem Geschenke der Freiheit zu meiner Ausstattung vom gemeinschaftlichen Vater der Geister.

Ich habe diese Auseinandersetzung nicht zum blossen Vergnügen übernommen, sondern um eine wichtige Folgerung daraus zu ziehen. – Kann uns der Staat die Rechte, die ursprünglich unser sind, weder nehmen noch geben, so müssen alle diese Beziehungen in der bürgerlichen Gesellschaft wirklich fortdauern. Ein Recht, das ich als Mensch besitze, kann ich nie als Bürger, *insofern ich das bin*, besitzen. Ein Recht, das ich als Bürger besitzen soll, kann ich nicht schon als Mensch besessen haben. Es ist also ein grosser Irrthum, wenn man glaubt, der Naturzustand des Menschen werde durch den bürgerlichen Vertrag aufgehoben; der darf nie aufgehoben werden; er läuft ununterbrochen mit durch den Staat hindurch.

Quelle: Fichte, Französische Revolution, 1971, S. 128 – 131

Friedrich Gentz, *Über die Französische Revolution*, 1793

Wie bei Fichte steht auch bei Friedrich Gentz (1764 – 1832), einem entschiedenen Gegner der Französischen Revolution,[163] der Naturzustand des Menschen am Ausgangspunkt seiner Überlegungen. Während Fichte die negativen Vor-

stellungen über diesen Zustand verwirft, hebt Gentz den Umstand hervor, dass der durch absolute Freiheit gekennzeichnete Naturzustand große Risiken birgt. Diese Freiheit muss deshalb nach Gentz' Auffassung begrenzt werden, sobald die Menschen sich in der (bürgerlichen) Gesellschaft zusammenfinden; sie müssen bereit sein, «die goldenen Fesseln des zivilisierten» Zustands anzulegen. Bricht sich die Vorstellung der absoluten Freiheit Bahn in die Sphäre des Politischen und der bürgerlichen Gesellschaft, die bei Gentz noch als Staat gedacht ist, wird das Fundament des Staates zerstört werden. Die Zivilgesellschaftsdebatte schließt heute daran an, wenn sie danach fragt, wie viel Freiheit bzw. welche Grenzen Zivilgesellschaft braucht.

Absolute Freiheit ist nur im Stande der Natur anzutreffen. Hier, wo der Mensch keinen Richter erkennt als sich selbst, wo kein Vertrag ihn bindet, keine äußre Macht mit einem Recht, ihm zu gebieten, bekleidet ist, wo er allein genießt, allein leidet, allein handelt, seine Zwecke allein verfolgt, seine Gefahren allein besteht, hier gibt es keine andre Schranken seiner Freiheit als die, welche ihm *innerlich* das moralische Gesetz, *äußerlich* die Grenzen seiner physischen Kräfte setzen. Keines andern Wille kann ihm rechtmäßige Fesseln anlegen. Er ist unumschränkter Herr und König über das, was er sich zuzueignen, über das, was er zu schaffen und hervorzubringen vermochte. Wenn er sich vor der blinden Macht gerettet hat, wenn er über den Angriff hinweg ist, gibt es nichts auf Erden mehr, was seine Unabhängigkeit antasten könnte.

Wäre *schrankenlose Freiheit* das einzige oder auch nur das schlechthin erste Gut des Menschen, so mußte es sein vornehmster Wunsch, sein höchstes Bestreben sein – *diesen Zustand* zu verewigen. War das sein Ziel, war das seine Bestimmung? – Jedes Gemüt empört sich bei einer solchen Frage. Ewige Kindheit wäre erträglicher als ewige Wildheit. Der freie Naturmensch ist der gebundenste aller Sklaven. Dafür, daß er unter seinesgleichen keinen Herrn erkennt, tyrannisiert ihn die tierische und die leblose Schöpfung. Dafür, daß keiner das Recht hat, ihm zu gebieten, muß er in jedem Augenblick vor der Gewalt des Stärkern zittern, der sich ihm naht. Dabei hat er keinen wahren Genuß seiner nackenden Freiheit. Er kann allein nichts erwerben, allein nichts erfinden, allein nichts ausführen. Eben darum, weil seine Freiheit alles in sich schließt, gewährt sie ihm nichts. Seine Instinkte, seine Bedürfnisse, seine Neigungen und seine Vernunft treiben ihn mit vereinter Allmacht – *diesen Zustand zu verlassen.* (406) ‖

Sobald der Mensch in eine gesellschaftliche Verbindung tritt, hat es mit der absoluten Freiheit ein Ende. Die zahllosen Vorteile einer solchen Verbindung können ihm keineswegs umsonst zuströmen: er muß sie erkaufen. Er muß einen Teil seiner natürlichen Freiheit hingeben, um mit dem Überrest für seine Glückseligkeit, für seine Bildung, für seine äußre und innre Vollkommenheit zu wuchern. Er muß sich zu diesem Opfer entschließen, damit er selbst die Existenz seiner Freiheit vor der Gefahr, ein leerer Titel, ein Schall und ein Nichts zu werden, sichre. Von diesem Augenblick an ist er *nur so frei*, als er es sein darf, wenn die Verbindung fortdauern soll, nur so frei, als der Vertrag, der freie Vertrag, den er mit seinen Brüdern schloß, ihm frei zu sein erlaubt.

Bürgerliche Freiheit in der weitesten Bedeutung des Worts, ist nichts anders als *natürliche Freiheit nach Abzug desjenigen Teils derselben, ohne dessen Aufopferung eine gesellschaftliche Verbindung nicht bestehen kann.* – Gesellschaftliche Verbindung aber existiert nirgends als ein Abstraktum. Wo sie sich findet, da sind auch die Umstände, die Bedingungen, die Einschränkungen gegeben, unter welchen sie auf dieser oder jener Stelle, in diesem oder jenen Abschnitt der Zeitfolge existieren kann. Mit Rücksicht auf den Inbegriff aller dieser Bestimmungen nennt man bürgerliche Gesellschaft einen *Staat*. Die Freiheit des einzelnen im Staat ist politische Freiheit. Politische Freiheit ist näher bestimmte bürgerliche Freiheit. *Politische Freiheit ist also natürliche Freiheit nach Abzug desjenigen Teils derselben, ohne dessen Hingebung ein Staat nicht besteht.*

[…]

Sobald man sich von der verderblichen Verwechslung der Begriffe von *unbeschränkter* und *politisch-beschränkter* Freiheit, dem letzten Grunde aller Verwirrung, welche die Idee der Freiheit in der menschlichen Gesellschaft erzeugte – losgemacht, sobald man sich deutlich und bestimmt gesagt hat, was man verlangt, wenn man *Freiheit im Staat* begehrt – so entwickeln sich ganz leicht und natürlich aus einer richtigen Erklärung der Grundbegriffe folgende Grundsätze:

1. Politische Freiheit ist kein absolutes, sondern ein relatives Gut.

Da politische Freiheit nichts mehr als *zweckmäßig-beschränkte* natürliche Freiheit ist, so kommt bei der Schätzung derselben alles auf die Beschaffenheit der Zwecke und auf die daraus fließenden Modifikationen und Grade der Beschränkung an. Bürgerliche Gesellschaft, Staatsverbindung, ist ein vielseitiger, unendlich komplizierter Gegenstand. Zu bestimmen, wieviel jedes einzelne Mitglied von seiner Freiheit fahren lassen muß, wenn die Absichten dieser Verbindung vollständig erreicht, der Vorteil aller gesichert und das Ganze nicht ein formloses Aggregat, sondern ein wohlorganisiertes System sein soll – ist eine Aufgabe, die mehr als gewöhnliche Talente und Einsichten erfordert. *Freiheit* verleihen, heißt der blinden Natur ihren Lauf lassen: aber das Meisterstück menschlicher Weisheit ist – eine gute *Regierung* zu erschaffen.

[...]

Die Vollkommenheit der natürlichen Freiheit liegt in ihrer *Unbegrenztheit*, die Vollkommenheit der bürgerlichen liegt in ihren *Schranken*. Wo und wie diese Schranken gesetzt sind, das ist es, was alle Schätzung der politischen Freiheit bestimmen, was alles Urteil über Staatsverbindungen leiten muß. Wenn politische Freiheit eine solche Limitation der natürlichen Freiheit enthält, als zur Aufrechthaltung des gesellschaftlichen Ganzen und zur Erreichung seiner gesamten Zwecke schlechterdings nötig ist, so wird sie ein Gut sein. Sie wird ein Übel werden, wenn jene Limitation, in der ihre wahre Essenz liegt, unzureichend ist, wenn sie den Gang der Staatsoperationen erschwert oder gar unmöglich macht.

Politische Freiheit kann nicht nur ein Übel, sondern zuweilen auch das größte aller Übel sein. Wenn das Mißverhältnis zwischen den Zwecken des Staats und den Schranken der natürlichen Freiheit groß, wenn dem einzelnen Bürger nichts verhaßter ist als gehorchen, wenn jeder die Grenzen seiner Handlungen selbst bezeichnen will oder wenn gar – frei sein nichts anders mehr heißt als die Freiheit andrer willkürlich unterdrücken: dann ist das, was Verblendung oder List als das höchste der Güter ausrief, der Quell und die Grundlage der schrecklichsten Kalamitäten. Wenn politische Freiheit dieses unnatürliche und furchtbare Übergewicht erlangt hat, dann wird die Zerstörung der Staaten und die Rückkehr des Standes der Natur beinahe eine wünschenswerte Begebenheit.

Die belebende und erhaltende Kraft der bürgerlichen Verbindung (411) ‖ ist dahin, und wo diese verloren ist, stellt die Gesellschaft nichts weiter dar als einen zusammengedrängten Haufen feindseliger Wesen, die, in ein gemeinschaftliches Elend geschmiedet, an den vervielfältigten Mitteln einer wechselseitigen Berührung nur vervielfältigte Instrumente einer wechselseitigen Zerstörung besitzen. Die Kriege des isolierten Naturmenschen sind leichte und vorüberziehende Scharmützel: der unaufgehaltne Kampf des *gesellschaftlichen Naturmenschen* mit den Tausenden seiner Nachbarn würde früh oder spät in einer Vertilgung seiner Gattung endigen.

So wie es in dem kunstreichen Ganzen, welches wir einen Staat nennen, einen Exzeß der Freiheit geben kann, so kann es allerdings auch einen Exzeß der Regierung geben. Die Einschränkung des individuellen Willens kann weiter gehen, als es die Erreichung der gesellschaftlichen Zwecke fordert; es kann Staatsverfassungen geben, welche die natürliche Freiheit unterdrücken, indem sie ihr überflüssige Schranken setzen, und es gab deren eine Menge in allen Perioden der Geschichte. Es ist aber ein Umstand von Wichtigkeit, daß man von den Exzessen der Regierung in der Regel leichter zu dem gerechten Maß zurückkehren kann als von den Exzessen der Freiheit.

Quelle: Burke / Gentz, Französische Revolution, 1991, S. 406 f., 409, 411 f.

4. Denker zivilgesellschaftlichen Handelns

David Hume, *Politische und ökonomische Essays*, 1741

In seinem Aufsatz «Über den ursprünglichen Vertrag» entwirft der Philosoph David Hume (1711–1776), der Kant – nach dessen eigenen Worten – aus seinem «‹dogmatischen Schlummer› geweckt» hatte,[164] einen Tugendkatalog, der aus der «Erkenntnis der Erfordernisse menschlicher Gesellschaft» abgeleitet wird. Er enthält u. a. Forderungen nach Anerkennung – hier hinsichtlich des Eigentums, nach Gerechtigkeit und Vertrauen, die bis heute den Zivilgesellschaftsbegriff von seiner normativen Seite prägen. Allerdings stehen diese Pflichten in einem offensichtlichen Spannungsverhältnis mit den ökonomischen Interessen der Mitglieder des Gemeinwesens.[165]

Deutlich wird im letzten Abschnitt aber auch, dass nach Humes Meinung für das Funktionieren der bürgerlichen Gesellschaft «Gesetze, Magistrate und Richter» bestehen müssen, die die Umsetzung zivilgesellschaftlicher Handlungsweisen garantieren.[166] In dem Moment, in dem bürgerliche Gesellschaft nicht mehr als Staat, sondern als eigenständige zivilgesellschaftliche Sphäre neben dem Staat gedacht wird, stellt sich damit die Frage nach dem Verhältnis von Staat und Zivilgesellschaft.

Man unterscheidet zwei Arten moralischer Pflichten. Die ersten sind jene, zu denen Menschen durch natürlichen Instinkt oder eine unmittelbare Neigung veranlaßt werden, unabhängig von allen Begriffen von Verpflichtung und allen Ansichten über öffentlichen oder privaten Nutzen. Kinderliebe, Dankbarkeit gegenüber Wohltätern und Mitleid mit Unglücklichen können zu dieser Art gehören. Solchen Instinkten schuldet man moralische Wertschätzung und Anerkennung, wenn man den Nutzen bedenkt, der der Gesellschaft daraus erwächst. Doch der Mensch, den sie bewegen, fühlt ihre Macht und ihren Einfluß noch vor solcher Überlegung.

Die zweite Art moralischer Pflichten wird nicht von einem ursprünglichen Naturinstinkt unterstützt, sondern beruht allein auf einem Gefühl der Verpflichtung aus der Erkenntnis der Erfordernisse menschlicher Gesellschaft und der Unmöglichkeit von deren Erhaltung, wenn solche Pflichten vernachlässigt würden. Gerechtigkeit, Respekt vor dem Eigentum anderer, Treue und das Einhalten von Versprechen sind deshalb verpflichtend geworden und haben Autorität über die Menschheit erlangt. Offensichtlich liebt jeder Mensch sich selbst mehr als jeden anderen, und dies veranlaßt ihn, seinen Besitz so weit wie möglich zu vergrößern. Nichts kann ihn von diesem Drang abbringen außer Überlegung und Erfahrung, durch die er die schädlichen Folgen dieses Lasters und die dadurch drohende völlige Auflösung der Gesellschaft erkennen lernt. Seiner ursprünglichen Neigung oder seinem Instinkt wird damit Einhalt geboten, und sie werden durch erneute Beurteilung und Beobachtung kontrolliert.

Mit der politischen oder bürgerlichen Pflicht zur Loyalität verhält es sich ebenso wie mit den natürlichen Pflichten zu Ge- (316) ‖ rechtigkeit und Treue. Unseren ursprünglichen Instinkten zufolge streben wir nach unbegrenzter Freiheit oder Herrschaft über andere, und nur durch Überlegung werden wir veranlaßt, solch starkes Verlangen im Interesse von Frieden und öffentlicher Ordnung aufzugeben. Etwas Erfahrung und Beobachtung genügen, um uns zu zeigen, daß die Gesellschaft ohne die Autorität von Magistraten unmöglich erhalten werden könnte und daß diese Autorität der Verachtung anheimfallen würde, sobald man ihr nicht mehr genau gehorchte. Die Beobachtung dieser allgemeinen und offensichtlichen Interessen ist die Quelle aller Loyalität und jener moralischen Verpflichtung, die sich daraus ableitet.

Weshalb sollte es daher nötig sein, die Pflicht zu Loyalität oder den Gehorsam gegenüber Magistraten mit der Pflicht zur Treue oder der Einhaltung von Versprechen zu begründen und anzunehmen, jeder einzelne unterwerfe sich der Regierung durch seine Zustimmung? Anscheinend beruhen doch sowohl Loyalität als auch Treue auf den gleichen Grundlagen, und die Menschen unterwerfen sich aufgrund offensichtlicher Interessen und Erfordernissen der menschlichen Gesellschaft. Wir sind angeblich gezwungen, unserem Herrscher zu gehorchen, weil wir darin stillschweigend eingewilligt haben. Doch warum sollten wir unser Versprechen halten? Hierzu muß festgestellt werden, daß der überaus vorteilhafte Handel und Umgang der Menschen untereinander gefährdet wäre, wenn Menschen ihre Vereinbarungen nicht einhalten würden. Ebenso ist festzustellen, daß Menschen in keiner, zumindest keiner bürgerlichen Gesellschaft, ohne Gesetze, Magistrate und Richter leben könnten, die die Unterdrückung der Schwachen durch die Starken und der Gerechten und Gesetzestreuen durch die Gewalttätigen verhinderten. Wir gewinnen nichts durch die Verknüpfung der Verpflichtung zu Loyalität mit der zur Treue, denn beide haben die gleiche Macht und Autorität. Die allgemeinen Interessen oder Erfordernisse der Gesellschaft reichen aus, um beide zu erhalten. (317)

Quelle: Hume, Über den ursprünglichen Vertrag, 1988, S. 316 f.

Adam Ferguson, *Geschichte der bürgerlichen Gesellschaft*, 1767

In seiner umfassenden «Geschichte der bürgerlichen Gesellschaft» stellt für Adam Ferguson (1723 – 1816) «civil society» eine Norm dar, die aus der Antike abgeleitet wird; die Realität der Ferguson'schen Gegenwart beschreibt er als «polished» bzw. «commercial society». Aus der antiken Tradition, aber auch aus den Erfahrungen der Kämpfe in Schottland zwischen den Bewohnern der Highlands, die in Clanstrukturen lebten, und denen der Lowlands, die sich auf dem Weg zu einer agrarkapitalistischen Gesellschaft befanden,[167] folgert Ferguson, dass zivilgesellschaftliches Handeln sich nicht nur in friedfertigen, gewaltfreien Akten erschöpfen kann, sondern die Akteure bereit sein müssen zu kämpfen. Wird dieser Aspekt vernachlässigt, verliert eine verfeinerte Gesellschaft ihre Verteidigungsfähigkeit.[168] Allgemein ist damit die Frage nach der Widerstandsfähigkeit der Zivilgesellschaft gegen äußere Bedrohungen aufgeworfen, wenn sie sich auf eine ihrer zentralen Grundnormen, die Gewaltfreiheit, zurückzieht.[169] Der nächste Textausschnitt verdeutlicht aber, dass bei Ferguson Zivilgesellschaft nicht nur das Resultat von Kampf und Widerstand ist, sondern auch eine auf dem Gemeinwohl und der Eigenverantwortung beruhende Handlungsweise. Zivilisationskritisch erkennt Ferguson allerdings die Gefahr einer atomisierten, individualisierten Gesellschaft in seiner Gegenwart, der er den Appell an Eigeninitiative und bürgerschaftliches Engagement entgegenstellt.[170]

Ohne die Rivalität der Nationen und ohne die Praxis des Krieges könnte die bürgerliche Gesellschaft selbst kaum Inhalt und Form gefunden haben. Zwar könnten die Menschen ohne förmliche Übereinkunft Handel treiben, doch ohne Übereinstimmung innerhalb der Nation in Sicherheit zu leben, dies wäre ihnen nicht möglich. Die Notwendigkeit öffentlicher Verteidigung hat viele staatliche Abteilungen ins Leben gerufen; die geistigen Fähigkeiten der Menschen haben in der Handhabung der Streitkräfte der Nation ihr größtes Betätigungsfeld gefunden. In Furcht zu erhalten oder einzuschüchtern und, wenn wir nicht mit Vernunft überzeugen können, mutig zu widerstehen, das sind die Tätigkeiten, die einem energischen Geist die anregendste Übung und die größten Triumphe gewähren. Wer nie mit seinen Mitmenschen gekämpft hat, dem bleibt die Hälfte der menschlichen Gefühle fremd.

Die Streitigkeiten von Individuen sind in der Tat häufig die Wirkungen unglücklicher und abscheulicher Leidenschaften, wie etwa von Mißgunst, Haß und Wut. Wenn solche Leidenschaften die Brust allein beherrschen, dann wird das Schauspiel der Uneinigkeit zum Gegenstand des Abscheus. Gemeinsamer Widerstand dagegen, von vielen geleistet, wird immer durch Leidenschaften anderer Art gemildert. Hier mischen sich Gefühle der Zuneigung und Freundschaft mit dem der Feindseligkeit. Die Tätigen und Tapferen werden zu Hütern ihrer Gesellschaft. In ihrem Fall stellt selbst noch Gewalttätigkeit eine Äußerung des Großmutes wie des Mutes dar. Das, was wir als Wirkung einer privaten Abneigung keineswegs ertragen könnten, nehmen wir als Äußerung von Nationalgefühl oder Partei- (127) ‖ geist durchaus mit Beifall auf. Inmitten der Auseinandersetzungen gegnerischer Staaten meinen wir, in der Ausübung von Gewalttätigkeiten und Kriegslisten für den Patrioten und Krieger die glänzendste Laufbahn menschlicher Tugend gefunden zu haben. Selbst persönliche Gegnerschaft ist hier unserem Urteil über die Verdienste der Menschen keineswegs abträglich. (128)

[...]

Für den Wohlwollenden bietet die Zufriedenheit anderer einen Anlaß zur Freude. Schon das Dasein in einer Welt, die von göttlicher Weisheit regiert wird, bedeutet für ihn ein Glück. Von den Sorgen befreit, die zu Verzagtheit und Gemeinheit führen, wird der Geist ruhig, aktiv, furchtlos und kühn, zu jedem Unternehmen fähig und kraftvoll in der Ausübung jeder Anlage, mit welcher die Menschennatur begabt ist. Auf dieser Grundlage erhob sich die bewundernswerte Charakterstärke, wie sie die berühmten Nationen des Altertums während einer gewissen Periode ihrer Geschichte auszeichnete. Sie ließ Beispiele von Edelmut zum vertrauten und alltäglichen Bestandteil ihrer Sitten werden, wie sie unter Regierungen, welche der Ausbildung des Gemeinsinns weniger günstig sind, nur selten vor- (168) ‖ kommen, oder aber nur zum Gegenstand der Bewunderung und aufgeblasener Lobreden gemacht werden, ohne daß sie praktiziert oder auch nur verstanden werden. [...] Die Mitglieder jener glorreichen Staatswesen waren gewohnt, sich als Teil eines Ganzen oder wenigstens als fest verbunden mit einer bestimmten Gesellschaftsklasse im Staate zu betrachten, als solche kümmerten sie sich nicht um persönliche Belange. Sie richteten ihr Augenmerk vielmehr fortwährend auf Ziele, welche die Seele anfeuern, die sie dazu brachten, immer im Hinblick auf ihre Mitbürger zu handeln und jene Künste der Überlegung, der Beredsamkeit, der Politik und des Krieges zu praktizieren, von welchen das Schicksal der Nationen oder der Menschen in ihrer Eigenschaft als Kollektivwesen abhängt. Der Seelenstärke, die in solcher Laufbahn angesammelt wurde, der Ausbildung des Verstandes, die dadurch erreicht wurde, verdanken diese Nationen nicht nur ihren Edelmut und die Überlegenheit des politischen und militärischen Verhaltens, sondern auch ihre Dichtkunst und Literatur, die bei ihnen nur die untergeordneten Anhängsel eines Genius waren, der anderweitig angeregt, kultiviert und verfeinert wurde.

Für den alten Griechen oder Römer bedeutete das Individuum nichts und die Öffentlichkeit alles. Für die modernen Menschen ist in zu vielen Völkern Europas das Individuum alles und die Öffentlichkeit nichts. Der Staat stellt hier nur noch eine Verbindung von Verwaltungsabteilungen dar, in denen Ansehen, Reichtum, Auszeichnung oder Macht als Lohn für geleistete Dienste angeboten werden. Bereits in den ersten Anfängen war es Grundsatz modernen Regierens, jedem Individuum einen bestimmten Rang und eine Würde zu verleihen, die es für sich selbst aufrechterhalten mußte. Unsere Ahnen dagegen fochten in rauher Vorzeit ihre persönlichen Ansprüche während der Pausen auswärtiger Kriege zu Hause aus.

Durch ihre Wettkämpfe untereinander, durch das Gleichgewicht ihrer Kräfte bewahrten sie in der Sphäre des Staates eine Art politischer (169) || Freiheit, während Parteiungen in der Privatsphäre fortwährender Beeinträchtigung und Unterdrückung ausgesetzt waren. Ihre Nachkommen in verfeinerten Zeiten haben jene bürgerliche Zwietracht unterdrückt, aus welcher die Aktivität früherer Zeiten hauptsächlich bestand. Aber sie verwenden die Ruhe, die sie dadurch gewonnen haben, nicht etwa zur Pflege und Ausbildung des Eifers für jene Gesetze und jene Staatsverfassungen, denen sie ihren Schutz verdanken, sondern allein dazu, um getrennt voneinander und jeder für sich die verschiedenen Künste persönlichen Vorankommens und Profits auszuüben, denen mit Erfolg nachzugehen ihre politischen Einrichtungen ihnen erlauben. Handel und Kommerz, von denen anzunehmen ist, daß sie alle einträglichen Fertigkeiten in sich schließen, werden dementsprechend als das große Ziel der Völker und als das Hauptbemühen der Menschheit betrachtet. (170)

[...]

Der Mensch ist von Natur aus Glied einer Gemeinschaft. Betrachtet man das Individuum in dieser Eigenschaft, dann scheint es nicht mehr für sich selbst geschaffen zu sein. Es muß auf sein Glück und seine Freiheit verzichten, wo diese dem Wohl der Gesellschaft widersprechen. Das Individuum ist nur Teil eines Ganzen, und das Lob, das wir seiner Tugend schuldig zu sein glauben, ist nur ein Zweig jenes allgemeineren Lobs, das wir dem Glied eines Körpers, dem Teil eines Bauwerks oder einer Maschine dafür spenden, daß sie gut geeignet sind, ihren Platz auszufüllen und angemessene Wirkungen hervorzubringen.

Wenn dies aus dem Verhältnis eines Teils zu seinem Ganzen folgt, wenn also das öffentliche Wohl Hauptzweck der Individuen ist, so ist doch in gleicher Weise wahr, daß das Glück der einzelnen der große Endzweck der bürgerlichen Gesellschaft ist: denn in welchem Sinne kann eine Öffentlichkeit irgendein Gut genießen, wenn ihre Glieder, einzeln betrachtet, unglücklich sind?

Allerdings sind die Interessen der Gesellschaft und die ihrer Glieder leicht zu versöhnen. Wenn das Individuum der Öffentlichkeit jede nur mögliche Rücksichtnahme schuldet, so wird es, indem es diese Rücksichtnahme erweist, auch des größten Glücks teilhaftig, dessen es seiner

Natur nach fähig ist. Die größte Wohltat, welche die Öffentlichkeit ihrerseits ihren Mitgliedern erweisen kann, besteht darin, sie mit sich verbunden zu halten. Derjenige Staat ist der glücklichste, der von seinen Untertanen am meisten geliebt wird, und die glücklichsten Menschen sind die, deren Herzen sich für eine Gemeinschaft engagieren, in der sie jeden Antrieb zu Großmut und Eifer finden und einen Spielraum zur Betätigung jedes ihrer Talente und jeder ihrer tugendhaften Anlagen. (172)

Quelle: Ferguson, Versuch, 1986, S. 127 f., 168 – 170, 172

Adam Smith, *Wohlstand der Nationen*, 1776

Für viele ist bürgerschaftliches Engagement gleichbedeutend mit dem Rückzug des Staates aus zahlreichen Bereichen des Sozialen und der Gesellschaft. Bei dieser Argumentation wird oft auf den Wirtschaftsliberalen Adam Smith (1723 – 1790) verwiesen,[171] der im freien Markt die zentrale Institution sah, um für Gerechtigkeit zu sorgen.[172] Doch im vorliegenden Abschnitt wird deutlich, dass Smith sehr wohl Bereiche im gesellschaftlich-staatlichen Leben ausmacht, um die sich der Staat kümmern muss, wenn die Voraussetzungen für zivilgesellschaftliches Handeln geschaffen werden sollen.[173]

Gleichzeitig wird in diesem Abschnitt deutlich, dass Smith von einem durch Arbeitsteilung entstandenen Klassencharakter der Gesellschaft ausgeht und bei der Darstellung körperlicher Arbeit bürgerliche Vorurteile reproduziert.[174] Nicht nur die klassenspezifische, sondern auch die eurozentristische Perspektive wird im Buch über den «Wohlstand der Nationen» deutlich. Durch Erfahrung mit der indigenen Bevölkerung Amerikas und des Pazifiks wird der Naturzustand zunehmend auf die Nichteuropäer transformiert und nicht mehr mit dem gesellschaftlichen Entwicklungsprozess der Menschen in Verbindung gebracht.[175]

Sollte sich eigentlich, so könnte man also fragen, das Gemeinwesen überhaupt nicht um die Ausbildung der Bürger kümmern? Oder, wenn ja, um welche Teile der Erziehung für welche Bevölkerungsschichten? Und wie sollte das vor sich gehen?

Es gibt Fälle, in denen der Entwicklungsstand eines Gemeinwesens zu einer Situation führt, in der die Mehrzahl der Bürger von sich aus, ohne staatliches Einwirken, nahezu alle Fähigkeiten und Tugenden erwirbt, deren das Land bedarf oder für das es die Voraussetzung schafft. In anderen Entwicklungsstadien ist dies nicht der Fall, so daß der Staat irgendwie einzugreifen gezwungen ist, um Korruption und Entartung der Massen zu verhüten.

Mit fortschreitender Arbeitsteilung wird die Tätigkeit der überwiegenden Mehrheit derjenigen, die von ihrer Arbeit leben, also der Masse des Volkes, nach und nach auf einige wenige Arbeitsgänge eingeengt, oftmals auf nur einen oder zwei. Nun formt aber die Alltagsbeschäftigung ganz zwangsläufig das Verständnis der meisten Menschen. Jemand, der tagtäglich nur wenige einfache Handgriffe ausführt, die zudem immer das gleiche oder ein ähnliches Ergebnis haben, hat keinerlei Gelegenheit, seinen Verstand zu üben. Denn da Hindernisse nicht auftreten, braucht er sich auch über deren Beseitigung keine Gedanken zu machen. So ist es ganz natürlich, daß er verlernt, seinen Verstand zu gebrauchen, und so stumpfsinnig und einfältig wird, wie ein menschliches Wesen nur eben werden kann. Solch geistige Trägheit beraubt ihn nicht nur der Fähigkeit, Gefallen an einer vernünftigen Unterhaltung zu finden oder sich daran zu beteiligen, sie stumpft ihn auch gegenüber differenzierten Empfindungen, wie Selbstlosigkeit, Großmut oder Güte, ab, so daß er auch vielen Dingen gegenüber, selbst jenen des täglichen Lebens, seine gesunde Urteilsfähigkeit verliert. Die wichtigen und weitreichenden Interessen seines Landes kann er überhaupt nicht beurteilen, und falls er nicht ausdrücklich darauf vorbereitet wird, ist er auch nicht in der Lage, sein Land in Kriegszeiten zu verteidigen. Ein solch monotones Dasein erstickt allen Unternehmungsgeist und verleitet ihn, das unstete, ungewisse und abenteuerliche Leben eines Soldaten mit Widerwillen zu betrachten. Selbst seine körperliche Tüchtigkeit wird beeinträchtigt, und er verliert die Fähig- (662) ‖ keit, seine Kräfte mit Energie und Ausdauer für eine andere Tätigkeit als der erlernten einzusetzen. Seine spezifisch berufliche Fertigkeit, so scheint es, hat er sich auf Kosten seiner geistigen, sozialen und soldatischen Tauglichkeit erworben. Dies aber ist die Lage, in welche die Schicht der Arbeiter, also die Masse des Volkes, in jeder entwickelten und zivilisierten Gesellschaft unweigerlich gerät, wenn der Staat nichts unternimmt, sie zu verhindern.

[...]

In einer entwickelten und kommerzialisierten Gesellschaft sollte sich die Öffentlichkeit vielleicht mehr um die Erziehung des einfachen Volkes kümmern als um die der oberen Schicht. Vornehme und vermögende junge Leute sind meist achtzehn oder neunzehn Jahre alt, ehe sie sich einem Beruf zuwenden, in welchem sie sich auszuzeichnen hoffen. Zuvor steht ihnen die ganze Zeit zur Verfügung, um sich jene Kenntnisse anzueignen, zumindest die Voraussetzung dafür zu schaffen, die ihnen allgemeine Achtung einbringen oder sie für eine solche würdig machen. Ihre Eltern oder Erzieher sorgen in der Regel hinreichend dafür, daß sie eine gute Ausbildung erhalten, und sind meist auch bereit, die Kosten dafür zu tragen. Wenn die Erziehung nicht immer zu dem gewünschten Erfolg führt, so liegt das durchweg nicht am mangelnden finanziellen Aufwand, sondern daran, daß die Mittel falsch eingesetzt wurden. Es liegt auch nur selten an einem Mangel an Lehrern, weit eher an der Lässigkeit und Unfähigkeit der zur Verfügung stehenden und an der Schwierigkeit oder, besser gesagt, Unmöglichkeit, unter den gegebenen Umständen fähigere zu finden. Die Aufgaben, mit denen sich Leute von Rang oder Vermögen die meiste Zeit ihres Lebens beschäftigen, sind außerdem nicht so einfach und einseitig wie die der breiten Masse. Sie sind durchweg äußerst kompliziert und erfordern mehr geistige als körperliche Arbeit. Die Menschen, die dieser Art Beschäftigung nachgehen, verfallen höchst selten aus Mangel an intellektueller Betätigung in geistige Trägheit. Es kommt noch hinzu, daß Angehörige der vermögenden Oberschicht nur selten von morgens bis abends von ihrer Arbeit voll in Anspruch genommen sind. Normalerweise haben sie reichlich Freizeit, um sich sowohl fachlich als auch schöngeistig weiterzubilden und die Kenntnisse oder Interessen aus der Zeit ihrer Ausbildung zu erweitern.

Ganz anders verhält es sich mit den jungen Leuten aus der unteren Schicht. Sie haben nur wenig freie Zeit für ihre Ausbildung. Ihre Eltern können sie selbst während der Kindheit kaum unterhalten, und sobald sie arbeitsfähig sind, müssen sie sich eine Beschäftigung suchen, um ihren Lebensunterhalt selbst zu verdienen. In der Regel handelt es sich dabei um eine einfache und gleichförmige Tätigkeit, die wenig Mitdenken oder Verständnis erfordert. Gleichzeitig müssen sie lange und schwer arbeiten, so daß ihnen wenig Zeit und Muße und noch weniger Neigung bleibt, sich mit etwas anderem zu beschäftigen oder gar über etwas anderes nachzudenken.

Zwar können einfache Leute in einem zivilisierten Gemeinwesen niemals so gut ausgebildet sein, wie angesehene mit etwas Vermögen, doch lernen sie schon so früh im Leben die elementaren Grundlagen (664)‖ der Erziehung, nämlich Lesen, Schreiben und Rechnen, daß selbst diejenigen unter ihnen, die den einfachsten Beschäftigungen nachgehen, zumeist Zeit genug haben, um die Grundfächer zu erlernen, ehe sie für solche Tätigkeiten verwendbar sind. Mit nur geringem Aufwand kann der Staat fast der gesamten Bevölkerung diese Schulausbildung erleichtern, sie dazu ermutigen, ja sogar dazu zwingen.

So kann die Regierung dabei helfen, indem sie in jeder Gemeinde oder jedem Distrikt eine bescheidene Schule errichtet, in der die Kinder gegen ein geringes Schulgeld unterrichtet werden, das auch der einfache Arbeiter aufbringen kann. Der Staat sollte für einen Teil, keineswegs aber für das volle Lehrergehalt aufkommen. Denn würde er es ganz oder hauptsächlich bestreiten, so würde das in Kürze dazu führen, daß der Lehrer seine Pflichten zu vernachlässigen trachtet. In Schottland hat die Errichtung solcher Schulen in den Kirchensprengeln zur Folge, daß die einfachen Leute zumeist Lesen und überwiegend auch Schreiben und Rechnen können. Ähnliche Erfolge sind auch in England eingetreten, doch waren sie nicht so verbreitet, da solch freie Schulen nicht überall eingeführt worden sind. Wären in diesen einfachen Schulen die Lesebücher für die Kinder nur etwas instruktiver, als sie es gewöhnlich sind, und würde man die Kinder in den Anfangsgründen der Geometrie und Mechanik unterrichten, anstatt ihnen ein paar Brocken Latein beibringen zu wollen, das sie doch niemals verwenden können, so wäre vermutlich die Schulbildung für diese Volksschicht so vollkommen, wie sie nur sein kann. Denn wohl jedes Gewerbe bietet Gelegenheit, diese Lehrsätze, eine Vorstufe für diese so angesehenen und nützlichen Wissenschaften, anzuwenden, so daß sich die Leute nach und nach darin üben und vervollkommnen können.

Der Staat kann fernerhin die Schulausbildung in diesen elementaren Fächern fördern, indem er den Kindern der unteren Schicht, die sich darin auszeichnen, kleine Prämien und Zeichen der Anerkennung aussetzt.

Er kann schließlich der gesamten Bevölkerung fast ohne Ausnahme auferlegen, daß jedermann die wichtigsten Grundlagen dieser Erziehung erlernt, indem er ihn zu einer Prüfung darüber verpflichtet oder eine Approbation verlangt, ehe er in eine Zunft aufgenommen werden kann oder in einem Dorf oder in einer Stadtgemeinde ein Gewerbe betreiben darf. [...][176]

Selbst wenn die soldatische oder kämpferische Haltung der Menschen für die Verteidigung des Landes nutzlos wäre, würde sie dennoch die ganze Aufmerksamkeit der Regierung verdienen, damit sich jede Art seelischer Verstümmelung, Entstellung und Erbärmlichkeit, welche die Feigheit notwendigerweise einschließt, nicht unter der Bevölkerung ausbreiten kann, genauso, wie sie verhindern muß, daß Aussatz oder irgendeine andere Krankheit, die ekelerregend und widerwärtig, wenn auch weder tödlich noch gefährlich ist, umsichgreift [sic], selbst wenn diese Kontrolle keinen anderen gemeinnützigen Zweck haben sollte, als eine öffentliche Gefahr von diesem Ausmaß zu verhindern.

Gleiches mag man von grober Unwissenheit und Dummheit sagen, die beide in einem entwickelten Land [*civilized society*] zu häufig das Verständnis der Leute aus den unteren Schichten zu beschränken scheinen. Jemand, der von den geistigen Fähigkeiten des Menschen nicht den rechten Gebrauch machen kann, ist womöglich noch verachtenswerter als ein Feigling und in seinem Persönlichkeitsbild offenbar noch weit stärker gestört und behindert. Selbst wenn der Staat als solcher keinen Vorteil von der Schulausbildung für Menschen aus den niederen Schichten haben sollte, so müßte er dennoch daran interessiert sein, daß sie nicht Analphabeten bleiben. Tatsächlich aber zieht er nicht unbeträchtlichen Nutzen daraus. Denn je gebildeter die Bürger sind, desto weniger sind sie Täuschungen, Schwärmerei und Aberglauben ausgesetzt, die in rückständigen Ländern häufig zu den schrecklichsten Wirren führen. Außerdem ist ein aufgeklärtes und kluges Volk stets zurückhaltender, ordentlicher und zuverlässiger als ein unwissendes und ungebildetes. Jeder einzelne fühlt sich selbst achtbarer und kann auch eher mit dem Respekt seiner rechtmäßigen Vorgesetzten rechnen, so daß er auch eher bereit ist, diesen gegenüber höflich zu sein. Er ist dann auch eher geneigt, die Ziele hinter dem Geschrei nach Zwietracht und Aufruhr kritisch zu prüfen, und fähiger, sie zu durchschauen, so daß er sich weit weniger (667) ‖ zu irgendeinem leichtsinnigen oder unnötigen Widerstand gegen die Maßnahmen der Regierung verleiten läßt. In freien Gemeinwesen [free countries], in denen der Bestand einer Regierung weitgehend von dem zustimmenden Urteil abhängt, welches sich die Bevölkerung über ihre Politik bilden mag, muß es ganz sicher von äußerster Wichtigkeit sein, daß die Menschen nicht dazu neigen sollten, politische Entscheidungen voreilig oder launenhaft zu beurteilen. (668)

Quelle: Smith, Wohlstand, 1974, S. 662 f., 664 f., 667 f.

Gotthold Ephraim Lessing, *Freimaurergespräche*, 1778

Gotthold Ephraim Lessing (1729–1781), der lange auf die Aufnahme in eine Freimaurerloge hatte warten müssen, setzte sich intensiv mit den Gedanken, Idealen und der (exklusiven) Praxis der Freimaurer auseinander.[177] Im zweiten seiner fünf «Freimaurergespräche» zwischen Falk und Ernst verwendet Lessing die Begriffe bürgerliche Gesellschaft und Staat synonym. Diese Institution ist verantwortlich, dass sich unterschiedliche Staaten und Religionen entwickeln und innerhalb einer Gesellschaft zahlreiche Brüche auftun. Diesem Negativbild setzt Falk, selbst Mitglied der Freimaurer, das Ideal der Assoziation der Freimaurer gegenüber, die diese Trennungen überwinden.[178] Freimaurer zeichnen sich demnach durch Toleranz statt Nationalismus, durch Kritikfähigkeit statt Ideologie sowie durch Ausgleich statt Spaltung aus.[179] Dieses Ideal steht außerhalb der bürgerlichen Gesellschaft bzw. des Staates («supererogatum»).

Falk […] eben fällt auch mir etwas bei, was ich bei dieser Gelegenheit dich noch fragen muß. – Ich kenne deine Gesinnung darüber doch gar nicht.

Ernst Worüber?

Falk Über die bürgerliche Gesellschaft des Menschen überhaupt.[180] – Wofür hälst du sie?

Ernst Für etwas sehr Gutes.

Falk Ohnstreitig. – Aber hälst du sie für Zweck, oder Mittel?

Ernst Ich verstehe dich nicht.

Falk Glaubst du, daß die Menschen für die Staaten erschaffen werden? Oder daß die Staaten für die Menschen sind?

Ernst Jenes scheinen einige behaupten zu wollen. Dieses aber mag wohl das Wahrere sein.

Falk So denke ich auch. – Die Staaten vereinigen die Menschen, damit durch diese und in dieser Vereinigung jeder einzelne Mensch seinen Teil von Glückseligkeit desto besser und sicherer genießen könne. – Das Totale der einzeln Glückseligkeiten aller Glieder, ist die Glückseligkeit des Staats. Außer dieser giebt es gar keine. Jede andere Glückseligkeit des Staats, bei welcher auch noch so wenig einzelne Glieder leiden und leiden *müssen*, ist Bemäntelung der Tyrannei. Anders nichts! (24)

[…]

Ernst […] – Gut! das bürgerliche Leben des Menschen, alle Staatsverfassungen sind nichts als Mittel zur menschlichen Glückseligkeit. Was weiter?

Falk Nichts als Mittel! Und Mittel menschlicher Erfindung; ob ich gleich nicht leugnen will, daß die Natur alles so eingerichtet, daß der Mensch sehr bald auf diese Erfindung geraten müssen [sic].[181]

Ernst Dieses hat denn auch wohl gemacht, daß einige die bürgerliche Gesellschaft für Zweck der Natur gehalten. Weil alles, unsere Leidenschaften und unsere Bedürfnisse, alles darauf führe, sei sie folglich das Letzte, worauf die Natur gehe. So schlossen sie. Als ob die Natur nicht auch die Mittel zweckmäßig hervorbringen müssen! Als ob die Natur mehr die (25) ‖ Glückseligkeit eines abgezogenen Begriffs – wie Staat, Vaterland und dergleichen sind – als die Glückseligkeit jedes wirklichen einzeln Wesens zu Absicht gehabt hätte!

[…]

Falk Wir nehmen also die beste Staatsverfassung für erfunden an; wir nehmen an, daß alle Menschen in der Welt in dieser besten Staatsverfassung leben: würden deswegen alle Menschen in der Welt nur einen Staat ausmachen? (27) ‖

Ernst Wohl schwerlich. Ein so ungeheurer Staat würde keiner Verwaltung fähig sein. Er müßte sich also in mehrere kleine Staaten verteilen, die alle nach den nemlichen Gesetzen verwaltet würden.

[…]

Falk Nun, da haben wir ja schon Eines. Denn nicht wahr, jeder dieser kleinern Staaten hätte sein eignes Interesse? und jedes Glied derselben hätte das Interesse seines Staats?

Ernst Wie anders?

Falk Diese verschiedene Interesse würden öfters in Collision kommen, so wie itzt: und zwei Glieder aus zwei verschiedenen Staaten würden einander eben so wenig mit unbefangenem Gemüt begegnen können, als itzt ein Deutscher einem Franzosen, ein Franzose einem Engländer begegnet.

[...]

Ernst Das ist leider wahr. (28) ‖

Falk Nun, so ist es denn auch wahr, daß das Mittel, welches die Menschen vereiniget, um sie durch diese Vereinigung ihres Glückes zu versichern, die Menschen zugleich trennet.

Ernst Wenn du es so verstehest.

Falk Tritt einen Schritt weiter. Viele von den kleinern Staaten würden ein ganz verschiedenes Klima, folglich ganz verschiedene Bedürfnisse und Befriedigungen, folglich ganz verschiedene Gewohnheiten und Sitten, folglich ganz verschiedene Sittenlehren, folglich ganz verschiedene Religionen haben. Meinst du nicht?

Ernst Das ist ein gewaltiger Schritt!

Falk Die Menschen würden auch dann noch Juden und Christen und Türken und dergleichen sein.

Ernst Ich getraue mir nicht, nein zu sagen. (29) [...] ‖

[...]

Falk [...] Nun sieh da das zweite Unheil, welches die bürgerliche Gesellschaft, ganz ihrer Absicht entgegen, verursacht. Sie kann die Menschen nicht vereinigen, ohne sie zu trennen; nicht trennen, ohne Klüfte zwischen ihnen zu befestigen, ohne Scheidemauern durch sie hin zu ziehen.

Ernst Und wie schrecklich diese Klüfte sind! wie unübersteiglich oft diese Scheidemauern!

Falk Laß mich noch das dritte hinzufügen. – Nicht genug, daß die bürgerliche Gesellschaft die Menschen in verschiedene Völker und Religionen teilet und trennet. – Diese Trennung in wenige große Teile, deren jeder für sich ein Ganzes wäre, wäre doch immer noch besser als gar kein Ganzes. – Nein; die bürgerliche Gesellschaft setzt ihre Trennung auch in jedem dieser Teile gleichsam bis ins Unendliche fort. (30) ||

[...]

Falk Nun überlege, wie viel Übel es in der Welt wohl giebt, das in dieser Verschiedenheit der Stände seinen Grund nicht hat.

Ernst Wenn ich dir doch widersprechen könnte! – Aber was hatte ich für Ursache, dir überhaupt zu widersprechen? – Nun ja, die Menschen sind nur durch Trennung zu vereinigen! nur durch unaufhörliche Trennung in Vereinigung zu erhalten! Das ist nun einmal so. Das kann nun nicht anders sein.

Falk Das sage ich eben!

Ernst Also, was willst du damit? Mir das bürgerliche Leben dadurch verleiden? Mich wünschen machen, daß den Menschen der Gedanke, sich in Staaten zu vereinigen, nie möge gekommen sein?

Falk Verkennst du mich so weit? – Wenn die bürgerliche Gesellschaft auch nur das Gute hätte, daß allein in ihr die menschliche Vernunft angebauet werden kann, ich würde sie auch bei weit größern Übeln noch segnen.

Ernst Wer des Feuers genießen will, sagt das Sprichwort, muß sich den Rauch gefallen lassen.

Falk Allerdings! – Aber weil der Rauch bei dem Feuer unvermeidlich ist: durfte man darum keinen Rauchfang erfinden? (31) || Und der den Rauchfang erfand, war der darum ein Feind des Feuers? – Sieh, dahin wollte ich.

Ernst Wohin? – Ich verstehe dich nicht.

Falk Das Gleichnis war doch sehr passend. – – Wenn die Menschen nicht anders in Staaten vereiniget werden konnten als durch jene Trennungen: werden sie darum gut, jene Trennungen?

Ernst Das wohl nicht.

Falk Werden sie darum heilig, jene Trennungen?

Ernst Wie heilig?

Falk Daß es verboten sein sollte, Hand an sie zu legen?

Ernst In Absicht? ...

Falk In Absicht, sie nicht größer einreißen zu lassen, als die Notwendigkeit erfordert. In Absicht, ihre Folgen so unschädlich zu machen als möglich.

Ernst Wie könnte das verboten sein?

Falk Aber geboten kann es doch auch nicht sein; durch bürgerliche Gesetze nicht geboten! – Denn bürgerliche Gesetze erstrecken sich nie über die Grenzen ihres Staats. Und dieses würde nun gerade außer den Grenzen aller und jeder Staaten liegen. – Folglich kann es nur ein Opus supererogatum sein: und es wäre bloß zu wünschen, daß sich die Weisesten und Besten eines jeden Staats diesem Operi supererogato freiwillig unterzögen.

Ernst Bloß zu wünschen; aber recht sehr zu wünschen. (32) ‖

Falk Ich dächte! Recht sehr zu wünschen, daß es in jedem Staate Männer geben möchte, die über die Vorurteile der Völkerschaft hinweg wären und genau wüßten, wo Patriotismus Tugend zu sein aufhöret.

Ernst Recht sehr zu wünschen!

Falk Recht sehr zu wünschen, daß es in jedem Staate Männer geben möchte, die dem Vorurteile ihrer angeborenen Religion nicht unterlägen; nicht glaubten, daß alles notwendig gut und wahr sein müsse, was sie für gut und wahr erkennen.

Ernst Recht sehr zu wünschen!

Falk Recht sehr zu wünschen, daß es in jedem Staate Männer geben möchte, welche bürgerliche Hoheit nicht blendet und bürgerliche Geringfügigkeit nicht ekelt; in deren Gesellschaft der Hohe sich gern herabläßt und der Geringe sich dreist erhebet.

Ernst Recht sehr zu wünschen!

Falk Und wenn er erfüllt wäre, dieser Wunsch?

Ernst Erfüllt? – Es wird freilich hier und da, dann und wann, einen solchen Mann geben.

Falk Nicht bloß hier und da; nicht bloß dann und wann.

Ernst Zu gewissen Zeiten, in gewissen Ländern auch mehrere.

Falk Wie, wenn es dergleichen Männer itzt überall gäbe? zu allen Zeiten nun ferner geben müßte?

Ernst Wollte Gott! (33) ‖

Falk Und diese Männer nicht in einer unwirksamen Zerstreuung lebten? nicht immer in einer unsichtbaren Kirche?

Ernst Schöner Traum!

Falk Daß ich es kurz mache. – Und diese Männer die Freimäurer wären?

Ernst Was sagst du?

Falk Wie, wenn es die Freimäurer wären, die sich *mit* zu ihrem Geschäfte gemacht hätten, jene Trennungen, wodurch die Menschen einander so fremd werden, so eng als möglich wieder zusammen zu ziehen?

Ernst Die Freimäurer?

Falk Ich sage: *mit* zu ihrem Geschäfte.

Ernst Die Freimäurer?

Falk Ach! verzeih! – Ich hatt es schon wieder vergessen, daß du von den Freimäurern weiter nichts hören willst – Dort winkt man uns eben zum Frühstücke. Komm!

Ernst Nicht doch! – noch einen Augenblick! – Die Freimäurer, sagst du –

Falk Das Gespräch brachte mich wider Willen auf sie zurück. Verzeih! – Komm! Dort in der größern Gesellschaft, werden wir bald Stoff zu einer tauglichern Unterredung finden. Komm! (34)

Quelle: Lessing, Ernst und Falk, 2. Gespräch, 2001, S. 24–34

Immanuel Kant, *Über den Gemeinspruch, das mag in der Theorie richtig sein*, 1793

Wie im Freimaurergespräch Lessings erscheinen auch in Immanuel Kants (1724–1804) Überlegungen «Über den Gemeinspruch, das mag in der Theorie richtig sein, taugt aber nicht für die Praxis» der «bürgerliche Zustand» und seine Prinzipien als etwas außerhalb des Staates Stehendes, das ausschließlich reinen Vernunftprinzipien gehorcht.[182] Doch das moralisch-normative hehre Ideal hatte keinen Einfluss auf die Beschäftigung mit der praktischen Umsetzung der bürgerlichen Gesellschaft. Nur das Merkmal der «Selbständigkeit» qualifizierte zum Bürger. Die bloß mit der Hand Arbeitenden schloss Kant kategorisch vom Bürgerstatus aus. Neben das Moment der Freiheit und Gleichheit trat in der konkreten Praxis die Exklusion.[183]

Der bürgerliche Zustand also, bloß als rechtlicher Zustand betrachtet, ist auf folgende Prinzipien a priori gegründet:

1. Die *Freiheit* jedes Gliedes der Sozietät, als *Menschen*.

2. Die *Gleichheit* desselben mit jedem anderen, als *Untertan*.

3. Die *Selbständigkeit* jedes Gliedes eines gemeinen Wesens, als *Bürger*.

Diese Prinzipien sind nicht sowohl Gesetze, die der schon errichtete Staat gibt, sondern nach denen allein eine Staatserrichtung, reinen Vernunftprinzipien des äußeren Menschenrechts überhaupt gemäß, möglich ist. (145)

[…]

3. Die *Selbständigkeit* (sibisufficientia) eines Gliedes des gemeinen Wesens *als Bürgers*, d. i. als Mitgesetzgebers [sic]. In dem Punkte der Gesetzgebung selbst sind alle, die unter schon vorhandenen öffentlichen Gesetzen frei und gleich sind, doch nicht, was das Recht betrifft, diese Gesetze zu geben, alle für gleich zu achten. Diejenigen, welche dieses Rechts nicht fähig sind, sind gleichwohl, als Glieder des gemeinen Wesens, der Befolgung dieser Gesetze unterworfen, und dadurch des Schutzes nach denselben teilhaftig; nur nicht als *Bürger*, sondern als *Schutzgenossen*. Alles Recht hängt nämlich von Gesetzen ab. Ein öffentliches Gesetz aber, welches für alle das, was ihnen rechtlich erlaubt oder unerlaubt sein soll, bestimmt, ist der Actus eines öffentlichen Willens, von dem alles Recht ausgeht, und der also selbst niemand muß Unrecht tun können. Hiezu aber ist kein anderer Wille, als der des gesamten Volks (da alle über alle, mithin ein jeder über sich selbst beschließt), möglich: denn nur sich selbst kann niemand unrecht tun. Ist es aber ein anderer, so kann der bloße Wille eines von ihm Verschiedenen über ihn nichts beschließen, was nicht unrecht sein könnte; folglich würde sein Gesetz noch ein anderes Gesetz erfordern, welches seine Gesetzgebung einschränkte, mithin kann kein besonderer Wille für ein gemeines Wesen gesetzgebend sein. (Eigentlich kommen, um diesen Begriff auszumachen, die Begriffe der äußeren Freiheit, Gleichheit, und *Einheit* des Willens *aller* zusam- (150) ‖ men, zu welcher letzteren, da Stimmgebung erfordert wird, wenn beide erstere zusammen genommen werden, Selbständigkeit die Bedingung ist.) Man nennt dieses Grundgesetz, das nur aus dem allgemeinen (vereinigten) Volkswille entspringen kann, den *ursprünglichen Vertrag*.

Derjenige nun, welcher das Stimmrecht in dieser Gesetzgebung hat, heißt ein Bürger (citoyen, d. i. *Staatsbürger*, nicht Stadtbürger, bourgeois).[184] Die dazu erforderliche Qualität ist, außer der natürlichen (daß es kein Kind kein Weib sei), die einzige: daß er *sein eigener Herr* (sui iuiris) sei, mithin irgend ein *Eigentum* habe (wozu auch jede Kunst, Handwerk, oder schöne Kunst, oder Wissenschaft gezählt werden kann), welches ihn ernährt; d. i. daß er, in denen Fällen, wo er von andern erwerben muß, um zu leben, nur durch *Veräußerung* dessen was sein ist erwerbe, nicht durch Bewilligung, die er anderen gibt, von seinen Kräften Gebrauch zu machen, folglich, daß er niemandem als dem gemeinen Wesen im eigentlichen Sinne des Worts *diene*.[185] [...] (151) ‖ Da es also bloß von dem Vermögen, dem Fleiß und dem Glück jedes Gliedes des gemeinen Wesens abhängend gelassen werden muß, daß jeder einmal einen Teil davon und alle das Ganze erwerben, dieser Unterschied aber bei der allgemeinen Gesetzgebung nicht in Anschlag gebracht werden kann: so muß nach den Köpfen derer, die im Besitzstand sind, nicht nach der Größe der Besitzungen, die Zahl der Stimmfähigen zur Gesetzgebung beurteilt werden.

Es müssen aber auch alle, die dieses Stimmrecht haben, zu diesem Gesetz der öffentlichen Gerechtigkeit zusammenstimmen; denn sonst würde zwischen denen, die dazu nicht übereinstimmen, und den ersteren ein Rechtsstreit sein, der selbst noch eines höheren Rechtsprinzips bedürfte, um entschieden zu werden. Wenn also das erstere von einem ganzen Volk nicht erwartet werden darf, mithin nur eine Mehrheit der Stimmen und zwar nicht der Stimmenden unmittelbar (in einem großen Volke), sondern nur der dazu Delegierten, als Repräsentanten des Volks, dasjenige ist, was allein man als erreichbar voraussehen kann: so wird doch selbst der Grundsatz, sich diese Mehrheit genügen zu lassen, als (152) ‖ mit allgemeiner Zustimmung, also durch einen Kontrakt, angenommen, der oberste Grundsatz der Errichtung einer bürgerlichen Verfassung sein müssen. (153)

Quelle: Kant, Über den Gemeinspruch, 2001, S. 145, 150–153

Wilhelm von Humboldt, *Sorgfalt des Staates*, 1792

Wilhelm von Humboldt (1767–1835) sieht in diesem Beitrag die negativen Auswirkungen eines übertriebenen Staatsdirigismus.[186] Er propagiert stattdes-

sen das «freie Spiel der Kräfte» und fordert zu bürgerschaftlichem Engagement auf, auch um die Isolierung und Individualisierung in der Gesellschaft zu verhindern. Humboldts Text, der noch vor Beginn der Reformperiode um 1800 geschrieben wurde, enthält jene Elemente, die zu Beginn des 21. Jahrhunderts besonders stark den Zivilgesellschaftsdiskurs prägen.[187]

Ich rede daher hier von dem ganzen Bemühen des Staats, den positiven Wohlstand der Nation zu erhöhen, von aller Sorgfalt für die Bevölkerung des Landes, den Unterhalt der Einwohner, theils geradezu durch Armenanstalten, theils mittelbar durch Beförderung des Ackerbaues, der Industrie und des Handels, von allen Finanz- und Münzoperationen, Ein- und Ausfuhr-Verboten u. s. f. (in so fern sie diesen Zweck haben) endlich allen Veranstaltungen zur Verhütung oder Herstellung von Beschädigungen durch die Natur, kurz von jeder Einrichtung des Staates, welche das physische Wohl der Nation zu erhalten, oder zu befördern die Absicht hat. Denn da das Moralische (250) ‖ nicht leicht um seiner selbst willen, sondern mehr zum Behuf der Sicherheit befördert wird, so komme ich zu dieser erst in Folge.

Alle diese Einrichtungen nun, behaupte ich, haben nachtheilige Folgen und sind einer wahren, von den höchsten, aber immer menschlichen Gesichtspunkten ausgehenden Politik unangemessen.

1. Der Geist der Regierung herrscht in einer jeden solchen Einrichtung, und wie weise und heilsam auch dieser Geist sey, so bringt er *Einförmigkeit* und eine fremde Handlungsweise in der Nation hervor. Statt daß die Menschen in Gesellschaft traten, um ihre Kräfte zu schärfen, sollten sie auch dadurch an ausschließendem Besitz und Genuß verlieren; so erlangen sie *Güter* auf Kosten ihrer *Kräfte*. Gerade die aus der Vereinigung Mehrerer entstehende Mannigfaltigkeit ist das höchste Gut, welches die Gesellschaft giebt, und diese Mannigfaltigkeit geht gewiß immer in dem Grade der Einmischung des Staats verloren. Es sind nicht mehr eigentlich die Mitglieder einer Nation, die mit sich in Gemeinschaft leben, sondern einzelne Unterthanen, welche mit dem Staat, d. h. dem Geiste, welcher in seiner Regierung herrscht, in Verhältniß kommen, und zwar in ein Verhältniß, in welchem schon die überlegene Macht des Staats das freye Spiel der Kräfte hemmt. Gleichförmige Ursachen haben gleichförmige

Wirkungen. Je mehr also der Staat mitwirkt, desto ähnlicher ist nicht bloß alles Wirkende, sondern auch alles Gewirkte. Auch ist dies gerade die Absicht der Staaten. Sie wollen Wohlstand und Ruhe. Beide aber erhält man immer in eben dem Grade leicht, in welchem das Einzelne weniger mit einander streitet. Allein was der Mensch beabsichtigt und beabsichtigen muß, ist ganz etwas anders, es ist Mannigfaltigkeit und Thätigkeit. Nur dieß giebt vielseitige und (251)‖ und kraftvolle Charaktere, und gewiß ist noch kein Mensch tief genug gesunken, um für sich selbst Wohlstand und Glück der Größe vorzuziehen. Wer aber für andre so raisonniret, den hat man, und nicht mit Unrecht in Verdacht, daß er die Menschen miskennt [sic], und aus Menschen Maschinen machen will.

2. Das wäre also die zweite schädliche Folge, daß diese Einrichtungen des Staats die Kraft der Natur der Nation schwächen. So wie durch die Form, welche aus der selbstthätigen Materie hervorgeht, die Materie selbst mehr Fülle und Schönheit erhält – denn was ist sie anders, als die Verbindung dessen, was erst stritt? eine Verbindung, zu welcher allemal die Auffindung neuer Vereinigungspunkte, folglich gleichsam eine Menge neuer Entdeckungen nothwendig ist, die immer in Verhältniß mit der größeren, vorherigen Verschiedenheit steigt – eben so wird die Materie vernichtet durch diejenige, die man ihr von außen giebt. Denn das Nichts unterdrückt da das Etwas. Alles im Menschen ist Organisation. Was in ihm gedeihen soll, muß in ihm *gesäet* werden. Alle Kraft setzt Enthusiasmus voraus, und nur wenige Dinge nähren diesen so sehr, als den Gegenstand desselben als ein gegenwärtiges, oder künftiges Eigenthum anzusehen. Nun aber hält der Mensch das nie so sehr für sein, was er besitzt, als was er thut, und der Arbeiter, welcher einen Garten *bestellt*, ist vielleicht in einem wahreren Sinne *Eigenthümer*, als der müßige Schwelger, der ihn genießt. […] (252) Ueberhaupt wird der Verstand des Menschen doch wie jede andere seiner Kräfte durch eigene Thätigkeit, eigne Empfindsamkeit, oder eigne Benutzung fremder Erfindungen gebildet. Anordnungen des Staats aber führen immer, mehr oder minder, Zwang mit sich, und selbst, wenn dieß der Fall nicht ist, so gewöhnen sie den Menschen zu sehr, mehr fremde Belehrung, fremde Leitung, fremde Hülfe zu erwarten, als selbst auf Auswege zu denken.

[…]

Noch mehr aber leidet durch eine zu ausgedehnte Sorgfalt des Staats die Energie des Handelns überhaupt, und der moralische Charakter. Dies bedarf kaum einer weiteren Ausführung. Wer oft und viel geleitet wird, kommt leicht dahin, den Ueberrest seiner Selbstthätigkeit gleichsam freiwillig zu opfern. Er glaubt sich der Sorge überhoben, die er in fremden Händen sieht, und genug zu thun, wenn er ihre Leitung erwartet und ihr folgt. Damit verrücken sich seine Vorstellungen von Verdienst und Schuld. Die Idee des ersteren feuert ihn nicht an, das quälende Gefühl der letzteren ergreift ihn seltener und minder wirksam, da er dieselbe bei weitem leicht auf seine Lage, und auf den schiebt, der dieser die Form gab. […] (254) ‖ Nicht minder sichtbar ist jener nachtheilige Einfluß in dem Betragen der Bürger gegen einander. Wie jeder sich selbst auf die sorgende Hülfe des Staats verläßt, so und noch weit mehr übergiebt er ihr das Schicksal seines Mitbürgers. Dieß aber schwächt die Theilnahme, und macht zu gegenseitiger Hülfeleistung träger. Wenigstens muß die gemeinschaftliche Hülfe da am thätigsten seyn, wo das Gefühl am lebendigsten ist, daß auf ihm allein alles beruhe, und die Erfahrung zeigt auch, daß gedrückte, gleichsam von der Regierung verlassene Theile eines Volkes immer doppelt fest unter einander verbunden sind. Wo aber der Bürger kälter ist gegen den Bürger, da ist es auch der Gatte gegen den Gatten, der Hausvater gegen die Familie.

Quelle: Humboldt, Sorgfalt des Staates, 1841, S. 250–252, 254 f.

III
Zivilgesellschaft, Zivilität, bürgerliche Gesellschaft und ihre Kritiker im 19. Jahrhundert

1. Zivilgesellschaftliche Ansätze
zwischen Reform und Revolution in Deutschland

Karl Freiherr vom Stein, *Nassauer Denkschrift*, 1807

Angesichts der Niederlage Preußens gegen die napoleonische Armee erkannten die preußischen Beamten den Reformbedarf in ihrem Land.[188] In der so genannten Nassauer Denkschrift «Über die zweckmäßigste Bildung der obersten und der Provinzial-, Finanz- und Polizei-Behörden in der preußischen Monarchie» vom Juni 1807 entwarf Karl Reichsfreiherr vom und zum Stein (1757–1831) ein umfassendes Reformpaket für die preußische Staatsverwaltung. Einer eigenverantwortlichen Verhaltensweise der Verwaltungsbeamten auf lokaler wie auf regionaler Ebene kam dabei eine wichtige Aufgabe zu, um «Gemeingeist und Bürgersinn» zu beleben. Zu diesem Zweck sollten die Beamten möglichst lokal verankert sein, da dies das Verantwortungsgefühl für die zu verwaltende Region stärken würde.

In die aus besoldeten Beamten bestehenden Landes-Kollegia drängt sich leicht und gewöhnlich ein Mietlingsgeist ein, ein Leben in Formen und Dienst-Mechanismus, eine Unkunde des Bezirks, den man verwaltet, eine Gleichgültigkeit, oft eine lächerliche Abneigung gegen denselben, eine Furcht vor Veränderungen und Neuerungen, die die Arbeit vermehren, womit die bessern Mitglieder überladen sind und der die geringhaltigeren sich entziehen.

Ist der Eigentümer von aller Teilnahme an der Provinzial-Verwaltung ausgeschlossen, so bleibt das Band, das ihn an sein Vaterland bindet, un-
(389) ‖ benutzt; die Kenntnisse, welche ihm seine Verhältnisse zu seinen Gütern und Mitbürgern verschaffen, unfruchtbar; seine Wünsche um Verbesserungen, die er einsieht, um Abstellung von Mißbräuchen, die ihn drücken, verhallen oder werden unterdrückt, und seine Muße und Kräfte, die er dem Staat unter gewissen Bestimmungen gern widmen würde, werden auf Genüsse aller Art verwandt oder in Müßiggang aufgerieben. Es ist wirklich ungereimt zu sehen, daß der Besitzer eines Grundeigentums oder anderen Eigentums von mehreren Tonnen Goldes eines

Einflusses auf die Angelegenheiten seiner Provinz beraubt ist, den ein fremder, des Landes unkundiger, durch nichts mit ihm in Verbindung stehender Beamter ohnbenutzt besitzt.

Man tötet also, indem man den Eigentümer von aller Teilnahme an der Verwaltung entfernt, den Gemeingeist und den Geist der Monarchie, man nährt den Unwillen gegen die Regierung, man vervielfältigt die Beamtenstellen und verteuert die Kosten der Verwaltung, weil man nun die Gehälter den Bedürfnissen und dem Stand der Beamten, die allein von der Besoldung leben wollen, angemessen bestimmen muß. Die Erfahrung beweist die Richtigkeit dieser Bemerkung, und wollte man z. B. die wichtigen Verrichtungen der Landräte besoldeten Offizianten aus der Klasse der Nicht-Eigentümer übertragen, so würde gewiß der den Landräten anvertraute Verwaltungszweig verteuert. (390)

[…]

Hat man sich von dieser Wahrheit überzeugt, daß die Teilnahme der Eigentümer an der Provinzial-Verwaltung von den wohltätigsten Folgen sei, so muß man nun seine Aufmerksamkeit richten auf die Bestimmung der Geschäfte, die ihnen übertragen werden sollen, und auf die Form der Organisation sowohl der Kommunal- als der Provinzial-Behörden. (391)

[…]

Ersparung an Verwaltungskosten ist aber der weniger bedeutende Gewinn, der erhalten wird durch die vorgeschlagene Teilnahme der Eigentümer an der Provinzial-Verwaltung, sondern weit wichtiger ist die Belebung des Gemeingeistes und Bürgersinns, die Benutzung der schlafenden oder falsch geleiteten Kräfte und der zerstreut liegenden Kenntnisse, der Einklang zwischen dem Geist der Nation, ihren Ansichten und Bedürfnissen und denen der Staatsbehörden, die Wiederbelebung der Gefühle für Vaterland, Selbständigkeit und Nationalehre.

Der Formenkram und Dienst-Mechanismus in den Kollegien wird durch Aufnahme von Menschen aus dem Gewirre des praktischen Lebens zertrümmert, und an seine Stelle tritt ein lebendiger, fortstrebender, schaffen- (394) ǁ der Geist und ein aus der Fülle der Natur genommener Reichtum von Ansichten und Gefühlen.

Es wird aber so wenig an einer hinlänglichen Zahl geschäftsfähiger Männer in der Klasse der Eigentümer fehlen, als daß die Regierung Ursache hat, durch ihre Zuziehung für die Erhaltung der inneren Ruhe besorgt zu sein. Die Anzahl der gebildeten und verständigen Männer ist in allen Klassen der Einwohner in den alten Provinzen des preußischen Staates so groß, daß es an geschäftsfähigen, mit praktischen Kenntnissen ausgerüsteten Männern, die mit Erfolg dem ihnen angewiesenen Geschäftskreis vorstehen werden, nicht fehlen kann. (395)

Quelle: vom Stein, Nassauer Denkschrift, 1959, S. 389 f., 391, 394 f.

Preußische Städteordnung von 1808

Unter den zahlreichen Reformen, die nach 1807 in die Wege geleitet wurden, steht die preußische Städteordnung für den fortschrittlichen Geist jener Jahre und verdeutlicht die Umsetzung zivilgesellschaftlicher Ideale in die Praxis.[189] Das Bürgerrecht erfuhr in dieser Verordnung eine immense Ausdehnung, die Partizipation möglichst vieler Bürger stand im Mittelpunkt der Überlegungen. Freilich sah die Realität bereits wenige Jahre später wieder anders aus. Durch die Koppelung des Bürgerrechts an das Selbständigkeitsprinzip[190] blieb zum Beispiel bei den Wahlen zu den Stadtverordnetenversammlungen die übergroße Mehrheit der Bewohner einer Stadt ausgeschlossen.[191] Bürger zu sein, war ein exklusives Vorrecht.

§. 14. Ein Bürger oder Mitglied einer Stadtgemeinde ist der, welcher in einer Stadt das Bürgerrecht besitzt.

§. 15. Das Bürgerrecht besteht in der Befugniß, städtische Gewerbe zu treiben, und Grundstücke im städtischen Polizeibezirk der Stadt zu besitzen. Wenn der Bürger stimmfähig ist, erhält er zugleich das Recht, an der Wahl der Stadtverordneten Theil zu nehmen, zu öffentlichen Stadtämtern wahlfähig zu sein, und in deren Besitze die damit verbundene Theilnahme an der öffentlichen Verwaltung, nebst Ehrenrechten zu genießen.

§. 16. In jeder Stadt giebt es künftig nur ein Bürgerrecht. Der Unterschied zwischen Groß- und Kleinbürgern und jede ähnliche Abtheilung der Bürger in mehrere Ordnungen wird daher hierdurch völlig aufgehoben.

§. 17. Das Bürgerrecht darf Niemanden versagt werden, welcher in der

Stadt, worin er solches zu erlangen wünscht, sich häuslich niedergelassen hat und von unbescholtenem Wandel ist. Wenn er bisher an einem andern Orte gewohnt hat, muß er seine Aufführung, und wie er sich bis dahin ehrlich ernährt hat, durch Zeugnisse der dasigen Ortsbehörde nachweisen.

§. 18. Auch unverheirathete Personen weiblichen Geschlechts können, wenn sie diese Eigenschaften besitzen, zum Bürgerrecht gelangen.

§. 19. Stand, Geburt und Religion und überhaupt persönliche Verhältnisse machen bei Gewinnung des Bürgerrechts keinen Unterschied. Auch hergebrachte Vorzüge der Bürgerkinder und besondere Arten von Verpflichtungen der Unverheiratheten etc. hören völlig auf, Kantonnisten, Soldaten, Minderjährigen und Juden kann das Bürgerrecht aber nur unter den vorschriftsmäßigen Bedingungen zugestanden werden. Dieselben, imgleichen die Menonisten, sind auch nach Erlangung desselben in Absicht des Erwerbes von Grundstücken und des Betriebes von Gewerben den Einschränkungen noch unterworfen, welche durch Landesgesetze und Ortsverfassungen bestimmt sind.

§. 20. Jeder, der wegen eines Verbrechens das Bürgerrecht verlieren würde, wenn er dasselbe schon besäße, imgleichen jeder, der wegen eines Verbrechens zur Festung oder zum Zuchthaus auf drei Jahre oder zu einer härteren Strafe verurtheilt ist und diese Strafe erlitten, oder noch zu erleiden hat, kann das Bürgerrecht nicht erlangen.

[…]

§. 24. Das Bürgerrecht wird in allen Städten, sie mögen bisher mittelbare oder unmittelbare Städte genannt worden seyn, imgleichen bei allen Bürgern, ohne Unterschied, ob sie Deutsche, namentlich: Pfälzer, Franzosen oder von anderer Nation sind, vom Magistrat des Orts ertheilt. Es fällt daher die Annahme von Bürgern durch andere Behörden, z. B. durch den akademischen Senat, ganz weg. […]

§. 25. Jeder, der Bürger werden will, ist verbunden, dem Magistrat den Bürgereid zu leisten und muß sich darin verpflichten, diese Ordnung aufrecht zu erhalten und das Beste der Stadt nach seinen Kräften zu befördern.

§. 26. Einem jeden Bürger liegt die Verpflichtung ob, zu den städtischen Bedürfnissen aus seinem Vermögen und mit seinen Kräften die nöthigen

Beiträge zu leisten und überhaupt alle städtischen Lasten verhältnißmäßig zu tragen.

§. 27. Er ist schuldig, öffentliche Stadtämter, sobald er dazu berufen wird, zu übernehmen und sich den Aufträgen zu unterziehen, die ihm zum Besten des Gemeinwesens der Stadt gemacht werden.

§. 28. Alle andere persönliche Dienste [sic] sind die Bürger zur Sicherheit der Stadt und in jedem Nothfall zu übernehmen schuldig.

Da auch eine Schützengilde in der Bürgerschaft zu den nothwendigen Anstalten bei jeder Stadt gehört, so soll durch ein besonderes Reglement das Nähere darüber zur Achtung jedes Bürgers bestimmt werden.

§. 29. Wenn nicht die persönliche Gegenwart der Bürger wegen ausserordentlicher Gefahr ausdrücklich gefordert wird, oder bei besondern Gattungen von Dienstleistungen vorgeschrieben ist; so können sie diese persönliche [sic] Dienste durch andere taugliche Personen, in [sic] ihrer Stelle verrichten lassen.[192] [...]

§. 40. Alle Einwohner, welche das Bürgerrecht nicht gewonnen haben, heißen in Beziehung auf das städtische Gemeineverhältniß, Schutzverwandte.

§. 41. Dieselben sind gleich den Bürgern in allen Polizei- und Gemeine-, mithin auch in den Gewerbe-Angelegenheiten, der Ortspolizeibehörde, dem Magistrat, neben den sonst dazu bestellten Behörden und deren Anordnungen unterworfen.

§. 42. So lange sie nicht durch Erlangung des Bürgerrechts aus der Klasse der Schutzverwandten herausgetreten sind, dürfen sie nur solche bürgerliche [sic] Gewerbe betreiben, wozu es verfassungsmäßig des Bürgerrechts nicht bedarf.

§. 43. Auf andere Rechte wirklicher Bürger, welche diesen als Mitglieder der Stadtgemeine zukommen, haben sie keinen Anspruch.

§. 44. Sie sind schuldig, nach Maaßgabe ihres Gewerbes und ihrer Vermögensumstände, in einem angemessenen Verhältnisse mit den Bürgern, zu den städtischen Lasten und Pflichten, imgleichen zu den öffentlichen Anstalten, wenn sie den Vortheil derselben mitgenießen, beizutragen [...].

Quelle: Ordnung für sämmtliche Städte, 1822, S. 326–329

Robert Blum, *Handbuch*, 1848 / 51

Aus Montesquieus intermediären Sphären entwickelte sich im Lauf der Zeit das Assoziationsprinzip: Die Bürger vereinigten sich selbstbestimmt in Vereinen, um ihre Interessen innerhalb der Gesellschaft, aber auch gegen den Staat durchzusetzen. Ihnen kam daher ein zentraler Stellenwert in der Vermittlung der Wertvorstellungen über Staat, Wirtschaft und Gesellschaft zu. Diese Faszination der Vereinigung, um Ziele und Interessen durchzusetzen, schlug sich seit dem Vormärz auch in Deutschland in einer Welle von Vereinsgründungen nieder, die in der Revolution von 1848 einen ersten Höhepunkt erreichte.[193] Das von Robert Blum (1807–1848), einem der Protagonisten der Revolution in Wien, herausgegebene Handbuch entsprang einem volksaufklärerischen Impetus. Die beiden Artikel «Association» und «Bürgersinn» verdeutlichen die tragenden Säulen bürgerschaftlichen Handelns in der Mitte des 19. Jahrhunderts. Träger dieses Handelns ist dabei in politischer Hinsicht der Staatsbürger; in der sozialen Ausprägung hat man aber vor allem das Wirtschafts- und Bildungsbürgertum im Blick. Die unterbürgerlichen Schichten (Gesellen, Tagelöhner, kleine Handwerker), die die Revolution von 1848 getragen hatten, sind nicht wirklich integriert.

Association (Vergesellschaftung, genossenschaftliches Zusammenwirken für einen festbezeichneten Zweck). […] Dieser dem Menschen innewohnende *Trieb der A[ssociation]* hat die Entwickelung der Menschheit veranlaßt, sie auf den Standpunkt geführt, auf welchem (87) ‖ wir sie heute in ihren gegenwärtig vollkommensten Gestaltungen erblicken. Je weiter aber mit Hülfe dieses Triebs jene Entwickelung vor sich gegangen, desto mehr ist der Mensch sich auch der Eigenthümlichkeit dieser Eigenschaft seiner Natur bewußt geworden, desto klarer hat er das *Recht auf freieste Bethätigung* derselben erkennen, desto vollkommener hat er alle die Segnungen würdigen lernen, die in der Ausübung solchen Rechtes ihm erreichbar werden. Wenn in der Gegenwart von A. und von dem A.srecht die Rede ist, so wird darunter die selbstbestimmende und selbstbewußte freie Vereinigung einer Anzahl Staatsbürger zu gemeinsamen Zwecken, seien die[s]elben nun politischer, religiöser, wissenschaftlicher oder gewerblicher Natur, verstanden. Aller Fortschritt der Gesittung, alle Hervorbringung der Hülfsmittel, die dazu dienen können, sind durch die immer ausgedehntere und umfangreichere Geltendmachung dieses Rechts bedingt.

[…]. Es geht aus diesem Wesen der A. aber zur Augenscheinlichkeit hervor, daß die Verkümmerung dieses Rechts von Seiten welcher Gewalt immer, einen Angriff auf die selbsteigenste Bestimmung der Menschheit selbst in sich schließt, daß in der Entziehung dieses Rechts ein Frevel an der Gesellschaft selbst wird, indem man sie des unentbehrlichsten und sichersten Mittels ihrer Selbstausbildung, ihrer Selbstvervollkommung, ihrer Selbstbestimmung beraubt. […][194] (88)

So lange ein Volk sich noch nicht durch entschiedenen Willen die Anerkennung des Rechts der A. erworben hat, so lange darf es sich nicht schmeicheln, in den freien Gebrauch aller seiner Kräfte getreten, aus dem Laufstuhl der Bevormundung entlassen zu sein; selbst mit der freien Presse ausgerüstet, hat ein solches Volk, wie das Beispiel der Franzosen lehrt, nur halbe Freiheit und Selbständigkeit, halbe Anerkennung seiner Männlichkeit erlangt. Ja bei der Vervollkommnung der Verkehrsmittel, welche die Entfernungen von Ort zu Ort, von Gegend zu Gegend, immer mehr schwinden macht, wird das Recht der freien A. und der damit unzertrennlich verbundenen *Volksversammlungen*, noch weit höher anzuschlagen sein, als das Recht der freien Presse, da die letztere, nur das geschriebene Wort handhabt, die erstere das lebendige Wort, den ursprünglichen Born alles Austausches, aller Belehrung, aller Aufklärung von Mund zu Mund strömen läßt. J. G. Günter.

Bürgersinn, Bürgertugend, ist das Streben der (Staats-, Stadt-, Landgemeinde-)Bürger, das Beste der Gesammtheit und der besonderen Gemeinschaft in den Gemeinden, welchen sie angehören, mit Hintenansetzung eigener Vortheile nach den ihnen zustehenden Kräften zu befördern. Der B[ürgersinn] hat einen Haltpunkt in dem sittlichen Selbstbewußtsein, in der Richtung auf Erhebung der sittlichen Triebe über die sinnlichen Reize. Der B. erfordert ein inniges Durchdrungensein von dem Gedanken, daß jeder Staatsbürger ein Glied der den Staat bildenden Gesammtheit sei und als solcher alle Pflichten, welche die Forterhaltung, Belebung und Entwickelung des großen Ganzen auflegen, erfüllen müsse, und setzt die *freie Entschließung* zur Leistung dieser Pflicht voraus. Im allgemeinen äußert sich demnach der B. in der unabläßichen [sic] Beförderung des Bürgerwohls, in der warmen Theilnahme an allen wichtigen Ereignissen, welche den Staat, die Gemeinde und einzelne Bürger betrifft. Der ächte, mit B. ausgestattete, Bürger wird nie verabsäumen, an den Gemeinde- und Landtagsabgeordneten-Wahlen, soweit er hierzu berechtigt ist, Theil zu nehmen, die ihm durch das Vertrauen seiner Mitbürger übertragenen Gemeindeämter anzunehmen, und mit Aufopferung und Kraft und Zeit darin zu wirken, wahrgenommene Mißbräuche und Uebelstände zur Sprache und, soweit es an ihm liegt, zur Abhülfe zu bringen, zur Beförderung gemeinnütziger Anstalten, zur Unterstützung Nothleidender, insbesondere der wegen ihrer Freiheitsbestrebungen und ihres Kampfes für ein freies Bürgerthum unterdrückte oder verfolgte Männer und deren Familien sein Scherflein beizutragen. Ueberall, wo es dem allgemeinen Besten, dem Fortschritt im Staats-, Gemeinde- und Gesellschaftsleben gilt, wird der ächte B. sich betheiligen, für Aufrechterhaltung der ihm zustehenden Rechte mit Wort und That einstehen, und wenn das Vaterland oder der Rechtszustand gefährlich bedroht wird, Gut und Blut zu opfern bereit sein. Dem B. entgegen steht das eigennützige und eigensinnige Abschlie- (173) ǁ ßen von den allgemeinen Angelegenheiten, das unausgesetzt auf Erreichen von Privatvortheilen gerichtete Streben, das unmännliche und oft feige Zurücktreten von allgemein bürgerlichen, die Verbesserung der bestehenden Übelstände bezweckenden Bestrebungen. – Oft hört man diejenigen, welche sich von den Staats- und Gemeindeangelegenheiten abschließen, als Vorwand die Nothwendigkeit, ihr *Familienglück* zu begründen, vorschützen. Nun ist es gewiß, daß jeder Bürger die Verpflichtung hat, für das Wohl seiner Familie zunächst zu sorgen, da aber die Erlangung seines Familienglücks von dem allgemeinen Bildungs- und Rechtszustande mit abhängig ist, so darf mit Recht auch von dem Familienvater verlangt werden, daß er einen Theil seiner Zeit, Kraft und Mittel dem *allgemeinen* Wohle zuwende. Über das ‹ Wie viel › muß die Einsicht und das Gewissen jedes Einzelnen entscheiden. […][195] Adolph Hensel.

Quelle: Blum (Hg.), Handbuch, 1973, S. 87 – 89; 173 f.

Flugblatt aus der Revolution 1848

Das Wahlprogramm «einiger hessischer Bürger für die Wahlen zur constitui-renden Nationalversammlung»,[196] *das im ersten – hier nicht abgedruckten – Teil die klassischen bürgerlichen Rechte wie Vereinigungs-, Petitions- und Versammlungsrecht, Religions- und Pressefreiheit einfordert, bekennt sich in seinem sozialpolitischen Teil eindeutig zu einer liberalen Sichtweise: Der Staat habe sich nicht in die soziale Frage einzumischen, Hilfe kann nur die Selbsthilfe der Betroffenen bringen.*[197] *Die radikale liberale Sicht bürgerschaftlichen Engagements setzt hier ein Ideal als Maßstab, das alle Benachteiligungen und Ausgrenzungen, die beim Zugang zu bürgerschaftlichem Handeln bestehen, unberücksichtigt lässt und so zu Lasten der Schwachen und Benachteiligten geht.*

IV. Die Nationalversammlung erkennt die Nothwendigkeit einer praktischen Lösung der socialen Frage in Deutschland an. Wir müssen darüber uns näher aussprechen, weil bei diesem Punkte Klarheit und Einstimmigkeit wohl über den Zweck, keineswegs aber über die Mittel allgemein verbreitet sind. Wir sind der Meinung, daß hier die ernsteste, dringendste und richtig behandelt, auch die hoffnungsreichste Pflicht der Versammlung vorliegt.

Wir sind aber ebenso überzeugt, daß jeder Fehlgriff auf diesem Gebiete entsetzliche Folgen haben muß und daß man gerade hier keine leichtsinnige Verheißung geben soll, über der[e]n Ausführbarkeit man nicht praktische Klarheit besitzt.

Im Allgemeinen halten wir die englische und amerikanische Art, die Sache zu behandeln, für die einzig richtige. Sie beruht auf dem Grundsatze: es ist des freien Menschen unwürdig, den Staat um unmittelbare Hülfe anzugehen, es hat niemand einen sichern Besitz, den er sich nicht auf gerechtem Wege durch eigene Kraft errungen hat[;] das uns bisher mangelnde, jetzt aber gewonnene Recht der freien Vereinigung, tritt hier mit seiner unermeßlichen Bedeutung ein. Es gibt den Armen, Arbeitenden, Leidenden, es gibt allen Verhältnißen untrügliche Mittel, alle begründeten Forderungen durchzusetzen, ohne die Sicherheit der Personen, die Heiligkeit des Eigenthums, die Festigkeit des öffentlichen Credites zu erschüttern.

Greift der Staat unmittelbar ein, so zerrüttet er den Credit, verletzt das Eigenthum und unterwirft den freien Willen der Einzelnen einer industriellen Polizei, welche schlimmer ist als die politische, die wir eben beseitigt haben. Er macht die Reichen arm und unfrei, ohne den Armen Wohlstand und Freiheit zu verschaffen. Die jetzigen Zustände Frankreichs geben hiervon schreckenvolle Lehre.[198]

Eines aber kann der Staat thun. Er kann die Einzelnen aufmuntern in Vereine zusammenzutreten, um ihre Bedürfnisse geltend zu machen. Er kann die gerechten Forderungen dieser Arbeiter-, Handwerker- Bürger- oder Bauernvereine unter seinen Schutz nehmen. Er kann mittelbar die Schritte derselben befördern, durch Hebung der Industrie, Einführung zweckmäßiger Gewerbeordnungen, durch Beförderung der Colonisation, durch Emporbringen der Landwirthschaft, durch die Verbesserung des Unterrichtswesens. […]

Quelle: Flugblatt 1848, Signatur: SF 16 / 104 / B 6

Zwei Artikel aus der Zeitung «*Die Verbrüderung*»

In der Revolution von 1848 fanden sich verstärkt Handwerker und Arbeiter in eigenen Organisationen zusammen, etwa im «Bund der Kommunisten» oder in der von Stephan Born gegründeten «Allgemeinen Arbeiterverbrüderung». Borns Arbeiterorganisation erkannte in den bürgerlich-liberalen Prinzipien der Selbsthilfe, Selbstorganisation und Bildung eine Möglichkeit, ihre eigenen Interessen durchzusetzen. Da sie sich aber ihrer schwachen Position innerhalb der bürgerlichen Gesellschaft bewusst war, setzte sie darüber hinaus auf ein solidarisches «Alle für Alle». Dazu gehörte für Louise Otto (1819 – 1895) auch die Integration der Frauen – ein Appell, der in einer von Männlichkeitsritualen geprägten Arbeiterbewegung keineswegs selbstverständlich war (L. Otto: Assoziation für Alle). Im zweiten Beitrag zeigt sich das Selbstbewusstsein der frühen Arbeiterbewegung, die sich in ihrem Wertekanon an bürgerlichen Wertvorstellungen anschließt, aber mit der «Brüderlichkeit» ihre eigene Form der Zusammengehörigkeit gefunden hat.[199] Bürgerschaftliches Engagement war mit dem organisierten Auftreten der Arbeiterbewegung endgültig von der sozialen Trägergruppe «Bürgertum» gelöst. Louise Otto und die frühe Arbeiterbewegung fanden als Antwort auf den Hobbes'schen Krieg aller gegen alle, den sie auf die kapitalistisch-bürgerliche Gesellschaft bezogen, eine eigene Lösung. Ausgangs-

punkt von Louise Ottos Überlegungen war – blendet man die ökonomische Seite
des Problems für einen Moment aus – die Vereinzelung und Isolierung des Indi-
viduums in der Gesellschaft – ein Aspekt, der auch in der Zivilgesellschaftsde-
batte um das «soziale Kapital» heute eine zentrale Rolle spielt.[200]

Assoziationen für alle

«*Jeder für sich*» – das war der verderbliche, unmenschliche und unchrist-
liche Grundsatz, der lange Zeit die Gesellschaft regierte – sie bis auf den
heutigen Tag noch beherrscht und an den Rand des Verderbens gebracht
hat. Wer aber einmal an dem Abgrund steht und ihn vor sich sieht, der
wird sich wohl hüten, sich selbst hineinzustürzen oder sich ohne Gegen-
wehr hineindrängen zu lassen. Er handelt eben auch nach dem Grundsatz
«Jeder für sich!»[,] er wehrt sich und so kommt es denn zum Kampf *Aller
gegen Alle.* Damit ist keineswegs ein offener Bürgerkrieg gemeint, sondern
der anarchische Zustand der freien Konkurrenz im Großen wie im Kleinen, der in der ganzen langen europäischen «glücklichen» Friedenszeit
das Proletariat um Millionen Seelen vermehrt und das unheimliche Wort
«Pauperismus» geschaffen hat. – Was aber diejenigen, welche die gesellschaftlichen Zuständen mit aufmerksamem Aug' betrachteten längst in
die Welt hinausriefen: daß die einzige Rettung in dem Wahlspruch der
Humanität liege: «Alle für Alle!»[,] das war lange Zeit ein vergebliches Rufen, weil die Regierungen nichts dulden wollten, was nur einen Zoll breit
von der alten Ordnung (oder vielmehr Unordnung) abwich. Jetzt endlich
ist das anders geworden und wenigstens Diejenigen, welche am nächsten
an dem Abgrund stehen, müssen und werden, um sich und ihre Brüder
und Schwestern zu retten, das Princip des Verderbens: «Alle gegen Alle
und Jeder für sich» – aufgeben und fortan «Alle für Alle» einstehen.

Die Assoziation ist frei! das war das Zauberwort, das in jenem größten
März, den wir noch erlebten,[201] die gepreßten Herzen der verzweifelnden
Arbeiter erleichterte und allen Bedrückten neuen Muth, neue Hoffnung
gab. Ja, in der Assoziation liegt auch ihre einzige Rettung – die Rettung
der armen Arbeiter und der Arbeiterinnen, in der Assoziation liegt ihre
ganze Zukunft.

Ja, Assoziationen für Alle! Es ist nicht genug, daß die Männer sich assoziieren, auch die Frauen müssen es thun; sie müssen entweder mit den Männern vereint handeln oder, wo die Interessen auseinander gehen, sich unter sich verbinden. […] Die für die Stellung der Frauen als Arbeiterinnen wie im bürgerlichen Leben überhaupt gefährlichste Ansicht (153) ‖ ist diejenige, welche ihr Loos nicht direkt, sondern nur indirekt zu verbessern strebt. Wenn die Männer durch die Assoziation zu besserm [sic] und namentlich *gesichertem* Verdienst gelangen, so wird natürlich auch das Loos ihrer Frauen ein besseres werden – so wäre ihnen indirekt geholfen. Wir lassen uns gern diese indirekte Hilfe für die Gattinnen und mündigen Töchter gefallen – aber den andern Frauen, die nicht in diesen Verhältnissen stehen, dem ganzen weiblichen Geschlecht als solchem, wäre damit nicht gedient, ja sie wären dessen unwürdig. In der neuen Gesellschaft, die wir construiren wollen und werden, und der wir entgegengereist sind, auch wenn es noch nicht allgemein erkannt wäre, kann nicht mehr das rohe Recht des Stärkeren herrschen, das ein Geschlecht zum Eigenthum des andern gemacht hat, da giebt es nur Brüder und Schwestern, Arbeiter und Arbeiterinnen. Eben deshalb ist es an der Zeit, neben der Organisation der Arbeiter auch die Organisation der Arbeiterinnen vorzunehmen und zwar diese, wie jene, auf dem friedlichen Wege der Assoziation. Das ist die direkte Hilfe, welche auch den Frauen gebührt. […]

An alle Arbeitervereine Bayerns

Was haben wir geleistet, um der Bestimmung der Schöpfung uns würdig zu entsprechen, und jene Schlacken von uns abzuschütteln, mit denen uns religiöser und politischer Absolutismus seit Jahrhunderten wie mit Bleigewichten behängt hat? So sollte sich namentlich am Schlusse des Jahres 1849 jedes Herz und jeder Verstand ernstvoll fragen! – Was haben wir gethan, wir, der Arbeiterstand Bayerns und des ganzen Deutschlands, gegenüber der großen, durch die Märzerhebung von 1848 uns vorgelegten Aufgabe – *die Selbst-Emanzipation des Arbeiterstandes*? –

Ja, wir sollen uns selbst emanzipiren, das ist die hehre Aufgabe jener für Deutschlands Volk so viel versprechenden Revolution; diese Aufgabe ist uns geblieben trotz des traurigen Verlaufes der zwei seit jener Zeit verflossenen Jahre.[202]

Fragen wir uns deshalb offen und männlich, was wir zur Lösung dieser schönen und großen Aufgabe gethan!

Wir können diese Frage mit gutem Gewissen zu unserm Vortheile beantworten. Wir haben alle gefunden, daß es nur einen Grundsatz geben kann, der uns einem ruhmreichen Ziele entgegenführt: – «*Achte dich selbst, dann bist du der Achtung Anderer werth!*» – Wir können nur dann mit Recht Anspruch machen auf alle jene bürgerlichen Ehren und Rechte, die wir erstreben, wenn wir ihrer vollkommen würdig sind; und diese Würdigkeit zu erlangen, war unser Bestreben. Wir haben alle gesucht, uns jene Eigenschaften anzueignen, die den Menschen jener Stufe entgegenführen, auf der angelangt er sagen kann: ich bin stolz auf meine Bemühungen, noch stolzer aber bin ich durch das Bewußtsein in meinem Herzen: ich *will*, ich *werde* nicht aufhören, bis ich des Namens *Mann* und endlich *deutscher Mann* vollkommen würdig bin! So weit haben wir es gebracht durch die eifrige Benutzung des *Vereinsrechtes*.

Wir haben in Bayern, ohne unsern Brüdern im übrigen Deutschland zu nahe zu treten, Alles aufgeboten, um die Benutzung dieses natürlichen Rechtes aller Menschen nutz- und erfolgreich für uns auszubeuten; wir haben die Freundschaft, diese Trostblume des Himmels, mit Erfolg gepflanzt und gepflegt, ohne ihr Eigennutz oder Heuchelei als Stab zu leihen; wir haben eine Brüderlichkeit ins Leben gerufen und gepflegt, die aus der Achtung entspringt, die wir uns selbst und Andern schuldig sind, ohne unsere eigenen Sklaven oder die Knechte Anderer zu sein; wir haben uns jene Bildung in wissenschaftlicher, so- (30) ‖ zialer und politischer Beziehung anzueignen gesucht, die den tüchtigen Gewerbsmann und Bürger schafft; wir haben in gewerblicher Beziehung die Theorie mit der Praxis verbunden, wir haben das Unterstützungswesen der wandernden Arbeiter mit Erfolg unter uns ins Leben gerufen, mit der Hoffnung, daß sich dieses Unternehmen in den ausgedehntesten Kreisen realisire; wir haben alle jene Schritte gethan, die der Verbesserung unseres Standes frommen können.

Quelle: Louise Otto: Assoziationen für Alle, in: Die Verbrüderung, Nr. 39, 13. Februar 1849 [S. 153 f.]; An alle Arbeitervereine Bayerns und sämmtliche Arbeiter, in: ebd., Nr. 8, 25. Januar 1850 [S. 30 f.]

2. Kritik der bürgerlichen Gesellschaft

Georg Friedrich Hegel, *Philosophie des Rechts*, 1821

Georg Friedrich Hegels (1770–1831) Beschäftigung mit dem Konzept der «bürgerlichen Gesellschaft» stellt einen Knotenpunkt in der Entwicklung des Zivilgesellschaftsbegriffs dar. In jeder Darstellung zur Zivilgesellschaft oder «civil society» kommt Hegels Schrift über die «Philosophie des Rechts» eine zentrale Rolle zu.[203] *Das hat mehrere Gründe. Zunächst fängt Hegel in seiner Analyse zwei Traditionslinien ein, die vorher nicht systematisch zusammengedacht waren.*[204] *Auf der einen Seite sieht er die bürgerliche Gesellschaft als ein Gebilde, das zur Befriedigung der «Bedürfnisse» geschaffen wurde (§ 188). Dies ist ihre ökonomische Seite, die im heutigen Zivilgesellschaftsdiskurs auch als Locke-Tradition beschrieben wird. In dieser Sphäre regieren Eigeninteressen; in der bürgerlichen Gesellschaft agiert der Bürger nur noch als «bourgeois» (§ 190). Sie wird von Ungleichheit bestimmt: «Die Möglichkeit der Teilnahme an dem allgemeinen Vermögen, das besondere Vermögen, ist aber bedingt, teils durch eine unmittelbare eigene Grundlage (Kapital), teils durch die Geschicklichkeit» (§ 200). Indem Hegel neben der Rechtspflege als weiteres Moment der bürgerlichen Gesellschaft die Bereiche der Polizei (im Sinne einer auf Sicherheit und das allgemeine Wohl ausgerichteten Institution) und Korporationen herausstreicht (§ 188, §§ 230 ff., 250 ff.), nimmt er die Montesquieu-Linie der «intermediären Bereiche» in seine Darstellung mit auf.*[205] *Hier liegen für Hegel Momente der sozialen Integration, hier ist der Ort, an dem sich «soziales Kapital» bilden kann. Zum Zweiten ist Hegels Auseinandersetzung mit der «bürgerlichen Gesellschaft» für die Zivilgesellschaftsdebatte von Bedeutung, weil er den Blick für die Frage nach der Trennung zwischen Staat und bürgerlicher Gesellschaft, zwischen Familie und bürgerlicher Gesellschaft schärft (§§ 190, 238 ff., 256).*[206] *Zum Dritten ist es die Vielfalt der Gedanken, die – in einer komplexen Sprache – Anregungen bis in die Gegenwart bieten, etwa wenn Hegel auf das dialektische Verhältnis von Überfluss und Armut in der bürgerlichen Gesellschaft hinweist (§ 244 ff.)*[207] *oder auf Chancen und Risiken der – modern gesprochen – Globalisierung aufmerksam macht (§ 247).*[208] *Andererseits kann Hegel keineswegs nur als Vor-*

denker zivilgesellschaftlichen Handelns und zivilgesellschaftlicher Entwürfe gesehen, sondern auch als staatsfixierter Denker interpretiert werden.[209]

§ 188. Die bürgerliche Gesellschaft enthält die drei Momente:

A. Die Vermittelung des *Bedürfnisses* und die Befriedigung des *Einzelnen* durch seine Arbeit und durch die Arbeit und Befriedigung der Bedürfnisse *aller Übrigen*, — das System der *Bedürfnisse.*

B. Die Wirklichkeit des darin enthaltenen Allgemeinen der *Freiheit*, der Schutz des Eigentums durch die *Rechtspflege.*

C. Die Vorsorge gegen die in jenen Systemen zurückbleibende Zufälligkeit und die Besorgung des besonderen Interesses als eines *Gemeinsamen*, durch die *Polizei* und *Korporation.* (169)

[...]

§ 190. Das *Tier* hat einen beschränkten Kreis von Mitteln und Weisen der Befriedigung seiner gleichfalls beschränkten Bedürfnisse. Der *Mensch* beweist auch in dieser Abhängigkeit zugleich sein Hinausgehen über dieselbe und seine (170) ‖ Allgemeinheit, zunächst durch die *Vervielfältigung* der Bedürfnisse und Mittel, und dann durch *Zerlegung* und *Unterscheidung* des konkreten Bedürfnisses in einzelne Teile und Seiten, welche verschiedene *partikularisierte*, damit *abstraktere* Bedürfnisse werden.

Im Rechte ist der Gegenstand die *Person*, im moralischen Standpunkt das *Subjekt*, in der Familie das *Familienglied*, in der bürgerlichen Gesellschaft überhaupt der *Bürger* (als bourgeois) – hier auf dem Standpunkte der Bedürfnisse [...] ist es das Konkretum der *Vorstellung*, das man *Mensch* nennt; es ist also erst hier und auch eigentlich nur hier vom *Menschen* in diesem Sinne die Rede. (171)

[...]

§ 230.[210] Im *System der Bedürfnisse* ist die Subsistenz und das Wohl jedes Einzelnen als eine *Möglichkeit*, deren Wirklichkeit durch seine Willkür und natürliche Besonderheit ebenso als durch das objektive System der Bedürfnisse bedingt ist; durch die Rechtspflege wird die *Verletzung* des Eigentums und der Persönlichkeit getilgt. Das *in der Besonderheit wirkliche* Recht enthält aber sowohl, daß die *Zufälligkeiten* gegen den einen und den anderen Zweck *aufgehoben* seien, und die ungestörte *Sicherheit der Person* und des *Eigentums* bewirkt, als daß die *Sicherung* der Sub- (195) ‖ sistenz und des Wohls des Einzelnen – daß das *besondere Wohl* als *Recht behandelt* und *verwirklicht* sei.

[…]

§ 237. Wenn nun die Möglichkeit der Teilnahme an dem allgemeinen Vermögen für die Individuen vorhanden und durch die öffentliche Macht gesichert ist, so bleibt sie, ohnehin daß diese Sicherung unvollständig bleiben muß, noch von der subjektiven Seite den Zufälligkeiten unterworfen, und um so mehr, je mehr sie Bedingungen der Geschicklichkeit, Gesundheit, Kapital usw. voraussetzt.

§ 238. Zunächst ist die Familie das substantielle Ganze, dem die Vorsorge für diese besondere Seite des Individuums sowohl in Rücksicht der Mittel und Geschicklichkeiten, um aus dem allgemeinen Vermögen sich [etwas] erwerben zu können, als auch [in Rücksicht] seiner Subsistenz und Versorgung im Falle eintretender Unfähigkeit, angehört. Die bürgerliche Gesellschaft reißt aber das Individuum aus diesem Bande heraus, entfremdet dessen Glieder einander und anerkennt sie als selbständige Personen; sie substituiert ferner statt der äußeren unorganischen Natur und des väterlichen Bodens, in welchem der Einzelne seine Subsistenz hatte, den ihrigen und unterwirft das Bestehen der ganzen Familie selbst, der Abhängigkeit von ihr, der Zufälligkeit. So ist das Individuum *Sohn der bürgerlichen Gesellschaft* geworden, die ebensosehr Ansprüche an ihn, als er Rechte auf sie hat. (198) ‖

§ 239. Sie hat in diesem Charakter der *allgemeinen Familie* die Pflicht und das Recht gegen die *Willkür* und Zufälligkeit *der Eltern*, auf die *Erziehung*, insofern sie sich auf die Fähigkeit, Mitglied der Gesellschaft zu werden, bezieht, vornehmlich wenn sie nicht von den Eltern selbst, sondern von anderen zu vollenden ist, Aufsicht und Einwirkung zu haben, – ingleichen insofern gemeinsame Veranstaltungen dafür gemacht werden können, diese zu treffen.

§ 240. Gleicherweise hat sie die Pflicht und das Recht über die, welche durch Verschwendung die Sicherheit ihrer und ihrer Familie Subsistenz vernichten, [sie] in Vormundschaft zu nehmen und an ihrer Stelle den Zweck der Gesellschaft und den ihrigen auszuführen.

§ 241. Aber ebenso als die Willkür können zufällige, physische und in den äußeren Verhältnissen […][211] liegende Umstände Individuen zur *Ar-*

mut herunterbringen, einem Zustande, der ihnen die Bedürfnisse der bürgerlichen Gesellschaft läßt, und der – indem sie ihnen zugleich die natürlichen Erwerbsmittel [...] entzogen [hat] und das weitere Band der Familie als eines Stammes aufhebt, [...] – dagegen sie aller Vorteile der Gesellschaft, Erwerbsfähigkeit von Geschicklichkeiten und Bildung überhaupt, auch der Rechtspflege, Gesundheitssorge, selbst oft des Trostes der Religion u. s. f. mehr oder weniger verlustig macht. Die allgemeine Macht übernimmt die Stelle der Familie bei den Armen, ebensosehr in Rücksicht ihres unmittelbaren Mangels als der Gesinnung der Arbeitsscheu, Bösartigkeit und der weiteren Laster, die aus solcher Lage und dem Gefühl ihres Unrechts entspringen.

§ 242. Das Subjektive der Armut und überhaupt der Not aller Art, der schon in seinem Naturkreise jedes Individuum ausgesetzt ist, erfordert auch eine *subjektive Hilfe* ebenso in (199) ‖ Rücksicht der *besonderen* Umstände als des *Gemüts* und der *Liebe*. Hier ist der Ort, wo bei aller allgemeinen Veranstaltung die *Moralität* genug zu tun findet. Weil aber diese Hilfe für sich und in ihren Wirkungen von der Zufälligkeit abhängt, so geht das Streben der Gesellschaft dahin, in der Notdurft und ihrer Abhilfe das Allgemeine herauszufinden und zu veranstalten, und jene Hilfe entbehrlicher zu machen.

Das Zufällige des Almosens der Stiftungen, wie des Lampenbrennens bei Heiligenbildern u. s. f. wird ergänzt durch öffentliche Armenanstalten, Krankenhäuser, Straßenbeleuchtung u. s. w. Der Mildtätigkeit bleibt noch genug für sich zu tun übrig, und es ist eine falsche Ansicht, wenn sie der *Besonderheit* des Gemüts und der *Zufälligkeit* ihrer Gesinnung und Kenntnis diese Abhilfe der Not allein vorbehalten wissen will, und sich durch die *verpflichtenden* allgemeinen Anordnungen und Gebote verletzt und gekränkt fühlt. Der öffentliche Zustand ist im Gegenteil für um so vollkommener zu achten, je weniger dem Individuum für sich nach seiner besonderen Meinung, in Vergleich mit dem, was auf allgemeine Weise veranstaltet ist, zu tun übrig bleibt.

§ 243. Wenn die bürgerliche Gesellschaft sich in ungehinderter Wirksamkeit befindet, so ist sie innerhalb ihrer selbst in *fortschreitender Bevölkerung* und *Industrie* begriffen. – Durch die *Verallgemeinerung* des Zusammenhangs der Menschen durch ihre Bedürfnisse und der Weisen, die

Mittel für diese zu bereiten und herbeizubringen, vermehrt sich die *Anhäufung der Reichtümer*, – denn aus dieser gedoppelten Allgemeinheit wird der größte Gewinn gezogen, – auf der einen Seite, wie auf der anderen Seite die *Vereinzelung* und *Beschränktheit* der besonderen Arbeit und damit die *Abhängigkeit* und *Not* der an diese Arbeit gebundenen Klasse, womit die Unfähigkeit der Empfindung und des Genusses der weiteren Fähigkeiten und besonders der geistigen Vorteile der bürgerlichen Gesellschaft zusammenhängt. (200) ‖

§ 244. Das Herabsinken einer großen Masse unter das Maß einer gewissen Subsistenzweise, die sich von selbst als die für ein Mitglied der Gesellschaft notwendige reguliert, – und damit zum Verluste des Gefühls des Rechts, der Rechtlichkeit und der Ehre, durch eigene Tätigkeit und Arbeit zu bestehen, – bringt die Erzeugung des *Pöbels* hervor, die hinwiederum zugleich die größere Leichtigkeit, unverhältnismäßige Reichtümer in wenige Hände zu konzentrieren, mit sich führt.

§ 245. Wird der reicheren Klasse die direkte Last aufgelegt, oder es wären in anderem öffentlichen Eigentum (reichen Hospitälern, Stiftungen, Klöstern) die direkten Mittel vorhanden, die der Armut zugehende Masse auf dem Stande ihrer ordentlichen Lebensweise zu erhalten, so würde die Subsistenz der Bedürftigen gesichert, ohne durch die Arbeit vermittelt zu sein, was gegen das Prinzip der bürgerlichen Gesellschaft und des Gefühls ihrer Individuen von ihrer Selbständigkeit und Ehre wäre; – oder sie würde durch Arbeit (durch Gelegenheit dazu) vermittelt, so würde die Menge der Produktionen vermehrt, in deren Überfluß und dem Mangel der verhältnismäßigen selbst produktiven Konsumenten, gerade das Übel bestehet, das auf beide Weisen sich nur vergrößert. Es kommt hierin zum Vorschein, daß bei dem *Übermaße des Reichtums* die bürgerliche Gesellschaft *nicht reich genug* ist, d. h. an dem ihr eigentümlichen Vermögen nicht genug besitzt, dem Übermaße der Armut und der Erzeugung des Pöbels zu steuern.

Diese Erscheinungen lassen sich im großen an *Englands* Beispiel studieren, sowie näher die Erfolge, welche die Armentaxe, unermeßliche Stiftungen und ebenso unbegrenzte Privatwohltätigkeit, vor allem auch dabei das Aufheben der Korporationen gehabt haben. Als das direkteste Mittel hat sich daselbst (vornehmlich in Schottland) gegen

Armut sowohl als insbesondere gegen die Abwerfung der Scham und Ehre, der subjektiven Basen der Gesellschaft, und gegen die Faulheit und Ver- (201) ‖ schwendung u. s. f., woraus der Pöbel hervorgeht, dies erprobt, die Armen ihrem Schicksal zu überlassen und sie auf den öffentlichen Bettel anzuweisen.

§ 246. Durch diese ihre Dialektik wird die bürgerliche Gesellschaft über sich hinausgetrieben, zunächst *diese bestimmte* Gesellschaft, um außer ihr in anderen Völkern, die ihr an den Mitteln, woran sie Überfluß hat, oder überhaupt an Kunstfleiß u. s. f. nachstehen, Konsumenten und damit die nötigen Subsistenzmittel zu suchen.

§ 247. Wie für das Prinzip des Familienlebens die Erde, fester *Grund* und *Boden*, Bedingung ist, so ist für die Industrie das nach außen sie belebende Element, das *Meer*. In der Sucht des Erwerbs, dadurch, daß sie ihn der Gefahr aussetzt, erhebt sie sich zugleich über ihn und versetzt das Festwerden an der Erdscholle und den begrenzten Kreisen des bürgerlichen Lebens, seine Genüsse und Begierden mit dem Elemente der Flüssigkeit, der Gefahr und des Unterganges. So bringt sie ferner durch dies größte Medium der Verbindung entfernte Länder in die Beziehung des Verkehrs, eines den Vertrag einführenden rechtlichen Verhältnisses, in welchem Verkehr sich zugleich das größte Bildungsmittel, und der Handel seine welthistorische Bedeutung findet. [...] (202) ‖

§ 249. Die polizeiliche Vorsorge verwirklicht und erhält zunächst das Allgemeine, welches in der Besonderheit der bürgerlichen Gesellschaft enthalten ist, als eine *äußere Ordnung und Veranstaltung* zum Schutz und Sicherheit der Massen von besonderen Zwecken und Interessen, als welche in diesem Allgemeinen ihr Bestehen haben, sowie sie als höhere Leitung Vorsorge für die Interessen (§ 246), die über diese Gesellschaft hinausführen, trägt. Indem nach der Idee die Besonderheit selbst dieses Allgemeine das in ihren immanenten Interessen ist, zum Zweck und Gegenstand ihres Willens und ihrer Tätigkeit macht, so *kehrt* das *Sittliche* als ein Immanentes in die bürgerliche Gesellschaft *zurück*; dies macht die Bestimmung der *Korporation* aus.

§ 250.[212] Der *ackerbauende Stand* hat an der Substantialität seines Familien- und Naturlebens in ihm selbst unmittelbar sein (203) ‖ konkretes Allgemeines, in welchem er lebt, der *allgemeine Stand* hat in seiner Bestimmung das Allgemeine für sich zum Zwecke seiner Tätigkeit und zu seinem Boden. Die Mitte zwischen beiden, der Stand des Gewerbes, ist auf das *Besondere* wesentlich gerichtet, und ihm ist daher vornehmlich die Korporation eigentümlich.

§ 251. Das Arbeitswesen der bürgerlichen Gesellschaft zerfällt nach der Natur seiner Besonderheit in verschiedene Zweige. Indem solches an sich Gleiche der Besonderheit als *Gemeinsames* in der *Genossenschaft* zur Existenz kommt, faßt und betätigt der auf sein Besonderes gerichtete, *selbstsüchtige* Zweck zugleich sich als allgemeinen, und das Mitglied der bürgerlichen Gesellschaft ist, nach seiner *besonderen Geschicklichkeit*, Mitglied der Korporation, deren allgemeiner Zweck damit ganz *konkret* ist und keinen weiteren Umfang hat, als der im Gewerbe, dem eigentümlichen Geschäfte und Interesse, liegt.

§ 252. Die Korporation hat nach dieser Bestimmung unter der Aufsicht der öffentlichen Macht das Recht, ihre eigenen innerhalb ihrer eingeschlossenen Interessen zu besorgen, Mitglieder nach der objektiven Eigenschaft ihrer Geschicklichkeit und Rechtschaffenheit, in einer durch den allgemeinen Zusammenhang sich bestimmenden Anzahl anzunehmen und für die ihr Angehörigen die Sorge gegen die besonderen Zufälligkeiten, sowie für die Bildung zur Fähigkeit, ihr zugeteilt zu werden, zu tragen – überhaupt für sie als *zweite* Familie einzutreten, welche Stellung für die allgemeine, von den Individuen und ihrer besonderen Notdurft entferntere bürgerliche Gesellschaft unbestimmter bleibt.

Der Gewerbsmann ist verschieden vom Tagelöhner wie von dem, der zu einem einzelnen zufälligen Dienst bereit ist. Jener, der *Meister*, oder der es werden will, ist Mitglied der Genossenschaft nicht für einzelnen zufälligen Erwerb, sondern für den ganzen Umfang, das Allgemeine seiner besonderen Subsistenz. – *Privilegien* als (204) ‖ Rechte eines in eine Korporation gefaßten Zweigs der bürgerlichen Gesellschaft, und eigentliche Privilegien nach ihrer Etymologie unterscheiden sich dadurch von einander, daß die letzteren Ausnahmen vom allgemeinen Gesetze nach Zufälligkeit sind, jene aber nur gesetzlich gemachte Bestimmungen, die in der *Natur der Besonderheit* eines wesentlichen Zweigs der Gesellschaft selbst liegen.

§ 253. In der Korporation *hat* die Familie nicht nur ihren festen Boden als die durch *Befähigung* bedingte Sicherung der Subsistenz, ein festes *Ver-mögen* […], sondern beides ist auch *anerkannt*, so daß das Mitglied einer Korporation seine Tüchtigkeit und sein ordentliches Aus- und Fortkom-men, daß es *etwas ist*, durch keine weitere *äußere* Bezeigungen darzulegen nötig hat. So ist auch anerkannt, daß es einem Ganzen, das selbst ein Glied der allgemeinen Gesellschaft ist, angehört und für den uneigennüt-zigeren Zweck dieses Ganzen Interesse und Bemühungen hat; – es hat so in seinem *Stande seine Ehre*.

Die Institution der Korporation entspricht durch ihre Sicherung des Vermögens insofern der Einführung des Ackerbaues und des Privat-eigentums in einer anderen Sphäre […]. – Wenn über Luxus und Ver-schwendungssucht der gewerbtreibenden [sic] Klassen, womit die Er-zeugung des Pöbels […] zusammenhängt, Klagen zu erheben sind, so ist bei den anderen Ursachen – (z. B. das immer mehr mechanisch Wer-dende der Arbeit) – der *sittliche* Grund, wie er im obigen liegt, nicht zu übersehen. Ohne Mitglied einer berechtigten Korporation zu sein (und nur als berechtigt ist ein Gemeinsames eine Korporation), ist der Ein-zelne ohne *Standesehre*, durch seine Isolierung auf die selbstsüchtige Seite des Gewerbs [sic] reduziert, seine Subsistenz und Genuß nichts *Stehendes*. Er wird somit *seine Anerkennung* durch die äußerlichen Dar-legungen seines Erfolgs in seinem Gewerbe zu erreichen suchen,[213] Darlegungen, welche unbegrenzt sind, weil seinem Stande gemäß zu leben nicht stattfindet, da der Stand nicht existiert – denn (205) ‖ nur *das* Gemeinsame existiert in der bürgerlichen Gesellschaft, was gesetz-lich konstituiert und anerkannt ist – sich also auch keine ihm ange-messene allgemeinere Lebensweise macht. – In der Korporation ver-liert die Hilfe, welche die Armut empfängt, ihr Zufälliges, sowie ihr mit Unrecht Demütigendes, und der Reichtum in seiner Pflicht gegen seine Genossenschaft den Hochmut und den Neid, den er, und zwar je-nen in seinem Besitzer, diesen in den anderen erregen kann, – die Rechtschaffenheit erhält ihre wahrhafte Anerkennung und Ehre.

§ 254. In der Korporation liegt nur insofern eine Beschränkung des so-genannten *natürlichen Rechts*, seine Geschicklichkeit auszuüben und da-mit zu erwerben, was zu erwerben ist, als sie darin zur Vernünftigkeit be-stimmt, nämlich von der eigenen Meinung und Zufälligkeit, der eigenen

Gefahr wie der Gefahr für andere, befreit, anerkannt, gesichert und zugleich zur bewußten Tätigkeit für einen gemeinsamen Zweck erhoben wird.

§ 255. Zur *Familie* macht die *Korporation* die zweite, die in der bürgerlichen Gesellschaft gegründete *sittliche* Wurzel des Staats aus. Die erstere enthält die Momente der subjektiven Besonderheit und der objektiven Allgemeinheit in *substantieller* Einheit; die zweite aber diese Momente, die zunächst in der bürgerlichen Gesellschaft zur *in sich reflektierten* Besonderheit des Bedürfnisses und Genusses und zur abstrakten rechtlichen Allgemeinheit entzweit sind, auf *innerliche* Weise vereinigt, so daß in dieser Vereinigung das besondere Wohl als Recht und verwirklicht ist.

Heiligkeit der Ehe und die Ehre in der Korporation sind die zwei Momente, um welche sich die Desorganisation der bürgerlichen Gesellschaft dreht.

§ 256. Der Zweck der Korporation als beschränkter und endlicher hat seine Wahrheit, – sowie die in der polizeilichen äußerlichen Anordnung vorhandene Trennung und deren (206) ‖ relative Identität, – in dem an und für sich *allgemeinen Zwecke* und dessen absoluter Wirklichkeit; die Sphäre der bürgerlichen Gesellschaft geht daher in den *Staat* über.

Stadt und Land, – jene der Sitz des bürgerlichen Gewerbes, der in sich aufgehenden und vereinzelnden Reflexion, dieses der Sitz der auf der Natur ruhenden Sittlichkeit, – die im Verhältnis zu anderen rechtlichen Personen ihre Selbsterhaltung vermittelnden Individuen und die Familie machen die beiden noch ideellen Momente überhaupt aus, aus denen der Staat als ihr wahrhafter Grund *hervorgeht.* – Diese Entwickelung der unmittelbaren Sittlichkeit durch die Entzweiung der bürgerlichen Gesellschaft hindurch zum Staate, der als ihren wahrhaften Grund sich zeigt, und nur eine solche Entwickelung ist der *wissenschaftliche Beweis* des Begriffes des Staats. – Weil im Gange des wissenschaftlichen Begriffes der Staat als *Resultat* erscheint, indem er sich als *wahrhafter* Grund ergibt, so *hebt* jene *Vermittelung* und jener Schein sich ebensosehr zur *Unmittelbarkeit auf.* In der Wirklichkeit ist darum der *Staat* überhaupt vielmehr das *Erste*, innerhalb dessen sich erst die Familie zur bürgerlichen Gesellschaft ausbildet, und es ist die Idee des Staates selbst, welche sich in diese beiden Momente dirimiert [214]; in der

Entwickelung der bürgerlichen Gesellschaft gewinnt die sittliche Substanz ihre *unendliche Form*, welche die beiden Momente in sich enthält: 1. der unendlichen *Unterscheidung* bis zum für-sich-seienden *Insichsein* des Selbstbewußtsein, und 2. der Form der *Allgemeinheit*, welche in der Bildung ist, der Form des *Gedankens*, wodurch der Geist sich in *Gesetzen* und *Institutionen*, seinem *gedachten Willen*, als organische Totalität objektiv und wirklich ist.

Quelle: Hegel, Grundlinien, 1955, S. 169–171, 195 f., 198–202, 203–207

Karl Marx, *Zur Judenfrage*, 1843

In diesem Beitrag[215] *von Karl Marx (1818–1883) verliert der Begriff «bürgerliche Gesellschaft» für den deutschen Sprachraum die Implikation, dass er für Partizipation und gemeinwohlorientiertes bürgerschaftliches Handeln stehe. Marx trennt klar zwischen Staat und bürgerlicher Gesellschaft.*[216] *Die bürgerliche Gesellschaft ist das Resultat des Hegel'schen «System[s] der Bedürfnisse» und Ausdruck der modernen Produktionsweise.*[217] *Soziale, private und legale Belange werden von ihr bestimmt. Aus dieser Sichtweise relativiert Marx auch die Menschen- und Bürgerrechte, sie sind Ausdruck bourgeoiser Interessensicherung und Egoismen.*[218] *Marx entzieht bürgerschaftlichem Engagement den Boden: In allen Sphären ist es interessengeleitet, dies gilt auch für den citoyen. Erst wenn der Mensch sowohl den «bourgeois» als auch den «citoyen» hinter sich lässt und zum «wirklichen individuellen Menschen» wird, ist menschliche Emanzipation möglich.*[219]

Der vollendete politische Staat ist seinem Wesen nach das *Gattungsleben* des Menschen im *Gegensatz* zu seinem materiellen Leben. Alle Voraussetzungen dieses egoistischen Lebens bleiben *außerhalb* der Staatssphäre in der *bürgerlichen Gesellschaft* bestehen, aber als Eigenschaften der bürgerlichen Gesellschaft. Wo der politische Staat seine wahre Ausbildung erreicht hat, (354) ‖ führt der Mensch nicht nur im Gedanken, im Bewußtsein, sondern in der *Wirklichkeit*, im *Leben* ein doppeltes, ein himmlisches und ein irdisches Leben, das Leben im *politischen Gemeinwesen*, worin er sich als Gemeinwesen gilt, und das Leben in der *bürgerlichen Gesellschaft*, worin er als Privatmensch tätig ist, die andern Menschen als Mittel betrachtet, sich selbst zum Mittel herabwürdigt und zum Spielball fremder Mächte wird. Der politische Staat verhält sich ebenso spiritualistisch zur bürgerlichen Gesellschaft wie der Himmel zur Erde. Er steht in demselben Gegensatz zu ihr, er überwindet sie in derselben Weise wie die Religion die Beschränktheit der profanen Welt, d. h., indem er sie ebenfalls wieder anerkennen, herstellen, sich selbst von ihr beherrschen lassen muß. Der Mensch in seiner *nächsten* Wirklichkeit, in der bürgerlichen Gesellschaft, ist ein profanes Wesen. Hier, wo er als wirkliches Individuum sich selbst und andern gilt, ist er eine *unwahre* Erscheinung. In dem Staat dagegen, wo der Mensch als Gattungswesen gilt, ist er das imaginäre Glied einer eingebildeten Souveränität, ist er seines wirklichen individuellen Lebens beraubt und mit einer unwirklichen Allgemeinheit erfüllt.

Der Konflikt, in welchem sich der Mensch als Bekenner einer *besondern* Religion mit seinem Staatsbürgertum, mit den andern Menschen als Gliedern des Gemeinwesens befindet, reduziert sich auf die *weltliche* Spaltung zwischen dem *politischen* Staat und der *bürgerlichen Gesellschaft*. Für den Menschen als *bourgeois* ist das «Leben im Staate nur Schein oder eine momentane Ausnahme gegen das Wesen und die Regel». Allerdings bleibt der *bourgeois*, wie der Jude, nur sophistisch im Staatsleben, wie der *citoyen* nur sophistisch Jude oder *bourgeois* bleibt; aber diese Sophistik ist nicht persönlich. Sie ist *Sophistik des politischen Staates* selbst. Die Differenz zwischen dem religiösen Menschen und dem Staatsbürger ist die Differenz zwischen dem Kaufmann und dem Staatsbürger, zwischen dem Taglöhner und dem Staatsbürger, zwischen dem Grundbesitzer und dem Staatsbürger, zwischen dem *lebendigen Individuum* und dem *Staatsbürger*. Der Widerspruch, in dem sich der religiöse Mensch mit dem politischen Menschen befindet, ist derselbe Widerspruch, in welchem sich der *bourgeois* mit dem *citoyen*, in welchem sich das Mitglied der bürgerlichen Gesellschaft mit seiner *politischen Löwenhaut* befindet. (355) […]

Die *politische* Emanzipation ist allerdings ein großer Fortschritt, sie ist zwar nicht die letzte Form der menschlichen Emanzipation überhaupt, aber sie ist die letzte Form der menschlichen Emanzipation *innerhalb* der bisherigen Weltordnung. Es versteht sich: wir sprechen hier von wirklicher, von praktischer Emanzipation.

Der Mensch emanzipiert sich *politisch* von der Religion, indem er sie aus dem öffentlichen Recht in das Privatrecht verbannt. Sie ist nicht mehr der Geist des *Staats*, wo der Mensch – wenn auch in beschränkter Weise, unter besonderer Form und in einer besondern Sphäre – sich als Gattungswesen verhält, in Gemeinschaft mit andern Menschen, sie ist zum Geist der *bürgerlichen Gesellschaft* geworden, der Sphäre des Egoismus, *des bellum omnium contra omnes*. Sie ist nicht mehr das Wesen der *Gemeinschaft*, sondern das Wesen des *Unterschieds*. Sie ist zum Ausdruck der *Trennung* des Menschen von seinem *Gemeinwesen*, von sich und den andern Menschen geworden – was sie *ursprünglich* war. Sie ist nur noch das abstrakte Bekenntnis der besondern Verkehrtheit, der *Privatschrulle*, der Willkür. Die unendliche Zersplitterung der Religion in Nordamerika z. B. gibt ihr schon *äußerlich* die Form einer rein individuellen Angelegenheit. Sie ist unter die Zahl der Privatinteressen hinabgestoßen und aus dem Gemeinwesen als Gemeinwesen exiliert. Aber man täusche sich nicht über die Grenze der politischen Emanzipation. Die Spaltung des Menschen in den *öffentlichen* und in den *Privatmenschen*, die *Dislokation* der Religion aus dem Staate in die bürgerliche Gesellschaft, sie ist nicht eine Stufe, sie ist die *Vollendung* der politischen (356) ‖ Emanzipation, die also die *wirkliche* Religiosität des Menschen ebensowenig aufhebt, als aufzuheben strebt.

[...]

Betrachten wir einen Augenblick die sogenannten Menschenrechte, und zwar die Menschenrechte unter ihrer authentischen Gestalt, unter der Gestalt, welche sie bei ihren *Entdeckern*, den Nordamerikanern und Franzosen, besitzen! Zum Teil sind diese Menschenrechte *politische* Rechte, Rechte, die nur in der Gemeinschaft mit andern ausgeübt werden. Die *Teilnahme* am *Gemeinwesen*, und zwar am *politischen* Gemeinwesen, am *Staatswesen*, bildet ihren Inhalt. Sie fallen unter die Kategorie der politischen Freiheit, unter die Kategorie der *Staatsbürgerrechte*, welche keineswegs, wie wir gesehn, die widerspruchslose und positive Aufhebung der Religion, also etwa auch des Judentums, voraussetzen. Es bleibt der andere Teil der Menschenrechte zu betrachten, die *droits de l'homme*, insofern sie unterschieden sind von den *droits du citoyen*.

In ihrer Reihe findet sich die Gewissensfreiheit, das Recht, einen beliebigen Kultus auszuüben. Das *Privilegium des Glaubens* wird ausdrücklich anerkannt, entweder als ein *Menschenrecht* oder als Konsequenz eines Menschenrechtes, der Freiheit. (362)

[…]²²⁰

Die *droits de l'homme*, die Menschenrechte werden als *solche* unterschieden von den *droits du citoyen*, von den Staatsbürgerrechten. Wer ist der vom *citoyen* unterschiedene *homme*? Niemand anders als das *Mitglied der bürgerlichen Gesellschaft*. Warum wird das Mitglied der bürgerlichen Gesellschaft «Mensch», Mensch schlechthin, warum werden seine Rechte *Menschenrechte* (363) ‖ genannt? Woraus erklären wir dies Faktum? Aus dem Verhältnis des politischen Staats zur bürgerlichen Gesellschaft, aus dem Wesen der politischen Emanzipation.

Vor allem konstatieren wir die Tatsache, daß die sogenannten *Menschenrechte*, die *droits de l'homme* im Unterschied von den *droits du citoyen*, nichts anderes sind als die Rechte des *Mitglieds der bürgerlichen Gesellschaft*, d. h. des egoistischen Menschen, des vom Menschen und vom Gemeinwesen getrennten Menschen. Die radikalste Konstitution, die Konstitution von 1793, mag sprechen:

«Erklärung der Menschen- und Bürgerrechte. Artikel 2. Die Rechte usw. (die natürlichen und unabdingbaren Rechte) sind: Gleichheit, Freiheit, Sicherheit, Eigentum.»²²¹

Worin besteht die *liberté*?

«*Artikel 6.* Freiheit ist das Recht des Menschen, alles tun zu dürfen, was den Rechten eines anderen nicht schadet», oder nach der Deklaration der Menschenrechte von 1791 «Die Freiheit besteht darin, alles tun zu dürfen, was keinem anderen schadet.»²²²

Die Freiheit ist also das Recht, alles zu tun und zu treiben, was keinem andern schadet. Die Grenze, in welcher sich jeder dem andern *unschädlich* bewegen kann, ist durch das Gesetz bestimmt, wie die Grenze zweier Felder durch den Zaunpfahl bestimmt ist. Es handelt sich um die Freiheit des Menschen als isolierter auf sich zurückgezogener Monade.²²³ […]

Aber das Menschenrecht der Freiheit basiert nicht auf der Verbindung des Menschen mit dem Menschen, sondern vielmehr auf der Absonderung des Menschen von dem Menschen. Es ist das *Recht* dieser Absonderung, das Recht des *beschränkten*, auf sich beschränkten Individuums.

Die praktische Nutzanwendung des Menschenrechtes der Freiheit ist das Menschenrecht des *Privateigentums*. (364) ||

Worin besteht das Menschenrecht des Privateigentums?

«*Artikel 16*. (Verfassung von 1793): Das *Eigentums*recht ist das Recht jedes Bürgers, *willkürlich* seine Güter, seine Einkünfte, die Früchte seiner Arbeit und seines Fleißes zu genießen und darüber zu disponieren.» [224]

Das Menschenrecht des Privateigentums ist also das Recht, willkürlich (à son gré), ohne Beziehung auf andre Menschen, unabhängig von der Gesellschaft, sein Vermögen zu genießen und über dasselbe zu disponieren, das Recht des Eigennutzes. Jene individuelle Freiheit, wie diese Nutzanwendung derselben, bilden die Grundlage der bürgerlichen Gesellschaft. Sie läßt jeden Menschen im andern Menschen nicht die *Verwirklichung*, sondern vielmehr die *Schranke* seiner Freiheit finden. Sie proklamiert vor allem aber das Menschenrecht, « *willkürlich* seine Güter, seine Einkünfte, die Früchte seiner Arbeit und seines Fleißes zu genießen und darüber zu disponieren».[225]

Es bleiben noch die andern Menschenrechte, die égalité und die sûreté.

Die égalité, hier in ihrer nichtpolitischen Bedeutung, ist nichts als die Gleichheit der oben beschriebenen *liberté*, nämlich: daß jeder Mensch gleichmäßig als solche auf sich ruhende Monade betrachtet wird [...]

Die *Sicherheit* ist der höchste soziale Begriff der bürgerlichen Gesellschaft,[226] der Begriff der *Polizei*, daß die ganze Gesellschaft nur da ist, um (365) || jedem ihrer Glieder die Erhaltung seiner Person, seiner Rechte und seines Eigentums zu garantieren. Hegel nennt in diesem Sinn die bürgerliche Gesellschaft «den Not- und Verstandesstaat».

Durch den Begriff der Sicherheit erhebt sich die bürgerliche Gesellschaft nicht über ihren Egoismus. Die Sicherheit ist vielmehr die *Versicherung* ihres Egoismus.

Keines der sogenannten Menschenrechte geht also über den egoistischen Menschen hinaus, über den Menschen, wie er Mitglied der bürgerlichen Gesellschaft, nämlich auf sich, auf sein Privatinteresse und seine Privatwillkür zurückgezogenes und vom Gemeinwesen abgesondertes Individuum ist. Weit entfernt, daß der Mensch in ihnen als Gattungswesen aufgefaßt wurde, erscheint vielmehr das Gattungsleben selbst, die Gesellschaft, als ein den Individuen äußerlicher Rahmen, als Beschränkung ihrer ursprünglichen Selbständigkeit. Das einzige Band, das sie zusammenhält, ist die Naturnotwendigkeit, das Bedürfnis und das Privatinteresse, die Konservation ihres Eigentums und ihrer egoistischen Person.

Es ist schon rätselhaft, daß ein Volk, welches eben beginnt, sich zu befreien, alle Barrieren zwischen den verschiedenen Volksgliedern niederzureißen, ein politisches Gemeinwesen zu gründen, daß ein solches Volk die Berechtigung des egoistischen, vom Mitmenschen und vom Gemeinwesen abgesonderten Menschen feierlich proklamiert (Déclaration de 1791), ja diese Proklamation in einem Augenblicke wiederholt, wo die heroischste Hingebung allein die Nation retten kann und daher gebieterisch verlangt wird, in einem Augenblicke, wo die Aufopferung aller Interessen der bürgerlichen Gesellschaft zur Tagesordnung erhoben und der Egoismus als ein Verbrechen bestraft werden muß. (Déclaration des droits de l'homme etc. de 1793.) Noch rätselhafter wird diese Tatsache, wenn wir sehen, daß das Staatsbürgertum, das *politische Gemeinwesen* von den politischen Emanzipatoren sogar zum bloßen *Mittel* für die Erhaltung dieser sogenannten Menschenrechte herabgesetzt, daß also der citoyen zum Diener des egoistischen homme erklärt, die Sphäre, in welcher der Mensch sich als Gemeinwesen verhält, unter die Sphäre, in welcher er sich als Teilwesen verhält, degradiert, endlich nicht der Mensch als citoyen, sondern der Mensch als bourgeois für den *eigentlichen* und *wahren* Menschen genommen wird. (366)

[…]

Die politische Emanzipation ist zugleich die *Auflösung* der alten Gesellschaft, auf welcher das dem Volk entfremdete Staatswesen, die Herrschermacht, ruht. Die politische Revolution ist die Revolution der bürgerlichen Gesellschaft. Welches war der Charakter der alten Gesellschaft? Ein Wort charakterisiert sie. Die *Feudalität*. Die alte bürgerliche Gesellschaft hatte (367) ‖ *unmittelbar* einen *politischen* Charakter, d. h., die Elemente des bürgerlichen Lebens, wie z. B. der Besitz oder die Familie oder die Art und Weise der Arbeit, waren in der Form der Grundherrlichkeit, des Standes und der Korporation zu Elementen des Staatslebens erhoben. Sie bestimmten in dieser Form das Verhältnis des einzelnen Individuums zum *Staatsganzen*, d. h. sein *politisches* Verhältnis, d. h. sein Verhältnis der Trennung und Ausschließung von den andern Bestandteilen der Gesellschaft. Denn jene Organisation des Volkslebens erhob den Besitz oder die Arbeit nicht zu sozialen Elementen, sondern vollendete vielmehr ihre *Trennung* von dem Staatsganzen und konstituierte sie zu *besondern* Gesellschaften in der Gesellschaft. So waren indes immer noch die Lebensfunktionen und Lebensbedingungen der bürgerlichen Gesellschaft politisch, wenn auch politisch im Sinne der Feudalität, d. h., sie schlossen das Individuum vom Staatsganzen ab, sie verwandelten das *besondere* Verhältnis seiner Korporation zum Staatsganzen in sein eignes allgemeines Verhältnis zum Volksleben, wie seine bestimmte bürgerliche Tätigkeit und Situation in seine allgemeine Tätigkeit und Situation. Als Konsequenz dieser Organisation erscheint notwendig die Staatseinheit, wie das Bewußtsein, der Wille und die Tätigkeit der Staatseinheit, die allgemeine Staatsmacht, ebenfalls als *besondere* Angelegenheit eines von dem Volk abgeschiedenen Herrschers und seiner Diener.

Die politische Revolution [227], welche diese Herrschermacht stürzte und die Staatsangelegenheiten zu Volksangelegenheiten erhob, welche den politischen Staat als *allgemeine* Angelegenheit, d. h. als wirklichen Staat konstituierte, zerschlug notwendig alle Stände, Korporationen, Innungen, Privilegien, die ebenso viele Ausdrücke der Trennung des Volkes von seinem Gemeinwesen waren. Die politische Revolution *hob* damit den *politischen Charakter der bürgerlichen Gesellschaft auf.* Sie zerschlug die bürgerliche Gesellschaft in ihre einfachen Bestandteile, einerseits in die *Individuen*, andrerseits in die *materiellen* und *geistigen* Elemente, welche den Lebensinhalt, die bürgerliche Situation dieser Individuen bilden. Sie entfesselte den politischen Geist, der gleichsam in die verschiedenen Sackgassen der feudalen Gesellschaft zerteilt [...] war; sie sammelte ihn aus dieser Zerstreuung, sie befreite ihn von seiner Vermischung mit dem bürgerlichen Leben und konstituierte ihn als die Sphäre des Gemeinwesens, der *allgemeinen* Volksangelegenheit in idealer Unabhängigkeit von jenen *besondern* Elementen des bürgerlichen Lebens. Die *bestimmte* Lebenstätigkeit und die bestimmte Lebenssituation sanken zu einer nur individuellen Bedeutung herab. Sie bildeten nicht mehr das allgemeine Verhältnis des Individuums (368) ‖ zum Staatsganzen. Die öffentliche Angelegenheit als solche ward vielmehr zur allgemeinen Angelegenheit jedes Individuums und die politische Funktion zu seiner allgemeinen Funktion.

Allein die Vollendung des Idealismus des Staats war zugleich die Vollendung des Materialismus der bürgerlichen Gesellschaft. Die Abschüttlung des politischen Jochs war zugleich die Abschüttlung der Bande, welche den egoistischen Geist der bürgerlichen Gesellschaft gefesselt hielten. Die politische Emanzipation war zugleich die Emanzipation der bürgerlichen Gesellschaft von der Politik, von dem *Schein* selbst eines allgemeinen Inhalts.

Die feudale Gesellschaft war aufgelöst in ihren Grund, in den Menschen. Aber in den Menschen, wie er wirklich ihr Grund war, in den *egoistischen* Menschen.

Dieser *Mensch*, das Mitglied der bürgerlichen Gesellschaft, ist nun die Basis, die Voraussetzung des *politischen* Staats. Er ist von ihm als solche anerkannt in den Menschenrechten.

Die Freiheit des egoistischen Menschen und die Anerkennung dieser Freiheit ist aber vielmehr die Anerkennung der *zügellosen* Bewegung der geistigen und materiellen Elemente, welche seinen Lebensinhalt bilden.

Der Mensch wurde daher nicht von der Religion befreit, er erhielt die Religionsfreiheit. Er wurde nicht vom Eigentum befreit. Er erhielt die Freiheit des Eigentums. Er wurde nicht von dem Egoismus des Gewerbes befreit, er erhielt die Gewerbefreiheit.

Die *Konstitution des politischen Staats* und die Auflösung der bürgerlichen Gesellschaft in die unabhängigen *Individuen* – deren Verhältnis das *Recht* ist, wie das Verhältnis der Standes- und Innungsmenschen das *Privilegium* war – vollzieht sich in *einem und demselben Akte*. Der Mensch, wie er Mitglied der bürgerlichen Gesellschaft ist, der *unpolitische* Mensch, erscheint aber notwendig als der *natürliche* Mensch. Die *droits de l'homme* erscheinen als *droits naturels*, denn die *selbstbewußte Tätigkeit* konzentriert sich auf den *politischen Akt*. Der *egoistische* Mensch ist das *passive*, nur *vorgefundne* Resultat der aufgelösten Gesellschaft, Gegenstand der *unmittelbaren Gewißheit*, also *natürlicher* Gegenstand. Die *politische Revolution* löst das bürgerliche Leben in seine Bestandteile auf, ohne diese Bestandteile selbst zu *revolutionieren* und der Kritik zu unterwerfen. Sie verhält sich zur bürgerlichen Gesellschaft, zur Welt der Bedürfnisse, der Arbeit, der Privatinteressen, des Privatrechts, als zur *Grundlage ihres Bestehns*, als zu einer nicht weiter begründeten *Voraussetzung*, daher als zu ihrer *Naturba-*

sis. Endlich gilt der (369) ‖ Mensch, wie er Mitglied der bürgerlichen Gesellschaft ist, für den *eigentlichen* Menschen, für den *homme* im Unterschied von dem *citoyen,* weil er der Mensch in seiner sinnlichen individuellen *nächsten* Existenz ist, während der *politische* Mensch nur der abstrahierte, künstliche Mensch ist, der Mensch als eine *allegorische, moralische* Person. Der wirkliche Mensch ist erst in der Gestalt des *egoistischen* Individuums, der *wahre* Mensch erst in der Gestalt des *abstrakten citoyen* anerkannt.

Die Abstraktion des politischen Menschen schildert Rousseau richtig also: «Wer den Mut hat, einem Volke eine Rechtsordnung zu geben, muß sich fähig fühlen, sozusagen die menschliche Natur zu *ändern,* jedes Individuum, das sich selbst und für sich allein ein vollkommenes Ganzes ist, in den *Teil* eines größeren Ganzen umzuwandeln, von dem dieses Individuum in gewisser Weise sein Leben und Sein empfängt, an die Stelle einer physischen und unabhängigen eine *moralische Teilexistenz* zu setzen. Er muß *dem Menschen seine eigenen Kräfte* nehmen, um ihm fremde dafür zu geben, die er nur mit Hilfe anderer gebrauchen kann.» (Der Gesellschaftsvertrag, Buch II, London 1782, S. 67).[228]

Alle Emanzipation ist *Zurückführung* der menschlichen Welt, der Verhältnisse, auf den *Menschen selbst.*

Die politische Emanzipation ist die Reduktion des Menschen, einerseits auf das Mitglied der bürgerlichen Gesellschaft, auf das *egoistische unabhängige* Individuum, andrerseits auf den *Staatsbürger,* auf die moralische Person.

Erst wenn der wirkliche individuelle Mensch den abstrakten Staatsbürger in sich zurücknimmt und als individueller Mensch in seinem empirischen Leben, in seiner individuellen Arbeit, in seinen individuellen Verhältnissen, *Gattungswesen* geworden ist, erst wenn der Mensch seine «forces propres» [«eigene Kräfte»] als *gesellschaftliche* Kräfte erkannt und organisiert hat und daher die gesellschaftliche Kraft nicht mehr in der Gestalt der *politischen* Kraft von sich trennt, erst dann ist die menschliche Emanzipation vollbracht.[229]

Quelle: Marx, Zur Judenfrage, 1976, S. 354–357, 362–370

Ferdinand Lassalle, *Arbeiterprogramm*, 1862 / 63

Anfang der 6oer Jahre des 19. Jahrhunderts begann sich die Arbeiterbewegung
neu zu formieren. Es zeichneten sich Tendenzen ab, sich von den bürgerlich be-
herrschten Arbeiterbildungsvereinen zu lösen. Im Februar 1863 wandten sich
Leipziger Handwerker und Arbeiter mit der Bitte an den Schriftsteller und Na-
tionalökonomen Ferdinand Lassalle (1825–1864), ihnen bei ihrer programma-
tischen Neuorientierung behilflich zu sein. Lassalle hatte mit Reden auf sich auf-
merksam gemacht, in denen er auf die eigenständige Kraft der Arbeiterschaft
hinwies. In einer nationalen Vereinigung der lokalen Arbeitervereine sah er eine
Chance für eine demokratische Erneuerung Deutschlands. Auch sein «Arbeiter-
programm. Über den besonderen Zusammenhang der gegenwärtigen Ge-
schichtsperiode mit der Idee des Arbeiterstandes» hatte er 1862 und 1863 mehr-
fach in großen Versammlungen vorgestellt. In diesem Programm zeigt sich, dass
Lassalle wenig geeignet ist, als sozialdemokratischer Urahn zivilgesellschaft-
lichen Handelns vorgestellt zu werden.[230] Ganz im Gegenteil propagiert Lassalle
hier, dass die Arbeiterschaft nicht in der Lage sei, nur mit den Prinzipien der
Selbsthilfe und der individuellen Kräfte ihre Benachteiligungen in der Gesell-
schaft zu überwinden. Dafür sind die Voraussetzungen zu ungleich verteilt. Des-
halb braucht es einen Staat, der weit stärker in die Gesellschaft eingreift, als in
den Vorstellungen des liberalen «Nachtwächterstaates» vorgesehen ist.[231]

Der Arbeiterstand ist nur ein Stand unter den mehreren Ständen, welche
die bürgerliche Gesellschaft zusammensetzen. Auch hat es zu *jeder* Zeit
Arbeiter gegeben. Wie ist es hiernach nur *möglich* und welchen *Sinn* hat
es, daß ein besonderer Zusammenhang stattfinden soll zwischen der Idee
dieses einzelnen, bestimmten Standes und dem Prinzip der besonderen
Geschichtsperiode, in der wir leben?[232] (148)

[...]

Es ist hier an der Zeit, meine Herren, wenn ich nicht Gefahr laufen will,
daß mein Vortrag vielleicht großen Mißverständnissen ausgesetzt sei,
mich über die Bedeutung des Wortes *Bourgeoisie* oder große Bourgeoisie
als *politischer Parteibezeichnung*, mich über die Bedeutung, die das Wort
Bourgeoisie in *meinem* Munde hat, auszusprechen.

In der deutschen Sprache würde das Wort: Bourgeoisie mit *Bürgertum*
zu übersetzen sein. Diese Bedeutung aber hat es bei mir nicht; *Bürger* sind

wir *alle*, der Arbeiter, der Kleinbürger, der Großbürger usw. Das Wort Bourgeoisie hat vielmehr im Laufe der Geschichte die Bedeutung angenommen, eine *ganz bestimmte politische Richtung* zu bezeichnen, die ich nun sofort darlegen will.

Die gesamte nicht adlige bürgerliche Klasse zerfiel, als die französische Revolution eintrat, und zerfällt noch heute im großen und ganzen wieder in *zwei* Unterklassen, nämlich erstens die Klasse derer, welche ganz oder *hauptsächlich* aus ihrer *Arbeit* ihr Einkommen beziehen [...]; in diese Klasse gehören also die Arbeiter, die Kleinbürger und Handwerker und im ganzen die Bauern. Und zweitens die Klasse derer, welche über einen großen bürgerlichen Besitz, über das *große Kapital* verfügen und auf Grund einer solchen großen Kapitalbasis produzieren oder Renteneinkommen beziehen. Man könnte diese die (172) ‖ *Großbürger* nennen. Aber auch ein Großbürger ist darum an und für sich noch durchaus kein Bourgeois! [...]

So sehr der Arbeiter und der Kleinbürger, mit einem Worte die ganze nicht Kapital besitzende Klasse, berechtigt ist, vom Staate zu verlangen, daß er sein ganzes Sinnen und Trachten darauf richte, wie die kummervolle und notbeladene materielle Lage der arbeitenden Klassen zu verbessern, und wie auch ihnen, durch deren Hände alle die Reichtümer produziert worden, mit denen unsere Zivilisation prunkt, deren Händen alle die Produkte ihre Entstehung verdanken, ohne welche die gesamte Gesellschaft keinen Tag existieren könnte, zu einem reichlicheren und gesicherten Erwerbe und damit wieder zu der Möglichkeit *geistiger* Bildung und somit erst zu einem wahrhaft menschenwürdigen Dasein zu verhelfen sei – wie sehr, sage ich, die arbeitenden Klassen (173) ‖ auch berechtigt sind, dies vom Staate zu fordern und dies als seinen wahrhaften *Zweck* hinzustellen, so darf und wird dennoch der Arbeiter niemals vergessen, daß alles einmal erworbene gesetzliche Eigentum vollständig unantastbar und rechtmäßig ist.

Wenn aber der Großbürger, nicht zufrieden mit der *tatsächlichen* Annehmlichkeit eines großen Besitzes, dem *bürgerlichen Besitz*, das *Kapital*, auch noch als die *Bedingung* hinstellen will, an der Herrschaft über den Staat, an der Bestimmung des Staatswillens und Staatszweckes teilzunehmen, *dann* erst wird der Großbürger zum Bourgeois, *dann* macht er die

Tatsache des Besitzes zur rechtlichen Bedingung der politischen Herrschaft, *dann* charakterisiert er sich als einen neuen *privilegierten* Stand im Volke, der nun das herrschende Gepräge *seines* Privilegiums allen gesellschaftlichen Einrichtungen ebenso gut aufdrücken will, wie dies der Adel im Mittelalter, wie wir gesehen haben, mit dem Privilegium des *Grundbesitzes* getan. (174)

[...]

Der vierte Stand hat nicht nur ein anderes formelles, politisches Prinzip als die Bourgeoisie, nämlich das allgemeine direkte Wahlrecht an Stelle des Zensus der Bourgeoisie, er hat ferner nicht nur durch seine Lebensstellung ein anderes Verhältnis zu den sittlichen Potenzen als die (194)‖ höheren Stände, sondern er hat auch – zum Teil infolge hiervon – eine ganz andere, ganz verschiedene Auffassung von dem sittlichen *Zweck des Staates* als die Bourgeoisie.

Die sittliche Idee der Bourgeoisie ist diese, daß ausschließend nichts anderes als die ungehinderte Selbstbetätigung seiner Kräfte jedem einzelnen zu garantieren sei.

Wären wir alle gleich stark, gleich gescheit, gleich gebildet und gleich reich, so würde diese Idee als eine ausreichende und sittliche angesehen werden können.

Da wir dies aber *nicht sind* und nicht sein *können*, so ist dieser Gedanke nicht ausreichend, und führt deshalb in seinen Konsequenzen notwendig zu einer tiefen Unsittlichkeit. Denn er führt dazu, daß der Stärkere, Gescheitere, Reichere und Schwächere ausbeutet und in seine Tasche steckt.

Die sittliche Idee des Arbeiterstandes dagegen ist die, daß die ungehinderte und freie Betätigung der individuellen Kräfte durch das Individuum noch nicht *ausreiche*, sondern daß zu ihr in einem sittlich geordneten Gemeinwesen *noch hinzutreten müsse*: *die Solidarität* der Interessen, die *Gemeinsamkeit und die Gegenseitigkeit in der Entwicklung.*

Entsprechend diesem Unterschiede, faßt die Bourgeoisie den sittlichen Staatszweck so auf: er bestehe ausschließlich und allein darin, die persönliche Freiheit des einzelnen und sein Eigentum zu schützen.

Dies ist eine Nachtwächteridee, meine Herren, eine Nachtwächteridee deshalb, weil sie sich den Staat selbst nur unter dem Bilde eines Nachtwächters denken kann, dessen ganze Funktion darin besteht, Raub und

Einbruch (195) ‖ zu verhüten.[233] Leider ist diese Nachtwächteridee nicht nur bei den eigentlichen Liberalen zu Hause, sondern selbst bei vielen angeblichen Demokraten, infolge mangelnder Gedankenbildung oft genug anzutreffen. Wollte die Bourgeoisie konsequent ihr letztes Wort aussprechen, so müßte sie gestehen, daß nach diesen ihren Gedanken, wenn es keine Räuber und Diebe gebe, der Staat überhaupt ganz überflüssig sei.[234]

Ganz anders, meine Herren, faßt der vierte Stand den Staatszweck auf, und zwar faßt er ihn so auf, wie er in Wahrheit beschaffen ist. (196) […]

Der Zweck des Staates ist also nicht der, dem einzelnen nur die persönliche Freiheit und das Eigentum zu *schützen*, mit welchem er nach der Idee der Bourgeoisie angeblich schon in den Staat eintritt; der Zweck des Staats ist vielmehr gerade der, *durch* diese Vereinigung die einzelnen in den Stand zu setzen, *solche Zwecke*, eine solche *Stufe des Daseins* zu erreichen, die sie als einzelne nie erreichen könnten, sie zu befähigen, eine (197) ‖ Summe von *Bildung, Macht* und *Freiheit* zu erlangen, die ihnen sämtliche als einzelnen schlechthin unersteiglich [sic] wäre.

Der Zweck des Staats ist somit der, das menschliche Wesen zur *positiven Entfaltung* und *fortschreitenden Entwicklung* zu bringen, mit andern Worten, die menschliche *Bestimmung*, das heißt die Kultur, deren das Menschengeschlecht *fähig* ist, zum wirklichen Dasein zu gestalten; er ist die *Erziehung und Entwicklung* des Menschengeschlechts zur Freiheit.

Quelle: Lassalle, Arbeiterprogramm, 1919, S. 148, 172–174, 194–198

August Bebel, *Brief an Friedrich Engels*, 21. September 1875

August Bebel (1840–1913) berichtet in diesem Brief knapp vom Vereinigungskongress der beiden sozialdemokratischen Parteien im Jahr 1875 und stimmt darin Friedrich Engels' Kritik am Entwurf des «Gothaer Programms» zu. Gleichzeitig verweist er auf die Schwierigkeiten, die beiden Parteirichtungen zu vereinen. Im folgenden Ausschnitt wird deutlich, wie stark politische Partizipation und bürgerschaftliches Engagement von freien Zeitressourcen abhängig war und ist. August Bebel war in die Führung seines Geschäfts – einer Drechslerwerkstatt in Leipzig – derart eingespannt, dass er seinen Vereins- und Führungsaktivitäten nicht in dem Umfang nachkommen konnte, wie er gerne mochte.

Was der Kongreß beschlossen, war das Äußerste was zu erreichen war. Es zeigte sich auf der anderen Seite[235] eine entsetzliche Borniertheit und teilweise Verbissenheit, man mußte mit den Leuten wie mit Porzellanpüppchen umgehen, wollte man nicht, daß der mit so viel Lärm in Szene gesetzte Einigungskongreß zum Jubel der Gegner und zur größten Blamage der Partei resultatlos auseinanderging. Schließlich gelang es aber dennoch, namentlich in der Personenfrage, derart zu operieren, daß wir mit dem Resultat zufrieden sein konnten. Es wird allerdings noch manchen Kampf gegen die Borniertheit und den persönlichen Egoismus zu kämpfen geben, aber ich zweifle nicht, daß auch diese Kämpfe, wenn wir geschickt operieren, ohne Schaden für das Ganze ausgefochten werden und daß in zwei Jahren ein ganz anderer Geist die jetzt teilweise noch widerhaarigen Elemente durchdringt.

Das Ganze ist eine Erziehungsfrage. Nachdem die Leute acht bis neun Jahre in Lassalle-Schweizerischem Geiste erzogen worden sind, wollen sie sich nicht sofort an die andere Methode gewöhnen, hier gilt's Geduld haben.[236]

Die von mir bezeichnete Erziehungsmethode würde sich vielleicht erheblich abkürzen lassen, wenn wir hier den von allen Seiten herbeiströmenden Einladungen zu Versammlungen und Festreden genügen könnten. Im persönlichen Verkehr mit den Leuten ließen sich Vorurteile und Voreingenommenheiten rascher beseitigen, aber wir können nicht entfernt leisten, was verlangt wird.

Ich speziell bin durch mein Geschäft ganz bedeutend lahmgelegt, und der Durchkrach bei der Landtagswahl[237] hat niemand mehr gefreut als mich. Liebknecht und Motteler geht es, trotzdem sie in der Partei ihre ganze Stellung haben, nicht viel besser;[238] denn ihre laufende Arbeit verträgt sich schlecht mit dem vagabundierenden Agitatorenleben, und dann haben wir in diesem Punkte auch schon zuviel geleistet, um noch große Sehnsucht danach zu empfinden. Lunge und Stimmorgane sprechen ja auch ein Wörtchen mit. […]

Quelle: Bebel, Brief an Friedrich Engels, 1978, S. 596 f.

3. Bürgerliche Gesellschaft als Chance und Programm

Alexis de Tocqueville, *Über die Demokratie in Amerika*, 1835 / 1840

War mit Hegel und Marx im deutschen Sprachraum der Zusammenhang zwischen bürgerlicher Gesellschaft und gemeinwohlorientiertem bürgerschaftlichem Engagement zu einem Endpunkt gekommen, entstand zur gleichen Zeit mit Alexis de Tocquevilles (1805–1859) Untersuchung «Über die Demokratie in Amerika» ein Referenzpunkt, auf den sich bis heute ein großer Teil der Zivilgesellschaftsdebatte bezieht. Im Auftrag der französischen Regierung bereiste Tocqueville 1831 die USA und berichtete in seiner Untersuchung fasziniert von den Vorzügen des amerikanischen politischen und gesellschaftlichen Systems.[239] Die Basis liegt darin, dass der Staat nicht in einem Prozess von oben nach unten, sondern umgekehrt von unten nach oben gestaltet und regiert wird. Dadurch entstehen Freiheiten für den Einzelnen, Verantwortung für die Gemeinschaft sowie politische und gesellschaftliche Partizipationsformen (Demokratie in Amerika, Erster Teil, 1835). Ein entscheidendes Glied zur Vermittlung zwischen den verschiedenen Interessen in der Gesellschaft und zwischen Staat und Gesellschaft sieht Tocqueville in den Vereinen.[240] Die «intermediären Sphären» Montesquieus reifen in Tocquevilles Beschreibung des amerikanischen Systems zu voller Blüte: Durch sie entstehen bürgerschaftliche Aktivitäten; in ihnen werden sie gebündelt und sorgen so für einen gewaltfreien Konfliktaustrag und Interessenausgleich. Wer sich ihnen anschließt, akkumuliert «soziales Kapital»[241] und erwirbt Anerkennung in der Gemeinde. Diese Vermittlungsinstanzen sichern bei Tocqueville die Demokratie, wie sie in Montesquieus Vorstellung die Monarchie sicherten. Gleichzeitig verweist Tocqueville auf die Gefährdungen dieser Institutionen: Werden ihre Funktionen aus Mangel an Interesse oder aus Eigennutz nicht mehr wahrgenommen oder an die Regierung und den Staat delegiert, droht der Demokratie ihre Aushöhlung[242] (Demokratie in Amerika, Zweiter Teil, 1840).

In den meisten europäischen Nationen entspringt das politische Leben den oberen Schichten der Gesellschaft und breitet sich nach und nach, aber immer unvollständig, auf die verschiedenen Glieder der sozialen Gesamtheit aus.

Ganz im Gegensatz dazu hat sich, wie man feststellen kann, in Amerika die Gemeinde vor der Grafschaft, die Grafschaft vor dem Staat und der Staat vor der Union gebildet.

In Neuengland ist bereits von 1650 an die Gemeinde vollständig und endgültig begründet. Die Interessen, die Leidenschaften, die Pflichten und die Rechte kreisen um die Gemeindepersönlichkeit und schließen sich eng an sie an. Im Schoße der Gemeinde herrscht wirkliches politisches Leben, rührig, ganz demokratisch und republikanisch. Die Kolonien anerkennen noch die Oberhoheit des Mutterlandes; die Monarchie bleibt das Staatsgesetz, aber in der Gemeinde ist die Republik bereits höchst lebendig.

Die Gemeinde wählt ihre verschiedensten Beamten; sie besteuert sich selbst; sie verteilt und erhebt die Steuern. In der Gemeinde von Neuengland ist die politische Vertretung nicht zugelassen. Die Angelegenheiten, die die Gesamtheit angehen, werden auf dem öffentlichen Platz und in der Vollversammlung der Bürger erörtert, wie in Athen. (62)

[...]

Ich bestreite nicht, daß man oft bedauert, in den (132) ‖ Vereinigten Staaten keine der gleichförmigen Vorschriften anzutreffen, die fortwährend über jeden von uns zu wachen scheinen.

Man stößt dort von Zeit zu Zeit auf erhebliche Fälle von Sorglosigkeit und sozialer Nachlässigkeit. Ab und zu zeigen sich grobe Flecken, die zur umgebenden Kultur in krassem Widerspruch stehen.

Nützliche Unternehmungen, die nur dank steter Sorge und strenger Genauigkeit gelingen können, werden oft preisgegeben; denn in Amerika wie anderswo läßt sich das Volk in seinen Anstrengungen vom Augenblick und von plötzlichen Antrieben leiten.

Der Europäer, gewohnt, ständig einen Beamten vorzufinden, der sich so ziemlich in alles einmischt, gewöhnt sich schwer an dieses mannigfaltige Räderwerk der Gemeindeverwaltung. Im allgemeinen ist zu sagen, daß die kleinen Einzeldinge der sozialen Ordnung, die das Leben angenehm und bequem machen, in Amerika vernachlässigt werden; aber die dem gesellig lebenden Menschen wesentlichen Sicherheiten bestehen dort wie überall sonst. Die Kraft, die den Staat verwaltet, ist in Amerika weit weniger geordnet, weniger gebildet, weniger erfahren, aber hundertfach stärker als in Europa. Es gibt in der Welt kein anderes Land, in dem sich die Menschen, kurz gesagt, so anstrengen, um es zu sozialem Wohlergehen zu bringen. Ich kenne kein Volk, das so zahlreiche und auch so erfolgreiche Schulen geschaffen hätte; Kirchen, die den religiösen Bedürfnissen der Einwohner besser entsprächen; Gemeindestraßen, die besser unterhalten wären. Man darf also in Amerika nicht Gleichförmigkeit und Beharrlichkeit in den Ansichten, nicht kleinliche Sorge für Einzeldinge, nicht vollkommene Verwaltungsweisen suchen wollen; was man findet, ist das Bild einer Kraft, die freilich etwas roh, aber mächtig ist; Leben mit allerlei (133) ‖ Überraschungen des Zufalls, aber auch voller Bewegung und Spannkraft.

Ich gebe übrigens gerne zu, daß die Dörfer und Grafschaften der Vereinigten Staaten durch eine von ihnen entfernt liegende und ihnen fremde Zentralgewalt förderlicher zu verwalten wären als durch Beamte aus dem eigenen Bezirk.[243] Wenn man es verlangt, so räume ich ein, daß in Amerika mehr Sicherheit herrschen und das soziale Vermögen verständiger und gescheiter verwendet würde, wenn die Verwaltung des ganzen Landes in einer Hand zusammengefaßt wäre. In Anbetracht der politischen Vorteile, die die Amerikaner aus der Dezentralisierung ziehen, zöge ich diese der entgegengesetzten Ordnung immer noch vor. (134) (Demokratie in Amerika, Erster Teil, 1835)

Demokratie in Amerika, Zweiter Teil, 1840

Die freien Einrichtungen, die die Bewohner der Vereinigten Staaten besitzen, und die politischen Rechte, von denen sie einen so regen Gebrauch machen, erinnern jeden Bürger beständig und in unzähligen Formen daran, daß er in Gesellschaft lebt. Sie lenken seinen Geist immerzu auf diesen Gedanken, daß Pflicht wie Vorteil den Menschen gebieten, sich ihren Mitmenschen nützlich zu erweisen; und weil er keinen besonderen Grund sieht, sie zu hassen, insofern er weder jemals ihr Sklave noch ihr Herr ist, neigt sein Herz leicht zum Wohlwollen. Man befaßt sich mit dem öffentlichen Wohl zuerst notgedrungen, dann aus freien Stücken;

was Überlegung war, wird Instinkt, und durch stetes Arbeiten für das Wohl seiner Mitbürger nimmt man schließlich die Gewohnheit und die Neigung an, ihnen zu dienen. (158)

[…]

Die Amerikaner jeden Alters, jeden Standes, jeder Geistesrichtung schließen sich fortwährend zusammen.[244] Sie haben nicht nur kaufmännische und gewerbliche Vereine, denen alle angehören, sie haben auch noch unzählige andere Arten: religiöse, sittliche, ernste, oberflächliche, sehr allgemeine und sehr besondere, gewaltige und ganz kleine; die Amerikaner tun sich zusammen, um Feste zu geben, Seminarien zu begründen, Gasthöfe zu bauen, Kirchen zu errichten, Bücher zu verbreiten, Missionare zu den Antipoden zu entsenden; sie errichten auf diese Weise Spitäler, Gefängnisse, Schulen. Handelt es (160) ‖ sich schließlich darum, eine Wahrheit zu verkünden oder ein Gefühl mit Hilfe eines großen Beispiels zu fördern, so gründen sie Vereinigungen. Überall, wo man in Frankreich die Regierung und in England einen großen Herrn an der Spitze eines neuen Unternehmens sieht, wird man in den Vereinigten Staaten mit Bestimmtheit eine Vereinigung finden.

Ich traf in Amerika Vereinsarten, von denen ich, wie ich gestehe, nicht einmal eine Vorstellung hatte, und ich habe oft die außerordentliche Kunst bewundert, mit der die Bewohner der Vereinigten Staaten es fertigbrachten, den Anstrengungen einer großen Menschenzahl ein gemeinsames Ziel zu setzen und sie freiwillig danach streben zu lassen.

Ich habe seither England bereist, von dem die Amerikaner einige ihrer Gesetze und viele ihrer Bräuche übernommen haben, und mir schien, man sei dort weit davon entfernt, von der Vereinigung einen ebenso beständigen und geschickten Gebrauch zu machen.

Oft geschieht es, daß die Engländer als einzelne sehr bedeutende Dinge ausführen, wogegen es kein noch so geringes Vorhaben gibt, zu dem sich die Amerikaner nicht zusammentun. Fraglos betrachten die ersteren die Vereinigung als ein mächtiges Mittel des Handelns; die andern aber scheinen darin das einzige Mittel ihres Handelns zu sehen.

So erweist sich das demokratischste Land der Erde als dasjenige, in dem die Menschen die Kunst, gemeinsam das Ziel ihres gemeinschaftlichen Begehrens zu erstreben, in unserer Zeit am vollkommensten entwickelt und diese neue Wissenschaft auf die größte Anzahl von Zwecken angewandt haben. (161)

[...]

Eine Regierung könnte einige der größten amerikanischen Vereine ersetzen, und in der Union haben es bereits mehrere Staaten versucht. Welche politische Macht wäre aber je imstande, der unendlichen Menge kleiner Vorhaben zu genügen, die die amerikanischen Bürger alle Tage mit Hilfe einer Vereinigung ausführen?

Wie sich leicht voraussehen läßt, naht der Zeitpunkt, da der Mensch immer weniger fähig sein wird, die für sein Dasein gewöhnlichsten und nötigsten Dinge aus eigener Kraft allein zu beschaffen. Die Aufgabe der Staatsgewalt wird also ständig zunehmen, und gerade ihre Anstrengungen werden sie täglich größer werden lassen. Je mehr sie an die Stelle der Vereine tritt, um so mehr werden die einzelnen Menschen dem Gedanken der Vereinigung entfremdet und auf ihre Hilfe angewiesen sein: diese Ursachen und Wirkungen bedingen sich unablässig.[245] Wird die öffentliche Verwaltung schließlich alle Erwerbszweige lenken, für die ein einzelner Bürger allein nicht mehr (163) ‖ ausreicht? Und wenn endlich der Zeitpunkt naht, da infolge der zum Äußersten getriebenen Aufteilung des Grundbesitzes der Boden ins Unendliche zerstückelt ist, so daß er nur noch durch Bauernverbände bewirtschaftet werden kann, wird dann das Oberhaupt der Regierung das Staatssteuer verlassen müssen, um den Pflug zu führen?

Träte die Regierung überall an die Stelle der Vereinigungen, so wäre die sittliche und die geistige Kraft eines demokratischen Volkes nicht weniger gefährdet als sein Handel und sein Gewerbe.

Nur durch die gegenseitige Wirkung der Menschen aufeinander erneuern sich die Gefühle und die Gedanken, weitet sich das Herz und entfaltet sich der Geist des Menschen.

Wie ich gezeigt habe, besteht diese Wechselwirkung in demokratischen Ländern so gut wie gar nicht. Man muß sie also dort künstlich hervorrufen. Und das können allein die Vereinigungen tun. [...]

Eine Regierung allein vermag den Kreislauf von Gefühlen und Gedanken in einem großen Volke ebensowenig in Bewegung zu halten und zu erneuern, wie sie alle industriellen Unternehmungen leiten kann. Sobald

sie aus dem politischen Bereich hinauszutreten versucht, um sich (164)‖
auf diese neue Bahn zu begeben, wird sie, sogar ohne es zu wollen, eine
unerträgliche Gewaltherrschaft ausüben; denn eine Regierung kann nur
genaue Regeln vorschreiben; sie nötigt die von ihr begünstigten Gefühle
und Gedanken auf, und es ist immer schwierig, ihre Ratschläge von ihren
Befehlen zu unterscheiden.

Noch weit schlimmer ist es, wenn sie ihren Vorteil wirklich darin erblickt, daß nichts sich rege. Sie wird dann bewegungslos bleiben und sich
träge in einen gewollten Schlaf sinken lassen.

Deshalb ist es nötig, daß sie nicht allein handle.

Die Zusammenschlüsse sind es, die in den demokratischen Völkern
die mächtigen einzelnen ersetzen müssen, die die gesellschaftliche Ein-
ebnung zum Verschwinden gebracht hat.

Sobald mehrere Bewohner der Vereinigten Staaten ein Gefühl oder
einen Gedanken in die Welt tragen wollen, suchen sie einander auf, und
wenn sie sich gefunden haben, schließen sie sich zusammen. Fortan sind
sie nicht mehr vereinzelte Menschen, sondern eine weithin sichtbare
Macht, deren Taten als Beispiel dienen, die spricht und auf die man hört.
[…] (165)‖

Meines Erachtens verdient nichts eine größere Aufmerksamkeit als
die zu geistigen und sittlichen Zwecken gegründeten Vereine Amerikas.
Die politischen und gewerblichen Verbände der Amerikaner fallen uns
leicht auf; die andern aber entgehen uns; und wenn wir sie entdecken, so
verstehen wir sie schlecht, weil wir etwas Derartiges fast nie gesehen haben. Sie sind indessen, wie man zugeben muß, dem amerikanischen
Volke ebenso unentbehrlich wie die erstgenannten, und vielleicht sogar
notwendiger.

In den demokratischen Ländern ist die Lehre von den Vereinigungen
die Grundwissenschaft; von deren Fortschritten hängt der Fortschritt aller anderen ab.

Unter den Gesetzen, denen die menschlichen Gesellschaften unterste-
hen, gibt es eines, das genauer und klarer erscheint als alle andern. Damit
die Menschen gesittet bleiben oder es werden, muß sich unter ihnen die
Kunst der Vereinigung in dem Grade entwickeln und vervollkommnen,
wie die gesellschaftlichen Bedingungen sich ausgleichen. (166)

[...]

Bei allen Völkern, in denen ein Verbot der politischen Vereine besteht, ist der bürgerliche Verein selten.[246]

Es ist nicht wahrscheinlich, daß dies Ergebnis zufällig ist; vielmehr muß man den Schluß ziehen, daß es eine natürliche und vielleicht notwendige Beziehung zwischen diesen beiden Vereinsarten gibt. [...]

Die bürgerlichen Vereinigungen erleichtern also die politischen; anderseits entwickelt und vervollkommnet die politische Vereinigung erheblich die bürgerliche.

Im bürgerlichen Leben kann jeder Mensch sich allen- (172) ‖ falls einbilden, seine eigene Kraft genüge ihm. In der Politik könnte er es nie annehmen. Gibt es in einem Volke ein öffentliches Leben, so stellt sich also der Gedanke an den Verein und der Wunsch, sich zusammenzuschließen, täglich im Geiste aller Bürger ein: mag den Menschen ein gemeinsames Handeln zuwider sein, immer werden sie sich zum Vorteile einer Partei dazu bereitfinden.

So läßt die Politik die Neigung und die Gewohnheit, sich zusammenzuschließen, allgemein werden; sie weckt in einer Menge Menschen, die immer für sich allein gelebt hätten, den Wunsch, sich zu vereinigen, und lehrt sie die Kunst, es zu tun.

Die Politik läßt nicht nur zahlreiche Vereinigungen entstehen, sie schafft sehr ausgedehnte Zusammenschlüsse.

Im bürgerlichen Dasein kommt es selten vor, daß ein gleiches Anliegen von Natur aus eine große Zahl von Menschen zu gemeinsamem Handeln treibt. Solches läßt sich nur mit viel Geschicklichkeit erreichen.

In der Politik gibt es jederzeit von selbst einen Anlaß dazu. Nun zeigt sich der allgemeine Wert der Vereinigung allein in den großen Vereinen. Bürger, die als einzelne schwach sind, haben von vorneherein keine klare Vorstellung von der Stärke, die sich durch den Zusammenschluß erlangen läßt; damit sie es begreifen, muß man es ihnen zeigen. Aus diesem Grunde ist es häufig leichter, eine große Zahl als nur wenige Menschen für ein gemeinsames Ziel zusammenzubringen; tausend Bürger sehen den Vorteil nicht, der für sie in der Vereinigung liegt; zehntausend Bürger bemerken ihn. In der Politik vereinigen sich die Menschen zu großen Vorhaben, und der Vorteil, den sie aus der Vereinigung in wichtigen Angelegenheiten ziehen, lehrt sie den Vorteil, den sie durch gegenseitige Hilfe in kleineren Sachen gewinnen. (173) ‖

Ein politischer Verein reißt gleichzeitig eine Menge Menschen aus sich selbst heraus; möge das Alter, der Geist, das Vermögen sie natürlicherweise noch so sehr trennen, er führt sie zusammen und bringt sie miteinander in Verbindung. Sie begegnen sich einmal und lernen, immer wieder zusammenzutreffen.

Den meisten bürgerlichen Verbänden kann man nur angehören, wenn man einen Teil seines Vermögens dabei wagt; das gilt für alle Industrie- und Handelsgesellschaften. Kennen sich die Menschen in der Kunst der Vereinigung noch wenig aus und sind ihnen deren Hauptregeln unbekannt, so fürchten sie, daß ihre Erfahrung, wenn sie sich derart erstmalig zusammenschließen, sie teuer zu stehen kommt. Sie wollen sich also lieber ein mächtiges Mittel des Erfolges versagen, als sich den Gefahren aussetzen, die damit verbunden sind. Sie haben jedoch weit weniger Hemmungen, in politischen Vereinen mitzumachen, die ihnen ungefährlich erscheinen, weil sie dabei ihr Geld nicht aufs Spiel setzen. Nun können sie solchen Vereinigungen nicht lange angehören, ohne zu entdecken, wie man in einer großen Menschenzahl Ordnung hält und durch welches Vorgehen man es erreicht, daß sie einmütig und planmäßig dem gleichen Ziele zustreben. Sie lernen ihren Willen dem aller andern unterwerfen und ihre Sonderanstrengungen in das gemeinsame Tun einordnen, alles Dinge, die zu wissen in den bürgerlichen Vereinen nicht weniger nötig ist als in den politischen.

Die politischen Vereine können also als große unentgeltliche Schulen angesehen werden, in denen sämtliche Bürger die allgemeine Lehre von der Vereinigung erlernen.

Selbst wenn der politische Zusammenschluß nicht unmittelbar dem Fortschritt der bürgerlichen Vereini- (174) ‖ gung zugute käme, hieße es dieser schaden, wenn man jenen zerstörte.

Können sich die Bürger nur in bestimmten Fällen zusammenschließen, so ist für sie die Vereinigung ein seltenes und merkwürdiges Beginnen, an das sie kaum denken.

Läßt man sie frei, für jede Sache Vereine zu bilden, so sehen sie schließlich im Verein das allumfassende und gewissermaßen einzigartige Mittel, dessen sich die Menschen bedienen können, um die verschiedenen Ziele, die sie aufstellen, zu erreichen. Jedes neue Bedürfnis weckt alsbald den Gedanken an einen Verein. Die Kunst der Vereinigung wird dann, wie ich früher sagte, zur Grundwissenschaft; alle studieren sie und wenden sie an. [...] (175)

Ich sage keineswegs, daß es in einem Lande, wo die politische Vereinigung verboten ist, keine bürgerlichen Vereine geben kann; denn die Menschen können niemals in Gesellschaft leben, ohne sich irgendeinem gemeinschaftlichen Unternehmen zu widmen. Ich behaupte aber, daß in einem solchen Lande die bürgerlichen Vereinigungen immer nur spärlich, schwach geplant, ungeschickt geleitet sein werden und daß sie nie umfassenden Zielen nachstreben, oder aber daß sie bei deren Ausführung scheitern.

Das bringt mich natürlich darauf zu denken, daß die politische Vereinsfreiheit für die öffentliche Ruhe nie so gefährlich ist, wie man es annimmt, und daß sie den Staat, nachdem sie ihn eine Zeitlang erschütterte, festigen kann. (176)

[...]

Es gibt in der Tat einen sehr gefährlichen Übergang im Leben der demokratischen Völker.[247]

Entwickelt sich in einem dieser Völker die Vorliebe für materielle Genüsse schneller als die Bildung und die freiheitliche Gewohnheit, so tritt ein Augenblick ein, da die Menschen vom Anblick der neuen begehrten Güter fortgerissen werden und wie außer sich sind. Nur auf das Reichwerden bedacht, bemerken sie nicht mehr das enge Band, welches das Wohlergehen jedes einzelnen von ihnen mit dem Gedeihen aller verknüpft. Man braucht solchen Bürgern die Rechte, die sie besitzen, nicht zu entreißen; sie lassen sie selber gern fahren. Die Ausübung ihrer politischen Rechte erscheint ihnen als eine ärgerliche Störung, die sie von ihrem Gewerbe abhält. Handelt es sich darum, ihre Vertreter zu wählen, die Staatsautorität zu stützen, die gemeinsame Sache gemeinschaftlich zu besorgen, so fehlt es ihnen an Zeit; sie können diese so kostbare Zeit nicht mit unnützen Arbeiten vergeuden. Das sind müßige Spielereien, die sich gewichtiger und mit (207) || ernsten Daseinsdingen beschäftigter Menschen nicht ziemen. Diese Leute glauben, der Nützlichkeitslehre zu gehorchen, aber sie haben davon nur eine grobe Vorstellung, und um sich dem, was sie ihre Geschäfte nennen, besser zu widmen, vernachlässigen sie das Hauptgeschäft, nämlich Herr ihrer selbst zu bleiben.

Da die arbeitenden Bürger sich nicht um das Gemeinwesen kümmern wollen und die Klasse, die damit ihre Muße ausfüllen könnte, nicht mehr da ist, bleibt der Platz der Regierung gewissermaßen leer. (208) [...]

Ein Amerikaner befaßt sich mit seinen privaten Angelegenheiten, als wäre er allein in der Welt, und gleich nachher widmet er sich dem Gemeinwesen, als hätte er jene vergessen. Bald scheint er von selbstsüchtigster Begehrlichkeit und bald von eifrigster Vaterlandsliebe getrieben. Das menschliche Herz kann sich nicht auf solche Weise in zwei Teile spalten. Die Bewohner der (209) ‖ Vereinigten Staaten bekunden abwechselnd eine so starke und gleiche Leidenschaft für ihr Wohlergehen wie für ihre Freiheit, daß man glauben muß, diese Leidenschaften verbinden und verschmelzen sich irgendwo in ihrer Seele. In der Tat halten die Amerikaner ihre Freiheit für das beste Werkzeug und für die größte Gewähr ihres Wohlergehens. Sie lieben jedes dieser beiden Dinge um des andern willen. Sie denken also nicht, die Sorge um die Öffentlichkeit gehe sie nichts an; sie glauben im Gegenteil, es sei ihre Hauptaufgabe, sich selbst eine Regierung zu sichern, die ihnen die begehrten Güter zu erwerben erlaubt und die ihnen nicht verbietet, im Frieden das Erworbene zu genießen. (210) (Tocqueville, Demokratie in Amerika, Zweiter Teil, 1840)

Quelle: Tocqueville, Demokratie, Erster Teil von 1835, 1987, S. 62, 132 – 134; Zweiter Teil von 1840, 1987, S. 158, 160 – 166, 172 – 176, 207 f., 209 f.

Carl von Rotteck, Lexikon-Artikel «*Gemeinde*» und «*Gemeingeist*», 1837 / 1847

Nicht mehr in der Vorstellung der «bürgerlichen Gesellschaft» findet sich im deutschen Sprachraum der partizipative Gedanke, der in Tocquevilles Werk die gesamte Staats- und Gesellschaftsform der USA prägte, wohl aber in den liberalen, lokal verankerten Vorstellungen über die Gemeinde. Zwar nicht so weitgehend wie in Tocquevilles Analyse der amerikanischen Verhältnisse, gesteht Carl von Rotteck (1775–1840) in seinem Artikel den Gemeinden einen hohen Grad an Autonomie zu.[248] Allerdings herrscht die Perspektive von oben nach unten vor. Auch die Frage der Exklusion, die letztlich in Tocquevilles Beschreibung der amerikanischen Gemeinden und ihrer Partizipation eine untergeordnete Rolle spielt, wirkt in Rottecks Gemeinde-Definition als konstituierendes Moment für bürgerschaftliches Handeln in der Gemeinde weiter (Artikel «Gemeinde»).[249] Dieses Handeln wiederum leitet Rotteck ausschließlich aus der Bürgertugend ab.[250] Aus Selbstinteresse heraus bürgerschaftliches Engagement zu erwarten, erscheint in Rottecks Augen als völlig ausgeschlossen. Die unterschiedlichen Perspektiven von Interesse und Tugend auf zivilgesellschaftliches Handeln, die in der Zivilgesellschaftsdebatte von großer Bedeutung sind, prallen hier aufeinander (Artikel «Gemeinsinn»).[251] Dadurch, dass Rotteck den Hauptantrieb zur Partizipation in der Tugend sieht, birgt dieser Ansatz letztlich einen sehr viel stärker ausschließenden Charakter als die von Tocqueville beschriebenen amerikanischen Gemeinden und Vereine: Wer nicht über die nötigen Charaktereigenschaften verfügt, kann sich auch nicht engagieren. Deutlich wird darüber hinaus, dass Rotteck in seinem Artikel den von Hegel entwickelten Unterschied zwischen Staat und bürgerlicher Gesellschaft nicht aufnimmt, sondern beide Begriffe (und Systeme) noch synonym sieht (Artikel «Gemeinde»).

[D]ie durch die Nähe der Zusammenwohnung und durch die daraus entstandene Gemeinschaft der Interessen und Bedürfnisse bereits *natürlich* unter sich verbundenen Personen oder Familien werden die Nothwendigkeit erkennen, sich zur *bürgerlichen Gesellschaft*, d. h. zu einem kleinen *Staate* zu bilden – insofern sie nehmlich noch keinem anderen, größeren Staatsverbande angehören – oder, falls Letzteres der Fall ist, in so weit die unmittelbaren Einrichtungen und Anstalten solches größeren, sie mit umfassenden Staates unzureichend sind, alle oben genannten Bedürfnisse und Zwecke befriedigend zu erfüllen.

Dergestalt entstehen also *naturgemäß die Gemeinden* oder kleineren bürgerlichen Gemeinwesen, d. h. die zu Zwecken, die jenen des Staates analog, ja zum Theil mit ihnen identisch sind, geschlossenen gesellschaftlichen Vereinbarungen zwischen näher zusammenwohnenden und daher sich unmittelbar berührenden Einzelnen und Familien. Zu ihrer Errichtung ist weder ein Staatsgesetz noch ein Regierungsbefehl nothwendig. Sie entstehen von selbst, so wie die Familien und Stämme, und aus ihnen erst bilden sich in der Regel die eigentlichen oder größeren Staaten. […]

Es hat sonach mit den Gemeinden fast dieselbe Bewandtniß wie mit den *Familien*. Auch die letzten nehmlich *entstehen ohne den Staat* und besitzen ein durch die Vernunft dictirtes, auf die verschiedenen inneren Verhältnisse jeder einzelnen Familie anwendbares und auch der näheren Festsetzung durch Einverständniß zwischen den Familiengenossen empfängliches *Recht*, so wie den Anspruch auf ein nach Außen unabhängiges und selbständiges *Gesammtleben*, welcher Anspruch durch den etwa später geschehenden Eintritt in den Gemeinde- oder in den Staatsverband durchaus nicht aufgehoben, sondern blos etwa denjenigen Beschränkungen oder näheren Bestimmungen unterworfen wird, welche zu Erreichung der weiter reichenden Zwecke solcher bürgerlicher Vereine nothwendig oder räthlich sind. So wie mit *rein persönlichen*, also auch mit *Familien*- und mit *Gemeinderechten* versehen tritt man, nach dem naturgemäßen Gange der Dinge, in den Staat ein; und weit entfernt davon, diese Rechte durch solchen Eintritt hinzugeben an denselben, verlangt man von ihm vielmehr ihre Gewährleistung und Beschirmung. (476) ‖

Freilich sind auch viele Gemeinden erst im Staate und zum Theile *durch* den Staat, d. h. auf Veranstaltung der Staatsgewalt, entstanden, und entstehen fortwährend neue Familien in dem Staate; aber dieses ändert an dem *naturgemäßen* Verhältnisse Nichts. Nach diesem sind eben Gemeinden, wie Familien, als für sich bestehende, weil zum Entstehen durchaus des Staates nicht bedürfende und kaum auch in dem Kreise ihres eigenen Lebens und Wirkens *selbständige* Gesammtpersönlichkeiten zu achten, dem Staate, welcher sie schützt, zwar zur Unterwürfigkeit in Allem, was nach einer vernünftigen Aufstellung des Staatszweckes wirklich des Staates ist, gegen diesen verpflichtet, im Uebrigen aber *frei* und ihre selbsteigenen Lebenszwecke *autonomisch* verfolgend. […]

Hieraus geht auch die Beantwortung der Frage hervor: ob die Gemeinde eine *Staatsanstalt* sei? wie [sic] solches mehrere Publicisten behaupten und auch die Gemeindeordnungen verschiedener Staaten voraussetzen. Wir sagen: *Nein!* Sie ist es so wenig als die *Familie*, und so wenig als die *Kirche*, auch so wenig als z. B. irgend eine zum Zwecke der

Wissenschaft oder des Handels u.s.w. errichtete *Privatgesellschaft*. Sie ist es schon *historisch* nicht, da die Gemeinden *älter* sind als die förmlichen Staaten, und, wo sie erst im Staate sich bildeten, sie solches ihrer selbst und nicht des Staates willen thaten; auch großentheils ohne alle Hilfe des Staates, ja nicht selten unter Widerstreben der Staatsgewalt emporkamen. Sie ist es aber noch weniger nach einer unbefangenen *Rechts-* und *politischen Theorie*, da weder eine rechtliche noch politische Nothwendigkeit vorliegt, ihr solchen Charakter zuzuschreiben oder zu ertheilen, vielmehr einerseits die *Selbstständigkeit* ihres Daseins und Lebens schon aus dem Persönlichkeitsrechte ihrer Glieder hervorgeht und auch nach aller Erfahrung zu ihrem Gedeihen nothwendig, demselben wenigstens höchst förderlich ist, und anderseits [sic] der Staat auch *ohne* Gemeinden bestehen, jedenfalls ohne *durch ihn selbst* errichtete Gemeinden vortrefflich bestehen kann.

Daß übrigens der Staat aus dem Vorhandensein der Gemeinden den mannigfaltigsten *Vortheil* zieht und daß er sie zur Erstrebung seiner eigenen Zwecke trefflichst benutzen, ja nach Umständen gar nicht entbehren kann, beweist Nichts für die Lehre, sie seien *Anstalten* des Staates. Hat doch dieser auch die *Familien* und die *Kirchen* und vor Allem die *einzelnen Bürger* für seine Zwecke nöthig, ohne daß dadurch eine von diesen Persönlichkeiten die Eigenschaft einer Staatsanstalt erhält. Warum sollte es bei der Gemeinde anders sein?

Es ist aber für die Gemeinden unendlich *wichtig*, nicht als Staatsanstalten betrachtet zu werden. Sie werden *herabgewürdigt* durch die Vorstellung, sie seien nichts Anderes als von der Staatsgewalt angeordnete *Abtheilungen* oder *Unterabtheilungen* der Regierten, d. h. bloße *Summen* von Staatsangehörigen, welche die Regierung, Behufs der *leichteren Administration*, in besondere Vereine zusammengethan und nach ihrem freien Belieben, d. h. durch ihr Machtwort, mit mehr oder weniger Befugnissen, Besitzthümern und delegirten – daher auch blos im Dienste des (477) ‖ Staates auszuübenden – Gewalten versehen habe. Dergestalt wird wohl z. B. ein *Kriegsheer*, welches selbst eine Staatsanstalt ist, getheilt und untergetheilt in Regimenter, Bataillone, Compagnieen u. s. w., nicht aber ein *Volk*, welches der *Staat selbst*, nicht aber eine *Anstalt* des Staates ist und dessen natürliche Gliederungen gleichfalls mit Leben begabt sind und wohl noch ganz andere Lebenszwecke haben als die *Erleichterung der Administration.* (478)

[…]

Das *Gesetz allein* – und zwar im Sinne des durch die Vernunft dictirten Inhaltes des gemeindebürgerlichen Gesellschaftsvertrages – soll die Bedingungen und persönlichen Eigenschaften feststellen, welche den Rechtsanspruch auf die Aufnahme verleihen (als da sind: Geburt, längerer – z. B. zehnjähriger? – Aufenthalt, Verheirathung mit einem Bürger, oder einer Bürgerin, Unbescholtenheit, selbstständiger Lebensunterhalt u. s. w.); und wer, ohne solche Eigenschaften zu besitzen, um die Aufnahme nachsucht, der möge eben der Gewährung oder Verweigerung, nach dem freien Ermessen der Gemeinde, gewärtig sein. Die Staatsregierung soll solches freie Bewilligungsrecht ehren und nur, wo etwa über das *Vorhandensein* der gesetzlichen Bedingungen ein Streit erhoben wird, denselben durch ihre Behörde entscheiden lassen, nicht aber aus eigener Autorität einen Unberechtigten der Gemeinde als Bürger aufdringen.

Hierdurch ist auch die Frage beantwortet, ob *jeder* Staatsbürger Mitglied einer Gemeinde sein müsse? Wir sagen: *nein!* Wohl nehmlich mag der Staat […] seine Angehörigen an bestimmte Gemeinden – insbesondere an jene ihres Wohnortes – *anweisen*, aber dadurch werden sie nicht *Bürger* solcher Gemeinden, sondern bleiben schlechthin *Staatsbürger*, welchen nehmlich zwar die Gemeinde, in Folge ihrer Pflicht gegen den Staat, Verschiedenes zu leisten oder zu gestatten hat, ohne jedoch sie darum als wirkliche *Mitglieder* anzuerkennen. Es wäre selbst eine Beleidigung für die Gemeinde, wenn man sie nöthigen wollte, z. B. einen Heimathlosen, wegen hartnäckigen Bettelns oder gar Gaunerei Eingefangenen, welchen man endlich irgend eines entfernten Titels willen einer Gemeinde zur Ernährung und Beaufsichtigung zuweist, sofort auch als Bürger, als stimmberechtigtes Mitglied, aufzunehmen. Und hinwieder wäre es gleichfalls eine baare – durch gar keinen Nothwendigkeitsgrund gerechtfertigte – Unbilligkeit, z. B. einen großen Grundeigenthümer, dessen Wohnsitz in keiner Gemeindegemarkung gelegen ist, und welcher nach seinen persönlichen Verhältnissen ganz und gar keinen Vortheil von dem Eintritte in einen Gemeindeverband ziehen kann, gleichwohl zu zwingen, in einen solchen gegen seine Neigung einzutreten; vorausgesetzt, versteht sich, daß das Gesetz ihn überall, wo er Liegenschaften oder überhaupt steuerbares Vermögen besitzt, zu verhältnißmäßigen Beiträgen an die betreffenden Gemeinden, die ihm dasselbe schützen, verpflichte. (485)

Rotteck / Welcker: Gemeingeist

Auf diesen *wesentlichen Charakter* des Gemeingeistes: willige, ja freudige Hintansetzung der eigenen persönlichen und eben so der blos particulären Interessen zum Frommen jener einer Gesammtheit oder eines weiteren Kreises, haben wir nun den Blick zu werfen. In ihm liegt das eigentliche *Lebensprincip* und auch die einzige *Bürgschaft des Gedeihens* der Gemeinwesen. Er ist die wahre *Bürgertugend,* deren Mangel durch nichts Anderes ersetzt werden kann; nicht durch jene des *Gehorsams,* welcher, wenn nicht durch den Gemeingeist eingeschärft und veredelt, nimmer Großes erzeugt; nicht durch die Schrecken der *Gewalt,* weil diese – ohnehin stets auf unsicherem Boden ruhend – nur lahmen Knechtsdienst, nicht aber energisches Streben sich zu Gebote stehen hat; nicht endlich durch die künstlichen *Einrichtungen* und besterdachten (515) ‖ *Verfassungen* und *Gesetze,* weil dieselben ohne den Gemeingeist, der ihre Bedeutung erfaßt und liebend ihnen gehorcht, leicht zu leeren Formen oder bloßen Schällen werden, ausgesetzt, je nach den Interessen der Einzelnen, der Nichtachtung oder listigen Umgebung, oder auch der muthwilligen Verdrehung und dem schnöden Misbrauche [sic].

Allerdings könnte man sagen: zum Gemeingeist ist *Tugend* nicht einmal nöthig; schon das wohlverstandene *Selbstinteresse* fordert dazu auf, weil, wenn es dem gemeinen Wesen wohlergeht, auch jedes einzelne Mitglied desselben davon die Früchte genießt. Allein dem ist nicht also. Der Antheil, der von der Wohlfahrt des gemeinen Wesens dem Einzelnen zukommt, kann leicht überwogen werden durch einen dem Letzten auf Unkosten des ersten zufließenden besonderen Gewinn. Auch mag jedem Schlauberechnenden sich die Betrachtung darbieten, daß die öffentliche Wohlfahrt, von welcher auch er seinen Antheil zu genießen hat, bewirkt werden kann ohne sein eigenes Zuthun, nehmlich durch die Bestrebungen *aller anderen* Mitglieder, während, wenn letztere nicht stattfinden, auch seine eigenen Opfer vergeblich sind. Es ist also, obschon im Allge-

meinen wahr bleibt, daß, wo Alle dem gemeinen Wesen liebend und mit
Selbstaufopferung dienen, Alle auch dafür den entsprechenden Lohn im
Gedeihen jenes gemeinen Wesens erhalten, gleichwohl unverkennbar,
daß der Egoismus seine Rechnung besser, als bei der Ausübung der Ge-
sellschaftspflicht, *dabei* finden mag, sich jener Selbstaufopferung nach
Möglichkeit zu *entziehen* und das gemeine Wohl durch die Anstrengungen *Anderer* befördern zu lassen, oder auch für das Verderben der von ihm
vernachlässigten oder verrathenen guten und gemeinen Sache den überwiegenden Ersatz in materiellen *Privatvortheilen* hinzunehmen. Der Egoismus allein also kann den Gemeingeist nicht erzeugen; vielmehr bleibt
dieser jenem ewig *entgegengesetzt* und eine wahre *Tugend*; obschon allerdings auch die Vorstellung, daß man, was man selbst nicht zu leisten geneigt ist, mit Billigkeit auch nicht von Anderen fordern kann, und daß jedes gute oder böse Beispiel durch erzeugte Nachahmung sich in seinen
Wirkungen vertausendfachen kann, ein bekräftigendes Motiv zu Ue-
bung jener Tugend werden mag. […]

Der *Gemeingeist* macht den einzelnen Gemeindebürger willig nicht
nur zur Uebernahme – nach Umständen zur *unentgeltlichen* Uebernahme
– der ihm durch Wahl oder Ernennung übertragenen *Gemeindeämter* und
Dienste und zu deren unverdrossener, selbst mit Benachtheiligung des
eigenen Haushaltes verbundener Verwaltung (so weit, je nach den individuellen Verhältnissen, die Pflicht des Familienvaters solches Opfer erlaubt), sondern er spornt ihn auch als einfachen activen Bürger an zu re-
ger und thätiger Theilnahme an allen Angelegenheiten des gemeinen
Wesens, sei es durch bedachtsame und treue Ausübung des *Stimmrechts*,
sei es durch Belehrung, Warnung, Befeurung der Mitbürger, sei es durch
patriotische Gaben aller Art, durch Opfer von Zeit, Kraft oder Gut, überhaupt durch nimmer ermüdenden Eifer in Rath und That. Der *Egoismus*
dagegen entzieht sich, so viel er kann, den *Gemeindediensten*, oder, wenn
er sie übernimmt oder sucht, so geschieht es nur in der Absicht, dadurch
seinen eigenen (516) ‖ Nutzen zu befördern, sei es mittelst der Amtsbesol-
dung, sei es mittels der Dienstverwaltung selbst.

Quelle: Rotteck, «Gemeinde», «Gemeingeist», 1847, Bd. 5, S. 475 – 478, 485 (Gemeinde);
S. 515 – 517 (Gemeingeist)

Wilhelm Heinrich Riehl, *Über den Begriff der bürgerlichen Gesellschaft*, 1864

Wilhelm Heinrich Riehl (1823–1897) trug mit seinem Buch «Die bürgerliche Gesellschaft» von 1851 zwar zur Popularisierung des Begriffs bei, konnte ihn aber nicht schlüssig definieren. Das Buch stellte eine (volkskundliche) Untersuchung der Gesellschaft dar: Es analysierte die Kräfte der Beharrung (Adel, Bauern) und der Bewegung (Bürgertum, vierter Stand) in der modernen Gesellschaft. Erst mit seinem Vortrag «Über den Begriff der bürgerlichen Gesellschaft» vor der Kgl. Akademie der Wissenschaften in München nahm Riehl einen Definitionsversuch vor.[252] Die Trennung von Staat und bürgerlicher Gesellschaft vollzieht Riehl in einem ersten Schritt: Die bürgerliche Gesellschaft ist dem Bereich des Wirtschaftens zugeordnet, der Staat konstituiert sich durch das Rechtssystem. Doch anders als Hegel und Marx sieht Riehl den «Gesellschaftsbürger» und «Staatsbürger» keineswegs getrennt. Gleichgültig, welche soziale Stellung man einnimmt, man bleibt immer der gleiche Staatsbürger. Diese Überlegung ist nur konsequent, stellt der Staat doch bei Riehl die «höher geartete Form des Volks-Gemeinlebens» dar. Folglich ist auch – anders als bei Rotteck – die Gemeinde dem Staat untergeordnet. Der Staat erhält eine solche Macht, dass für zivilgesellschaftliches Engagement kaum noch Raum bleibt.

Der Gesichtspunkt, unter welchem man das Gemeinleben des Volkes faßt, ist maßgebend für die Unterscheidung des Staates und der bürgerlichen Gesellschaft. So sage ich denn:

Die bürgerliche Gesellschaft ist das Volk unter dem Gesichtspunkte seines Gemeinlebens in Arbeit und Besitz und in der *hieraus* erwachsenden Gesittung. Die (3) ‖ Staatsgesellschaft dagegen ist das Volk unter dem Gesichtspunkte seines Rechtsbewußtseyns und Rechtswillens und des ganzen auf Grund dieser Rechtsgemeinschaft entwickelten Gesittungslebens.

Man kann darum wohl sagen: der Staat ist das organisirte Volk, oder auch: die bürgerliche Gesellschaft ist das organisirte Volk; nicht aber: der Staat ist die (rechtlich) organisirte bürgerliche Gesellschaft. Vom Staate des Mittelalters könnten wir allenfalls das Letztere behaupten, aber doch nur aus dem paradoxen Grunde, weil das Mittelalter den selbständigen Begriff der bürgerlichen Gesellschaft noch gar nicht besaß. Die Gesellschaft verhält sich auch nicht zum Staate wie der Inhalt zur Form eines Kunstwerkes; dieser Vergleich paßt auf das Volk als Staatsvolk, nicht aber auf die bürgerliche Gesellschaft.

Wenn wir nun aber Staat und Gesellschaft unterscheiden, so dürfen wir sie doch nicht thatsächlich getrennt denken. Das geht schon aus dem einfachen Grunde nicht, weil das Volk, welches die Gesellschaft bildet und das Volk, welches den Staat bildet, ein und dieselbe Person ist. Der Mann ist noch zu suchen, welcher blos Staatsbürger wäre ohne Gesellschaftsbürger zu sein und umgekehrt. Und dennoch sagen wir, ein Handwerker, der sich zum Fabrikanten emporarbeitete, hat nun als Gesellschaftsbürger eine neue Stellung gewonnen; als Staatsbürger bleibt er, was er gewesen ist.

Staat und Gesellschaft bedingen sich gegenseitig, oder, genauer gesprochen, Staatsidee und Gesellschaftsidee. Wir können uns den constitutionellen Staat nicht denken ohne die Voraussetzungen der modernen Gesellschaft, und diese Gesellschaft nicht ohne die Voraussetzung des constitutionellen Staates. Daraus folgt aber noch lange nicht, daß Beide ein und dasselbe seien. Wir können uns auch die Phantasie nicht denken, ohne die Voraussetzung des Gedächtnisses, und das Gedächtniß nicht ohne die Voraussetzung der Phantasie; trotzdem unterscheiden wir Phantasie und Gedächtniß. [...]

Arbeit, Besitz und Bildung entwickeln sich heutzutage immer selbständiger nach ihren *eigenen* Gesetzen, nach den Gesetzen des wirthschaftlichen und socialen Lebens; allein wie sie sich entwickeln, das ist für den Staat doch wieder im höchsten Grade entscheidend, schon darum, weil er die allgemeinste und bestimmteste Form der Gesammtcultur des Volkes in sich darstellt und also gar nicht gleichgültig zusehen darf, ob die Arbeitsgesittung des Volkes fortschreitet oder stille steht. Er kann und soll deshalb das sociale Leben unausgesetzt beobachten und die socialen Interessen fördern, wo die Selbstthätigkeit der Gesellschaft nicht ausreicht, soll aber dabei seine Thätigkeit in jedem einzelnen Falle so einrichten, daß sie sich selber möglichst bald überflüßig [sic] macht.

Es ist z. B. in erster Linie eine Frage der socialen Cultur, daß Jedermann wenigstens lesen, schreiben und rechnen könne, eine politische Frage ist das nicht. Dennoch gewinnt sie in zweiter Linie politische Bedeutung;

denn wenn die Mehrzahl des Volkes so fundamental ungebildet wäre, daß sie jene Fertigkeiten nicht einmal besäße, so würden zuletzt auch die Staatsinstitutionen darunter leiden. Obgleich wir darum den modernen Staat recht gut denken können ohne Volksschulzwang, so geben wir doch dem Staat das Recht solchen Schulzwang zu üben. Die Volksschulen sind aber bei uns in ganz charakteristischer Weise nicht unmittelbar Staatsschulen, sondern Gemeindeschulen; denn die Gemeinde selbst ist eben wiederum, einzig in ihrer Art, ein Uebergangsgebilde zwischen einem socialen und einem politischen Organismus; der materielle Inhalt des Gemeindelebens ist durchweg socialer Natur, er erfüllt sich (5) ‖ in Interessen der Arbeit, des Besitzes und der Gesittung. Hier erstreben wir darum auch möglichste Autonomie der Gemeinden. Die Form der Gemeindeverfassung hingegen ist aus der Staatsverfassung hervorgegangen, und der Staat gestattet den Gemeinden nicht mehr, sich eigene Partikularrechte zu gründen, eigene Verfassungen zu geben; nicht weil das an sich unmöglich wäre, sondern weil es den modernen Staat unmöglich machte, und uns im Einzelnen zu jener mittelalterlichen Vermengung von Staat und Gesellschaft zurückführen würde, die wir im Ganzen der constitutionellen Verfassung kaum erst überwunden haben.

Der Staat ist eine bewußtere, folglich höher geartete Form des Volks-Gemeinlebens als die bürgerliche Gesellschaft und hat es eben darum auch zu den bestimmtesten, persönlichsten Organen seiner Thätigkeit gebracht. Nur die Kirche kann sich in diesem Punkte mit ihm vergleichen. Weil der Fürst, die Ministerien, die Kammern, die Verwaltungs- und Richtercollegien so viel persönlichere und in ihrer Vollmacht so unendlich viel schärfer bestimmte Organe sind als etwa die Berufscorporationen, Genossenschaften, Vereine und andere Organe der Gesellschaft, so konnte der Staat zu einer Macht des unmittelbaren, persönlich bewußten Schaffens kommen, während die Gesellschaft nur wie eine Naturgewalt und mittelbar wirkt. Schon dieser äußere Grund der augenblicklichen Schlagfertigkeit läßt uns so oft in socialen Nöthen an den Staat appelliren, wenn gleich die Sache der politischen Aufgabe des Staates sehr ferne läge. Der Ungebildete namentlich begehrt, wo er sich irgend social gefährdet sieht, sofort das Einschreiten der Staatshilfe; denn die sociale Polizei des Staates kann er sehen und mit Händen greifen; die

Erkenntniß dagegen, daß auch in den Naturgesetzen der Wirthschaft und Gesittung eine stille und mählig aber sicher waltende Polizei geboren sey, heischt schon einen feineren Geist. [...] [253]

Quelle: Riehl, Begriff, 1864, S. 3–6

Programmdiskussion im VDAV 1868

Auf dem Nürnberger «Vereinstag der deutschen Arbeitervereine» (VDAV) vollzog sich ein wichtiger Schritt im Prozess der «Trennung der bürgerlichen von der proletarischen Demokratie» (Gustav Mayer). Die Mehrheit der Delegierten entschied sich für eine Trennung von den bürgerlich-liberalen Konzepten zur Emanzipation der Arbeiterschaft. Das von den Liberalen als Alternative vorgesehene Modell des bürgerschaftlichen Engagements genügte nicht mehr, da es der Gruppe um August Bebel die politische Aktion verwehrte: Zum einen war Politik in den bisher bestehenden Arbeitervereinen möglichst ausgeklammert worden, zum anderen war innerhalb des VDAV eine bunte Mischung von Nationalliberalen und Demokraten vertreten. Es wurde deshalb eine Trennung nötig, um einen klaren politischen Kurs fahren zu können und eigene politische Vorstellungen durchzusetzen. Die Entscheidung für den Anschluss an die 1864 gegründete marxistische Internationale Arbeiter-Assoziation [254] markierte eine Verlagerung bürgerschaftlichen Engagements in die konkrete Sphäre der Politik. Gleichzeitig wurde dieses Engagement in seiner internationalen Dimension wahrgenommen. Bürgerliche Vorstellungen von Bildung und Selbsthilfe blieben zwar prägend in der Arbeiterbewegung, aber man suchte nach neuen organisatorischen Formen. [255] Von Bedeutung für den Diskurs um die Zivilgesellschaft ist diese Entwicklung auch in der Hinsicht, dass die Frage nach dem Verhältnis zwischen zivilgesellschaftlichen und parteipolitischen Akteuren virulent wird. Je mehr Parteien sich von Einzelinteressen bestimmter Gruppen abgrenzen und stattdessen den Einsatz für das Gemeinwohl propagieren, [256] desto stärker beginnen die Grenzen zwischen Zivilgesellschaft und Partei zu verwischen, bzw. es zeigt sich, dass je nach historischem Kontext auch die Zuordnung, ob eine Partei als zivilgesellschaftlicher Akteur agiert oder nicht, sich ändern kann.

Der zu Nürnberg versammelte fünfte deutsche Arbeitervereinstag erklärt in nachstehenden Punkten seine Uebereinstimmung mit dem Programm der Internationalen Arbeiterassoziation.

1) Die Emanzipation (Befreiung) der arbeitenden Klassen muß durch die arbeitenden Klassen selbst erkämpft werden. Der Kampf für die Emanzipation der arbeitenden Klassen ist nicht ein Kampf für Klassenprivilegien und Monopole, sondern für *gleiche Rechte* und *gleiche* ([162]) ‖ *Pflichten* und für die Abschaffung *aller Klassenherrschaft.*

2) Die ökonomische Abhängigkeit des Mannes der Arbeit von dem Monopolisten (dem ausschließlichen Besitzer) der Arbeitswerkzeuge bildet die Grundlage der Knechtschaft in jeder Form, des sozialen Elends, der geistigen Herabwürdigung und der politischen Abhängigkeit.

3) Die politische Freiheit ist die unentbehrliche Vorbedingung zur ökonomischen Befreiung der arbeitenden Klassen. Die soziale Frage ist mithin *untrennbar* von der politischen, ihre Lösung durch diese bedingt und *nur* möglich im *demokratischen Staat.*

Ferner in Erwägung: daß alle auf die ökonomische Emanzipation gerichteten Anstrengungen bisher an dem Mangel der Solidarität (Vereinigung) zwischen den vielfachen Zweigen der Arbeit jeden Landes und dem Nichtvorhandensein eines brüderlichen Bandes der Einheit zwischen den arbeitenden Klassen der verschiedenen Länder gescheitert sind; daß die Emanzipation der Arbeiter weder ein lokales, noch ein nationales, sondern ein soziales Problem (Aufgabe) ist, welches alle Länder umfaßt, in denen es moderne Gesellschaft giebt, und dessen Lösung von der praktischen und theoretischen Mitwirkung der vorgeschrittensten [sic] Länder abhängt; beschließt der fünfte deutsche Arbeitervereinstag seinen Anschluß an die Bestrebungen der Internationalen Arbeiter-Assoziation.

Nach Verkündigung des Resultats der Abstimmung durch den Vorsitzenden erbat sich Herr [August] Hochberger (Stuttgart) das Wort und verlas folgenden *Protest*:

Nachdem die Mehrheit des Vereinstags deutscher Arbeitervereine zu Nürnberg mit Hülfe von Vertretern der Internationalen Assoziation und Vertretern der Volkspartei ein politisches Programm durchgesetzt hat, sehen die Unterzeichneten [257] sich veranlaßt folgenden Protest dagegen einzulegen:

I. Die Bestrebungen der deutschen Arbeitervereine, welche nach dem Programm des ersten Vereinstags die geistige und materielle Hebung des Arbeiterstandes bezwecken, können nicht durch weittragende Programme gefördert werden. Die Erörterung solcher Programme, die auf ein mehr oder weniger klares staatliches und gesellschaftliches Zukunftsideal verweisen, müssen nothwendiger Weise den Eifer für die auf Selbsthülfe gegründeten Vereinigungen lähmen [...] ([163]) ||

III. Dem Staate gegenüber sind die Arbeiter berechtigt zu fordern: die volle Rechtsgleichheit mit allen anderen Staatsbürgern, Befreiung von allen Schranken und Hemmnissen, welche der freien Bewegung des Menschen und der Arbeit entgegenstehen und endlich eine gerechte Vertheilung der Staatslasten. Die Lösung der sozialen Frage kann aber niemals durch den Staat allein geschehen, sie kann hauptsächlich nur herbeigeführt werden durch die freie Thätigkeit der Staatsbürger selbst.

IV. Eine der wichtigsten Aufgaben der Arbeiter-Bildungsvereine bleibt es, Kenntnisse der staatlichen Verhältnisse und politischen Fragen zu verbreiten und insbesondere den Sinn für das öffentliche Leben zu pflegen und in den Kreisen der Arbeiter Vaterlandsliebe und bürgerlichen Gemeinsinn zu wecken. Die Politik kann also den Arbeitervereinen nicht fremd bleiben; nimmermehr aber dürfen sich diese Vereine als willenloses Werkzeug dieser oder jener Partei mißbrauchen lassen. [...].

Quelle: Bericht über den Fünften Vereinstag, 1980, S. [162]–[164]

4. Bürgerliche Gesellschaft – Gemeinschaft – Gesellschaft: vom Verschwinden eines Begriffs

Heinrich von Treitschke, *Gesellschaftswissenschaft*, 1859

Heinrich von Treitschke (1834–1896) thematisiert in seiner Habilitationsschrift u. a. das Verhältnis zwischen der Privatsphäre und der Öffentlichkeit sowie zwischen dem Individuum und der Gesellschaft. Das Spannungsverhältnis zwischen «privat» und «öffentlich» ist auch in der zivilgesellschaftlichen Debatte von großer Bedeutung. Denn in der Regel wird bürgerschaftliches Handeln mit Aktivitäten im öffentlichen Sektor assoziiert. In der neueren Forschung wird dies jedoch als männerzentrierte Sichtweise kritisiert, die die Bedeutung der Privatsphäre zur Grundlegung zivilgesellschaftlichen Handelns nicht im Blick hat.[258] Im zweiten Textausschnitt geht Treitschke in seinem Staatsverständnis einen Schritt weiter als Wilhelm Heinrich Riehl. Bei Treitschke umfasst der Staat «das gesamte Volksleben»; die Bedeutung der freien Assoziationen, die von Montesquieu über Tocqueville bis zum deutschen Gemeindeliberalismus reichte, wird in dieser konservativen Interpretation abgewürgt.[259] Da sich der Staat «mit der äußerlichen Ordnung begnügt», lässt er es zu, dass sich Organisationen bilden. Letztinstanzlich sind aber alle «Genossenschaften» seinem Recht unterworfen.

Vom Staate sind die sozialen Kreise scharf unterschieden; wo aber ist die Grenze gegen das Privatleben? Gehören Eisenbahngesellschaften, die Freimaurer, die Veritas und der Lloyd[260] in die Gesellschaft oder in das Privatleben? Mohls[261] Kriterien sprechen für das eine wie für das andere. Und zwar ist dies kein zweifelhaftes Grenzgebiet; es ist vielmehr nirgends erwiesen, worin die Unterscheidung der Gesellschaft vom Privatleben bestehe. Daß die Mitglieder eines sozialen Kreises sich oft vorzugsweise in diesem Zustande denken, erhebt ihn noch nicht aus dem Privatleben: die Hälfte der Menschen fühlt und denkt sich fast allein in einem Privatverhältnisse, in der Familie. Daß jene Gruppen sich nicht nach politischen Grenzen richten, trifft bei den Gemeinden nicht zu; hier zeigt sich wieder der abweichende Charakter der Gemeinde. Ebenso halbwahr ist die Behauptung, die sozialen Kreise bedürfen nicht einer förmlichen Organisation, diese sei ihnen nur zufälliges Beiwerk. Eine Gemeinde ist ja schon dem Begriffe nach das *organisierte* Nachbarschaftsverhältnis. Und soweit die Geschichte von Religionsgenossenschaften meldet, ist die Zusammenscharung dem religiösen Gefühle unentbehrlich. Dadurch unterscheidet sich ja die Religion von der philosophischen Erkenntnis, daß sie eine Gemeinde *verlangt*. – Ferner, darf man wirklich sagen, Ausdehnung und Gemeinschaftlichkeit sei der Charakter dieser Gruppen, selbstisches Zurückbeziehen auf sich der des Individuums? Es ist sicher unrichtig, daß der Genosse eines Interessenvereines seinen Vorteil nur erlangen könne, indem er den des Ganzen erstrebt; es wiederholt sich vielmehr hier der Kampf von Gemeinsinn und Selbstsucht, der in allen Verhältnissen des menschlichen Zusammenlebens sein Spiel treibt. (56)‖

Allenfalls kann man noch sagen: die sozialen Gruppen sind sämtlich Genossenschaften. Was soll das heißen? Die Masse der Gebildeten kann man nur metaphorisch eine Genossenschaft nennen. Andere, z. B. einzelne ökonomische Verbindungen sind bloße Vervielfachungen der Persönlichkeit; die Mehrzahl der Aktiengesellschaften erstrebt Zwecke, welche der einzelne Privatmann ganz ebensogut erreichen kann, vorausgesetzt, daß er im Besitze des nötigen Kapitals ist. Wieder anderen ist gerade das Moment der Genossenschaft die charakteristische Eigenschaft. In der Tat, wo ist hier eine Einheit? Auch der Sprachgebrauch findet sie nicht, er versteht unter Gesellschaft bald den gesamten menschlichen Verkehr, bald das Privatleben, aber nie ein zwischen Privat- und Staatsleben schwebendes Gebiet. Somit ist zwar bewiesen, daß die sozialen Gruppen nicht sämtlich mit den Staatseinrichtungen zusammenfallen; doch je schärfer man ihren Gegensatz gegen den Staat hervorhebt, je klarer man in ihnen die Mannigfaltigkeit der Volksglieder gegenüber dem einheitlichen Zentralleben des Staates erkennt, desto schwieriger wird es, sie von dem Privatleben zu unterscheiden, desto einleuchtender wird die Unmöglichkeit, sie, abgesehen von dem einheitlichen politischen Mittelpunkte, in ihrer Gesamtheit wissenschaftlich darzustellen. Dieses dunkle Gefühl, nicht bloß die materielle Auffassung des Lebens, trieb die Sozialisten und Stein [262] in seinen früheren Werken, die Gesellschaft nur im wirtschaftlichen Leben zu suchen; und wenn Stahl [263] derselben Ansicht huldigt, so wird man ihn wenigstens materialistischer Motive nicht zeihen. (57)

[...]

Der Staat ist die Gesellschaft in ihrer eigentlichen Organisation; darum steht er im Gegensatze zu dem Partikularismus der einzelnen sozialen Kreise. Der Staat umfaßt das gesamte Volksleben, indem er alle diese Sonderverhältnisse durch das Recht ordnet und versittlicht und durch seine Macht ihre Unabhängigkeit nach außen wahrt. Obwohl die Verbindungen der Gesellschaft sich oft über den Staat hinaus erstrecken, so werden sie doch in ihrer äußern Erscheinung durch den Staat bestimmt und begrenzt. Jedes soziale Gebilde strebt nach Anerkennung durch den Staat, nach einer Machtstellung in der Volkseinheit. Es ist also gerechtfertigt von der bürgerlichen Gesellschaft *eines* Staates zu reden. (68) ‖ Umgekehrt erhält jeder Staat seinen Charakter durch die Mannigfaltigkeit des Volkslebens. Das Leben des Staates ist seine Wechselwirkung mit der Gesellschaft oder – wie man [264] es minder umfassend ausgedrückt hat – die Vermittlung zwischen Gesetz und Geschäft. Es gibt allerdings Gebiete, welche von der Herrschaft des Staates nur an der Oberfläche berührt werden, welche – wenn es erlaubt ist in der ethischen Welt eine Rangordnung aufzustellen – höher stehen, reicher sind als der Staat. Aber in dem Bereiche des nach außen gerichteten Willens ist der Staat das absolut Höchste; alle anderen Genossenschaften müssen sich in ihrer äußern Existenz seinem Rechte beugen, können auf ihrem Zweck entsprechende Weise nur im Staate und durch den Staat bestehen. Dies ist von dem Instinkte der europäischen Sprachen, da sie den Zustand reinerer Menschenbildung mit den Worten polished und Zivilisation bezeichneten,[265] ebenso richtig gefühlt worden, wie von der Geschichtsschreibung aller Zeiten, welche das politische Wirken in den Vordergrund der menschlichen Taten stellt. Unmöglich können andere Genossenschaften jemals ebenso organisiert werden wie der Staat. Gerade weil er sich mit äußerlicher Ordnung begnügt, ist er allein geeignet zur Beherrschung aller Kreise der Gesellschaft. Je höher geistige Zwecke eine soziale Genossenschaft verfolgt, desto minder taugt sie zur Herrschaft: eine politisch organisierte Kirche wäre der ärgste Despotismus. Diese universelle gerechte Natur des Staates ist von den Hellenen in tiefsinniger Weise erkannt worden; unserer Zeit gereicht es nicht zur Ehre, daß sie die Lehre entstehen sah, der Staat sei nur eine potenzierte Privatgenossenschaft.[266] (69)

Quelle: Treitschke, Gesellschaftswissenschaft, 1927, S. 56 f., 68 f.

Ferdinand Tönnies, *Gemeinschaft und Gesellschaft*, 1887

In einer komplexen Sprache unterscheidet Ferdinand Tönnies (1855–1936) zwischen Gemeinschaft und Gesellschaft.[267] Gemeinschaft ist das Intime, Private, Vertrauensbildende, Gesellschaft ist die Öffentlichkeit, das Egoistische, der Interessenskonflikt. Der Begriff der «bürgerlichen Gesellschaft» taucht bei Tönnies nur noch als Rudiment in Form der «Tauschgesellschaft» auf, ist also völlig im Hegel'schen «System der Bedürfnisse» aufgegangen. In der modernen Welt seiner Gegenwart sieht Tönnies das Verschwinden der Gemeinschaft, die aber nach seiner Meinung das stiftende Band menschlichen Zusammenlebens sein muss. Entsprechend skeptisch ist sein Blick auf die Gesellschaft: Sie ist von isolierten Individuen geprägt, die unfähig sind, sich aufeinander einzulassen – «es sei denn um einer Gegenleistung […] willen». Das, was Robert Putnam am Ende des 20. Jahrhunderts als «bridging capital» für die Gesellschaft untersucht – nämlich die Fähigkeiten über Interessensunterschiede und verschiedene Ansichten hinweg eine tragbare Beziehung aufzubauen –, findet Tönnies am Ende des 19. Jahrhunderts ausschließlich in der Gemeinschaft.[268] Daher ist Tönnies' Ziel auch weniger die Anerkennung des Anderen als vielmehr das Streben nach einer umfassenden Einheit. Im Zivilgesellschaftsdiskurs der Gegenwart ist diese Entwicklung von Bedeutung, etwa wenn im Streben nach Interessenausgleich und harmonischem, gemeinschaftlichem Handeln die Konflikthaftigkeit der Gesellschaft geleugnet wird.[269]

Die menschlichen Willen stehen in vielfachen Beziehungen zu einander; jede solche Beziehung ist eine gegenseitige Wirkung, die insofern, als von der einen Seite getan oder gegeben, von der anderen erlitten oder empfangen wird. Diese Wirkungen sind aber entweder so beschaffen, daß sie zur Erhaltung, oder so, daß sie zur Zerstörung des anderen Willens oder Leibes tendieren: bejahende oder verneinende. Auf die Verhältnisse gegenseitiger Bejahung wird diese Theorie als auf die Gegenstände ihrer Untersuchung ausschließlich gerichtet sein. Jedes solche Verhältnis stellt Einheit in der Mehrheit oder Mehrheit in der Einheit dar. Es besteht aus Förderungen, Erleichterungen, Leistungen, welche hinüber und herüber gehen, und als Ausdrücke der Willen und ihrer Kräfte betrachtet werden. Die durch dies positive Verhältnis gebildete Gruppe heißt, als einheitlich nach innen und nach außen wirkendes Wesen oder Ding aufgefaßt, eine *Verbindung*. Das Verhältnis selber, und also die Verbindung, wird entweder als reales und organisches Leben begriffen – dies ist das Wesen der *Gemeinschaft*, oder als ideelle und mechanische Bildung – dies ist der Begriff der *Gesellschaft*. Durch die Anwendung wird sich herausstellen, daß die gewählten Namen im synonymischen Gebrauche deutscher Sprache begründet sind. Aber die bisherige wissenschaftliche Terminologie pflegt sie ohne Unterscheidung nach Belieben zu verwechseln. So mögen doch im voraus einige Anmerkungen den Gegensatz als einen gegebenen darstellen. Alles vertraute, heimliche, ausschließliche Zusammenleben (so finden wir) wird das Leben in Gemeinschaft verstanden. Gesellschaft (3) ‖ ist die Öffentlichkeit, ist die Welt. In Gemeinschaft mit den Seinen befindet man sich, von der Geburt an, mit allem Wohl und Wehe daran gebunden. Man geht in die Gesellschaft wie in die Fremde. Der Jüngling wird gewarnt vor schlechter Gesellschaft; aber schlechte Gemeinschaft ist dem Sprachsinne zuwider. Von der häuslichen Gesellschaft mögen wohl die Juristen reden, weil sie nur den gesellschaftlichen Begriff einer Verbindung kennen; aber die häusliche *Gemeinschaft* mit ihren unendlichen Wirkungen auf die menschliche Seele wird von jedem *empfunden*, der ihrer teilhaftig geworden ist. [...] Man leistet sich Gesellschaft; Gemeinschaft kann niemand dem andern *leisten*. [...] So sind insonderheit die Handelsgesellschaften bedeutend; wenn auch unter den Subjekten eine Vertraulichkeit und Gemeinschaft vorhanden sein mag, so kann man doch von Handels-Gemeinschaft kaum reden. Vollends abscheulich würde es sein, die Zusammensetzung Aktien-Gemeinschaft zu bilden. Während es doch Gemeinschaft des Besitzes gibt: an Acker, Wald, Weide. [...] Im allgemeinsten Sinne wird man wohl von einer die gesamte Menschheit *umfassenden* Gemeinschaft reden, wie es die Kirche sein will. Aber die menschliche Gesellschaft wird als ein bloßes Nebeneinander von einander unabhängiger Personen verstanden. Wenn man daher neuerdings, in wissenschaftlichem Begriffe, von der Gesellschaft innerhalb eines Landes, im Gegensatze zum Staate, handelt, so wird dieser Begriff aufgenommen werden, aber erst in dem tieferen Widerspruch gegenüber den Gemeinschaften des Volkes seine Erläuterung finden. Gemeinschaft ist alt, Gesellschaft neu, als Sache und Namen. (4)

[...]

Die Theorie der Gesellschaft konstruiert einen Kreis von Menschen, welche, wie in Gemeinschaft, auf friedliche Art nebeneinander leben und wohnen, aber nicht wesentlich verbunden, sondern wesentlich getrennt sind, und während dort verbunden bleibend trotz aller Trennungen, hier getrennt bleiben trotz aller Verbundenheiten. Folglich finden hier keine Tätigkeiten statt, welche aus einer a priori und notwendiger Weise vorhandenen Einheit abgeleitet werden können, welche daher auch insofern, als sie durch das Individuum geschehen, den Willen und Geist dieser Einheit in ihm ausdrücken, mithin so sehr für die mit ihm Verbundenen als für es selber erfolgen [Satzbau sic]. Sondern hier ist ein jeder für sich allein, und im Zustande der Spannung gegen alle übrigen. Die Gebiete ihrer Tätigkeit und ihrer Macht sind mit Schärfe gegen einander abgegrenzt, so daß jeder dem anderen Berührungen und Eintritt verwehrt, als welche gleich Feindseligkeiten geachtet werden. Solche *negative* Haltung ist das normale und immer zu Grunde liegende Verhältnis dieser Macht-Subjekte gegen einander, und bezeichnet die Gesellschaft im Zustand der Ruhe. Keiner wird für den anderen etwas tun und leisten, keiner dem anderen etwas gönnen und geben wollen, es sei denn um einer Gegenleistung oder Gegengabe willen, welche er *seinem* Gegebenen wenigstens *gleich* achtet. (39)

[...]

Gesellschaft also, durch Konvention [270] und Naturrecht einiges Aggregat, wird begriffen als eine Menge von natürlichen und künstlichen Individuen, deren Willen und Gebiete in zahlreichen Verbindungen zu einander unabhängig und ohne gegenseitige *innere* Einwirkung bleiben. Und hier ergibt sich die allgemeine Beschreibung der ‹bürgerlichen Gesellschaft› oder ‹Tauschgesellschaft›, deren Natur und Bewegungen die politische Oekonomie zu erkennen beflissen ist: eines Zustandes, worin nach dem Ausdrucke des Adam Smith ‹jedermann ein Kaufmann ist›.

Daher denn, wo eigentlich kaufmännische Individuen, Geschäfte oder Firmen und Kompagnien [sic], einander gegenüberstehen, in dem internationalen oder nationalen Markt- und Börsenverkehr, die Natur der Gesellschaft wie in einem Extrakte oder wie im Hohlspiegel sich darstellt. Denn die Allgemeinheit dieses Zustandes ist doch keineswegs, wie der berühmte Schotte sich einbildete, unmittelbare oder auch nur wahrscheinliche Folge der Neuerung, daß Arbeit geteilt und Produkte ausgetauscht werden. Sie ist vielmehr ein fernes Ziel, in bezug worauf die *Entwicklung* der Gesellschaft begriffen werden muß, und in dem Maße seiner Verwirklichung ist auch das *Dasein* einer Gesellschaft, zu einer bestimmten Zeit, in unserem Sinne wirklich. [...] (51)

[...]

Die äußeren Gestaltungen des Zusammenlebens, wie sie durch Wesenwillen[271] und Gemeinschaft gegeben sind, wurden unterschieden als Haus, Dorf und Stadt. Diese sind die bleibenden Typen des realen und historischen Lebens überhaupt. Auch in entwickelter Gesellschaft, wie in den anfänglichen und mittleren Zeiten, wohnen die Menschen auf diese verschiedenen Arten zusammen. Die Stadt ist die höchste, nämlich komplizierteste Gestaltung menschlichen Zusammenlebens überhaupt. Ihr ist mit dem Dorfe die lokale Struktur gemein, im Gegensatz zur familiaren des Hauses. Aber beide behalten viele Merkmale (241) ‖ der Familie, das Dorf mehrere, die Stadt mindere. Erst wenn die Stadt sich zur *Großstadt* entwickelt, verliert sie diese fast gänzlich, die vereinzelten Personen oder doch Familien, stehen einander gegenüber und haben ihren gemeinsamen Ort nur als zufällige und gewählte Wohnstätte. Aber wie die Stadt innerhalb der Großstadt, was diese durch ihren Namen kundgibt – so dauern überhaupt die gemeinschaftlichen Lebensweisen, als die alleinigen realen, innerhalb der gesellschaftlichen, wenn auch verkümmernd, ja absterbend fort. Und hingegen: je allgemeiner der gesellschaftliche Zustand in einer Nation oder in einer Gruppe von Nationen wird, desto mehr tendiert dieses gesamte «Land» oder diese ganze «Welt» dahin, einer einzigen Großstadt ähnlich zu werden. In der Großstadt aber, und mithin im gesellschaftlichen Zustande überhaupt, sind nur die Oberen, Reichen, Gebildeten eigentlich wirksam und lebendig, das Maß gebend, wonach die unteren Schichten, teils mit dem Willen jene zu verdrängen, teils ihnen ähnlich zu werden, sich richten müssen, um selber gesellschaftliche und willkürliche Macht zu gewinnen. Die Großstadt besteht, in jenen wie in diesen Massen, ebenso daher die «Nation» und die «Welt», aus lauter freien Personen, die im Verkehr einander fortwährend berühren, miteinander tauschen und zusammenwirken, ohne daß Gemeinschaft und gemeinschaftlicher Wille zwischen ihnen entstünde; anders als sporadisch oder als Ueberlebsel der früheren und noch zu Grunde liegenden Zustände.

[…]

Hingegen ist Familienleben die allgemeine Basis der gemeinschaftlichen Lebensweise. Es erhält sich in seiner Ausbildung durch das Dorf- und durch das Stadtleben. Die Dorfgemeinde und die Stadt können selber noch als große Familie begriffen werden, die einzelnen Geschlechter und Häuser dann als Elementarorganismen ihres Leibes; Zünfte, Gilden, Aemter als die Gewerbe und Organe der Stadt. Hier bleibt immer für den vollkommenen Anteil und Genuß an gemeinem Eigentum und Gerechtsamen, ursprüngliche Blutsverwandtschaft und ererbtes Los wesentliche oder doch wichtigste Bedingung; Fremde mögen als dienende Glieder oder als Gäste für Zeit oder für Dauer aufgenommen und beschützt werden, und also als Objekte (243)‖ aber nicht leicht als Träger und Faktoren, dieser Gemeinschaft angehören […] (244)

[…]

Sie [«die Menge»] wird in dem Trachten nach Vergnügen und Genüssen, welches so allgemein als natürlich ist in einer Welt, wo das Interesse der Kapitalisten und Händler allen Bedürfnissen zuvorkommt, und im Wetteifer anstachelt zu den mannigfachsten Verwendungen des Geldes, nur durch die Kargheit der Mittel (welche dasselbe Interesse der arbeitenden Klasse als Preis der Arbeitskraft hingibt) eingeschränkt. Eine besondere und zahlreiche Abteilung, welche weit über die gewerbsmäßigen «Verbrecher» hinausgreift, wird in ihrer Sucht und Not, sich den Hebel aller unentbehrlichen und entbehrlichen Genüsse zu verschaffen, in Wahrheit nur durch die Furcht vor Entdeckung und Strafe, d. i. durch die Furcht vor dem Staate, gehemmt. Der Staat ist ihr Feind. Er steht ihnen als fremde und kalte Gewalt gegenüber. Scheinbar von ihnen selbst autorisiert, ihren Willen in sich enthaltend, ist er doch allen ihren Bedürfnissen und Wünschen entgegen, Beschützer des Eigentums, welches sie nicht besitzen, Zwinger zum Kriegsdienst für ein Vaterland, das ihnen nur Herd und Altar ist in Gestalt eines heizbaren Zimmers höherer Stockwerke, oder süße Heimat in dem Boden des Straßenpflasters, auf dem ihnen fremde Herrlichkeit, unerreichbare, anzugaffen vergönnt ist; während ihr eigentliches Leben in einem Gegensatz von Arbeit und Feier, welcher beide verzerrt, zwischen Fabrik als Leid und Schenke als Lust, geteilt wird. So ist Großstadt und gesellschaftlicher Zustand überhaupt das Verderben und der Tod des Volkes, welches umsonst sich bemüht, durch seine Menge mächtig zu werden, und, wie ihm dünket, seine Macht nur zum Aufruhr gebrauchen kann, wenn es seines Unglücks ledig werden will. Die Menge gelangt zur Bewußtheit, vermöge einer mannigfachen, durch Schulen und Zeitungen eingegebenen Bildung. Sie erhebt sich vom Klassen-Bewußtsein zum Klassen-Kampfe. Der Klassenkampf zerstört die Gesellschaft und den Staat, welche er umgestalten will. Und da die gesamte Kultur in gesellschaftliche und staatliche Zivilisation umgeschlagen ist, so geht in dieser ihrer verwandelten Gestalt die Kultur (246) ‖ selber zu Ende; es sei denn, daß ihre zerstreuten Keime lebendig bleiben, daß Wesen und Ideen der Gemeinschaft wiederum genährt werden und neue Kultur innerhalb der untergehenden heimlich entfalten.

Zwei *Zeitalter* stehen mithin, um diese gesamte Ansicht zu beschließen, in den großen Kulturentwicklungen einander gegenüber; ein *Zeitalter* der Gesellschaft folgt einem *Zeitalter* der Gemeinschaft. Dieses ist durch den sozialen Willen als Eintracht, Sitte, Religion bezeichnet, jenes durch den sozialen Willen als Konvention, Politik, öffentliche Meinung. Und solchen Begriffen entsprechen die Arten des äußeren Zusammenlebens, welche ich zusammenfassend folgendermaßen unterscheiden will:

A. Gemeinschaft.

1) Familienleben = Eintracht. Hierin ist der Mensch mit seiner ganzen Gesinnung. Ihr eigentliches Subjekt ist das *Volk*.
2) Dorfleben = Sitte. Hierin ist der Mensch mit seinem ganzen Gemüte. Ihr eigentliches Subjekt ist das *Gemeinwesen*.
3) Städtisches Leben = Religion. Hierin ist der Mensch mit seinem ganzen Gewissen. Ihr eigentliches Subjekt ist die *Kirche*.

B. Gesellschaft.

1) Großstädtisches Leben = Konvention. Diese setzt der Mensch mit seiner gesamten Bestrebung. Ihr eigentliches Subjekt ist die *Gesellschaft schlechthin.*

2) Nationales Leben = Politik. Diese setzt der Mensch mit seiner gesamten Berechnung. Ihr eigentliches Subjekt ist der *Staat.*

3) Kosmopolitisches Leben = Oeffentliche Meinung. Diese setzt der Mensch mit seiner gesamten Bewußtheit. Ihr eigentliches Gebiet ist die *Gelehrten-Republik.*

An jeder dieser Kategorien knüpft sich ferner eine überwiegende Beschäftigung und herrschende Tendenz damit verbundener Geistesrichtung, welche demnach so zusammengehören:

A. 1) Hauswirtschaft: beruht auf Gefallen: nämlich auf Lust und Liebe des Erzeugens, Schaffens, Erhaltens. In Verständnis sind die Normen dafür gegeben. (247) ‖

2) Ackerbau: beruht auf Gewohnheiten: nämlich regelmäßig wiederholter Arbeiten. In Bräuchen wird dem Zusammenarbeiten Maß und Richtung gewiesen.

3) Kunst: beruht auf Gedächtnissen: nämlich empfangener Lehre, eingeprägter Regeln, eigener Ideen. Im Glauben an Aufgabe und Werk verbinden sich die künstlerischen Willen.

B. 1) Handel beruht auf Bedachten: nämlich Aufmerksamkeit, Vergleichung, Rechnung ist die Grundbedingung alles Geschäftes: Handel ist die reine (willkürliche) Handlung. Und Kontrakt ist Brauch und Glaube des Handels.

2) Industrie: beruht auf Beschlüssen: nämlich vernünftiger produktiver Anwendung von Kapital und des Verkaufes von Arbeitskraft. Satzungen beherrschen die Fabrik.

3) Wissenschaft: beruht auf Begriffen: wie von selber evident. In Lehrmeinungen gibt sie sich ihre eigenen Gesetze, und stellt ihre Wahrheiten und Ansichten dar, die in die Literatur, die Presse, und somit in die öffentliche Meinung übergehen. (248)

Quelle: Tönnies, Gemeinschaft, 1927, S. 3 f., 39, 51, 241 – 244, 246 – 248

Max Weber, *Rede auf dem ersten Deutschen Soziologentag in Frankfurt,* 1910

In der sich um 1900 etablierenden Soziologie war keineswegs – wie die Autoren Wilhelm Heinrich Riehl, Heinrich von Treitschke und Ferdinand Tönnies den Eindruck erwecken mögen – der Blick auf die intermediären Sphären und die Assoziationen sowie deren Funktionen für die Gesellschaft und den Staat verstellt. Max Webers Plädoyer auf dem Soziologentag 1910 für die Untersuchung des Vereinswesens ist hierfür das beste Beispiel. Weber nennt die Vereine auch explizit als zwischen den «Gewalten» und der «Familie» liegende «gesellschaftliche Gebilde». Hier wird die Montesquieu- und Tocqueville-Tradition wieder aufgenommen. Allerdings erscheint das Vereinswesen als Vermittlungsinstanz zwischen Staat und Privatsphäre, nicht zwischen Staat und Gesellschaft, ja die Vereine repräsentieren die Gesellschaft an sich. Darüber hinaus hat Weber einen kritischeren Blick auf die Vereine als Tocqueville bei seiner Analyse der amerikanischen Assoziationen. Zum einen sieht Weber – am amerikanischen Beispiel – den exklusiven Charakter vieler solcher Vereine, zum anderen betont er die negativen Seiten des Vereinsengagements: Der «‹gute Staatsbürger›» ist der, der sich um seine Vereinsaktivitäten kümmert, aber ansonsten sich in seine Rolle als Untertan fügt.[272]

Das zweite Thema[273] muß ich zunächst notgedrungen sehr weit dahin formulieren, daß es eine fundamentale Aufgabe einer jeden Gesellschaft für Soziologie ist, diejenigen Gebilde zum Gegenstand ihrer Arbeiten zu machen, welche man konventionell als «gesellschaftliche» bezeichnet, d. h. alles das, was zwischen den politisch organisierten oder anerkannten Gewalten – Staat, Gemeinde und offizielle Kirche – auf der einen Seite und der naturgewachsenen Gemeinschaft der (441)‖Familie auf der anderen Seite in der Mitte liegt. Also vor allem: eine *Soziologie des Vereinswesens* im weitesten Sinne des Wortes, vom Kegelklub – sagen wir es ganz drastisch! – angefangen bis zur politischen Partei und zur religiösen oder künstlerischen oder literarischen Sekte.

Meine Herren, auch ein solches ungeheures Thema ist unter den allerverschiedensten Gesichtspunkten in die allerverschiedensten Fragestellungen zu zerlegen: wenigstens einige wenige davon will ich ganz kurz andeuten.

Der heutige Mensch ist ja unzweifelhaft neben vielem anderen ein Vereinsmensch in einem fürchterlichen, nie geahnten Maße. Man muß ja glauben: das ist nicht mehr zu überbieten, seitdem sich auch «Vereins-Enthebungs»-Organisationen gebildet haben. Deutschland steht in dieser Hinsicht auf einem sehr hohen Standard. Es läßt sich aus einem beliebigen Adreßbuch feststellen – wenn es wirklich die Vereine auch nur annähernd vollständig enthält, was meist nicht der Fall ist, in Wirklichkeit vielleicht niemals, in Berlin beispielsweise ganz unvollständig, dagegen in kleinen Städten zuweilen besser –, daß beispielsweise in einzelnen Städten von 30 000 Einwohnern 300 verschiedene Vereine bestehen; also auf 100 Einwohner, d. h. auf 20 Familienväter[274], ein Verein.

Meine Herren, mit der quantitativen Verbreitung geht die qualitative Bedeutsamkeit des Vereinswesens nicht immer Hand in Hand. Welches ist, qualitativ betrachtet, das Vereinsland par excellence? Zweifelsohne Amerika – und zwar aus dem Grund, weil dort die Zugehörigkeit zu irgendeinem Verein für den Mittelstand direkt zur Legitimation als Gentleman gehört – richtiger: gehörte, denn jetzt europäisiert sich das alles. […]

Massenhaft finden sich diese Art von Klubs oder Vereinen aller Art im Bürgertum verbreitet. Heute sind sie zunehmend weltlichen Charakters. Aber der Urtypus alles Vereinswesens ist – das kann man gerade in Amerika studieren – die *Sekte* im spezifischen Sinne des Wortes. Ob rein historisch, ist hier gleichgültig – aber prinzipiell. Deshalb, weil die Sekte ihrem Sinn nach ein Zusammenschluß von spezifisch qualifizierten Menschen ist und nicht eine «Anstalt», weil sie nach ihrem soziologischen Strukturprinzip die Sanktion der autoritären Zwangsverbände – Staat, Kirche – ablehnt und «Verein» sein *muß*. In Amerika spielt sie (442)‖ deshalb vielfach noch heute die Rolle, sozusagen das ethische Qualifikationsattest für den Geschäftsmann auszustellen. Ehe z. B. die Baptisten jemand aufnehmen, unterwerfen sie ihn einer Prüfung, die an unsere Reserveoffizierprüfung erinnert und die sich auf seine ganze Vergangenheit erstreckt: Wirtshausbesuch, Beziehungen zu Damen, Kartenspiel, Schecks und alle nicht bezahlten Dinge des persönlichen «Wandels» werden herausgesucht, ehe er die Taufe erreichen kann. Wer dann getauft ist – der ist als unbedingt kreditwürdig legitimiert und macht gute Geschäfte. Nicht ganz so streng, aber ähnlich machen es andere traditionelle amerikanische Vereine, und mit ähnlichen Konsequenzen. Ganz ähnlich funktionierte das Freimaurertum, auch bei uns, wie man sich aus Freimaureraktten leicht überzeugen kann – aber erst recht in Amerika.[275] Wie mir dort einmal ein Herr, der es sehr beklagte, daß er aus äußeren Gründen nicht die Stellung als Meister am Stuhl habe erlangen können, auf meine Frage: warum ihm das wichtig sei? sagte: Wenn ich Meister am Stuhl bin und auf meinen Geschäftsreisen als solcher mit dem Geheimzeichen auftreten kann, so bekomme ich alle Kunden, ich schlage jede Ware los, da von jedermann vorausgesetzt wird, ich liefere nur reelle Ware zu reellem Preise; denn wenn ich das jemals nachweislich nicht getan hätte, so würden mich die Freimaurer in ihrer Mitte nicht dulden. So ist es im gesellschaftlichen Leben in Amerika überhaupt. Wer da nicht hineinkommt – und beispielsweise der Deutschamerikaner hat selten das Glück hineinzukommen –, der kommt nicht in die Höhe. Die Demokratie in Amerika ist kein Sandhaufen, sondern ein Gewirr exklusiver Sekten, Vereine und Klubs. Diese stützen die Auslese der an das amerikanische Leben überhaupt Angepaßten, stützen sie, indem sie ihnen zur geschäftlichen, zur politischen, zu jeder Art von Herrschaft im sozialen Leben verhelfen. – Wie steht es damit bei uns? Finden sich – und in welcher Art und welchem Umfang – dazu Analogien? Wo? Mit welchen Konsequenzen? Wo nicht? Warum nicht? Das ist die eine, nach außen gewandte Seite der Sache.

Eine zweite Frage ist: Wie wirkt die Zugehörigkeit zu einer bestimmten Art von Verband nach innen? auf die Persönlichkeit als solche? Man kann allgemein sagen: Wer einem Verband angehört, sei es z.B. einer Couleur in Deutschland, sei es einer Greek Letter Society oder anderem studentischen Klub in Amerika, der muß sich in der Mitte seiner Verbandsgenossen im äußerlichen und im innerlichen Sinn des Worts « behaupten». Und die Frage ist: Wodurch er sich behauptet? Im vorliegenden Beispiel hängt das z.B. davon ab: Welches spezifische Ideal von «Männlichkeit», bewußt und absichtsvoll oder auch unbewußt und traditionell innerhalb einer deutschen Couleur einerseits und eines englischen Sportklubs oder eines amerikanischen Studentenvereins andererseits gepflegt wird. Die Bedingungen, sich die *Achtung* der Genossen zu erwerben, sind dabei natürlich grundverschieden. Sie sind es ganz allgemein, nicht nur je nach den Nationen, sondern auch nach den verschiedenen Schichten und den Kategorien von Vereinen. Der einzelne aber wird (443) ‖ nach diesem Ideal bewußt oder unbewußt ausgelesen und dann geprägt. Und es handelt sich dann ja weiter nicht nur um die Frage, ob er sich die äußere Achtung der Genossen erwirbt, sondern letztlich müssen wir ja immer fragen: wie besteht der einzelne, der nun diesen Einflüssen ausgesetzt ist, vor seiner *eigenen Selbstachtung* und vor seinem Bedürfnis, «Persönlichkeit» zu sein? Was für innere Positionen verschieben sich, die für die Ausbalanciertheit dessen, was wir «Persönlichkeit» nennen, für die Notwendigkeit, das auf eine neue Basis zu stellen, wichtig werden können? Denn unter solchen inneren Problemstellungen vollzieht sich ja die Aneignung der Einflüsse solcher sozialen Ensembles, in die der einzelne gesteckt wird, die Einfügung dieser Einflüsse in den Zusammenhang des eigenen «Ich». Und das Gefühl der eigenen «Würde» kann sich, je nach der Art des Ensembles, auf grundverschiedene Postamente verschieben.

Nun weiter: Jeder Verein, zu dem man gehört, stellt dar ein *Herrschafts*verhältnis zwischen Menschen. Zunächst, wenigstens der Regel nach, formal und offiziell ein Majoritätsherrschaftsverhältnis. Es ist also die Psychologie dieser Majoritätsherrschaft über den einzelnen, die letztlich in Frage steht, und die sich auf dem Boden dieser Privatverbände in sehr spezifischer Art äußert und wirkt – wobei ich hier nur auf den Punkt zu sprechen kommen kann, der der entscheidende ist: daß selbstverständlich innerhalb jedes solchen Gremiums, wie es auch heiße, Partei, Verein, Klub oder was es ist; in Wirklichkeit die Herrschaft stets eine Minoritätsherrschaft, zuweilen eine Diktatur einzelner ist, die Herrschaft Eines oder einiger irgendwie im Wege der Auslese und der Angepaßtheit an die Aufgaben der Leitung dazu befähigter Personen, in deren Händen die faktische Herrschaft innerhalb eines solchen Vereins liegt.

Wie nun, unter welchen Bedingungen, unter welchen, ich möchte sagen, «Spielregeln» diese Auslese der Leitenden innerhalb der einzelnen Kategorien von Vereinen, Parteien oder was es ist, sich vollzieht, das ist für die Frage entscheidend, welche Art von Persönlichkeiten die Herrschaft an sich bringen. Und das ist wieder nur speziell für je ganz bestimmte Arten von Vereinen und je nach den Kulturbedingungen der

Umwelt zu beantworten. Es ist dies aber eine zentral wichtige soziologische Frage, und nicht minder ist es die weitere, daran sich anknüpfende: Durch welche Mittel die leitenden Gruppen die Loyalität gegenüber den Vereinen, d. h. gegenüber ihrer eigenen Herrschaft, zu sichern suchen. Ueber diese Frage liegen mancherlei wichtige Vorarbeiten schon vor.[276]

Weiter: Welche Art von Beziehungen besteht zwischen einem Verein irgendwelcher Art, wieder von der Partei bis – das klingt ja paradox – zum Kegelklub herab, zwischen einem beliebigen Verein also und irgend etwas, was man, im weitesten Sinne des Wortes, «Weltanschauung» nennen kann? Ueberall ist eine solche Beziehung irgendwie vorhanden, auch wo man sie gar nicht vermuten sollte. (444) ‖ Aber in sehr verschiedener Weise. Zunächst ist es eine alltägliche Erscheinung, daß Vereinigungen, die ausgegangen sind von großen Weltanschauungsideen, zu Mechanismen werden, die sich faktisch zunehmend davon loslösen. Das liegt an der allgemeinen, wie man zu sagen pflegt: «Tragik» jedes Realisierungsversuchs von Ideen in der Wirklichkeit überhaupt. [...] – Auf der anderen Seite, meine Herren, attrahiert[277] jeder Verein, auch ein solcher, der das prinzipiell vermeiden will, in irgendeiner Weise «weltanschauungsmäßige» Inhalte. In gewissem Sinne, könnte man behaupten: Sogar auch ein deutscher Kegelklub, in deutlicherem Maße schon ein Gesangverein. Meine Herren – um dabei zu bleiben –, die Blüte des Gesangvereinswesens in Deutschland übt m. E. beträchtliche Wirkungen auch auf Gebieten aus, wo man es nicht gleich vermutet, z. B. auf politischem Gebiete. Ein Mensch, der täglich gewohnt ist, gewaltige Empfindungen aus seiner Brust durch seinen Kehlkopf herausströmen zu lassen, ohne irgendeine Beziehung zu seinem Handeln, ohne daß also die adäquate Abreaktion dieses ausgedrückten mächtigen Gefühls in entsprechend mächtigen Handlungen erfolgt – und das ist das Wesen der Gesangvereinskunst –, das wird ein Mensch, der, kurz gesagt, sehr leicht ein «guter Staatsbürger» wird, im passiven Sinn des Wortes. Es ist kein Wunder, daß die Monarchen eine so große Vorliebe für derartige Veranstaltungen haben. «Wo man singt, da laß dich ruhig nieder.» Große, starke Leidenschaften und starkes Handeln fehlen da. Es klingt das paradox, es ist vielleicht, das gebe ich zu, etwas einseitig, es soll auch kein Tadel sein – es kann vielleicht ja einen Standpunkt geben, von dem aus man sagt, daß eben dies der Reichtum des deutschen Volkes sei, daß es fähig ist, diese Ablösung zu vollziehen und auf dieser Basis eine ihm eigene künstlerische Kultur zu schaffen, und man kann ferner sagen, daß *jede* Art von Kultur in der Einschaltung von Hemmungen zwischen Empfindung und Abreaktion ihre Basis findet. Ich lasse das alles gänzlich dahin- (445) ‖ gestellt, denn es geht die Frage der Bewertung *uns* gar nichts an. Ich konstatiere nur, daß eine solche Beziehung, wie ich sie andeutete, möglicherweise – ich weiß nicht, in welcher Stärke, ich habe vielleicht übertrieben – vorhanden sein *kann*.

In solchen und ähnlichen Fällen handelt es sich ja wesentlich um die unbewußte Beeinflussung des Gesamthabitus durch den Inhalt der Vereinstätigkeit. Aber es gibt die allerverschiedensten Abschattierungen in der Art des Uebergreifens rein fachliche oder rein sachliche Ziele verfolgender Gemeinschaften auf das Gebiet der Beeinflussung und Reglementierung der praktischen Lebensführung. […] ‖ (446)

Meine Herren, wir kommen – denn ich muß damit abbrechen, um Ihre Zeit nicht zu weit in Anspruch zu nehmen – schließlich zu zwei ähnlich prinzipiellen Fragestellungen, wie bei der Presse: Wie wirken die einzelnen Kategorien solcher Verbände und Vereine, von den Parteien angefangen – denn auch diese können entweder Maschinen sein, reine Maschinen, wie die amerikanischen Parteien, oder angebliche Weltanschauungsparteien, wie heute die Partei der Sozialdemokratie, die es ehrlich glaubt, eine solche zu sein, obwohl sie es schon lange nicht mehr ist, oder wirkliche Weltanschauungsparteien, wie in immerhin weitgehendem Maße noch heute die Partei des Zentrums, obwohl auch bei ihr dieses Element im Schwinden begriffen ist, und es gibt da die allerverschiedensten Paarungen zwischen Idee und Mechanismus – wie, sage ich, und mit welchen Mitteln wirken sie in der doppelten Richtung: einmal der Prägung der einzelnen Individuen, und dann der Prägung der objektiven, überindividuellen Kulturgüter? [278]

Quelle: Weber, Rede, 1924, S. 441–447

IV
Zivilgesellschaft im Zeitalter der Extreme

1. Gegenbegriffe und Neuformulierungen des Zivilgesellschaftsbegriffs

Gustav Landauer, *Revolution*, 1907

Gustav Landauer (1870–1919) schrieb mit dem Buch «Die Revolution» «eine der grundlegenden Geschichtsphilosophien des Anarchismus»[279]. Im folgenden Textausschnitt sieht Landauer die Probleme, die mit dem Aufstieg der modernen bürgerlichen Gesellschaft und ihrer Situierung im «System der Bedürfnisse» verbunden sind. Die Gesellschaft ist «in Atome zerfallen», die moderne Ökonomie führt zu Kriegen und sozialen Ungleichheiten. Für eine Änderung des Systems sieht Landauer eine Chance in der sozialen Revolution. Im Gegensatz zu den politischen Revolutionen, die alle gescheitert sind bzw. pervertiert wurden, erlaubt die soziale Revolution einen «friedliche[n] Aufbau». In einer neuen Form der Gesellschaft werden sämtliche bestehenden Probleme überwunden. Die Menschen produzieren nur noch so viel, wie sie verbrauchen, engagieren sich in ihrer Genossenschaft und finden zu einer Einheit zusammen. Dieser Agrarsozialismus stößt allerdings durch die Eigentums- und Bodenverhältnisse an seine Grenzen und ist für Landauer vorerst nur als Utopie zu denken.[280] Bei Landauer haben sich bürgerschaftliche Verhaltensweisen aus dem traditionellen Zusammenhang der «bürgerlichen Gesellschaft» gelöst. Zivilgesellschaftliche Normen der Selbstorganisation, Autonomie und Orientierung auf das Gemeinwesen werden neu verortet und lassen sich in Landauers Sicht nur mit Hilfe einer sozialen Revolution realisieren.

Entweder kommt bald der Geist über uns, der nicht Revolution, sondern Regeneration heißt; oder wir müssen noch einmal und noch mehr als einmal ins Bad der Revolution steigen. Denn das ist in unsern Jahrhunderten des Übergangs die Bestimmung der Revolution: den Menschen ein Bad des Geistes zu sein. In dem Feuer, der Hingerissenheit, der Brüderlichkeit dieser aggressiven Bewegungen erwacht immer wieder das Bild und das Gefühl der positiven Einung durch verbindende Eigenschaft, durch Liebe, die Kraft ist; und ohne diese vorübergehende Regeneration können wir nicht weiter leben und müßten versinken. [...] (108) ‖

[…]

Aber es geht mit den Revolutionen schnell hinab: und keineswegs liegt das allein an den Ehr- und Herrschsüchtigen, vor denen La Boetie [281] schon gewarnt hatte. Obzwar die Utopie ausschweifend schön ist, mehr freilich als in dem was sie sagt, wie sie es sagt, ist doch, was die Revolution erreicht, eben ihr Ende, das sich von dem, was vorher war, nicht allzu sehr unterscheidet. Dieses Ende ist in der französischen Revolution schon früh heraufgekommen. Nicht die Ehr-, Parteisucht und Rechthaberei unter den Führern trägt die Hauptschuld; auch nicht, daß die Republik rings von Feinden umgeben war, und die Revolution sich darum in den Krieg verwandeln mußte und so die Republik wie zu Heinrichs IV. und wieder zu Cromwells Zeit [282] in den Militärstaat; die Hauptursache liegt in dem, was ich das Provisorium nenne. Wir haben davon schon im Eingang gesprochen: da die Revolution gar keine oder völlig ungenügende, ganz alltägliche positive Kräfte in sich birgt, da ihre Kraft in der Rebellion und Negation liegt, sind ihre Auskunftsmittel, damit die Gemeinschaft von Tag zu Tag weiter existiert, kümmerlicher, alltäglich-hergebrachter und gemeiner Natur. Wenn eine Revolution aber gar in die fürchterliche Lage kommt wie diese, daß ringsum Feinde sind, innen und außen, dann müssen die noch lebendigen Kräfte der Negation und Destruktion sich nach innen, gegen sich selbst schlagen; der Fanatismus und die Leidenschaft wird zum Mißtrauen – der schmutzigsten Beziehung, die es zwischen Menschen gibt – und bald zur Blutgier oder wenigstens zur Gleichgültigkeit gegen (112)‖ die zugefügten Schrecken des Tötens; und bald wird der Schrecken durch Töten die einzige Möglichkeit der Machthaber des Tages, ihr Provisorium zu halten. Es ist allgemeine Eigenschaft der Institution der Revolution, nur ein Aufschwung und ein Traumdasein und ein Taumel zu sein; diese war es erst recht, da sie begann, soziale Probleme, die Fragen des Eigentums zunächst, mit den Mitteln der politischen Revolution lösen zu wollen. […]

In der Zwischenzeit, in der (113)‖ wir nun einmal sind, ist ebenso, wie Staat und Gesellschaft noch durcheinander gehen, das ungeordnet und sinnlos ineinander verstrickt, was man wohl politische und soziale Revolution nennt. Nichts ist schwerer für den heranwachsenden Menschen als zu erkennen und auch wirklich im Gemüt und im Handeln zuzugeben, daß er nicht der Mittelpunkt der Welt ist, sondern irgendwo an einem kleinen Posten links oder rechts seine Stelle hat. So geht es auch den Zeiten: sie möchten gern alle ein Gipfel oder ein Ziel oder etwas besonderes sein, auch wenn sie gar nichts besonderes dafür tun. So wird es manchem schwer werden zuzugeben, daß unsere Zeit unter den Zwischenzeiten nur so eine Zwischenzeit ist; aber es ist so. Es wird die Zeit kommen, wo man klarer sieht als heute, was der größte aller Sozialisten, Proudhon [283], in unvergänglichen, wiewohl heute vergessenen Worten erklärt hat: daß die soziale Revolution mit der politischen gar keine Ähnlichkeit hat, daß sie allerdings ohne vielerlei politische Revolution nicht lebendig werden und bleiben kann, daß sie aber ein friedlicher Aufbau, ein Organisieren aus neuem Geiste und zu neuem Geist und nichts weiter ist. Was dieser Proudhon den unentgeltlichen gegenseitigen Kredit und die solidarische Bürgschaft nannte, war in der Sprache der Wirtschaft und der Gesellschaft, die dieser hinreißend nüchterne Destrukteur und Konstrukteur liebte, das Nämliche, was uns verbindender Geist heißt und was er mit der Schroffheit und wohl auch Kahlheit des Initiators in seinem großen moralkritischen Werke Gerechtigkeit nannte.

Die große Revolution aber und noch mehr, was in ihr den Staaten Europas dann folgte, hat Politik und [das] Soziale unentwirrbar durcheinander gebracht. Einen Punkt zwar (114) || gibt es, wo Staat und Gesellschaft, Politik und Sozialismus sich mit Notwendigkeit berühren, wo eine soziale Entscheidung nur mit den letzten Mitteln der Politik getroffen werden kann: das ist das vom Staat nicht bloß gewährleistete, sondern geradezu in der Entstehung des Staates erst so geschaffene Privateigentum am Boden. Und so waren die agrarischen Bewegungen der französischen Revolution, die Kämpfe gegen den Feudalismus auf dem Boden, auf dem sie sein mußten. Aber mannigfach waren schon damals, und noch mehr dann in den Revolutionen von 1848 die Versuche, mit den gewöhnlichen Mitteln der Politik, dem revolutionären Parlamentarismus oder der Gewalt soziale Dinge umzugestalten, und man kam so zur Proklamierung des Rechts auf Arbeit, den Nationalwerkstätten und den Hoffnungen mehr als Versuchen, auf blutigem Wege zu Sozialismus zu kommen. Doch ist es so, wie Gottfried Keller gesagt hat: der Freiheit letzter Sieg wird trocken sein.[284] Politische Revolutionen werden den Boden frei machen, im wörtlichen und in jedem Betracht; aber zugleich werden die Institutionen bereitet sein, in denen der Bund der wirtschaftenden Gesellschaften leben kann, der dazu bestimmt ist, den Geist auszulösen, der hinter dem Staate gefangen sitzt.

Denn freilich ist es durchaus nicht so, daß wir untätig da sitzen könnten, bis der Geist über uns kommt und uns ruft. Wie vielmehr die Markgenossenschaften und so viele Institutionen der Schichtung und Einung schon vor dem Geiste da waren, der sie dann erfüllte und erst zu dem machte, was sie der christlichen Zeit bedeuteten; und wie eine Art Gehen schon da ist, ehe die Beine werden, und wie dieses Gehen die Beine erst baut und bildet, so wird es nicht der Geist sein, der uns auf den Weg (115) ‖ schickt, sondern unser Weg ist es, der ihn in uns zum Erstehen bringt.

Wohin wir aber zu gehen haben, was wir einzurichten und zu bauen haben, das wissen die, die diesen Weg bisher mit mir zurückgelegt haben. Wir sind in Atome zerfallen, und anstatt daß wir Güter für den Verbrauch herstellen, erzeugen wir Waren, beziehungslose Güter, für den Gelderwerb, und das Geld ist nicht bloßes Tauschmittel, um unserer gemeinsamen Bequemlichkeit willen, sondern ein heckendes Monstrum; von den fiktiven Werten, mit denen sich die Besitzenden untereinander berauben, gar nicht zu reden. Heere von Besitzlosen müssen sich denen zur Verfügung stellen, die nicht den Reichtum des Volkes, sondern ihren privaten Reichtum schaffen wollen. Und andere Heere, meist aus den selben Besitzlosen zusammengestellt, müssen den Nationen die Absatzmärkte sichern oder vermehren und sich selber mit der Waffe in der Hand und gegen die eigene Brust den Frieden gebieten. Alle wirtschaftlich-technischen Fortschritte, gewaltiger Art wie sie sind, sind in ein System des sozialen Verfalls eingeordnet worden, das es mit sich bringt, daß jede Verbesserung der Arbeitsmittel und Erleichterung der Arbeit die Lage der Arbeitenden verschlechtert. Unser Weg geht dahin: daß solche Menschen, die zur Einsicht und zur innern Unmöglichkeit, so weiter zu leben, gekommen sind, sich in Bünden zusammenschließen und ihre Arbeit in den Dienst ihres Verbrauchs stellen. In Siedlungen, in Genossenschaften, unter Entbehrungen. Sie werden dann bald an die Schranken stoßen, die der Staat ihnen setzt: ihnen fehlt der Boden. Dies ist der Punkt, wo die Revolution, von der wir bisher hier gesprochen haben, weiter geht in die, von der sich nichts sagen läßt, weil sie noch entfernt (116)‖ist. Auch von der sozialen Regeneration, auf die hier nur hinzudeuten war, ist an dieser Stelle nichts zu sagen; von der Erwartung des Kommenden hängt es ab, wie man die Ansätze und Richtungen, die vorhanden sind, einschätzt; doch gedenke ich, an anderer Stelle den Faden wieder aufzunehmen und den kommenden Sozialismus im Zusammenhang zu behandeln.[285] (117)

Quelle: Landauer, Revolution, 1974, S. 108, 112–117

Gustav Landauer, *Aufruf zum Sozialismus,* 1911

Gustav Landauer formuliert hier seine Vorstellungen über den Sozialismus in Abgrenzung zum Marxismus aus. Landauer strebt eine «Einheit der Gemeinde als Grundform der Gesellschaft» an, die aus dem Bedürfnis nach Gemeinschaft zum Wohle aller erwächst. Von einem der Protagonisten des deutschen Anarchismus wird so ein Beitrag zu zivilgesellschaftlichem Verhalten entwickelt. Durch ein gestuftes Rätesystem sind alle aufgefordert, sich an den Problemen des Gemeinwesens zu beteiligen.[286] Obwohl Landauer großen Wert auf den «freiesten Austausch der Ansichten, die weitestgehende Diskussion» legt,[287] wird indirekt die Schattenseite eines solchen Strebens nach Harmonie deutlich. Die Frage nach dem Raum für Andersdenkende, die Anerkennung der Differenz innerhalb der Gemeinde, bleibt als Problem bestehen, da dem Individuum zwar das Recht auf eine autonome, selbständige Lebensweise zugebilligt, diese aber nur im Hinblick auf das Individuum, nicht jedoch auf das Verhältnis zur Gemeinde und deren Mitglieder reflektiert wird. Der von Landauer 1908 gegründete Sozialistische Bund, dem auch Martin Buber (1878–1965) und Erich Mühsam (1878–1934) angehörten, blieb politisch und gesellschaftlich eine Splittergruppe.[288]

Das ist die wahre Lehre von Karl Marx: wenn der (44)‖Kapitalismus ganz und gar über die Reste des Mittelalters gesiegt hat, ist der Fortschritt besiegelt und der Sozialismus so gut wie da.

Ist es nicht von symbolischer Bedeutung, daß das Grundwerk des Marxismus, die Bibel dieser Sorte Sozialismus [«]Das Kapital[»] heißt? Diesem Kapitalsozialismus stellen wir unsern Sozialismus gegenüber und sagen: der Sozialismus, die Kultur und der Bund, der gerechte Austausch und die freudige Arbeit, die Gesellschaft der Gesellschaften kann erst kommen, wenn ein Geist erwacht, wie die christliche Zeit und die vorchristliche Zeit der germanischen Völker einen Geist gekannt hat, und wenn dieser Geist fertig wird mit der Unkultur, der Auflösung und dem Niedergang, der wirtschaftlich gesprochen Kapitalismus heißt.

So steht's nun in ganzer Schärfe einander entgegen.

Hie Marxismus – hie Sozialismus!

Marxismus – die Geistlosigkeit, die papierene Blüte am geliebten Dornstrauch des Kapitalismus.

Sozialismus – das Neue, das sich gegen die Verwesung; die Kultur, die sich gegen die Vereinigung von Ungeist, Not und Gewalt, gegen den modernen Staat und den modernen Kapitalismus erhebt. (45)

[...]

Wir sind also nicht darauf angewiesen, erst dem Volk eine Weltanschauung zu schaffen, die ein durchaus künstliches, vergängliches, schwächliches oder gar romantisch-heuchlerisches Gebilde und heute geradezu der Mode unterworfen wäre. Wir haben die Wirklichkeit lebendig-individuellen Gemeingeistes vielmehr in uns und müssen sie nur herauf, ans Schaffen lassen. Die Lust zum Schaffen der kleinen Gruppen und Gemeinden der Gerechtigkeit, nicht himmlischer Wahn oder symbolische Gestalt, sondern irdische Gesellschaftsfreude und Volksbereitschaft der Individuen wird den Sozialismus, wird den Beginn der wirklichen Gesellschaft herbeiführen. Der Geist wird sich direkt betätigen und wird aus lebendigem Fleisch und Blut seine sichtbaren Formen schaffen: die Sinnbilder des Ewigen werden Gemeinden, die Verkörperungen des Geistes werden Körperschaften irdischer Gerechtigkeit, die Heiligenbilder unserer Kirche werden Einrichtungen der vernünftigen Wirtschaft sein. (106) [...]

Die neue Gesellschaft, die wir bereiten wollen, deren Grundstein zu legen wir uns anschicken, wird nicht eine Rückkehr zu irgend welchen alten Gebilden, wird das Alte in neuer Gestalt, wird eine Kultur mit den Mitteln der in diesen Jahrhunderten neu erwachsenen Zivilisation sein.

Dieses neue Volk aber kommt nicht von selbst; es «muß» gar nicht kommen, so wie die falsche Wissenschaft der Marxisten dieses «muß» nimmt; es *soll* kommen, weil wir Sozialisten es *wollen*, weil wir solches Volk als geistige Vorform schon in uns tragen. (109)

[…]

Keine Weltstatistik und keine Weltrepublik kann uns helfen. *Rettung kann nur bringen die Wiedergeburt der Völker aus dem Geist der Gemeinde!*

Die Grundform der sozialistischen Kultur ist der Bund der selbständig wirtschaftenden und untereinander tauschenden Gemeinden.

Unser Menschengedeihen, unsre Existenz hängt jetzt davon ab, daß die Einheit des Einzelnen und die Einheit der Familie, die uns allein noch an natürlichen Verbänden geblieben sind, sich wieder steigert zur Einheit der Gemeinde, der Grundform jeder Gesellschaft.

Wollen wir die Gesellschaft, so gilt es, sie zu erbauen, gilt es, sie zu üben.

Gesellschaft ist eine Gesellschaft von Gesellschaften von Gesellschaften; ein Bund von Bünden von Bünden; ein Gemeinwesen von Gemeinschaften von Gemeinden; eine Republik von Republiken von Republiken. Da nur ist Freiheit und Ordnung, da nur ist Geist; ein Geist, welcher Selbständigkeit und Gemeinschaft, Verbindung und Unabhängigkeit ist.

Der selbständige Einzelne, dem keiner in das hinein- (139) ‖ spricht, was seine Sache allein ist; die Hausgemeinschaft der Familie, der Heim und Hof ihre Welt sind; die Ortsgemeinde, die autonom ist; das Amt oder der Gemeindeverband und so immer mehr ins Breite mit einer immer kleineren Zahl Aufgaben die umfassenderen Verbände – so sieht eine Gesellschaft aus, das allein ist der Sozialismus, für den zu wirken sich lohnt, der uns aus unsrer Not erretten kann. Vergebens und verfehlt sind die Versuche, in Staaten und Staatenverbänden das Zwangsregiment unsrer Zeiten, das heute ein Surrogat für die fehlende freigeistige Verbindung ist, noch auszubauen und ihren Bereich noch weiter auf das Gebiet der Wirtschaft zu erstrecken, als bisher schon geschehen ist. Dieser Polizeisozialismus, der jede Eigenheit und ursprüngliche Regsamkeit erstickt, wäre nur das Siegel auf den völligen Verfall unsrer Völker, wäre nur ein Zusammenhalten der völlig auseinander getretenen Atome durch einen mechanisch eisernen Reifen. Ein Zusammenschluß natürlicher Art ergibt sich uns Menschen nur da, wo wir in örtlicher Nähe, in wirklicher Berührung beisammen sind. Der verbindende Geist, der Bund mehrerer zu gemeinsamem Werk, aus gemeinsamem Grunde, hat in der Familie eine zu schmale und dürftige Form für das Mitleben. In der Familie geht es nur um private Interessen. Wir brauchen einen natürlichen Kern des Gemeingeistes für das öffentliche Leben, damit das öffentliche Leben nicht mehr, wie bisher ausschließlich, von Staat und Kälte, sondern von einer Wärme erfüllt und geleitet werde, die der Familienliebe verwandt ist. Dieser Kern alles echten Gemeinschaftslebens ist die Gemeinde, die Wirtschaftsgemeinde, von deren Wesen niemand ein Bild hat, der sie etwa nach dem beurteilen will, was sich heute Gemeinde nennt. (140)

[...]

Die 12 Artikel des Sozialistischen Bundes
(14. Juni 1908)

Artikel 1. Die Grundform der sozialistischen Kultur ist der Bund der selbständig wirtschaftenden, untereinander in Gerechtigkeit tauschenden Wirtschaftsgemeinden.

Artikel 2. Dieser Sozialistische Bund tritt auf den Wegen, die die Geschichte anweist, an die Stelle der Staaten und der kapitalistischen Wirtschaft.

Artikel 3. Der Sozialistische Bund akzeptiert für das Ziel seiner Bestrebungen das Wort Republik im ursprünglichen Sinne: die Sache des Gemeinwohls.

Artikel 4. Der Sozialistische Bund erklärt als das Ziel seiner Bestrebungen die Anarchie im ursprünglichen Sinne: Ordnung durch Bünde der Freiwilligkeit.

Artikel 5. Der Sozialistische Bund umfaßt alle arbeitenden Menschen, die die Gesellschaftsordnung des Sozialistischen Bundes wollen. Seine Aufgabe ist weder proletarische Politik noch Klassenkampf, die beide notwendiges Zubehör des Kapitalismus und des Gewaltstaates sind, sondern Kampf und Organisation für den Sozialismus.

Artikel 6. Die eigentliche Wirksamkeit des Sozialistischen Bundes kann erst beginnen, wenn sich ihm größere Massenteile angeschlossen haben. Bis dahin ist seine Aufgabe: Propaganda und Sammlung.

Artikel 7. Die Mitglieder des Sozialistischen Bundes wollen ihre Arbeit in den Dienst ihres Verbrauchs stellen.

Artikel 8. Sie vereinigen ihre Konsumkraft, um die Produkte ihrer Arbeit mit Hilfe ihrer Tauschbank zu tauschen.

Artikel 9. Sie schicken Pioniere voraus, die in Inlandssiedlungen des Sozialistischen Bundes möglichst alles, was sie brauchen, auch die Bodenprodukte, selbst herstellen.

Artikel 10. Die Kultur beruht nicht auf irgendwelchen Formen der Technik oder der Bedürfnisbefriedigung, sondern auf dem Geiste der Gerechtigkeit.

Artikel 11. Diese Siedlungen sollen nur Vorbilder der Gerechtigkeit und der freudigen Arbeit sein: nicht Mittel zur Erreichung des Ziels. Das Ziel ist nur zu erreichen[,] wenn der Grund und Boden durch andere Mittel als Kauf in die Hände der Sozialisten kommt.

Artikel 12. Der Sozialistische Bund erstrebt das Recht und damit die Macht, im Zeitpunkt des Übergangs durch große grundlegende Maßnahmen das Privateigentum an Grund und Boden aufzuheben und allen Volksgenossen die Möglichkeit zu geben, durch Vereinigung von Industrie und Landwirtschaft in selbständig wirtschaftenden und tauschenden Gemeinden auf dem Boden der Gerechtigkeit in Kultur und Freude zu leben.

Quelle: Landauer, Aufruf, 1911, S. 44 f., 106, 109, 139 f.; die «12 Artikel» wurden der 2. Auflage (1925) entnommen (ohne Seitenangabe).

Rosa Luxemburg, *Entwurf zu den Junius-Thesen*, 1915 / 16

Die von Rosa Luxemburg (1871 – 1919) verfassten Junius-Thesen erschienen – mit einigen Veränderungsvorschlägen Karl Liebknechts versehen – im Januar 1916 als «Leitsätze über die Aufgaben der internationalen Sozialdemokratie» auf Flugblättern und im Anhang des ebenfalls 1916 unter dem Pseudonym «Junius» veröffentlichten Buchs «Die Krise der Sozialdemokratie». Luxemburg zeigt das Versagen der Sozialdemokratie im Sommer 1914 und der II. Internationale[289] auf. Luxemburg plädiert dafür, eine neue internationale Arbeiterorganisation zu gründen, da sich nur auf diesem Weg die nationalen Egoismen, die

sich im Imperialismus manifestieren, überwinden lassen. Luxemburgs Vor-
schlag zeigt, wie ambivalent sich Zivilgesellschaft darstellen und ausdrücken
kann: Auf der einen Seite hebt Luxemburg die Bedeutung internationaler Solida-
rität hervor, ein Aspekt, der in der Diskussion um eine «global civil society» am
Anfang des 21. Jahrhunderts eine zentrale Rolle spielt. Darüber hinaus betont sie
die Bedeutung politischer Partizipation der Massen, um die Gesellschaft zu ge-
stalten. Auf der anderen Seite wird durch die Herausstreichung des Klassencha-
rakters zivilgesellschaftlichen Prozessen der Boden entzogen. Statt Interessen-
ausgleich und diskursiver Vermittlung zwischen unterschiedlichen Positionen
wird der Kampf propagiert. Sowohl die Übersteigerung des Harmonie- (Lan-
dauer u. a.) wie die des Kampfgedankens (Luxemburg u. a.) verhindern zivilge-
sellschaftliches Handeln. Andererseits bleibt die Frage, welche alternativen
Handlungsmechanismen von der Zivilgesellschaft angesichts eines mörderi-
schen Krieges hätten entwickelt werden können.

1. Der Weltkrieg hat die Resultate der vierzigjährigen Arbeit des europäischen Sozialismus zunichte gemacht, indem er die Bedeutung der revolutionären Arbeiterklasse als eines politischen Machtfaktors und das moralische Prestige vernichtet, die proletarische Internationale gesprengt,
ihre Sektionen zum Brudermord gegeneinander geführt und die Wünsche und Hoffnungen der Volksmassen in den wichtigsten Ländern der
kapitalistischen Entwicklung an das Schiff des Imperialismus gekettet
hat.

2. Durch die Zustimmung zu den Kriegskrediten und die Proklamation
des Burgfriedens haben die offiziellen Führer der sozialistischen Parteien
in Deutschland, Frankreich und England dem Imperialismus den Rücken gestärkt, die Volksmassen zum geduldigen Ertragen des Elends und
der Schrecken des Krieges veranlaßt und so zur zügellosen Entfesselung
der imperialistischen Furien, zur Verlängerung des Massenmordes und
zur Vermehrung seiner Opfer beigetragen, die Verantwortung für den
Krieg und seine Folgen mit übernommen. (43)

[...]

8. Der Weltfriede kann weder durch internationale Schiedsgerichte
(44) ‖ kapitalistischer Diplomaten noch durch diplomatische Abma-
chungen über «Abrüstung», über die sogenannte «Freiheit der Meere»,

noch durch «europäische Staatenbünde», «mitteleuropäische Zollvereine», «nationale Pufferstaaten» und dergleichen utopische oder in ihrem Grunde reaktionäre Projekte gesichert werden. Imperialismus, Militarismus und Kriege sind nicht zu beseitigen und nicht einzudämmen, solange die kapitalistischen Klassen unbestritten ihre Klassenherrschaft ausüben. Die einzige Sicherung und die einzige Stütze des Weltfriedens ist der revolutionäre Wille und die politische Aktionsfähigkeit des internationalen Proletariats.

9. Der Imperialismus als letzte Lebensphase und höchste Entfaltung der politischen Weltherrschaft des Kapitals ist der gemeinsame Todfeind des Proletariats aller Länder, und gegen ihn muß der proletarische Klassenkampf im Frieden wie im Kriege in erster Linie konzentriert werden. Der Kampf gegen den Imperialismus ist für das internationale Proletariat zugleich der Kampf um die politische Macht im Staate, die entscheidende Auseinandersetzung zwischen Sozialismus und Kapitalismus. Die Schicksale des sozialistischen Endzieles hängen davon ab, ob das internationale Proletariat sich dazu aufraffen wird, gegen den Imperialismus auf der ganzen Linie Front zu machen und die Losung «Krieg dem Kriege!» unter Aufbietung der vollen Kraft und des äußersten Opfermutes zur Richtschnur seiner praktischen Politik zu machen.

10. Zu diesem Zwecke richtet sich die Hauptaufgabe des Sozialismus heute darauf, das Proletariat aller Länder zu einer lebendigen revolutionären Macht zusammenzufassen, es durch eine starke internationale Organisation mit einheitlicher Auffassung seiner Interessen und Aufgaben, mit einheitlicher Taktik und politischer Aktionsfähigkeit im Frieden wie im Kriege zu dem entscheidenden Faktor des politischen Lebens zu machen, zu dessen Rolle es durch die Geschichte berufen ist.

11. Die II. Internationale ist durch den Krieg gesprengt worden. Die Unzulänglichkeit ihrer Organisation hat sich erwiesen durch ihre Unfähigkeit, einen wirksamen moralischen Damm gegen die nationale Zersplitterung im Kriege aufzurichten und eine gemeinsame Taktik und Aktion des Proletariats in allen Ländern aufrechtzuerhalten.

12. Angesichts des Verrats der offiziellen Vertretungen der sozialistischen Parteien der führenden Länder an den Zielen und Interessen der Arbeiterklasse, angesichts ihrer Abschwenkung vom Boden der proleta-

rischen Internationale auf den Boden der bürgerlich-imperialistischen Politik ist es eine Lebensfrage des Sozialismus, eine neue Arbeiterinternationale zu gründen, welche die Leitung und Zusammenfassung des revolutio- (45)‖nären Klassenkampfes gegen den Imperialismus in allen Ländern übernehmen muß.

Sie wird auf folgenden Grundlagen aufgebaut:

1. Der Klassenkampf im Innern der bürgerlichen Staaten gegen die herrschenden Klassen und die internationale Solidarität der Proletarier aller Länder sind zwei unzertrennliche Lebensregeln der Arbeiterklasse in ihrem welthistorischen Befreiungskampfe. Es gibt keinen Sozialismus außerhalb der internationalen Solidarität des Proletariats, und es gibt keinen Sozialismus außerhalb des Klassenkampfes. Das sozialistische Proletariat kann weder im Frieden noch im Kriege auf Klassenkampf und internationale Solidarität verzichten, ohne Selbstmord zu begehen.

2. Die Klassenaktion des Proletariats aller Länder muß im Frieden wie im Kriege auf die Bekämpfung des Imperialismus und Verhinderung des Krieges als auf ihr Hauptziel gerichtet werden. Die parlamentarische Aktion, die gewerkschaftliche Aktion wie die gesamte Tätigkeit der Arbeiterbewegung muß dem Zwecke untergeordnet werden, das Proletariat in jedem Lande aufs schärfste der nationalen Bourgeoisie entgegenzustellen, den politischen und geistigen Gegensatz zwischen beiden auf Schritt und Tritt hervorzukehren sowie gleichzeitig die internationale Zusammengehörigkeit der Proletarier aller Länder in den Vordergrund zu schieben und zu betätigen.

3. In der Internationale liegt der Schwerpunkt der Klassenorganisation des Proletariats. Die Internationale entscheidet über die Taktik der nationalen Sektionen im Frieden in bezug auf Fragen des Militarismus, der Kolonialpolitik, Handelspolitik, Maifeier, ferner über die gesamte im Kriege einzuhaltende Taktik.

4. Die Pflicht der Disziplin gegenüber den Beschlüssen der Internationale geht allen anderen Organisationspflichten voran. Nationale Sektionen, die den Beschlüssen der Internationale im Kriege zuwiderhandeln, stellen sich dadurch außerhalb des internationalen Proletariats und entbinden ihre Mitglieder von allen Verpflichtungen sich gegenüber.

5. In den Kämpfen gegen den Imperialismus und den Krieg kann die

entscheidende Wirkung nur von den kompakten Massen des Proletariats aller Länder in die Waagschale geworfen werden. Das Hauptaugenmerk der Taktik der nationalen Sektionen ist somit darauf zu richten, die breiten Massen zur politischen Aktionsfähigkeit zu erziehen, den internationalen Zusammenhang dieser Massenaktionen zu sichern, die politischen und gewerkschaftlichen Organisationen dahin auszubauen, um durch ihre Vermittlung jederzeit aufs rascheste und wirksamste den Willen und die (46) ‖ Beschlüsse der Internationale zur Tat der breitesten Arbeitermassen aller Länder zu machen.

6. Die zweite dringende Aufgabe des Sozialismus ist die geistige Befreiung des Proletariats von der Vormundschaft der Bourgeoisie, die sich in dem Einfluß der nationalistischen Ideologie äußert. Die nationalen Sektionen haben ihre Agitation in den Parlamenten wie in der Presse dahin zu richten, um die überlieferte Phraseologie des Nationalismus als bürgerliches Herrschaftsinstrument zu denunzieren. Die einzige Verteidigung aller wahren nationalen Freiheit ist heute der revolutionäre Klassenkampf gegen den Imperialismus; das Vaterland der Proletarier, dessen Verteidigung alles andere untergeordnet werden muß, ist die sozialistische Internationale. (47)

Quelle: Luxemburg, Junius-Thesen, 1974, S. 43–47

Rosa Luxemburg, *Die Sozialisierung der Gesellschaft*, 1918

Die neue Gesellschaft, die durch Revolution und Klassenkampf herbeigeführt werden soll, benötigt in der Beschreibung Rosa Luxemburgs einen neuen Typus von Arbeitern. Die normativen Implikationen (etwa hinsichtlich Disziplin und Eigeninitiative) enthalten Anleihen, die sich sowohl an die Normen der bürgerlichen Gesellschaft anlehnen als auch in der gegenwärtigen Zivilgesellschaftsdebatte zu finden sind.

Dem idealen Proletarier wird das Bild eines undisziplinierten Proletariats gegenübergestellt.[290] Nicht nur die Zivilgesellschaft formte sich erst in der Auseinandersetzung eines Gegenüber,[291] auch die Gegenkonzepte zur Zivilgesellschaft definierten sich über ihre Gegner.

220

In der sozialistischen Wirtschaft fällt der Unternehmer mit seiner Peitsche fort. Die Arbeiter sind hier freie und gleiche Menschen, die zu eigenem Wohl und Nutzen arbeiten. Da heißt es eben, von selbst, aus eigenem Antrieb fleißig arbeiten, keine Verschwendung mit dem gesellschaftlichen Reichtum treiben, reellste und pünktlichste Arbeit liefern. Jede sozialistische Unternehmung braucht natürlich ihre technischen Leiter, die die Sache genau verstehen, die das Nötigste anordnen, damit alles klappt, damit die richtigste Arbeitsteilung und die höchste Leistungsfähigkeit er- (433) ‖ zielt wird. Da heißt es nun, diesen Anordnungen willig und voll und ganz folgen, Disziplin und Ordnung halten, keine Reibungen, kein Durcheinander herbeiführen.[292]

Mit einem Wort: Der Arbeiter der sozialistischen Wirtschaft muß zeigen, daß er auch ohne die Hungerpeitsche, ohne den Kapitalisten und seinen Antreiber hinter dem Rücken fleißig und ordentlich arbeiten, Disziplin halten und sein Bestes leisten kann. Dazu gehören innere Selbstzucht, geistige Reife, sittlicher Ernst, dazu gehört das Gefühl der Würde und der Verantwortlichkeit, eine ganze innere Wiedergeburt des Proletariats.

Mit faulen, leichtsinnigen, egoistischen, gedankenlosen und gleichgültigen Menschen kann man keinen Sozialismus verwirklichen. Sozialistische Gesellschaft braucht Menschen, von denen jeder an seinem Platz voller Glut und Begeisterung für das allgemeine Wohl ist, voller Opferfreudigkeit und Mitgefühl für seine Mitmenschen, voller Mut und Zähigkeit sich an das Schwerste zu wagen.

Wir brauchen aber nicht etwa Jahrhunderte oder Jahrzehnte zu warten, bis ein solches Geschlecht von Menschen heranwachse. Gerade jetzt, im Kampf, in der Revolution lernen die Massen der Proletarier den nötigen Idealismus und erwerben sich früh die geistige Reife. […] (434)

Quelle: Luxemburg, Sozialisierung, 1974, S. 433 f.

Antonio Gramsci, *Gefängnishefte*, 1929 ff.

Mit der Rezeption des Werks von Antonio Gramsci (1891 – 1937) fasst der Begriff «Zivilgesellschaft» in Deutschland Fuß. Sowohl die Autoren der in den spä-

ten 1980er Jahren geschriebenen Analysen zu Gramscis Werk als auch die Herausgeber und Übersetzer von Gramscis Gefängnisheften entschieden sich dafür, den Begriff «società civile» mit «Zivilgesellschaft» zu übersetzen,[293] während beispielsweise in der Übersetzung der für die Zivilgesellschaftsdebatte richtungweisenden Castelgandolfo-Gespräche von 1989 durchgängig auf den Anglizismus «civil society» zurückgegriffen wurde.[294] Gramscis Hefte – isoliert im Gefängnis geschrieben – bilden keine in sich geschlossene Theorie, sondern stellen ein «Textmosaik» aus Materialsammlung und Analysen dar.[295] Gramscis Zivilgesellschaftsbegriff ist nicht im Bereich der Ökonomie angesiedelt, sondern besitzt starke kulturelle Implikationen.[296] Die kommunistische Revolution blieb für Gramsci außerhalb Russlands auch deshalb erfolglos, weil es im Westen eine enge Verknüpfung zwischen politischer, ökonomischer und vor allem «kultureller Hegemonie» gab, die den Staat vor dem Zusammenbruch schützte (u. a. Siebtes Heft, §§ 16, 83). Unklar bleibt, wo Gramsci die Zivilgesellschaft verortet: Einerseits steht sie außerhalb des Staates, andererseits fällt Zivilgesellschaft und politische Gesellschaft im Staat zusammen (Sechstes Heft, §§ 81, 88).[297] Gramscis Konzept zeigt zwar Anknüpfungspunkte an die liberale Tradition der Zivilgesellschaftsdebatte, etwa wenn er auf eine «reich gegliederte Zivilgesellschaft» (Achtes Heft, § 130) verweist. Doch durch die Zielsetzung der Brechung der Hegemonie, der Auflösung des Staates in der Gesellschaft entwickelt Gramsci einen eigenständig-marxistischen Zivilgesellschaftsbegriff, der der liberalen Tradition entgegensteht. Auf die «Dimension des Konfliktes um kulturelle Deutungsmacht in modernen Zivilgesellschaften» hingewiesen zu haben, ist allerdings als «ein bleibendes Verdienst Gramscis» anzusehen.[298]

Sechstes Heft (1930–1932)

§ (24). *Enzyklopädische Begriffe. Die Zivilgesellschaft.* Man muß die Zivilgesellschaft, wie sie von Hegel verstanden wird, und in dem Sinn, in dem sie in diesen Notizen oft benutzt wird (das heißt im Sinne von politischer und kultureller Hegemonie einer gesellschaftlichen Gruppe über die ganze Gesellschaft, als ethischer Inhalt des Staates), von dem Sinn unterscheiden, den ihr die Katholiken geben, für welche die Zivilgesellschaft statt dessen die politische Gesellschaft oder der Staat ist, im Gegensatz zur familiären Gesellschaft und zur Kirche. [...] (729)

[...]

§ (81). *Hegemonie (Zivilgesellschaft) und Gewaltenteilung.* Die Gewaltenteilung und die gesamte Diskussion um ihre Verwirklichung und die seit
ihrem Aufkommen entstandene juristische Dogmatik sind das Resultat
des Kampfes zwischen [der] Zivilgesellschaft und der politischen Gesellschaft einer bestimmten historischen Periode mit einem gewissen in-
stabilen Gleichgewicht der Klassen, durch die Tatsache bestimmt, daß
gewisse Intellektuellenkategorien (im unmittelbaren Staatsdienst, vor
allem Zivil- und Militärbürokratie) noch zu sehr mit den alten herrschenden Klassen verbunden sind. Es zeigt sich also im Innern der Gesellschaft,
was Croce den «ewigen Konflikt zwischen Kirche und Staat»[299] nennt, in
dem die Kirche die Zivilgesellschaft in ihrer Gesamtheit repräsentieren
soll (während sie nur ein allmählich weniger wichtiges Element derselben ist) und der Staat jeden Versuch, permanent ein bestimmtes Entwick-
lungsstadium, eine bestimmte Situation zu kristallisieren. In diesem
Sinn kann die Kirche selbst Staat werden, und der Konflikt kann sich zwischen säkularer und sich säkularisierender Zivilgesellschaft und Staat-
Kirche äußern (wenn die Kirche ein integrierender Teil des Staates, der
politischen Gesellschaft geworden ist, die von einer bestimmten privilegierten Gruppe monopolisiert wird, die sich die Kirche angliedert, um ihr
Monopol mit der Unterstützung desjenigen Bereichs der Zivilgesellschaft, den die Kirche repräsentiert, besser aufrechtzuerhalten). Wesentliche Bedeutung der Gewaltenteilung für den politischen und ökonomischen Liberalismus: die gesamte liberale Ideologie, mit ihren Stärken
und ihren Schwächen, kann im Prinzip der Gewaltenteilung enthalten
sein, und es zeigt sich, woraus die Schwäche des (772) ‖ Liberalismus entspringt; es ist die Bürokratie, das heißt die Kristallisierung des Führungs-
personals, das die Zwangsgewalt ausübt und das von einem bestimmten
Punkt an Kaste wird. Daher die populare Forderung nach Wählbarkeit aller Ämter, eine Forderung, die extremer Liberalismus ist und zugleich
seine Auflösung (Prinzip der in Permanenz tagenden verfassungsgeben-
den Versammlung; in den Republiken gibt die Wahl des Staatsoberhaup-
tes auf Zeit dieser elementaren Forderung des Volkes eine illusorische Befriedigung).

Einheit des Staates bei der Unterscheidung der Gewalten: das Parlament mehr an die Zivilgesellschaft gebunden, die richterliche Gewalt

zwischen Regierung und Parlament, repräsentiert die Kontinuität des geschriebenen Gesetzes (auch gegen die Regierung). Natürlich sind alle drei Gewalten auch Organe der politischen Hegemonie, doch in unterschiedlichem Ausmaß: 1. Parlament; 2. Justiz; 3. Regierung. Es ist zu bemerken, wie in der Öffentlichkeit vor allem die Unregelmäßigkeiten der Rechtspflege einen verheerenden Eindruck machen: der Hegemonieapparat ist am empfindlichsten in diesem Sektor, worauf auch die Willkürakte der Polizei und der politischen Verwaltung zurückgeführt werden können.

[...]

§ (88). Gendarmen-/Nachtwächterstaat, usw. Folgender Gegenstand ist zu durchdenken: ist die Auffassung des Gendarmen-/Nachtwächterstaates, usw. (außer der Spezifikation polemischer Art: Gendarm, Nachtwächter, usw.) denn nicht die Staatsauffassung, die allein die letzten «korporativ-ökonomischen» Phasen überwindet? Wir sind noch auf dem Boden der Gleichsetzung von Staat und Regierung, einer Gleichsetzung, die gerade ein Wiederauftauchen der korporativ-ökonomischen Form ist, das heißt der Verwechslung von Zivilgesellschaft und politischer Gesellschaft, denn es ist festzuhalten, daß in den allgemeinen Staatsbegriff Elemente eingehen, die dem Begriff der Zivilgesellschaft zuzuschreiben sind (in dem Sinne, könnte man sagen, daß Staat = politische Gesellschaft + Zivilgesellschaft, das heißt Hegemonie, gepanzert mit Zwang). In einer Staatslehre, die diesen als tendenziell dem Erlöschen und der Auflösung in der regulierten Gesellschaft unterworfen begreift, ist das Thema fundamental. Das Element Staat-Zwang kann man sich in dem Maße als erlöschend vorstellen, wie sich immer beträchtlichere Elemente von regulierter Gesellschaft (oder ethischem Staat oder Zivilgesellschaft) durchsetzen. Die Ausdrücke ethischer Staat oder Zivilgesellschaft würden bedeuten, daß dieses «Bild» von Staat ohne Staat den bedeutendsten Politik- und Rechtswissenschaftlern vorschwebte, sofern sie sich auf den Boden der reinen Wissenschaft stellten (= reine Utopie, insofern sie auf der Voraussetzung beruhte, daß alle Menschen wirklich gleich und folglich in gleicher Weise vernünftig und moralisch sind, das heißt fähig, das Gesetz spontan, frei anzuerkennen, und nicht durch Zwang, als von einer andern Klasse auferlegt, als dem Bewußtsein äußere Sache. Es muß daran erinnert werden, daß der Ausdruck Nachtwächter für den liberalen Staat von Lassalle stammt, das heißt von einem dogmatischen und nicht dialektischen Etatisten. (Vgl. gründlich die Lehre von Lassalle über diesen Punkt und über den Staat im allgemeinen, im Gegensatz zum Marxismus).[300] In der Staatslehre → regulierte Gesellschaft wird man von einer Phase, in der Staat gleich Regierung sein und Staat mit Zivilgesellschaft gleichgesetzt werden wird, zu einer Phase des Nachtwächterstaates übergehen, das heißt einer Zwangsorganisation, welche die Entwicklung der in ständiger Zunahme begriffenen Elemente regulierter Gesellschaft schützen wird, daher auch stufenweise seine autoritären und zwangsmäßigen Eingriffe reduzierend. Das kann auch nicht an einen neuen «Liberalismus» denken lassen, obwohl es der Anfang einer Ära organischer Freiheit sein will. (783)

[…]

Siebtes Heft (1930 / 1931)

§ (16). Stellungskrieg und Bewegungs- oder Frontalkrieg […] Mir scheint Iljitsch [Lenin] hatte verstanden, daß es eine Wende vom Bewegungskrieg, der 1917 siegreich im Osten angewandt worden war, zum Stellungskrieg bedurfte, welcher der einzig mögliche im Westen war, wo, […] die Heere in kurzer Zeit unermeßliche Mengen an Munition anhäufen konnten, wo die sozialen Kader von sich aus noch (873)‖fähig waren, zu hochgewappneten Schützengräben zu werden. Dies scheint mir die Formel von der «Einheitsfront» zu bedeuten, die der Konzeption einer einheitlichen Front der Entente unter dem einheitlichen Kommando von Foch [301] entspricht. Nur daß Iljitsch die Zeit nicht hatte, seine Formel zu vertiefen, wobei auch zu berücksichtigen ist, daß er sie nur theoretisch vertiefen konnte, während die Hauptaufgabe national war, das heißt eine Erkundung des Terrains und eine Fixierung der Elemente von Schützengraben und Festung erforderte, die durch die Elemente der Zivilgesellschaft repräsentiert wurden, usw. Im Osten war der Staat alles, die Zivilgesellschaft war in ihren Anfängen und gallertenhaft; im Westen bestand zwischen Staat und Zivilgesellschaft ein richtiges Verhältnis, und beim Wanken des Staates gewahrte man sogleich eine robuste Struktur der Zivilgesellschaft. Der Staat war nur ein vorgeschobener Schützengraben, hinter welchem sich eine robuste Kette von Festungen und Kasematten befand; von Staat zu Staat mehr oder weniger, versteht sich, aber gerade dies verlangte eine genaue Erkundung nationaler Art. [...] (874)

[...]

§ (83). *Enzyklopädische Begriffe. Die öffentliche Meinung.* Was ‹öffentliche Meinung› genannt wird, ist aufs engste mit der politischen Hegemonie verknüpft, es ist nämlich der Berührungspunkt zwischen der ‹Zivilgesellschaft› und der ‹politischen Gesellschaft›, zwischen dem Konsens und der Gewalt. Der Staat schafft, wenn er eine wenig populäre Aktion (916) ‖ starten will, vorbeugend die angemessene öffentliche Meinung, das heißt, er organisiert und zentralisiert bestimmte Elemente der Zivilgesellschaft. Geschichte der «öffentlichen Meinung»: natürlich hat es Elemente öffentlicher Meinung immer gegeben, auch in den asiatischen Satrapien; aber die öffentliche Meinung, wie sie heute verstanden wird, ist am Vorabend des Untergangs der absolutistischen Staaten entstanden, das heißt in der Zeit des Kampfes der neuen bürgerlichen Klasse um die politische Hegemonie und die Erlangung der Macht.

Die öffentliche Meinung ist der politische Inhalt des öffentlichen politischen Willens, der ohne Übereinstimmung sein könnte: deshalb gibt es den Kampf ums Monopol der Organe der öffentlichen Meinung: Zeitungen, Parteien, Parlament, damit eine einzige Kraft die Meinung und folglich den nationalen politischen Willen modelliert und die Nichtübereinstimmenden zu einer individuellen und unorganischen Wolke zerstäubt. (917)

[...]

Achtes Heft (1931 / 1932)

§ (130). *Enzyklopädische Begriffe und Kulturthemen. Statolatrie.* Einstellung jeder unterschiedlichen gesellschaftlichen Gruppe gegenüber dem eigenen Staat. Die Analyse wäre ungenau, trüge sie nicht den beiden Formen Rechnung, in denen der Staat sich in der Sprache und in der Kultur der jeweiligen Epochen darbietet, das heißt als Zivilgesellschaft und als politische Gesellschaft, als «Selbstregierung» und als «Regierung der Funktionäre». Den Namen Statolatrie gibt man einer bestimmten Einstellung gegenüber der «Regierung der Funktionäre» oder politischen

Gesellschaft, die in der Alltagssprache diejenige staatliche Lebensform ist, der man den Namen Staat gibt und die gewöhnlich für den ganzen Staat gehalten wird.

Die Aussage, daß der Staat identisch ist mit den Individuen (mit den Individuen einer gesellschaftlichen Gruppe), als aktives Kulturelement (das heißt als Bewegung, um eine neue Zivilität[302], einen neuen Typus des Menschen und Staatsbürgers zu schaffen), soll dazu dienen, den Willen zu bestimmen, in der Umhüllung der politischen Gesellschaft eine komplexe und reich gegliederte Zivilgesellschaft zu errichten, in der das einzelne Individuum sich von selbst regiert, ohne daß deswegen seine Selbstregierung (1016) ‖ mit der politischen Gesellschaft in Konflikt gerät, im Gegenteil, indem es deren normale Fortsetzung, die organische Ergänzung wird. Für manche gesellschaftlichen Gruppen, die vor ihrem Aufstieg zu autonomem staatlichen Leben keine lange Zeit eigener und unabhängiger kultureller und moralischer Entwicklung durchgemacht haben (wie es in der mittelalterlichen Gesellschaft und bei den absolutistischen Regierungen durch die juristische Existenz der Stände oder privilegierten Ränge möglich gemacht worden war), ist eine Periode der Statolatrie notwendig und sogar vorteilhaft: diese «Statolatrie» ist nichts anderes als die normale Form «staatlichen Lebens», der Hinführung zumindest zu unabhängigem staatlichen Leben und zur Schaffung einer «Zivilgesellschaft», die vor dem Aufstieg zu unabhängigem staatlichem Leben zu schaffen nicht möglich war. Doch darf eine solche «Statolatrie» nicht sich selbst überlassen werden, vor allem darf sie nicht zu theoretischem Fanatismus werden und als «permanent» aufgefaßt werden: sie muß kritisiert werden, gerade damit sie sich entwickelt und neue Formen staatlichen Lebens hervorbringt, in denen die Initiative der Individuen und der Gruppen «staatlich» ist, auch wenn sie nicht von der «Regierung der Funktionäre» abhängt (das staatliche Leben «spontan» werden lassen). (1017)

[…]

Zehntes Heft (1932 – 1935)

§ (15). *Kleine Anmerkungen zur Ökonomie.* […] Zwischen der ökonomischen Struktur und dem Staat mit seiner Gesetzgebung und seinem

Zwang steht die Zivilgesellschaft, und diese muß radikal umgestaltet werden, in concreto und nicht nur auf dem Papier der Gesetze und der Bücher der Wissenschaftler; der Staat ist das Instrument zur Anpassung der Zivilgesellschaft an die ökonomische Struktur, aber es ist nötig, daß der Staat dies tun «will», daß also die Führung des Staates bei den Vertretern der in der ökonomischen Struktur eingetretenen Veränderung liegt. Abzuwarten, daß sich die Zivilgesellschaft auf dem Wege der Propaganda und des Überzeugens der neuen Struktur anpaßt, daß der alte «homo oeconomicus» verschwindet, ohne mit all den Ehren, die er verdient, beerdigt zu werden, ist eine neue Form ökonomischer Rhetorik, eine neue Form von leerem und folgenlosem ökonomischem Moralismus. (1267)

Quelle: Gramsci, Gefängnishefte, 1992 / 1993, Bd. 4, S. 729, 772 f.; 783, 873 f., 916 f.; Bd. 5, S. 1016 f., Bd. 6, S. 1267

2. Gegner der Zivilgesellschaft

Ernst Jünger, *Kampf als inneres Erlebnis*, 1922

In der griechischen Vorstellung der «politiké koinōnía» kam den Bürgern immer auch die Pflicht zu, ihr Gemeinwesen zu schützen. Auch die schottischen Frühaufklärer wie Adam Smith oder Adam Ferguson hatten darauf hingewiesen, dass die bürgerliche Gesellschaft verteidigungs- und wehrfähig sein muss. In Ernst Jüngers (1895 – 1998) Sicht – geprägt durch die Erfahrungen des Stellungskriegs im Ersten Weltkrieg – erhält der Kampf jedoch eine völlig andere Dimension. Er wird verabsolutiert, verherrlicht, erscheint als die eigentlich gestaltende, gemeinschaftsstiftende Kraft. Erst im Angesicht des Todes flicht sich das einigende Band der Vergemeinschaftung und Vergesellschaftung – im Gegensatz zu den verweichlichten Bürgern. Hier artikuliert sich der Gegensatz zur Zivilgesellschaft schlechthin; nicht nur in Hinsicht auf die normativen Implikationen des Begriffs wie Gewaltfreiheit, sondern auch im Hinblick auf die basale Grundstruktur der Zivilgesellschaft als Gegensatz zu Krieg und Militär. Doch selbst diese radikal antizivilgesellschaftliche Haltung macht die Zuordnung nicht völlig eindeutig. Denn durch die gemeinsame Erfahrung des Kampfes sind die früheren Kombattanten viel eher bereit, die anderen Kämpfer anzuerkennen, als dies in der übrigen Gesellschaft der Fall ist.[303]

Der Kampf ist immer noch etwas Heiliges, ein Gottesurteil über zwei Ideen. Es liegt in uns, unsere Sache schärfer zu vertreten, und so ist Kampf unsere letzte Vernunft und nur Erkämpftes wahrer Besitz. Keine Frucht wird uns reifen, die nicht in eisernen Stürmen hielt, und auch das Beste und Schönste will erst erkämpft sein.

Wer so zu des Kampfes Wurzeln gräbt und echtes Kämpfertum verehrt, verehre es überall, auch beim Gegner. Daher sollte Versöhnung nach dem Kampf zuerst die Männer der Front umschließen. Ich schreibe als Krieger, das mag nicht in den Tag passen, aber warum sollten wir Krieger nicht versuchen, uns auf unserer Linie, auf der des männlichen Mutes, zu treffen? Größerer Mißerfolg als den Staatsmännern, Künstlern,

Gelehrten und Frommen auf der ihren kann uns nie werden [sic]. Drückten wir nicht oft genug die Hände, die eben noch die Handgranate auf uns geschleudert hatten, als die dahinten noch immer tief sich ins Gestrüpp des Hasses verstrickten? Pflanzten wir nicht Kreuze auch auf die Gräber der Feinde? Immer noch die anständigsten waren wir, die jeden Tag aufs neue ins Blut griffen. Der Kampf ist eine Lebensform von vornherein, aber er läßt sich veredeln durch Ritterlichkeit. Und mit seiner mächtigsten Offenbarung, dem Kriege, ist es wie mit den Religionen. Die Menschheit betet zu vielen Göttern, in jedem Gott äußert sich die Wahrheit in einer besonderen Form. Der echte Ring ging nicht verloren, (48) ‖ das ist ein demokratisches Geschwätz, solange es Eigenarten gibt, wird es auch verschiedene Ringe geben müssen. Und jeden, der bewußt in den schwirrenden Tod lief, trieb etwas anderes, aber jedes hatte seine Berechtigung. Wie man den Glauben eines jeden achtet, obwohl man ihn vielleicht bekämpfen muß, so soll man auch seinen Mut achten.

Der Krieger setzt sich am schärfsten für eine Sache ein; das haben wir bewiesen, wir Frontsoldaten des Erdballs, ein jeder an seinem Platze. Wir waren die Tagelöhner einer besseren Zeit, wir haben das erstarrte Gefäß einer Welt zerschlagen, auf daß der Geist wieder flüssig werde. Wir haben das neue Gesicht der Erde gemeißelt. Mögen es auch noch wenige erkennen.

Vielen wird es noch unsichtbar sein unter dem Wolkenschatten des Geschehens: Die ungeheure Summe der Leistung birgt ein Allgemeines, das uns alle verbindet. Nicht einer ist umsonst gefallen.

Denn das kann der Kämpfer, der in seinen Zielen aufgeht, nicht übersehen, und diese Erkenntnis besitzt für den Kampf auch gar keinen Wert, denn sie schwächt seine Wucht: Irgendwo müssen alle Ziele doch zusammenfallen. Der Kampf ist nicht nur eine Vernichtung, sondern auch die männliche Form der Zeugung, und so kämpft nicht einmal der umsonst, welcher für Irrtümer ficht. Die Feinde von heute und morgen: sie sind in den Erscheinungen der Zukunft verbunden, das ist ihr gemeinsames Werk. Und es tut wohl, sich im Kreise jener harten europäischen Sittlichkeit zu fühlen, die über das Geschrei und die Weichheit der Massen hinweg, sich immer schärfer in ihren Ideen bestärkt, jener Sittlichkeit, die nicht nach dem fragt, was eingesetzt werden muß, sondern nur nach dem

Ziel. Das (49)‖ist die erhabene Sprache der Macht, die uns schöner und berauschender klingt als alles zuvor, eine Sprache, die ihre eigenen Wertungen und ihre eigene Tiefe besitzt. Und daß diese Sprache nur von wenigen verstanden wird, das macht sie vornehm, und es ist gewiß, daß nur die Besten, das heißt die Mutigsten, sich in ihr werden verständigen können.

Wir aber haben in einer Zeit gelebt, in welcher der Mutige der Beste war, und sollte aus dieser Zeit nichts weiter hervorgehen als die Erinnerung an ein Geschehen, bei dem der Mensch nichts und seine Sache alles galt, so werden wir immer noch mit Stolz auf sie zurückblicken können. Wir haben in einer Zeit gelebt, in der man Mut haben mußte, und Mut zu besitzen, das heißt jedem Schicksal gewachsen sein, das ist das schönste und stolzeste Gefühl.

Immer wieder im flutenden Angriffswirbel riesiger Schlachten erstaunte man über die Steigerung der Kräfte, deren der Mensch fähig ist. In den Minuten vorm Sturm, wo einem seltsam veränderten Bewußtsein das Äußere schon im Rausch zerfloß, überglitt der Blick noch einmal die Reihe der in graue Gräben geduckten Gestalten. Da war der Knabe, der wieder und wieder am Sturmgepäck nestelte, der Mann, der stumpf gegen die lehmigen Mauern stierte, der Landsknecht, der seine letzte Zigarette verrauchte. Vor ihnen allen bäumte sich der Tod gierig auf. Sie standen vorm Letzten und mußten in der kurzen Zeit noch einen Abschluß finden. Noch einmal drängte sich Allereigenstes in ihnen zusammen, noch einmal rollte die bunte Welt in sausendem Film durchs Hirn. Aber es hatte etwas Erhabenes, daß, wenn der Pfiff zum Angriff schrillte, kaum einer zurückblieb. Überwinder waren es, die sich über den Grabenrand schwangen, daher auch die gleichmäßige Ruhe, mit der sie durchs Feuer schritten. (50)‖

Dann kam, nur den Rassigsten vergönnt, der Rausch vor der eigenen Kühnheit. Es gibt nichts Tathafteres als den Sturmlauf auf Feldern, über denen des Todes Mantel flattert, den Gegner als Ziel. Das ist Leben im Katarakt. Da gibt es keine Kompromisse; es geht ums Ganze. Das Höchste ist Einsatz, fällt Schwarz, ist alles verloren. Und doch ist es kein Spiel mehr, ein Spiel kann wiederholt werden, hier ist beim Fehlwurf unwiderruflich alles vorbei. Das gerade ist das Gewaltige. (51)

Quelle: Jünger, Kampf, 1929, S. 48–51

Carl Schmitt, *Die geistesgeschichtliche Lage des heutigen Parlamentarismus*, 1923

Der Staatsrechtler Carl Schmitt (1888–1985), einer «der einflussreichsten Interpreten der Weimarer Verfassung»[304], kritisiert in seiner Schrift den Parlamentarismus, der in Zeiten der Massendemokratie öffentliche Diskussion zu einer leeren Formel habe verkommen lassen.[305] Stattdessen befürwortet er im ersten Ausschnitt die Akklamation in einer organischen Gesellschaft anstelle der demokratischen Legitimation.[306] Direkte politische Partizipation ist bei Schmitt an eine radikale Homogenitätsvorstellung des Volks geknüpft. Schmitt nutzt das Argumentationsmuster, um das parlamentarische System auszuhebeln.[307] Auch im zweiten ausgewählten Abschnitt zeigt sich, wie Kritik am Parlamentarismus – der auch in der Forderung zivilgesellschaftlicher Akteure der Gegenwart nach basisdemokratischeren Strukturen im politischen System der modernen liberalen Demokratien mitschwingt – in einen antidemokratischen Impetus umschlagen kann.

Bolschewismus und Fascismus sind wie jede Diktatur zwar antiliberal, aber nicht notwendig antidemokratisch. In der Geschichte der Demokratie gibt es manche Diktaturen, Cäsarismen und andere Beispiele auffälliger, für die liberalen Traditionen des letzten Jahrhunderts ungewöhnlicher Methoden, den Willen des Volkes zu bilden und eine Homogenität zu schaffen. Es gehört zu den undemokratischen, im 19. Jahrhundert aus der Vermengung mit liberalen Grundsätzen entstandenen Vorstellungen, das Volk könne seinen Willen nur in der Weise äußern, daß jeder einzelne ohne aus der Sphäre des Privaten und Unverantwortlichen herauszutreten, unter «Schutzvorrichtungen» und «unbeobachtet» – wie die deutsche Reichsstimmordnung vorschreibt – seine Stimme abgibt, dann jede einzelne Stimme registriert und eine arithmetische Mehrheit berechnet wird. Ganz elementare Wahrheiten sind dadurch in Vergessenheit geraten und der heutigen Staatslehre anscheinend unbekannt. Volk ist ein Begriff des *öffentlichen* Rechts. Volk existiert nur in der Sphäre der *Publizität*. Die einstimmige Meinung von 100 Millionen Privatleuten ist weder Wille des Volkes, noch öffentliche Meinung. Der Wille des Volkes kann durch Zuruf, durch *acclamatio*, durch selbstverständliches, unwidersprochenes Dasein ebenso gut und noch besser demokratisch geäußert werden als durch den statistischen Apparat, den man seit einem halben Jahrhundert mit einer so minutiösen Sorgfalt ausgebildet hat. Je stärker die Kraft des demokratischen Gefühls, um so sicherer die Erkenntnis, daß Demokratie etwas anderes ist, als ein Registriersystem geheimer Abstimmungen. Vor einer nicht nur in technischen, sondern auch im vitalen Sinne *unmittelbaren* Demokratie erscheint das aus liberalen Gedankengängen (22)‖ entstandene Parlament als eine künstliche Maschinerie, während diktatorische und zäsaristische Methoden nicht nur von der *acclamatio* des Volkes getragen, sondern auch unmittelbare Äußerungen demokratischer Substanz und Kraft sein können.

[…] Sie [«die Krisis des heutigen Parlamentarismus»] entspringt den Konsequenzen der modernen Massendemokratie und im letzen Grunde dem Gegensatz eines von moralischem Pathos getragenen liberalen Individualismus und eines von wesentlich politischen Idealen beherrschten demokratischen Staatsgefühls. Ein Jahrhundert geschichtlicher Verbindungen und gemeinsamen Kampfes gegen den fürstlichen Absolutismus hat die Erkenntnis dieses Gegensatzes aufgehalten. Heute aber tritt seine Entfaltung täglich stärker hervor und läßt sich durch keinen weltläufigen Sprachgebrauch mehr verhindern. Es ist der in seiner Tiefe unüberwindliche Gegensatz von liberalem Einzelmensch-Bewußtsein und demokratischer Homogenität. (23)

[…]

Die Wirklichkeit des parlamentarischen und parteipolitischen Lebens und die allgemeine Überzeugung sind heute von solchem Glauben[308] weit entfernt. Große politische und wirtschaftliche Entscheidungen, in denen heute das Schicksal der Menschen liegt, sind nicht mehr (wenn sie es jemals gewesen sein sollten) das Ergebnis einer Balancierung der Meinungen in öffentlicher Rede und Gegenrede und nicht das Resultat parlamentarischer Debatten. Die Beteiligung der Volksvertretung an der Regierung, die parlamentarische Regierung, hat sich gerade als das wichtigste Mittel erwiesen, die Teilung der Gewalten und mit ihr die alte Idee des Parlamentarismus aufzuheben. Natürlich, wie die Dinge heute tatsächlich liegen, ist es praktisch ganz unmöglich, anders als mit Ausschüssen und immer engeren Ausschüssen zu arbeiten und schließlich überhaupt das Plenum des Parlaments, d. h. seine Öffentlichkeit, seinem

Zweck zu entfremden und dadurch notwendig zu einer Fassade zu machen. Es mag sein, daß es praktisch nicht anders geht. Aber man muß dann wenigstens so viel Bewußtsein der geschichtlichen Situation haben, um zu sehen, daß der Parlamentarismus dadurch seine geistige Basis aufgibt und das ganze System von Rede-, Versammlungs- und Preßfreiheit, öffentlichen Sitzungen, parlamentarischen Immunitäten und Privilegien seine *ratio* verliert. Engere und engste Ausschüsse von Parteien oder von Parteikoalitionen beschließen hinter verschlossenen Türen, und was die Vertreter großkapitalistischer Interessenverbände im engsten Komitee abmachen, ist für das tägliche Leben und Schicksal von Millionen Menschen vielleicht noch wichtiger als jene politischen Entscheidungen. Im Kampf gegen die Geheimpolitik absoluter Fürsten ist der Gedanke des modernen Parlamentarismus, die Forderung einer Kontrolle und der Glaube an Öffentlichkeit und Publizität entstanden; das Freiheits- und Gerechtigkeitsgefühl der Menschen empörte sich gegen eine Arkanpraxis, die in geheimen Beschlüssen über das Schicksal (62) ‖ der Völker entschied. Aber wie harmlos und idyllisch sind die Objekte jener Kabinettspolitik des 17. und 18. Jahrhunderts neben den Schicksalen, um die es sich heute handelt und die heute der Gegenstand aller Arten von Geheimnissen sind. Vor dieser Tatsache mußte der Glaube an die diskutierende Öffentlichkeit eine furchtbare Desillusion erfahren. Es gibt heute sicher nicht viele Menschen, die auf die alten liberalen Freiheiten, insbesondere auf Rede- und Preßfreiheit verzichten wollen. Auf dem europäischen Kontinent werden trotzdem nicht mehr viele sein, die glauben, jene Freiheiten existieren noch, wo sie den Inhabern der wirklichen Macht wirklich gefährlich werden könnten. Am wenigsten wird es noch den Glauben geben, daß aus Zeitungsartikeln, Versammlungsreden und Parlamentsdebatten die wahre und richtige Gesetzgebung und Politik entstehe. Das ist aber der Glaube an das Parlament selbst. Sind Öffentlichkeit und Diskussion in der tatsächlichen Wirklichkeit des parlamentarischen Betriebes zu einer leeren und nichtigen Formalität geworden, so hat auch das Parlament, wie es sich im 19. Jahrhundert entwickelt hat, seine bisherige Grundlage und seinen Sinn verloren. (63)

Quelle: Schmitt, Lage, 1969, S. 22 f., 62 f.

V
Renaissance des Zivilgesellschaftsbegriffs im späten 20. Jahrhundert

1. Mittel- und Osteuropa

Charta 77

Die Unterzeichner des Aufrufs Charta 77 beriefen sich auf den «Internationalen Pakt über bürgerliche und politische Rechte» und den «Internationalen Pakt über wirtschaftliche, soziale und kulturelle Rechte», die im Oktober 1976 in der Tschechoslowakei in Kraft getreten waren. Diese internationalen Übereinkünfte resultierten aus dem Entspannungs- und Annäherungskurs zwischen den politischen Blöcken, der in der Konferenz von Helsinki 1975 seinen symbolischen Höhepunkt erreichte. Unter den 257 Unterzeichnern des Aufrufs «Charta 77» waren unter anderem die Schriftsteller Václav Havel, Pavel Kohout, Jaroslav Seifert, der Dichter und Kollage-Künstler Jiří Kolář sowie der frühere ZK-Sekretär der tschechoslowakischen KP Zdeněk Mlynář.[309] Im ersten Teil der Charta prangerten die Unterzeichner die Nichteinhaltung elementarer Menschen- und Bürgerrechte in der ČSSR an.

Die Charta 77 enthält zahlreiche Elemente, die für den zivilgesellschaftlichen Diskurs von Bedeutung sind. Selbst in einem autoritären Staat ist der Bürger verpflichtet, sich bürgerschaftlich zu betätigen, um seine Rechte zu sichern. Die Unterzeichner der Charta 77 geben sich keine feste Organisationsstruktur, sehen ihre Rolle nicht in der Sphäre von Politik und Macht, sondern als Vermittler zwischen Staat und Gesellschaft.[310]

Manche Bürger weisen – sei es privat, am Arbeitsplatz oder öffentlich, was praktisch nur in ausländischen Kommunikationsmitteln möglich ist – auf die systematische Verletzung der Menschenrechte und der demokratischen Freiheiten hin und fordern in konkreten Fällen Abhilfe; ihre Stimme findet jedoch meist keinen Widerhall oder sie werden zum Gegenstand von Ermittlungen.

Die Verantwortung für die Einhaltung der Bürgerrechte im Lande obliegt selbstverständlich vor allem der politischen und staatlichen Macht. Aber nicht nur ihr. Jeder trägt seinen Teil Verantwortung für die allgemeinen Verhältnisse und somit auch für die Einhaltung kodifizierter

Pakte, die dazu übrigens nicht nur Regierungen, sondern alle Bürger verpflichten. Das Gefühl dieser Mitverantwortlichkeit, der Glaube an den
Sinn bürgerlichen Engagements und der Wille dazu, sowie das gemeinsame Bedürfnis, dafür einen neuen und wirksamen Ausdruck zu finden,
hat uns auf den Gedanken gebracht, Charta 77 zu bilden, deren Entstehung wir heute öffentlich anzeigen.

Charta 77 ist eine freie, informelle und offene Gemeinschaft von Menschen verschiedener Überzeugungen, verschiedener Religionen und verschiedener Berufe, verbunden durch den Willen, sich einzeln oder gemeinsam für die Respektierung der Bürger- und Menschenrechte in unserem Land und in der Welt einzusetzen – jener Rechte, die dem Menschen
von beiden kodifizierten internationalen Pakten, von der Abschlußakte
der Konferenz in Helsinki, von zahlreichen weiteren internationalen Dokumenten gegen Krieg, Gewaltanwendung und soziale und wirtschaftliche und geistige Unterdrückung zugestanden werden und die zusammenfassend von der «Allgemeinen Erklärung der Menschenrechte» der
UN zum Ausdruck gebracht werden.

Charta 77 fußt auf dem Boden der Solidarität und Freundschaft von
Menschen, die von der gemeinsamen Sorge um das Geschick der Ideale
bewegt werden, mit denen sie ihr Leben und ihre Arbeit verbunden haben und verbinden.

Charta 77 ist keine Organisation, hat keine Statuten, kein ständiges Organ und keine organisatorisch bedingte Mitgliedschaft. Ihr gehört jeder
an, der ihrer Idee zustimmt, an ihrer Arbeit teilnimmt und sie unterstützt.

Charta 77 ist keine Basis für oppositionelle politische Tätigkeit.[311] Sie
will dem Gemeininteresse dienen wie viele ähnliche Bürgerinitiativen in
verschiedenen Ländern des Westens und des Ostens. Sie will aber nicht
eigene Programme politischer oder gesellschaftlicher Reformen oder Veränderungen aufstellen, sondern in ihrem Wirkungsbereich einen kon-
struktiven Dialog mit der politisch und staatlichen Macht führen, insbesondere dadurch, daß sie auf verschiedene konkrete Fälle von Verletzung
der Menschen- und Bürgerrechte hinweist, deren Dokumentation vorbereitet, Lösungen vorschlägt, verschiedene allgemeine Vorschläge unter-
breitet, die auf Vertiefung dieser Rechte und ihrer Garantie abzielen, und

als Vermittler in anfallenden Konfliktsituationen wirken, die durch Widerrechtlichkeit verursacht werden können.

Durch ihren symbolischen Namen betont Charta 77, daß sie an der Schwelle eines Jahres steht, das zum Jahr der Rechte politischer Gefangener erklärt wurde und in dessen Verlauf die Belgrader Konferenz die Erfüllung der Verpflichtungen von Helsinki prüfen soll.

[...]

Wir glauben daran, daß Charta 77 dazu beitragen wird, daß in der Tschechoslowakei alle Bürger als freie Menschen arbeiten und leben können.

Quelle: Charta 77, 1977, S. 5

Václav Havel, *Versuch in der Wahrheit zu leben*, 1978

Geprägt von den Erfahrungen mit der Oppositionsbewegung «Charta 77», entwarf Václav Havel (geb. 1936) in seinem Essay «Versuch in der Wahrheit zu leben» mit der Vorstellung einer «Parallelstruktur» ein Modell, in dem sich bürgerschaftliches Engagement vollziehen kann.[312] Diese Struktur ist unabhängig von Staat und Macht, selbstorganisiert und pluralistisch ausgerichtet. Havel betont, dass die Organisation in «vorpolitischen» Strukturen keinen Rückzug ins «Getto» darstellt, macht aber indirekt damit auf Gefahren aufmerksam, die mit dieser Strategie zivilgesellschaftlichen Handelns verbunden sein können: Es ist letztlich auch der Rückzug in eine «Nischengesellschaft» möglich, in der sich ihre Mitglieder nur noch um ihre privaten Belange kümmern.

[D]er ureigenste Raum, der Ausgangspunkt für alle Bestrebungen der Gesellschaft, sich dem Druck des Systems zu widersetzen, (ist) das Gebiet des «vorpolitischen», da die «Parallelstrukturen» ja nichts anderes als ein Raum des *anderen Lebens* sind, eines Lebens, das im Einklang mit seinen eigenen Intentionen ist und das sich selbst im Einklang mit diesen Intentionen strukturiert. Was sonst wären diese Anläufe zur gesellschaftlichen «Selbstorganisation», wenn nicht der Versuch eines bestimmten Teiles der Gesellschaft, in der Wahrheit zu leben – als Gesellschaft –, sich von der «Selbsttotalität» zu befreien und somit die «Verflechtung» mit dem posttotalitären System radikal zu lösen? Was sonst wäre dies, wenn nicht ein gewaltloser Versuch der Menschen, dieses System *in sich selbst* zu negieren und ihr Leben auf eine neue Basis zu stellen – auf die Basis der eigenen Identität?

Ist diese Tendenz nicht eine neue Bestätigung jener prinzipiellen Umkehr zum konkreten Menschen? Die «Parallelstrukturen» wachsen ja nicht aus einer aprioristischen theoretischen Vision der Systemveränderung (es handelt sich nicht um politische Sekten), sondern aus den Intentionen des Lebens und aus den authentischen Bedürfnissen konkreter Menschen. Alle eventuellen Systemveränderungen, deren Keime wir sehen können, entstanden ja, sozusagen, *de facto* und «*von unten*» dadurch, daß das veränderte Leben sie *erzwungen* hat. Es war also nicht so, daß diese Keime dem Leben vorangingen, daß sie es irgendwie zu orientieren oder ihm irgendeine Veränderung aufzuzwingen versuchten.

Die historische Erfahrung lehrt uns, daß in der Regel nur jener Ausweg für den Menschen wirklich sinnvoll ist, der ein Element einer gewissen *Universalität* enthält, der also nicht nur einen partiellen, nur einer bestimmten Gruppe zugänglichen und auf andere nicht übertragbaren Ausweg bildet, sondern einer, der geeignet ist, ein Ausweg für *jedermann* zu sein, Andeutung einer *allgemeinen Lösung*. Ein solcher Ausweg ist also nicht nur ein Ausdruck der ichbezogenen Verantwortung des Menschen allein für sich selbst und sich selbst gegenüber, sondern er setzt voraus, daß diese Verantwortung grundsätzlich immer auch Verantwortung *für die Welt und der Welt gegenüber ist.* Es wäre also völlig abwegig, wenn jemand die «Parallelstrukturen» und die «Parallel-Polis» als eine Art der *Flucht ins Getto* und als Akt der Isolation begreifen würde, welche ausschließlich (72) ‖ die Lebensgleichung jener löst, die sich für sie entschieden haben und den anderen gegenüber gleichgültig bleibt; kurz, wenn es nur ein Ausweg für eine bestimmte Gruppe wäre, der auf jeden Bezug zur allgemeinen Situation verzichtet. Eine solche Auffassung würde das «Leben in Wahrheit» gleich im Keim seinem Ausgangspunkt entfremden – eben der Sorge um «andere» – und würde es letzten Endes in irgendeine kultiviertere Art des «Lebens in Lüge» verwandeln, womit es aufhören würde, ein wirklicher Ausweg für einzelne oder Gruppen zu sein. [...] Also: Die «Parallel-Polis» ist wegweisend und hat einen Sinn nur (73) ‖

als Akt der *Vertiefung der Verantwortung für das Ganze und dem Ganzen ge-genüber*, als Entdeckung des geeignetsten Standorts für diese *Vertiefung*, keineswegs also als Flucht vor und aus der Verantwortung. (74)

[...]

Am ehesten könnten sie [die «politischen Folgen» einer «*sittlichen Rekonstitution der Gesellschaft*» sich wohl in der Konstitution solcher Strukturen ausdrücken, die nicht so sehr von dieser oder jener Formalisierung politischer Beziehungen und Garantien ausgehen würden, sondern vielmehr von einem neuen *Geist*, das heißt vor allem von ihrem *menschlichen Inhalt*. Es handelt sich also um die Rehabilitierung solcher Werte wie Vertrauen, Offenheit, Verantwortung, Solidarität, Liebe. Ich glaube an Strukturen, die sich nicht an der «technischen» Seite der Machtausübung orientieren, sondern an dem *Sinn* ihrer Ausübung; an Strukturen, die mehr durch das gemeinsame Gefühl, daß bestimmte Gemeinschaften sinnvoll sind, als durch gemeinsame Ambitionen zur Expansion nach «außen» gefestigt werden. Es können und müssen *offene, dynamische* und *kleine* Strukturen sein; über eine gewisse Grenze hinaus können solche «menschlichen Bindungen» wie persönliches Vertrauen und persönliche Verantwortung nicht mehr funktionieren [...]. Es müssen Strukturen sein, die von ihrem Wesen her das Entstehen anderer Strukturen nicht beschränken; jede Kumulation von Macht (einer der Ausdrücke der «Eigenbewegung») sollte ihnen fremd sein. Strukturen, die keine Organe oder Institutionen, sondern *Gemeinschaften sind*. Es dürfen in keinem Fall Strukturen sein, die ihre Autorität auf längst entleerte Traditionen stützen (wie die traditionellen politischen Massenparteien), sie müssen sich auf ihre konkrete *Aufgabe* in der Situation stützen. Besser als ein statischer Komplex formalisierter Organisationen, sind Organisationen, die *ad hoc* entstehen, voller Begeisterung für ein konkretes Ziel, und sich nach der Erreichung des Ziels auflösen. Die Autorität der Führenden sollte aus ihrer Integrität und aus ihrer Erfahrung resultieren, nicht aus ihrer Stellung in (87) ‖ irgendeiner Rangordnung; sie sollten mit einem großen Maß an persönlichem Vertrauen und auch mit auf diesem Vertrauen basierenden großen Befugnissen ausgestattet werden; offenbar ist das der einzige Weg aus der klassischen Ohnmacht der traditionellen demokratischen Organisationen, die oft eher auf gegenseitigem

Mißtrauen als auf Vertrauen, eher auf kollektiver Unverantwortlichkeit als Verantwortung gegründet zu sein scheinen. Nur hier – bei uneingeschränkter Haftung jedes Mitglieds der Gemeinschaft – kann man wohl einen festen und dauerhaften Damm gegen die «schleichende Totalisierung» aufbauen. Diese Strukturen sollten selbstverständlich *von unten* entstehen, als Ergebnisse der authentischen gesellschaftlichen «Selbstorganisation». Sie sollen sich von dem lebendigen und lebhaften Dialog mit den wirklichen Bedürfnissen, aus denen sie entstanden, nähren und mit dem Erlöschen dieser Bedürfnisse auch selbst erlöschen. Sie sollten mehr mannigfaltige und von außen nur minimal geregelte Prinzipien ihres inneren Aufbaus haben; das entscheidende Kriterium dieser «Selbstkonstitution» sollte ihr *aktueller Sinn* sein, nicht also nur eine Norm.

Auf die bunte und wechselhafte Zusammenarbeit solcher dynamisch entstehenden und sich auflösenden, vor allem aber aus ihrem aktuellen Sinn zehrenden und durch menschliche Bindungen zusammengehaltenen Organismen sollte sich das politische Leben wie auch das Wirtschaftsleben gründen. Was das letztere betrifft, glaube ich an das *Selbstverwaltungsprinzip*, das wohl als einziges das bieten kann, wovon alle Theoretiker des Sozialismus träumten, nämlich die tatsächliche (das heißt nicht nur formelle) Beteiligung der Arbeitenden an wirtschaftlichen Entscheidungen und das Gefühl der wirklichen Verantwortung für die Ergebnisse der gemeinsamen Arbeit. Das Prinzip der Kontrolle und Disziplin sollte durch spontane menschliche *Selbstkontrolle* und *Selbstdisziplin* verdrängt werden.[313]

Diese Vorstellung von den Systemkonsequenzen der «existentiellen Revolution» überragt deutlich – dies ist vielleicht auch aus dieser so allgemeinen Skizze ersichtlich – den Rahmen der klassischen parlamentarischen Demokratie, die sich in den fortgeschrittenen westlichen Ländern stabilisierte und die immer wieder auf diese oder jene Art versagt. Da ich hier, für diese Überlegungen, den Begriff des «posttotalitären Systems» eingeführt habe, könnte ich die eben skizzierte Vorstellung – in diesem Zusammenhang – als Perspektive eines «*postdemokratischen*» Systems bezeichnen.[314] (88)

[…]

Sind nicht diese informellen, unbürokratischen, dynamischen und offenen Gemeinschaften, diese ganze «parallele Polis», eine Art Keim oder symbolisches Mikromodell jener sinnvollen «postdemokratischen» politischen Strukturen, die eine bessere Ordnung der Gesellschaft begründen könnten?

Ich weiß aus tausendfacher persönlicher Erfahrung, wie allein der Umstand, daß man gemeinsam die «Charta 77» unterschrieben hat, zwischen Menschen, die sich bisher nicht oder nur oberflächlich kannten, sofort eine tiefere und offenere Beziehung herzustellen vermochte, ein plötzliches und starkes Gefühl der sinnvollen Gemeinsamkeit, also etwas, was selbst eine langjährige Zusammenarbeit in irgendeiner apathischen offiziellen Struktur nur selten ermöglicht. Als ob allein das Bewußtsein der gemeinsam übernommenen Aufgabe und der gemeinsamen Erfahrung die Menschen und das Klima ihres Zusammenlebens verändern würde, als ob es auch ihrer öffentlichen Arbeit eine gewisse, anderswo rare, menschliche Dimension gäbe.

Vielleicht sind dies alles nur Folgen der gemeinsamen Bedrohung, vielleicht wird sich auch in dem Moment, wo diese Bedrohung ein Ende nehmen oder gemindert würde, die Atmosphäre, die aus ihr entstand, verflüchtigen. (Die Verfolger setzen sich freilich ein genau umgekehrtes Ziel; man ist immer wieder durch die Feststellung schockiert, wieviel Energie sie bereit sind zu investieren, um mit den verschiedensten und gemeinsten Mitteln alle menschlichen Beziehungen innerhalb der bedrohten Gemeinschaft zu trüben.)

Auch wenn es so wäre – wenn die Atmosphäre nur aus der Bedrohung entstünde –, würde es nichts an den Fragen ändern, die ich gestellt habe.

Einen Ausweg aus dem Marasmus der Welt kennen wir nicht, und es wäre ein Ausdruck unverzeihlicher Überheblichkeit, wenn wir glaubten, in dem wenigen, was wir tun, einen grundsätzlichen Ausweg zu sehen, wenn wir gar uns selbst, unsere Gemeinschaft und unsere Lebenslösung jemandem als Beispiel dafür angeboten hätten, was zu tun notwendig und sinnvoll ist.

Trotzdem glaube ich, daß vor dem Hintergrund aller vorangegangenen Überlegungen über die posttotalitären Verhältnisse, über die Position und innere Konstitution der sich entwickelnden Versuche, in diesen Verhältnissen den Menschen und seine Identität zu verteidigen, die Fragen, die ich gestellt habe, angebracht waren. Sie sind nicht mehr und nicht weniger als ein Impuls zu einer sachlichen Re- (90) ‖ flexion der eigenen Erfahrung und zum Nachdenken darüber, ob manche Elemente dieser Erfahrung – ohne daß es uns bewußt wird – nicht wirklich in irgendeine Richtung weiterweisen, über ihre Grenzen hinaus, ob also nicht hier, in unserem alltäglichen Leben, gewisse chiffrierte Appelle liegen, die bescheiden auf den Moment warten, entziffert und begriffen zu werden.

Es ist nämlich überhaupt eine Frage, ob die «bessere Zukunft» wirklich und immer nur eine Angelegenheit irgendeines fernen «dort» ist. Vielleicht ist sie schon längst hier – und nur unsere Blindheit hindert uns daran, sie um uns und in uns zu sehen und zu gestalten. (91)

Quelle: Havel, Wahrheit, 1990, S. 72–74, 87 f., 90 f.

Adam Michnik, *Der neue Evolutionismus,* 1976

Adam Michnik (geb. 1946) lehnt in seinem Aufsatz revolutionäre Schritte zur Veränderung des politischen Systems entschieden ab. Ständig bedroht durch die Gefahr einer Invasion der sowjetischen Truppen, können revolutionäre Bewegungen in Polen zu keinem Erfolg führen. Die frühere Oppositionsbewegung habe den Fehler gemacht, ihre Aktionen auf die Kommunistische Partei hin auszurichten und von ihr zu fordern, Reformprozesse in Gang zu setzen. Doch der Adressat müsse die Gesellschaft selbst sein. Dies könne nur durch die Organisation demokratischer Aktivitäten nichtstaatlicher Vereinigungen geschehen.[315] Hauptträger dieses zivilgesellschaftlichen Handelns müsse die polnische Arbeiterschaft sein. Michnik wurde so auch zu einem Ideengeber für die 1980 gegründete Gewerkschaftsbewegung Solidarność.[316]

7. Das Dilemma der Linken im 19. Jahrhundert – «Reform oder Revolution» – ist nicht das Dilemma der polnischen Opposition: An eine Revolution zum Sturz der Parteidiktatur zu denken oder Versuche zu diesem Ziel zu organisieren, wäre ebenso unrealistisch wie gefährlich. […]

Meiner Meinung nach ist die einzige Politik für Dissidenten in Osteuropa ein unablässiger Kampf für Reformen, zugunsten einer Evolution, die zu einer Ausdehnung der bürgerlichen Freiheiten führen und die Respektierung der Menschenrechte garantieren wird. Das Beispiel Polens zeigt, daß anhaltender gesellschaftlicher Druck auf die Regierung nicht geringe Konzessionen hervorbringen kann. Die polnische Opposition, so könnte man sagen, hat eher den spanischen als den portugiesischen Weg gewählt.[317] Sie strebt eher allmähliche und partielle Veränderungen an als den gewaltsamen Sturz des bestehenden Regimes.

[...]

8. Die Revisionisten und Neopositivisten[318] haben in der Tat ein Programm evolutionärer Veränderungen innerhalb des Rahmens der «Breschnew-Doktrin»[319] aufgestellt. Was die heutige Opposition von diesen beiden früheren Bewegungen unterscheidet, ist die Überzeugung, daß ein solches Programm der Evolution an die unabhängige öffentliche Meinung und nicht an die totalitären Autoritäten zu adressieren wäre.

Anstelle von Ratschlägen an die Regierung, wie sie sich selbst reformieren kann, sollte das Programm Hinweise für die Gesellschaft enthalten, wie sie vorgehen soll. Was die Regierung betrifft, so kann ihr kein besserer Rat zuteil werden als jener, der durch den sozialen Druck von unten erteilt wird.

Das wesentliche Element in der Konzeption des «neuen Evolutionismus» ist die Überzeugung von der Stärke der Arbeiter, die durch ihre feste und entschlossene Haltung der Regierung bereits einige spektakuläre Konzessionen abgerungen haben. Es ist schwer, die Entwicklung der Situation bei den Arbeitern vorauszusagen, aber ohne Zweifel sind sie die soziale Gruppe, vor der die Regierung wirklich Angst hat und vor deren Druck sie zurückweichen muß. Der Druck von seiten der Arbeiter ist die unerläßliche Bedingung für eine Evolution (50) ‖ des gesellschaftlichen Lebens hin zu einer Demokratisierung. Dies wird kein einfacher Prozeß sein. Er setzt voraus, daß man jedesmal, wenn man die Barriere der Angst niederreißt, auch ein neues politisches Bewußtsein formt. Die Tatsache, daß authentische Arbeiterinstitutionen sowie Vorbilder und Traditionen politischen Widerstands zerstört wurden, droht diesen Prozeß zu verlangsamen. Aber das erste Anzeichen des neuen Bewußtseins der Arbeiter wurde an dem Tage sichtbar, an dem die erste, von offiziellen Institutionen unabhängige Organisation zur Selbstverteidigung der Arbeiter entstand, am Tag, als Streikkomitees in den Werften von Stettin und Danzig gebildet wurden.

Es ist schwer, vorauszusagen, wann und wie andere, dauerhaftere Arbeiterinstitutionen das Licht des Tages erblicken und was sie für Formen annehmen werden: Arbeiterkommissionen nach dem spanischen Modell, unabhängige Gewerkschaften, Solidaritätsfonds? Es ist jedoch sicher, daß im Augenblick ihres Entstehens der «neue Evolutionismus» Gestalt gewinnen und aufhören wird, eine geistige Konstruktion auf der Suche nach Hoffnung zu sein.

9. Die Rolle, welche gegenwärtig die katholische Kirche spielt, stellt ein wesentliches Element in der Situation Polens dar. Die Kirche umfaßt die Mehrheit der Bevölkerung, und die Haltung der Geistlichen hat oft politisches Gewicht. […] Die polnischen Bischöfe verteidigen in ihren Hirtenbriefen das Recht auf Wahrheit, auf Freiheit und menschliche Würde. Sie verteidigen ebenso die Rechte der Arbeiter, vor allem das Streikrecht und das Recht einer Vertretung durch unabhängige Gewerkschaften. Eine Kirche, welche in dieser Weise dem Druck der Regierung widersteht, welche die Prinzipien christlicher Ethik und die Deklaration der Menschenrechte verteidigt, bekräftigt, ob sie will oder nicht, nonkonformistische und würdige Haltungen in der Gesell- (51) ‖ schaft und stimuliert Bestrebungen in Richtung auf immer größere bürgerliche Freiheiten.

10. Der «neue Evolutionismus» impliziert langsam fortschreitende Veränderungen. Dies bedeutet jedoch nicht, daß diese Bewegung stets friedlich sein oder daß sie stets imstande sein wird, Situationen zu vermeiden, in denen es Opfer gibt.

Die Bewegung wird in der Lage sein, sich auch weiterhin durch Massendemonstrationen von Arbeitern und Studenten zu artikulieren. Das Problem, wie man auf solche Demonstrationen reagieren soll, wird fortgesetzt Meinungsverschiedenheiten unter den Mitgliedern der Macht-Elite hervorrufen. […]

Die Pflicht der Opposition ist es, kontinuierlich und systematisch am (53) ‖ öffentlichen Leben teilzunehmen, politische Tatsachen durch kollektive Aktionen zu schaffen und Alternativen vorzuschlagen. Der Rest ist bloße Literatur.

11. […] Nach der Wahrheit zu streben – oder, wie Kolakowski es sagte,

«in Würde zu leben» – heißt nicht nur für eine bessere Zukunft zu kämpfen, sondern auch für eine bessere Gegenwart. Jeder Akt des Widerstands
rettet ein Stück Freiheit und bewahrt jene Werte, ohne die eine Nation
nicht zu überleben vermag. Jeder Akt des Widerstandes ist ein Schritt in
Richtung auf den demokratischen Sozialismus[320], der mehr sein sollte als
nur eine institutionelle gesetzliche Struktur: Es sollte eine Gemeinschaft
freier Menschen sein, eine wirkliche Gemeinschaft, die jeden Tag aufs
neue ersteht. (54)

Quelle: Michnik, Evolutionismus, 1985, S. 49–54 (Erstveröffentlichung dieser Übersetzung in «Die Welt», 6. Mai 1977)

Gründungsaufruf des Neuen Forum, 10. September 1989

*In der Bürgerrechtsbewegung der DDR im Herbst 1989 vollzog sich in vielen
Gruppen durch die veränderten Rahmenbedingungen schnell der Übergang von
zivilgesellschaftlichem Engagement zur parteipolitischen Formierung.[321] Die in
der Zivilgesellschaftsdebatte anzutreffende Diskussion um die Abgrenzung von
zivilgesellschaftlichen Akteuren und Parteien wird hier deutlich und zeigt am
Beispiel des «Neuen Forum», dass die Definition von Zivilgesellschaft, zivilgesellschaftlichen Akteuren und zivilgesellschaftlichem Handeln immer von den jeweiligen historischen Kontexten aus gesehen werden muss. Im Aufruf des «Neuen
Forum» wird deutlich, dass die Möglichkeit der Ausreise und die Möglichkeit des
Rückzugs ins Private bürgerschaftliches Engagement begrenzten. Die Bürgerrechtsbewegung der DDR erreichte – anders als in Polen die «Solidarność»-Be-
wegung – keine Massenbasis.[322] Im Aufruf sind aber Anlehnungen an die polnischen und tschechischen Erfahrungen sowie an die Tradition der intermediären
Vermittlungsebene («demokratischer Dialog») deutlich zu erkennen; darüber
hinaus treten die ökonomischen Aspekte, die im Zivilgesellschaftsbegriff eingela-
gert sind, hervor: Untätigkeit und «Faulheit» werden verachtet, dem liberalen
Markt und der freien Konkurrenz will man allerdings auch nicht das Wort reden.*

In unserem Lande ist die Kommunikation zwischen Staat und Gesellschaft offensichtlich gestört. Belege dafür sind die weitverbreitete Ver-
drossenheit bis hin zum Rückzug in die private Nische oder zur massen-

haften Auswanderung. Fluchtbewegungen dieses Ausmaßes sind anderswo durch Not, Hunger und Gewalt verursacht. Davon kann bei uns keine Rede sein.

Die gestörte Beziehung zwischen Staat und Gesellschaft lähmt die schöpferischen Potenzen unserer Gesellschaft und behindert die Lösung der anstehenden lokalen und globalen Aufgaben. Wir verzetteln uns in übelgelaunter Passivität und hätten doch Wichtigeres zu tun für unser Leben, unser Land und die Menschheit.

In Staat und Wirtschaft funktioniert der Interessenausgleich zwischen den Gruppen und Schichten nur mangelhaft. Auch die Kommunikation über die Situation und die Interessenlage ist gehemmt. Im privaten Kreis sagt jeder leichthin, wie seine Diagnose lautet, und nennt die ihm wichtigsten Maßnahmen. Aber die Wünsche und Bestrebungen sind sehr verschieden und werden nicht rational gegeneinander gewichtet und auf Durchführbarkeit untersucht. Auf der einen Seite wünschen wir uns eine Erweiterung des Warenangebots und bessere Versorgung, andererseits sehen wir deren soziale und ökologische Kosten und plädieren für die Abkehr von ungehemmtem Wachstum. Wir wollen Spielraum für wirtschaftliche Initiative, aber keine Entartung in eine Ellenbogengesellschaft. Wir wollen das Bewährte erhalten und doch Platz für Erneuerung schaffen, um sparsamer und weniger naturfeindlich zu leben. Wir wollen geordnete Verhältnisse, aber keine Bevormundung. Wir wollen freie, selbstbewußte Menschen, die doch gemeinschaftsbewußt handeln. Wir wollen vor Gewalt geschützt sein und dabei nicht einen Staat von Bütteln und Spitzeln ertragen. Faulpelze und Maulhelden sollen aus ihren Druckposten vertrieben werden, aber wir wollen dabei keine Nachteile für sozial Schwache und Wehrlose. Wir wollen ein wirksames (29) ‖ Gesundheitswesen für jeden, aber niemand soll auf Kosten anderer krankfeiern. Wir wollen an Export und Welthandel teilhaben, aber weder zum Schuldner und Diener der führenden Industriestaaten noch zum Ausbeuter und Gläubiger der wirtschaftlich schwachen Länder werden.

Um all diese Widersprüche zu erkennen, Meinungen und Argumente dazu anzuhören und zu bewerten, allgemeine von Sonderinteressen zu unterscheiden, bedarf es eines demokratischen Dialogs über die Aufgaben des Rechtsstaates, der Wirtschaft und der Kultur. Über diese Fragen müssen wir in aller Öffentlichkeit, gemeinsam und im ganzen Land, nachdenken und miteinander sprechen. Von der Bereitschaft und dem Wollen dazu wird es abhängen, ob wir in absehbarer Zeit Wege aus der gegenwärtigen krisenhaften Situation finden. Es kommt in der jetzigen gesellschaftlichen Entwicklung darauf an,

– daß eine größere Anzahl von Menschen am gesellschaftlichen Reformprozeß mitwirkt,

– daß die vielfältigen Einzel- und Gruppenaktivitäten zu einem Gesamthandeln finden.

Wir bilden deshalb gemeinsam eine politische Plattform für die ganze DDR, die es Menschen aus allen Berufen, Lebenskreisen, Parteien und Gruppen möglich macht, sich an der Diskussion und Bearbeitung lebenswichtiger Gesellschaftsprobleme in diesem Lande zu beteiligen. Für eine solche übergreifende Initiative wählen wir den Namen

Neues Forum

Die Tätigkeit des Neuen Forum werden wir auf gesetzliche Grundlagen stellen. Wir berufen uns hierbei auf das in Art. 29 der Verfassung der DDR geregelte Grundrecht, durch gemeinsames Handeln in einer Vereinigung unser politisches Interesse zu verwirklichen. Wir werden die Gründung der Vereinigung den zuständigen Organen der DDR entsprechend der VO vom 6. 11. 1975 über die «Gründung und Tätigkeit von Vereinigungen» (GBL I, Nr. 44, S. 723) anmelden.

Allen Bestrebungen, denen das Neue Forum Ausdruck und Stimme verleihen will, liegt der Wunsch nach Gerechtigkeit, Demokratie und Frieden sowie Schutz und Bewahrung der Natur zugrunde. (30) ‖ Es ist dieser Impuls, den wir bei der kommenden Umgestaltung der Gesellschaft in allen Bereichen lebensvoll erfüllt wissen wollen.

«Wir rufen alle Bürger und Bürgerinnen der DDR, die an der Umgestaltung unserer Gesellschaft mitwirken wollen, auf, Mitglieder des Neuen Forum zu werden.»

Die Zeit ist reif.

Quelle: Gründungsaufruf des Neuen Forum, 1990, S. 29–31

2. Der neue Diskurs um «civil society» und Zivilgesellschaft in der Wissenschaft

John Keane, *Demokratie und Zivilgesellschaft*, 1988

In Großbritannien untersuchte John Keane (geb. 1949) in den 1980er Jahren Chancen und Grenzen der «civil society» für die moderne Gesellschaft.[323] Mit seinem Buch «Democracy and Civil Society» brachte er im englischsprachigen Raum den Begriff zurück in die Debatte der Politikwissenschaft.[324] Keane wendet sich gegen eine Idealisierung der Zivilgesellschaft. Weder ist sie die einzig schlagkräftige Waffe gegen autoritäre Regime, noch lässt sie sich als natürliche Gefährtin für die Demokratie in Dienst nehmen.[325] Keane macht darauf aufmerksam, dass Zivilgesellschaft missbraucht werden kann. Im vorliegenden Ausschnitt kommen sowohl diese Vorbehalte zum Ausdruck als auch Keanes Plädoyer, den Staat demokratisch auszugestalten, da er die zentrale Rahmenbedingung für zivilgesellschaftliches Handeln darstellt. Dafür müssen die Machtmittel des Staates unter die Kontrolle demokratischer Strukturen gestellt werden.[326]

Es ist besonders wichtig zu verstehen, dass solche Maßnahmen,[327] um die Zivilgesellschaft wiederzubeleben und zu demokratisieren, nicht automatisch zu dezentraleren, horizontal strukturierteren und egalitäreren Modellen des gesellschaftlichen Lebens führen. Sie werden auf Widerstand und Groll von den mächtigeren gesellschaftlichen Klassen, Gruppen und Organisationen der existierenden Zivilgesellschaft treffen. Auch wenn wir annehmen, dass solche Opposition durch andere Gruppen innerhalb der Zivilgesellschaft neutralisiert werden könnte, werden diese Umverteilungspolitiken nie selbststabilisierende Ergebnisse produzieren. Eine demokratische Zivilgesellschaft, die komplexe Freiheit und Gleichheit maximiert, wird nie wie eine glückliche und zufriedene Familie aussehen. Sie würde immer dazu neigen, selbstparalysierend zu sein. Gerade wegen ihres Pluralismus und ihres fehlenden Steuerungszentrums wäre eine vollkommen demokratische Zivilgesellschaft ständig durch schlechte Koordination, Meinungsverschiedenheit, Geiz und offenen Konflikt unter ihren Bürgern bedroht. Zweifellos, «Konflikt ist eine Form der Sozialisation» (Simmel).[328] Aber die Zivilgesellschaft kann auch zu einem Schlachtfeld verkommen, auf dem die Stärkeren – dank der Existenz gewisser bürgerlicher Vorrechte – die Freiheit genießen, die Schwächeren von etwas zu überzeugen. Unter extremen Bedingungen könnte die Zivilgesellschaft sogar verbluten.

Das ist der Grund, warum energische *politische* Initiativen, Finanzierung und gesetzliche Anerkennung für das Überleben und die Expansion der Zivilgesellschaft notwendig sind. Aus mehreren Gründen ist eine souveräne Staatsmacht eine unentbehrliche Bedingung für die Demokratisierung der Zivilgesellschaft. Pluralismus, die Vervielfachung von Entscheidungsfindungszentren und Raum für sowohl individuelle als auch Gruppenautonomie, neigt ständig dazu, ‹Anarchie› zu generieren. Also erfordert es zentralisierte Planung und Koordination, die nur durch politische Institutionen, die besonders für diesen Zweck geschaffen wurden, effizient und effektiv durchgeführt werden können. Ebenso können die konkurrierenden Ansprüche und Interessenkonflikte, die durch die Zivilgesellschaft generiert werden, nur durch Gesetze, die universell angewandt werden, friedlich geregelt werden. Da universelle Gesetze nicht spontan aus der Zivilgesellschaft entstehen können, benötigen ihre Formulierung, Anwendung und Durchführung eine Legislative, ein Gerichtswesen und eine Polizei, die vitale Bestandteile eines Staatsapparates sind. (22) ||

Darüber hinaus agieren gegenwärtig Versuche, Zivilgesellschaft innerhalb eines bestimmten Landes zu demokratisieren, in einem globalen System der Nationalstaaten und Weltreiche. Bis zu einem gewissen Grad könnte dieses System geschwächt und zukünftig durch die Entwicklung einer echten internationalen Zivilgesellschaft koordiniert werden. Aber solange wie das gegenwärtige System der Nationalstaaten und Weltreiche ein gefährlicher Naturzustand bleibt, in der hochgerüstete Freunde und Feinde kommen und gehen, werden ständige militärische Institutionen, um jede einzelne Zivilgesellschaft zu verteidigen, eine unangenehme Notwendigkeit bleiben – es sei denn, die Zivilgesellschaft sollte vollständig militarisiert werden, was auch nicht wünschenswert ist, da dies nicht mit der Demokratisierung kompatibel wäre.

Diese Überlegungen weisen auf die Schlussfolgerung hin, dass eine demokratische Zivilgesellschaft nie für sich allein stehen könnte, sondern dass sie eine aktive Staatsmacht braucht, um ihre Unabhängigkeit zu verteidigen. Demokratisierung ist weder der totale Feind noch der vorbehaltlose Freund der Staatsmacht. Es bedarf weder zu viel noch zu wenig Staat, um die Zivilgesellschaft zu regieren. Während eine demokratischere Ordnung nicht *durch* die Staatsmacht geschaffen werden kann, kann sie auch nicht *ohne* die Staatsmacht geschaffen werden. Wie Lammenais [329] [sic] im frühen 19. Jahrhundert feststellte, ist demokratische Freiheit nicht kompatibel mit einem monistischen, überzentralisierten Staat, der Apoplexie in seinen Zentren und Anämie in seinen Rändern produziert.[330] Folglich wird eine zweite und gleichermaßen wichtige Bedingung für eine neue Strategie des Sozialismus entscheidend: die Reform der Politikgestaltung [policy-making] sowie der Verwaltung und Leitung [administration] des Staates, seine Transformation vom *état protecteur* zum öffentlich verantwortlichen *état catalisateur*.

Bislang ist, zumindest innerhalb der westeuropäischen sozialistischen Tradition, die Erkenntnis, dass die politischen Institutionen demokratisiert werden müssen, begrenzt. Sie beschränkte sich meistens auf Aufrufe, neue Regierungsstellen zu schaffen und die Parteiführung zu reformieren, sowie auf wenig präzise Forderungen nach einer ‹offeneren› Verwaltung und Leitung des Staates. Dieses beschränkte Blickfeld vernachlässigt eine ganze Reihe von anderen Fragen, die Sozialisten stellen müssen, wenn sie eine herausgehobene Rolle im Kampf um die Erweiterung der politischen Bürgerrechte spielen wollen. Bestimmte fortwährende Themen der demokratischen Tradition müssen wieder in den Vordergrund gerückt werden. Hierzu gehören die Reform des Wahlsystems und (wo es immer noch fehlt) die Einführung des Verhältniswahlrechts. Andere Reformen dieser Art könnten die Erweiterung der Macht der lokalen Regierung gegen rigide, zentralisierte Staatsbürokratien einschließen; hinzu kämen die Aufhebung der Gesetzgebung hinsichtlich «Staatsgeheimnissen» und die vielen anderen informellen Regeln und Bestimmungen, die Regierungen benutzen, um sich vor der öffentlichen Meinung zu schützen, sowie schließlich die Unterwerfung der ministeriellen Macht und der administrativen Regelungsbefugnisse unter eine effektive gerichtliche Überprüfung. (23) ‖

Darüber hinaus müssen Überlegungen zu einer Reihe von relativ neuen (und sich weiter verdunkelnden) blinden Flecken innerhalb konventioneller parlamentarischer Demokratietheorie und Politik angestellt werden [...]. Das Hauptproblem dabei ist das massive Wachstum von Regierungsformen, die unsichtbar sind und sich niemandem gegenüber verantworten müssen – Quasiregierungsbehörden, Industrien und Dienstleistungen, die im Staatsbesitz sind oder staatlich gefördert werden, Gremien, die nukleare Materialien regulieren oder verarbeiten, Geheimpolizei und ‹nationale Sicherheitsorgane›, die geheime Nachrichtendienst- und Militäroperationen durchführen. Außerdem müssen die Auswirkungen auf die politische Demokratie, die aus der supranationalen Politikgestaltung entstehen, die im letzten halben Jahrhundert beträchtlich angewachsen ist, näher betrachtet werden. Das jeweilige Verhältnis sowie die autoritären Effekte und das demokratische Potenzial der verschiedenen Massenkommunikationsmedien, die durch Gremien des Staates bzw. der Zivilgesellschaft kontrolliert werden, sollen zum Schlüsselthema der demokratischen Politik gemacht werden. Dringend notwendig sind auch radikale Reformen in den Rechts- bzw. Strafvollzugssystemen, um ihre systematische Verzerrung zugunsten von männlichen, weißen Mittelschichtbürgern vollständig zu beseitigen – die Stärkung der Gesetze gegen sexuelle, ethnische und andere Formen der Diskriminierung, die Verbesserung der Polizeiverfahren, verstärkte Verantwortlichkeit der Gefängnisse und Veränderungen in der Ausbildung und Auswahl von Rechtsanwälten. Die undemokratischen Eigenschaften und das demokratische Potenzial der politischen Parteien und anderer ‹Boteninstitutionen›, die verantwortlich für das Senden, Empfangen und Umcodieren von Forderungen zwischen der Zivilgesellschaft und dem Staat sind, müssen auch ins Zentrum der demokratischen Politik gerückt werden.

Schließlich sollte man zugeben, dass keine dieser Strategien, die das politische System demokratischer machen wollen, vollen Erfolg haben wird, wenn sie sich nicht einem alten und langwierigen Problem stellen wird, das wieder in den neueren westeuropäischen Kontroversen um nukleare Aufrüstung an die Öffentlichkeit gebracht wurde. Dieses Problem betrifft die Frage, wie die Erfordernisse des demokratischen politischen

Lebens (Offenheit, Kontroverse, Pluralismus, universale Beteiligung) mit den Teilen des Staates in Einklang gebracht werden können, die durch ihr Gewaltmonopol für die Aufrechterhaltung der existierenden Ordnung verantwortlich sind. Institutionen wie die Polizei und das Militär gedeihen auf Grundlage von Praktiken, die im tiefen Gegensatz zur politischen Demokratie stehen. Diese undemokratischen Methoden umfassen Geheimhaltung, Gerissenheit, erzwungene Einhelligkeit und die stetige Zunahme physischer Gewalt. Folglich muss ihre ‹Zähmung› durch aktive gewerkschaftliche Organisation innerhalb der Streitkräfte, verstärkte parlamentarische Kontrolle über den Staat, erweiterte Kontrolle über die Polizei durch die lokalen Gemeinden sowie Nichtanpassung und Entmilitarisierung einen Schlüsselplatz in einem Programm der politischen Demokratisierung belegen. (24)

Quelle: Keane, Limits, 1988, 22 – 24 (Übersetzung von Jeffrey Butler und dem Herausgeber)

Krzysztof Michalski (Hg.), *Europa und die Civil Society*, 1991 [331] – Edward Shils und Ralf Dahrendorf

Edward Shils (1910 – 1995) konzentriert sich in dem hier ausgewählten Textausschnitt auf das «Kollektivbewusstsein» der Zivilgesellschaft. Er entwickelt dabei einen Normenkatalog, der sich als definitorisches Grundmuster durch viele Definitionen des Zivilgesellschaftsbegriffs der Gegenwart zieht.[332] Shils ist von einem positiven Menschenbild geprägt: Ein Krieg aller gegen alle ist in der Gesellschaft unwahrscheinlich. Zivilgesellschaft und Demokratie weisen für ihn eine enge Beziehung zueinander auf. Eigeninteressen sind in der Zivilgesellschaft zwar grundsätzlich möglich, werden aber durch den Bürgersinn begrenzt. Überwiegen Sonderinteressen oder setzt sich soziale Ungleichheit durch, ist kein Raum für zivilgesellschaftliches Handeln gegeben. Zivilgesellschaft zeichnet sich durch pluralistische Strukturen aus, doch nicht jede pluralistische Gesellschaft ist eine Zivilgesellschaft. Obwohl Shils in seiner Darstellung die normativ «gute» Zivilgesellschaft herausstreicht, bleibt sein Ansatz durch die Fixierung auf das «Zentrum» umstritten. Die Autonomie der Zivilgesellschaft ist eingeschränkt, da sie sich nur in der engen Verbindung zwischen Zentrum und Peripherie ent-

wickeln kann. Zivilgesellschaft ist bei Shils nicht auf eine bestimmte Sphäre fest-
gelegt, zivilgesellschaftliche Institutionen können sich sowohl im staatlichen als
auch im privaten Raum bilden.[333]
Im Gegensatz zu Shils' Beitrag blickt Ralf Dahrendorf (geb. 1929) auf die Ver-
wundbarkeit zivilgesellschaftlicher Einrichtungen. Sie sind nicht nur schwer zu
errichten, sondern unter bestimmten Voraussetzungen auch leicht zu zerstören.

Edward Shils

In diesem Beitrag verwende ich den Begriff *civil society* als Bezeichnung
für einen bestimmten Typus von Gesellschaft. Nicht alle Gesellschaften
sind *civil societies*. Eine *civil society* ist eine Gesellschaft mit einem kollektiven Selbstbewußtsein, das ebenso kognitiv wie normativ ist und von
einem relativ großen Teil der Bevölkerung geteilt wird. Die *civil society* ist
das öffentliche Medium, und sie ist auch das Produkt privater und staatlicher Institutionen. Sie ist «zivil», insofern sie eine normative Regulie-
rungsfunktion gegenüber Wirtschaft und Staat und auch gegenüber den
privaten Institutionen selbst ausübt, einschließlich ihrer urwüchsigen
Institutionen.

[...]

Zum Kollektivbewußtsein der *civil society* gehört ein Interesse am Gemeinwohl. «Zivilität», Bürgersinn ist die charakteristische Denk- und
Verhaltensweise in einer *civil society*, die der Teilhabe des einzelnen am
Kollektivbewußtsein der *civil society* entspringt. Bürgersinn bedeutet unter anderem eine Bindung an die Gesamtgesellschaft; er fließt in alle Entscheidungen und Handlungen ein, die darauf gerichtet sind, das Wohl
der ganzen Gesellschaft zu wahren und zu fördern. Zu ihm gehört ferner
die besondere Beachtung und Unterstützung der zentralen Institutionen
der *civil society* (z. B. Gesetzgebung und richterliche Gewalt), die die Gesamtgesellschaft «repräsentieren» und für sich in Anspruch nehmen, allen Teilen der Gesellschaft gerecht zu werden. Bürgersinn ist eine kogni-
tive und normative Denk- und Verhaltensweise; er ist eine Denkhaltung,
bei der das individuelle Selbst im Bewußtsein des einzelnen neben seinem Anteil am kollektiven Selbst existiert, das den Entscheidungen und
Handlungen des einzelnen Grenzen setzt und seinem Einfluß unterwirft.

«Zivilität» in diesem Sinne ist die Anerkennung einer Verpflichtung, neben den eigenen Interessen zumindest bis zu einem gewissen Grade auch das Gemeinwohl oder die Gesamtgesellschaft zu berücksichtigen. Ein allgemein verbreitetes ziviles Denken sorgt für einen Ausgleich zwischen den verschiedenen rivalisierenden und ihre Sonderinteressen vertretenden Teilen der Gesellschaft. Auf diese Weise kann die Gesellschaft weiterhin als eine Gesellschaft funktionieren und nicht nur als das Nebenprodukt der Rivalitäten und Konflikte, die zwischen den einzelnen Teilen der Gesellschaft ausgetragen werden.

Wenn dieses «zivile» Element in einer Gesellschaft relativ stark ausgeprägt ist, sprechen wir von einer *civil society.* Es ist jener (15) ‖ Komplex oder jenes Geflecht aus Institutionen, Handlungen und gemeinsamen Überlegungen, das einzelne Gesellschaftsmitglieder, Gruppen, Kollektive und Institutionen mit den «repräsentativen» Institutionen des Zentrums und dadurch mit der Gesellschaft insgesamt und untereinander verbindet.

Die Verbindung mit dem Zentrum ist etwas Eigenes neben den Interaktionen oder dem Beziehungsgeflecht der Individuen oder Gruppen durch Austausch und Macht, die ebenfalls eine Gesellschaft ausmachen. Diese Verbindung erfolgt durch die Teilhabe der Individuen an dem «Wir», das für jeden einzelnen jeweils andere Gruppen und Individuen der Gesellschaft umfaßt. Das «Wir» ist das kollektive Selbstbewußtsein, das Bewußtsein der einzelnen Individuen, Teile eines «Wir» zu sein, etwas, von dem sie wissen, daß auch andere zu ihm gehören oder an ihm teilhaben.

Dieses zivile Kollektivbewußtsein hat einen territorialen Bezugsrahmen. Es ist das Territorium, auf dem die Menschen leben, die sich auf das Zentrum hin orientieren. Die Forderungen oder Ansprüche des Zentrums gegenüber dem Territorium und dessen Bevölkerung definieren die Grenzen des Territoriums der *civil society.*

[…]

Solange er nicht durch eine *civil society* eingeschränkt wird, führen der öffentliche Pluralismus und die daraus resultierenden Spaltungen einfach zu einer Blockierung im Zentrum, so daß die- (18) ‖ ses nicht mehr seinen für die Gesellschaft wichtigen Aufgaben nachkommen kann.

Oder aber die Gesellschaft wird so konfliktgeladen, daß die Legitimität des Zentrums aufgrund seiner Wirkungslosigkeit abgeschwächt würde. Das Kollektivbewußtsein könnte seinen Zweck nicht mehr erfüllen, und es würde uneingeschränkt das Gesetz des Stärkeren herrschen. Die Schwächeren würden noch häufiger und in noch größerer Zahl an die Wand gedrückt, als dies ohnehin auch in einer *civil society* bereits der Fall ist. Im Extremfall bewegt sich die Gesellschaft auf einen Krieg aller gegen alle zu oder noch wahrscheinlicher auf eine Tyrannei, die Ordnung und inneren Frieden verspricht. So geschah es mit der Weimarer Republik und mit dem russischen Zarenreich am Ende des Ersten Weltkriegs.

Ein Krieg aller gegen alle ist tatsächlich keine reale Möglichkeit in menschlichen Gesellschaften. Intern erzeugte Krisen gibt es zwar immer wieder, aber die meisten Gesellschaften suchen sie nach Kräften zu vermeiden. Zweifellos kann es auch in einer *civil society* zu Krisen und selbst zu schweren Konflikten kommen, aber sie arten nicht in Bürgerkriege oder unkontrollierbare Gewaltausbrüche aus. Angesichts der Offenheit und Legitimität von Partikularinteressen in einer *civil society* muß die Seltenheit von gewaltsamen Auseinandersetzungen als eine besondere Leistung gewertet werden. Liberale Demokratien sind nie auf einen chronischen Naturzustand regrediert, noch wurden sie – mit Ausnahme Deutschlands und Italiens – Opfer von Gewaltherrschaft.

Wichtige Elemente der *civil society* sind auch Selbstbeherrschung und die Anerkennung, daß der Rivale oder Konkurrent doch auch Angehöriger der eigenen *civil society* ist. Eine solche Zurückhaltung kann auch daraus resultieren, daß die einzelnen Akteure sich der Existenz staatlicher Machtmittel bewußt sind, mit Vergeltungsmaßnahmen der Gegenseite rechnen oder daß sie sorgfältig die Vor- und Nachteile ihres Handelns abwägen. Diese unterschiedlichen Motive der Selbstkontrolle verstärken sich gegenseitig.

Eine *civil society* könnte überhaupt nicht existieren ohne die Anerkennung der Legitimität staatlicher Gewalt und ohne die reale Möglichkeit, daß der Staat seine Gewaltmittel auch tatsächlich einsetzt. Eine rücksichtsvolle, humanitäre oder wohlwollende Einstellung der anderen Individuen oder Gruppen innerhalb der (19) ‖ eigenen Gesellschaft ist häufig, aber nicht immer ein äußeres Zeichen der Bindung an die Gesellschaft als Ganzes und an die Gesamtheit ihrer Bürger.

Diese Solidarität mit den anderen in der eigenen Gesellschaft wird möglicherweise genährt oder verstärkt durch den Glauben an eine gemeinsame Abstammung von Vorfahren, die über bestimmte wichtige Eigenschaften verfügten, welche ihren heute lebenden Nachfahren übertragen wurden. Aus dem Bewußtsein einer gemeinsamen Verbindung zu einem Zentrum der historischen Vergangenheit – in diesem Fall einem ursprünglichen Zentrum – kann sich eine solche Solidarität entwickeln.

Zusammenfassend läßt sich sagen: Eine *civil society* ist eine pluralistische Gesellschaft, in der die Autonomie ihrer einzelnen Mitglieder, Gruppen und Gemeinschaften dadurch charakterisiert ist, daß sie Verpflichtungen anerkennt, die von den Individuen und Gruppen gegenüber der Gesellschaft als Ganzem und ihren besonderen zentralen Organen und Gesetzen eingegangen werden. (20)

Ralf Dahrendorf

Zweifellos sind die meisten der Institutionen, die wir mit tiefreichenden sozialen Bindungen oder Banden in Verbindung bringen, über lange Zeiträume hinweg gewachsen: die Familie, Nachbarschaft, die Kirche und möglicherweise sogar die Nation. Als ich zu Beginn meines Vortrags von den Zerstörungen der *civil society* gesprochen habe, habe ich gesagt, daß zumindest einige der Institutionen, die in den vergangenen Jahrzehnten Schaden gelitten haben, hierzu gehören und demnach vormodern und autoritär sind. Aber können wir es uns wirklich leisten, romantischer zu sein als Tocqueville? Er war mit dem Dahinschwinden einer aristokratischen Gesittung sicherlich nicht einverstanden; dennoch überwand er in seinem Buch *Die Demokratie in Amerika* seine inneren Gefühle und hatte eine Gesellschaft im Blick, die auf der Grundlage der fundamentalen Gleichheit der staatsbürgerlichen Rechte, die er als Demokratie bezeichnete, neue Institutionen errichtet hatte. Tatsächlich denkt man zunächst an das Beispiel der Vereinigten Staaten, wenn es um die Möglichkeiten geht, Institutionen zu errichten. Bis auf den heutigen Tag ist es die *civil society* der USA, die die Einbildungskraft der Menschen gefangennimmt. Wie angetan manche US-Amerikaner auch von Prognosen ihres Niedergangs sein mögen und wie wenig sich andere mit der Außenpolitik und gegenwärtig mit der Politik der USA überhaupt anfreunden können, die *civil society* dieses Landes ist nach wie vor der starke Magnet, der Millionen in den Flüchtlingslagern Asiens, in den inflations- und schuldengeplagten Nationen Lateinamerikas und selbst in jenen postkommunistischen Ländern anzieht, die einen Übergang zu bewerkstelligen versuchen. Es ist gut, ein Beispiel für die gelungene Errichtung von Institutionen zu haben, aber selbst die Vereinigten Staaten hatten dafür mehr Zeit als jedes andere Land heute. Was können wir also (258) ‖ tun? Zunächst sollten wir das Offensichtliche nicht übersehen. Zwar sind formale staatsbürgerliche Rechte nur eine notwendige und keine hinreichende Bedingung für eine *civil society*, aber sie sind jedenfalls bitter notwendig. Bürgerliche, politische und zumindest elementare soziale Rechte sind eine unerläßliche Voraussetzung einer freiheitlichen Verfassung. Darüber hinaus ist es möglich, bestimmte Institutionen zur Abstützung dieser formalen Rechte zu errichten, unter anderem eine unabhängige Gerichtsbarkeit zur Garantie bürgerlicher Rechte, politische Parteien und eine freie Presse, um politischen Alternativen Ausdruck zu verleihen, und Wirtschaftsunternehmen, die auf einem Markt als Mittler zwischen Wirtschaftsbürgern und dem Reichtum der Nationen wirken. Das ist bereits eine ganze Menge von Aufgaben, und es mag vielleicht beckmesserisch klingen, wenn ich sage, daß selbst das alles noch nicht ausreicht.

Es reicht aber nicht aus. Wenn staatsbürgerliche Rechte *(citizenship)* im Verhalten der Menschen verankert und zu einer Gewohnheit werden sollen, dann muß noch mehr geschehen. Es mag merkwürdig anmuten, wenn ein Vortrag über die Perspektiven der *civil society* in Europa auf der anderen Seite des Atlantik endet, aber dafür gibt es gute Gründe. Einige von ihnen finden sich bei Tocqueville. Als er die Bedeutung der Religion in den Vereinigten Staaten hervorhob, meinte er damit selbstverständlich keine der etablierten Kirchen. US-amerikanische Bindungen sind kurzlebiger, aber auch hochgesinnter. Zahlreiche Kirchen, wie sie in vielen Gemeinden an der Sabbath Street nebeneinanderbestehen, beleben den Glauben der Menschen und ihr Zugehörigkeitsgefühl. Auch die lokalen Gemeinden als solche tragen dazu bei. Die lokale Selbstverwaltung – jene endlosen Wahlzettel für die Wahlen des Sheriffs, der Gemeinderäte und der Mitglieder der Schulbehörde – ist ein wesentliches Element der nordamerikanischen *civil society*. Lokale Initiativen beschränken sich außerdem keineswegs auf die Wahlpolitik. Selbst in den Großstädten gibt es in der Regel immer jemanden, der sich eines bestehenden Problems annimmt. (259) [...]

Jedenfalls ereignet sich *civil society* im wirklichen Leben von wirklichen Menschen. Sie ist nicht nur ein abstrakter Begriff in den Lehrbüchern der Demokratie. Sie mag ihre Fehler und Unzulänglichkeiten haben, aber sie existiert als ein Ankergrund für Rechte, die andernfalls in erbaulichen, aber irrelevanten Texten ein unverbindliches Dasein führen würden.

So leicht es ist, Institutionen zu zerstören, so schwierig ist es, sie zu errichten. Ein einziges, entschlossen handelndes Individuum in einer Machtposition kann die Tradition der *civil society* in Gefahr bringen, aber es braucht viele mutige und entschlossene Menschen, um einen Zustand herzustellen, in dem substantielle staatsbürgerliche Rechte herrschen.[334] Sie müssen alle und gleichzeitig an den verschiedensten Fronten tätig sein. Einige müssen in Gewerkschaften und politischen Parteien mitarbeiten, andere werden als Rechtsanwälte und Journalisten tätig sein, wieder andere werden unabhängige Organisationen gründen, und viele werden einfach bemüht sein, ihre Unternehmen, Zusammenschlüsse oder Institutionen als autonome öffentliche Einrichtungen in Gang zu halten. Es gibt kein verbindliches strategisches Rezept für den Aufbau einer *civil society*, obgleich jedes Beispiel, das gegeben wird, weit über seine unmittelbare Bedeutung hinaus von Wert ist. Eine *civil society* ist eine komplizierte Angelegenheit, und zu ihrem Aufbau sind viele helfende Hände nötig.

Vielleicht scheitern wir an dieser Aufgabe. Vielleicht wünschen wir uns ein historisches Gesetz, das besagt, Übergänge führten zwangsläufig zur Freiheit. Aber historische Gesetze gibt es nicht. Nicht einmal die fortgeschrittenen und in vieler Hinsicht «zivilen» Gesellschaften der OECD können sicher sein, daß es ihnen gelingen wird, die in den letzten zehn Jahren gewachsenen gesellschaftlichen Chancen durch bestimmte Garantien zu ergänzen. (260) ‖ Der Kampf um die *civil society* ist zugleich eine Anerkennung ihrer Komplexität. Viele Menschen haben es lieber einfach. Tatsächlich geht heute die größte Gefahr für die *civil society* vom Fundamentalismus aus. Die Behauptung religiöser und pseudo- oder parareligiöser Gruppen, wir kämen auch ohne die Komplexitäten der *civil society* aus und könnten uns statt dessen im öffentlichen und im Privatleben auf einfache geoffenbarte Wahrheiten verlassen, ist ein Angriff auf sämtliche Traditionen bürgerlicher Zivilität und staatsbürgerlicher Rechte. Dennoch mag er am Ende den Sieg davontragen. Die *civil society* ist zugleich Ziel und Kampf. Sie hat nichts Automatisches oder Zwangsläufiges an sich, dafür jedoch manches, das wünschenswert ist und deshalb in die Tat umgesetzt werden sollte. (261)

Quelle: Shils, Was ist eine *Civil Society*?, 1991, S. 14 – 16, 17 – 20;
Dahrendorf, Die gefährdete *Civil Society,* 1991, S. 258 – 261

Michael Walzer, *Was heißt zivile Gesellschaft?*, 1991

In seinem 1991 in der Zeitschrift «Dissent» erschienenen Aufsatz fragt Michael Walzer (geb. 1935) in aristotelischer Tradition nach dem «guten Leben» und untersucht, welche Wege die Republik, die Ökonomie, der Konsum und die Nation aufzeigen. Unzufrieden mit den gefundenen Antworten, erblickt er in der «zivilen Gesellschaft» ein mögliches Korrektiv.[335] Allerdings sieht Walzer auch die Ambivalenzen, die in diesem Projekt angelegt sind. Zum einen kann es sich nicht – wie es osteuropäischen Dissidenten vorschwebte – von den staatlichen Strukturen lösen, sondern ist auf diese angewiesen, um eine stabile «zivile Gesellschaft» zu schaffen. Walzer weist in diesem Zusammenhang darauf hin, dass eine «sich selbst überlassene zivile Gesellschaft» «tiefgreifende Ungleichheit» hervorbringen könne.[336] Zum anderen sieht er im Projekt der «zivilen Gesellschaft» ein weiteres Problem darin, dass es weniger attraktiv ist, als es erscheint. Im Vergleich zu den politischen Ideologien strahlt es eine gewisse Beliebigkeit aus, wenn es auf die Kernformel «Organisiere dich, wofür du dich interessierst» reduziert wird; zum anderen muss das Projekt damit leben, dass die übergroße Mehrheit innerhalb der Gesellschaft wenig oder gar kein Interesse verspürt, sich zivilgesellschaftlich zu engagieren.[337] Dabei wäre dieses Bürgeren-

gagement für Walzer der entscheidende Beitrag, um eine fragmentierte Gesell-
schaft zu einen.[338]

All diese Antworten sind verbohrt,[339] weil sie nur auf Eines setzen. Sie verfehlen die Komplexität der menschlichen Gesellschaft, die unvermeidlichen Konflikte von Verpflichtung und Loyalität. Daher fühle ich mich unbehaglich bei dem Gedanken, es könnte eine fünfte, schließlich richtige Antwort auf die Frage nach dem guten Leben geben. Dennoch gibt es eine fünfte, die neueste (sie bezieht sich auf weniger zentrale Themen der Gesellschaftstheorie dieses und des letzten Jahrhunderts). Sie behauptet, nur in der zivilen Gesellschaft könne man ein gutes Leben führen, im Reich der Zersplitterung und des Kampfes, aber auch der konkreten und echten Solidarität, in dem wir E. M. Forsters Rat «only connect» befolgen,[340] «uns einfach verbinden» und gesellige oder gemeinschaftsliebende Männer und Frauen werden. Und natürlich ist dies die beste aller Lebensweisen.

Hier wird uns ein Bild von Menschen präsentiert, die (78) ‖ sich freiwillig vereinigen und miteinander kommunizieren, die allerlei Gruppen bilden und umbilden, nicht um irgendeiner besonderen Gestaltung – wie Familie, Stamm, Nation, Religion, Kommune, Brüder- oder Schwesternschaft, Interessengruppe oder weltanschauliche Bewegung – halber, sondern um der Geselligkeit selbst willen. Denn wir sind von Natur aus soziale Wesen, bevor wir politische oder ökonomische sind.

Was ich damit zum Ausdruck bringen will, ist: Das Argument für eine zivile Gesellschaft ist eher ein Korrektiv zu den vier ideologischen Auffassungen vom guten Leben – zum Teil bestreitet es sie, zum Teil nimmt es sie auf – und weniger eine fünfte Antwort neben diesen. Es stellt Einseitigkeit in Frage ohne selbst einseitig zu sein. […] Idealerweise ist die zivile Gesellschaft ein Handlungsraum von Handlungsräumen, alle sind aufgenommen, keiner wird bevorzugt. Das Argument ist eine liberale Fassung der vier Antworten, es akzeptiert sie alle, beharrt darauf, daß jede den anderen Platz einräumt, und deshalb läßt es keine als letzte Antwort gelten. Der Liberalismus er- (79) ‖ scheint hier als Anti-Ideologie, und das ist in der gegenwärtigen Welt eine anziehende Einstellung. Ich werde dieser Anziehungskraft Nachdruck verleihen, während ich zu erklären versuche, wie die zivile Gesellschaft die vier Antworten tatsächlich einschließen und bestreiten kann. Später werde ich jedoch einräumen müssen, daß auch diese so geistreiche und wohlwollende Einstellung eigene Schwierigkeiten mit sich bringt. (80) [...]

Antipolitische Illusionen

[...]

Dies ist tatsächlich die Erfahrung der Dissidenten: der Staat konnte ihre Gewerkschaften, Kirchen, freien Universitäten, Schwarzmärkte und *Samisdat*-Veröffentlichungen [341] nicht zerstören.[342] Gleichwohl möchte ich vor die- (88) ‖ sen anti-politischen Neigungen warnen, die gewöhnlich die Verherrlichung der zivilen Gesellschaft begleiten. Das Netzwerk der Vereinigungen schließt staatliche Machtinstanzen ein, aber es kann nicht auf sie verzichten. Ebensowenig kann sozialistische Kooperation oder kapitalistischer Wettbewerb ohne den Staat auskommen. Deshalb sind so viele Dissidenten heute Minister. Es trifft in der Tat zu, daß die neuen sozialen Bewegungen in Ost und West – die sich mit ökologischen und feministischen Fragen, mit den Rechten der Einwanderer und nationaler Minderheiten, dem Arbeitsplatz und Sicherheitsnormen der Waren (und so weiter) beschäftigen – nicht wie die demokratischen Bewegungen und Arbeiterbewegungen von einst, auf die Machtergreifung abzielen.[343] Dies stellt einen wichtigen Wandel sowohl in der demokratischen Sensibilität als auch in der Ideologie dar, einen Wandel, der eine neue Wertschätzung der Teile gegenüber dem Ganzen widerspiegelt und zu einer neuen Bereitschaft führt, sich mit weniger als einem vollständigen Sieg zu begnügen. Es kann überhaupt keinen Sieg geben, der nicht eine gewisse Kontrolle über den Staatsapparat oder den Gebrauch staatlicher Machtmittel einschließt. Der Zusammenbruch des Totalitarismus gibt den Mitgliedern der zivilen Gesellschaft eben deshalb mehr Vollmachten, weil der Staat nun zugänglich geworden ist.

Darin liegt die Paradoxie des Arguments der zivilen Gesellschaft. Staatsbürger zu sein, ist eine der vielen Rollen, die Mitglieder spielen, aber der Staat selbst ist keine Vereinigung wie die anderen. Er ist einerseits Rahmen für die zivile Gesellschaft, und nimmt andererseits einen

Platz in ihr ein. Er legt die Grenzbedingungen und die grundlegenden Regeln aller Tätigkeiten in den Vereinigungen fest (einschließlich der politischen). Er nötigt die Mitglieder der Vereinigungen, sich über ein Gemeinwohl Gedanken zu machen, jenseits ihrer eigenen Vorstellungen vom gut- (89) ‖ en Leben. Selbst der gescheiterte Totalitarismus etwa des kommunistischen Staates in Polen hat zumindest in einem die Solidarność beeinflußt: er bestimmte nämlich, daß Solidarność eine *polnische* Gewerkschaft war, die ihr Augenmerk auf wirtschaftliche Einrichtungen und eine Arbeitspolitik innerhalb der Grenzen Polens richtete. Ein demokratischer Staat nun, der mit den anderen Vereinigungen in einem kontinuierlichen Austausch steht, hat gleichzeitig mehr über ihre Beschaffenheit und Lebenskraft zu entscheiden. Er dient den Bedürfnissen der vernetzten Vereinigungen, wie sie von Männern und Frauen ausgearbeitet worden sind, die zugleich Mitglieder und Staatsbürger sind, oder aber er tut es nicht. Ich werde […] Beispiele aus […] Amerika anführen.

Familien, in denen beide Eltern arbeiten, sind auf staatliche Unterstützung in Form öffentlich subventionierter Kindertagesstätten und guter staatlicher Schulen angewiesen. Nationale Minderheiten benötigen eine Unterstützung, um ihre eigenen Ausbildungsprogramme organisieren und aufrechterhalten zu können. Betriebe in Arbeiterselbstverwaltung und Verbraucherkooperativen haben staatliche Kredite oder die Zusage von Darlehen nötig. Und das gilt auch (häufiger sogar stärker) von kapitalistischen Unternehmern und Firmen. Wohltätigkeitsvereine und gegenseitige Hilfe, Kirchen und private Universitäten sind von Steuerbefreiungen abhängig. Arbeitergewerkschaften müssen rechtliche Anerkennung und Sicherheiten gegenüber «unfairen Arbeitspraktiken» genießen können. Berufsvereinigungen brauchen staatliche Unterstützung, um ihre Zulassungsverfahren durchzuführen. Und quer durch den ganzen Bereich von Vereinigungen müssen einzelne Männer und Frauen vor der Macht von Beamten, Angestellten, Sachverständigen, Parteibossen, Vorarbeitern, Direktoren, Priestern, Eltern und Wohltä- (90) ‖ tern geschützt werden. Kleine und schwache Gruppen vor großen und mächtigen. Denn die sich selbst überlassene zivile Gesellschaft bringt tiefgreifende Ungleichheit in den Machtverhältnissen hervor, die nur staatliche Macht anfechten kann.

Die zivile Gesellschaft fordert auch die Macht des Staates heraus, insbesondere dann, wenn Vereinigungen über Geldmittel und Unterstützer außerhalb des Landes verfügen. Weltreligionen, pannationalistische Bewegungen, die neuen Umweltschutzgruppen, multinationale Konzerne. Wahrscheinlich werden wir auf diese Herausforderungen unterschiedlich reagieren – vor allem, nachdem wir die wirkliche, wenn auch bedingte Bedeutung des Staates erkannt haben. Multinationale Konzerne müssen z. B. ebenso in ihre Schranken verwiesen werden wie Staaten mit imperialistischen Bestrebungen. Möglicherweise läßt sich dies am ehesten durch kollektive Sicherheiten durchführen, d. h. durch Bündnisse mit anderen Staaten, die ihre Wirtschaftssteuerung aufeinander abstimmen und ihr so eine gewisse internationale Wirksamkeit verleihen. Derselbe Mechanismus mag sich für die neuen Umweltschutzgruppen als nützlich erweisen. Im ersten Fall setzt der Staat die Konzerne unter Druck, im zweiten reagiert er auf den Druck der Umweltschützer. Die beiden Fälle deuten noch einmal darauf hin, daß die zivile Gesellschaft eine politische Handlungsinstanz benötigt. Und der Staat ist ein solche, unverzichtbare Instanz – auch wenn das Netzwerk der Vereinigungen immer den Organisationsbestrebungen staatlicher Bürokraten Widerstand leistet.

Nur ein demokratischer Staat kann eine demokratische zivile Gesellschaft schaffen, nur eine demokratische zivile Gesellschaft kann einen demokratischen Staat aufrechterhalten. Der zivilisierte Umgang der Bürger miteinander, der demokratische Politik ermöglicht, kann nur in den Netzwerken der Vereinigungen erlernt werden. Die (91)‖ annähernd gleichen und weit zerstreuten Fähigkeiten, welche die Netzwerke unterstützen, müssen vom demokratischen Staat gefördert werden. Gegenüber einem unterdrückenden Staat werden die Bürger, die auch Mitglieder sind, dafür kämpfen, daß autonomen Vereinigungen und Marktverhältnissen (wie auch lokalen Regierungen und dezentralisierten Bürokratien) Platz eingeräumt wird. Aber der Staat kann niemals ausschließlich das sein, als was er im Liberalismus erscheint, ein bloßer Rahmen für die zivile Gesellschaft. Er ist selbst auch ein entscheidendes Kampfmittel, das dazu verwandt wird, das gemeinsame Leben zu gestalten. Deshalb genießt die Staatsbürgerschaft einen gewissen praktischen Vorrang unter all unseren anderen wirklichen und möglichen Mitgliedschaften. Das heißt keineswegs, daß wir jederzeit Staatsbürger sein müssen, und in der Politik, wie Rousseau verlangte, den größeren Teil unseres Glück[s] finden sollen. Die meisten von uns werden woanders glücklicher und nur manchmal in Staatsangelegenheiten verwickelt sein. Aber wir müssen in einem Staat leben, der unser zeitweiliges Verwickeltsein zuläßt.

Auch müssen wir uns keineswegs die ganze Zeit in unseren Vereinigungen engagieren. Eine demokratische zivile Gesellschaft wird von ihren Mitgliedern kontrolliert, aber nicht durch einen einzigen Prozeß von Selbstbestimmung, sondern durch eine große Anzahl verschiedener und unkoordinierter Prozesse. Diese müssen nicht alle demokratisch sein, denn aller Wahrscheinlichkeit nach werden wir Mitglieder vieler Vereinigungen sein, und von einigen werden wir wollen, daß sie sich auch in unserer Abwesenheit von unseren Interessen leiten lassen. Die zivile Gesellschaft ist hinreichend demokratisch, wenn wir uns zumindest in einigen ihrer Teilbereiche als maßgebliche und verantwortliche Teilnehmer betrachten können. Staaten sind an ihrer Fähigkeit, diese Art von Teilhabe auf- (92) rechtzuerhalten, zu messen – was sich ziemlich von der heroischen Feurigkeit unterscheidet, die den Rousseauschen Staatsbürger auszeichnen sollte. Die zivile Gesellschaft wird daran gemessen, ob sie fähig ist, Bürger hervorzubringen, die wenigstens manchmal Interessen verfolgen, die über ihre eigenen und diejenigen ihrer Genossen hinausgehen, und die über das politische Gemeinwesen wachen, das die Netzwerke der Vereinigungen fördert und schützt.

Pathos und Prosa

Ich will einen Standpunkt verteidigen, den man, etwas sperrig «ein kritisches Eintreten für freie Vereinigungen» nennen könnte. Ich möchte mich den Befürwortern der zivilen Gesellschaft anschließen, aber fühle mich dabei etwas unbehaglich. Man kann nämlich nicht sagen, wir verlören nichts, wenn wir die verbohrten Einseitigkeiten der demokratischen Staatsbürgerschaft, der sozialistischen Kooperation, der individuellen Selbstbestimmung oder der nationalen Identität aufgeben. In all diesen Projekten lebte eine Art von Heroismus – eine angespannte Tatkraft, ein klares Bewußtsein von der Richtung des eingeschlagenen Weges, eine unerschütterliche Anerkennung von Freund und Feind. Sich eines von ihnen zu eigen zu machen, hieß, eine ernsthafte Verpflichtung einzugehen. Das Eintreten für eine zivile Gesellschaft läßt sich damit nicht so recht vergleichen. Sich in Vereinigungen zu engagieren, kann man sich zwar als ein ebenso wichtiges Unterfangen wie die anderen vorstellen, aber seine größte Tugend liegt darin, daß es vieles einschließt, und das liefert nicht den Stoff, aus dem die Helden gemacht sind. «Treten Sie der Vereinigung ihrer Wahl bei», ist keine Parole, um die sich politische Kämpfer scharen. Und doch verlangt die zivile (93) ‖ Gesellschaft genau dies: Männer und Frauen, die sich aktiv engagieren – im Staat, in der Wirtschaft und der Nation, ebenso wie in den Kirchen, Nachbarschaftsvereinen, Familien und vielen anderen Handlungsräumen.

Dieses Ziel zu erreichen, ist nicht so leicht, wie es klingt. Viele Menschen, vielleicht die meisten, sind nur sehr locker mit dem Netzwerk verbunden. Eine wachsende Anzahl von Menschen scheinen ein Engagement völlig zu scheuen – die passive Klientel des Staates, alle, die des Marktes überdrüssig sind, wütende, sich in Positur werfende Nationalisten. Das Unterfangen der zivilen Gesellschaft trifft anders als all die anderen Projekte nicht auf anstachelnde Feindseligkeit. Seine Protagonisten stoßen mit größerer Wahrscheinlichkeit auf dumpfe Gleichgültigkeit, Furcht, Verzweiflung, Apathie und Rückzug.

In Mittel- und Osteuropa ist die zivile Gesellschaft immer noch ein Schlachtruf, denn sie fordert die Demontage des totalitären Staates und bringt die belebende Erfahrung unabhängiger Vereinigungen mit sich. Was von uns im Westen verlangt wird ist nichts so Großartiges, noch bietet sich dafür eine einzige Beschreibung an (aber diese Erkenntnis steht auch dem Osten bevor). Das Projekt zivile Gesellschaft kann nur im Hinblick auf alle anderen Projekte beschrieben werden, deren Einseitigkeit zum Trotz. Meine Darlegung auf diesen Seiten führt daher zu folgenden Vorschlägen: 1) der Staat muß dezentralisiert werden, so daß die Staatsbürger mehr Gelegenheiten haben, die Verantwortung für (einige) ihre(r) Tätigkeiten zu übernehmen; 2) die Wirtschaft muß vergesellschaftet werden, so daß es viele verschiedene Akteure auf dem Markt gibt, so wohl genossenschaftliche wie private; und 3) nach dem Modell der religiösen Toleranz sollte man den Nationalismus pluralisieren und zähmen, so daß es verschiedene Möglichkeiten gibt, historische Identitäten zu verwirklichen und aufrechtzuerhalten. (94)

[…]

Die zivile Gesellschaft selbst wird von Gruppen aufrechterhalten, die viel kleiner als der *demos*, die Arbei- (96) ‖ terklasse, die Masse der Konsumenten oder die Nation sind. Sie alle werden notwendigerweise pluralisiert, wenn sie in das Netzwerk eingeschlossen werden. Sie werden Teil jener Welt von Familien, Freunden, Genossen und Kollegen, in der Menschen miteinander verbunden und füreinander verantwortlich sind. Ohne daß Menschen miteinander verbunden und füreinander verantwortlich sind, sind «Freiheit und Gleichheit» weitaus weniger anziehend, als wir früher glaubten. Ich besitze keine Zauberformel, um Verbindungen zu stiften oder den Sinn für Verantwortlichkeit zu stärken. Dies sind keine Ziele, die mit historischen Garantien versehen oder durch einen einzigen vereinten Kampf erreicht werden können.

Die zivile Gesellschaft ist ein Projekt von Projekten. Sie verlangt viele Organisationsstrategien und neue Formen staatlichen Handelns. Sie erfordert eine neue Empfänglichkeit für das, was lokal, spezifisch und kontingent ist, und vor allem ein neues Bewußtsein davon (um einen berühmten Satz zu variieren), daß das gute Leben im Detail liegt.

Quelle: Walzer, Zivile Gesellschaft, 1992, S. 78–80, 88–94, 96 f.

Herfried Münkler, *Zivilgesellschaft und Bürgertugend*, 1993

Herfried Münkler (geb. 1951) weist in seiner an der Humboldt-Universität Berlin gehaltenen Antrittsvorlesung auf die republikanische Tradition der Bürgertugend als konstituierendes Moment des modernen Zivilgesellschaftsbegriffs hin. Zivilgesellschaft wird so zu einem normativ aufgeladenen System, das in der sozialwissenschaftlichen Praxis den Forscher zwingt, sich selbst innerhalb des Normengeflechts zu positionieren.[344] Im zweiten Textausschnitt vergleicht Münkler liberale Ordnungs- und Normvorstellungen mit denen der Zivilgesellschaft u. a. im Hinblick auf ihre Auswirkungen auf den Freiheitsbegriff.

Zivilgesellschaft bezeichnet demnach zunächst eine Form menschlichen Zusammenlebens, in der der Zusammenhang der Gesellschaft nicht durch die hinter dem Rücken der Akteure wirkenden Marktgesetze und auch nicht durch staatliche Zwangsvereinnahmung hergestellt wird, sondern im Handeln eines jeden einzelnen *intentional* präsent sein muß, wenn denn das Gemeinwesen als eine Verbindung von Freien Bestand haben soll. Es ist dieser starke Akzent auf der sozio-moralischen Kompetenz der Bürger, eben auf der Bürgertugend, der das Konz[e]pt der Zivilgesellschaft von dem der bürgerlichen Gesellschaft wie dem des anstaltlichen Staates unterscheidet.[345]

Aber was soll das heute heißen, Bürgertugend? Die Abwehr des Tugendbegriffes als einer politischen Kategorie hat sich in der pejorativen Rede von den Sekundärtugenden verdichtet. Zugestanden: zunächst verweisen die sekundären auf die primären Tugenden, die betonte Zweitrangigkeit weckt Erwartungen hinsichtlich des Erstrangigen. Aber von dem ist eigentlich nie die Rede. Unmerklich ist der Bezug des Sekundären aufs Primäre durchtrennt worden, und statt dessen sind Zweitrangigkeit und Tugend eine begrifflich feste Verbindung eingegangen. Schon lange wird Sekundärtugend nicht mehr als Kompositum verwendet, sondern als *ein* Wort; sein Inhalt: Tugend ist sekundär!

In der Verachtung der Tugend als einer gesellschaftlich-politischen Ressource ist die Kritik an Mangel und Not mit dem Glücksversprechen einer hedonistischen Zivilisation eine bemerkenswerte Verbindung eingegangen. So hat es den Anschein, als sei Tugend, im öffentlichen Raum ebenso wie im privaten Bereich, ein semantisches Strategem der Konservativen, mit dessen Hilfe die Menschen daran gehindert werden sollen, ihre eigenen Interessen und Wünsche zum Zentrum ihrer Lebensentwürfe zu machen. Im Feld der politischen Semantik figurieren Tugend und Selbstverwirklichung als opponierende Begriffe. (7) ǁ

Das scheint auf den ersten Blick durchaus plausibel zu sein: Tugend, so der erste Versuch einer noch sehr allgemeinen Bestimmung des Begriffs, ist die Bereitschaft zu freiwilligem, nicht durch die öffentliche Gewalt erzwungenem Verzicht, zum Verzicht auf die Aneignung oder den Gebrauch von Gegenständen ebenso wie zur Unterlassung von Handlungen, wobei dieser Verzicht im Gegensatz steht zu den unmittelbaren Interessen dessen, der verzichtet. Zumindest kurzfristig gesehen, ist Tugend ein Dispositiv, das dem ungehinderten Ausleben der Triebe, der Durchsetzung von Interessen, der Verwirklichung von Wünschen entgegengesetzt ist. Bezogen auf den Zusammenhang von Tugend und Politik heißt das, daß die politische Gemeinschaft in den die öffentliche Sphäre der Bürger betreffenden Wünschen und Handlungen immer als eine in ihrem Eigenwert zu respektierende Größe mitgedacht werden muß. Bürgertugend verweigert sich der Vorstellung, Gesellschaft und Staat mitsamt ihren Institutionen seien wesentlich nichts anderes als bloße Ressourcen bei der Verfolgung der je eigenen Interessen. Statt dessen attestiert Bürgertugend diesem Bereich einen eigenen Wert und ein eigenes Gewicht, das ihn instandsetzt, *mit Gründen* von den Einzelnen den Verzicht auf Güter und die Unterlassung von Handlungen zu fordern.

Tugendhaft nun ist, wer sich dazu ohne äußeren Zwang bereitfindet. Ohne äußeren Zwang – darin wird ein wesentliches Kennzeichen der Bürgertugend sichtbar, das verständlich machen kann, warum sie mit Zivilgesellschaft in engster Verbindung steht. Bürgertugend nämlich steht dafür, daß die Bürger von sich aus und ohne die Zwangsgewalt des Staates in ihren Handlungen die Bestandsvoraussetzungen des Gemeinwesens, dem sie angehören, beachten und sichern. Sie erweisen sich damit, um es emphatisch zu formulieren, als *Bürger* im Gegensatz zu *Untertanen*. (8)

[…]

Ist das republikanische Modell, die Zivilgesellschaft, das Reflexivwerden der ständigen Bedrohung einer real existierenden Republik durch den Ehrgeiz einzelner und das Machtstreben der Faktionen, so ist das liberale Modell entworfen gegen die Realität des absolutistischen Fürstenstaates, zunächst als Versuch, eine seinem Zugriff weithin entzogene Sphäre der Gesellschaft zu separieren und daran anschließend als Domestikation des sozio-ökonomisch freigestellten Staates durch den Entwurf (23) ‖ allgemeiner Leitlinien und Normen, an denen Staatshandeln zu orientieren sei. Im liberalen Ordnungsmodell muß dabei die Existenz von Zwischenräumen und Diffusionszonen allein schon darum geleugnet werden, weil sie – aus der Sicht dieses Modells – mit gutem Grund als Aufmarschräume des staatlichen Gegenschlags gegen die Autonomieansprüche der Gesellschaft angesehen werden, während umgekehrt das republikanische Ordnungsmodell sich gerade auf diese Zwischenräume und Diffusionszonen konzentrieren muß, insofern sie der Ort der Korrumpierung der Bürgertugend sind, das Feld, auf dem immer wieder Gemeinwohlorientierungen Privatinteressen zum Opfer fallen oder Privatinteressen unter dem Vorwand des allgemeinen Nutzens handlungsleitend werden. Die brillanten Analysen, die sich in der klassischen politischen Theorie von Sallust bis Rousseau, Machiavelli bis Jefferson, allenthalben finden, beziehen sich auf diese Zwischenräume und Diffusionszonen.

Liberale Ordnung und Bürgergesellschaft sind also nicht zwei grundverschiedene Entwürfe politischer Ordnung, wie dies die vielfach antithetische Begrifflichkeit nahelegen könnte, sondern zwei unterschiedliche Begriffsstrategien, die Möglichkeiten und Erfordernisse politischer Selbstbestimmung auszuloten und zu orten. Sie sind strategisch verschiedene Zugriffe auf die Ermöglichungsbedi[n]gungen der Freiheit, was zur Folge hat, daß Freiheit unterschiedlich akzentuiert wird: eher als politische Partizipation oder stärker als persönliche Sekurität. Während das liberale Modell Freiheit von einem politikfernen Standpunkt denkt, begreift die Bürgergesellschaft Freiheit aus dem Zentrum politischen Handelns heraus. Diese spezifische Perspektivierung hat das liberale Modell in weitgehender Institutionalisierung der Funktionen und Separierung der Sphären den Schlüssel zur Freiheitssicherung sehen lassen, während die Zivilgesellschaft, viel stärker mit dem politischen Handeln selbst als mit der Beschränkung seiner Reichweite beschäftigt, Institutionalisierung und Separierung nur als ein Element der Lösung ansieht und sich darüber hinaus auf die in den Zwischenräumen und Diffussionszonen angesiedelten sozio-moralischen Dimensionen politischer Ordnung konzentriert. (24)

Quelle: Münkler, Zivilgesellschaft, 1994, S. 7 f., 23 f.

VI
Zivilgesellschaft und ihre Akteure in der Gegenwart:
Positionen und Debatten

1. Zivilgesellschaft als politisches Instrument – zivilgesellschaftliche Akteure

Gerhard Schröder, *Zivile Bürgergesellschaft*, 2000

In Gerhard Schröders (geb. 1944) programmatischem Beitrag «Die zivile Bürgergesellschaft» geht es um die Neugewichtung zwischen staatlichen Aufgaben und den Pflichten und Aufgaben des Bürgers.[346] Zivilgesellschaft wird als zentrale Möglichkeit gesehen, die durch die Marktwirtschaft verursachten Ungleichheiten zu überwinden. Durch bürgerschaftliches Engagement werden die Bürger besser in ihr Gemeinwesen integriert und das Gemeinwesen seinerseits gestärkt. Rhetorisch geschickt wird der Rückzug des herausgeforderten und überforderten modernen Sozialstaats aus einem Teil seiner Verpflichtungen vorbereitet. Während der Begriff der Zivilgesellschaft innerhalb der Sozialdemokratie in den Jahren um 2000 durchaus häufiger verwendet wurde, spielte er nach Schröders Rücktritt vom Parteivorsitz im Februar 2004 kaum noch eine Rolle.[347] Begriffsgeschichtlich konnte sich der Ausdruck «zivile Bürgergesellschaft», der durch «zivil» und «Bürger» eine Doppelung in sich trägt, nicht durchsetzen.[348]

Wie wollen, wie sollen wir in Zukunft Gerechtigkeit und Beteiligung, Solidarität und Innovation erreichen; wie gestalten wir eine lebenswerte Gesellschaft, die nicht ausgrenzt und in der die Fähigkeiten aller am besten zur Geltung kommen? Wie die Initiative fördern, die Schwachen schützen und die Stärkeren zu ihrem Beitrag ermuntern?

Dies sind die Fragen, vor deren Hintergrund wir die aktuellen Überlegungen um eine grundsätzliche Stärkung und Erneuerung der Zivilgesellschaft diskutieren sollten. Es geht hier nicht um das Aufbrechen totalitärer oder vormundschaftlicher Strukturen, gegen die der Begriff «Zivilgesellschaft» in den Staaten des «real existierenden Sozialismus» mobilisiert wurde. Schon gar nicht haben wir gegen Apartheid oder Militärherrschaft zu kämpfen. Aber auch der oft wohlfeile Slogan von «Entbürokratisierung» und «Deregulierung» trifft den Kern einer zivilgesellschaftlichen Identität nicht. [...] Mir geht es beim Konzept der modernen

Zivilgesellschaft darum: um eine «Zivilisierung des Wandels» durch politische Integration und ein neues Bürgerbewusstsein. Um mehr Eigenverantwortung, die zu Gemeinwohl führt. Das Ziel ist weder die Abschaffung des Staates noch der Rückzug der Politik. Wenn die Politik sich aus ihrer Verantwortung zurückzieht oder sich unter Hinweis auf die gewaltigen internationalen Fliehkräfte nicht mehr an der Gestaltung beteiligt, überlässt sie die Gesellschaft ihren Zerreißproben. (201) […]

Staat und Zivilgesellschaft stehen in einem Spannungsverhältnis zueinander, aber nicht in unversöhnlichem Gegensatz. Die Zivilgesellschaft braucht einen besseren, einen aktiven und aktivierenden Staat.

Eine der großen Illusionen, vor allem in der sozialdemokratischen Gesellschaftspolitik, ist die Vorstellung, «mehr Staat» sei das beste Mittel, um mehr Gerechtigkeit zu erreichen. Aber die Aufwendung oder gar Ausweitung der «klassischen» Interventionsmittel Gesetz, Gewalt und Geld kann in einer Gesellschaft, «in der das Bewegen so wichtig geworden ist wie das Ordnen» (Alain Touraine [349]), nicht mehr ausreichen. In Wirklichkeit führt ein immer größerer «Verantwortungs-Imperialismus» des Staates gegenüber der Gesellschaft geradewegs zur Abschaffung des Politischen. (202)‖

Gerade weil aber die Herstellung und Bewahrung sozialer Gerechtigkeit in einem umfassenden Sinne oberstes Ziel sozialdemokratischer Politik ist und bleibt, können wir uns nicht mehr auf Verteilungsgerechtigkeit beschränken. Dies geht schon deshalb nicht, weil eine Ausweitung der Sozialhaushalte nicht zu erwarten und übrigens auch nicht erstrebenswert ist. Für die soziale Gerechtigkeit in der Wissens- und Informationsgesellschaft ist vor allem die Herstellung von Chancengerechtigkeit entscheidend.

Für das gesellschaftliche Projekt der Teilhabe und Teilnahme möglichst aller am Haben und Sagen kommt es darauf an, Ausschluss und Ausgrenzung einzelner oder ganzer Gruppen der Bevölkerung zu verhindern, indem wir ihre sozialen, kulturellen und wirtschaftlichen Fähigkeiten fördern.

Auf die politische Ebene übertragen, heißt das für mich, ganz im Sinne des Goethe-Wortes, wonach diejenige Regierung die beste sei, «die uns lehrt, uns selbst zu regieren», dass wir der Gesellschaft Raum schaffen, ihre Belange selbst zu regeln – und zugleich den Beitrag jedes einzelnen zur Gestaltung seines eigenen und des gesellschaftlichen Lebens einfordern. «Fördern und fordern» scheint mir auch im Hinblick auf die Zivilgesellschaft eine richtige Maxime politischen Handelns. (203)

[...]

Ich gebe zu, dass der Sozialdemokratie die Abgrenzung zwischen Sozialstaat und Zivilgesellschaft nicht immer leicht gefallen ist. Zwar ist der Kampf um Selbstbestimmung konstitutiv für die deutsche Arbeiterbewegung, und genossenschaftliche Selbstorganisation ist gewissermaßen «ursozialdemokratisches» Erbe.

Aber insbesondere bei den Gewerkschaften trat schon Ende des vergangenen Jahrhunderts die Einsicht in den Vordergrund, dass auch die stärkste Arbeiter-Assoziation die notwendigen Mittel für die soziale Sicherung einer häufig Not leidenden Arbeiterschaft nicht aufbringen könnte.

Wenn auch der Gedanke zunächst dominierte, die Autonomie der Hilfskassen vor staatlichem Zugriff zu bewahren, knüpften sich doch – entgegen aller revolutionären Terminologie – mehr und mehr Hoffnungen an den Sozialstaat, dessen Grundlagen Bismarck eigentlich geschaffen hatte, um die Sozialdemokratie wirksamer zu bekämpfen.

Die gemachte Erfahrung, dass der Staat tatsächlich für den Schutz der Arbeiter und der Schwachen in die Pflicht zu nehmen war, hat die Sozialdemokratie in der Folgezeit stark geprägt – auch wenn der Staatsgedanke in der Partei noch lange unklar und umstritten blieb. (204)

[...]

Die Diskussion um Staat und zivile Bürgergesellschaft steht erst am Anfang. Mir scheint dennoch jetzt schon gewiss, dass die Erfahrungen mit einer «aktivierten» Zivilgesellschaft unser Staatsverständnis nachhaltig verändern werden. Dabei dürfen wir uns nicht auf einen Selbstlauf verlassen. Als Instrument, die Zivilgesellschaft an die Strukturen der modernen Ökonomie heranzuführen, ist der Staat unverzichtbar. Aber der Staat muss auch den Willen zu einer solchen Förderung der Zivilgesellschaft aufbringen und umsetzen.

Der Staat wird dafür weniger in Behörden agieren müssen als in lokalen und regionalen Netzwerken. Zu ihrem Instrumentarium werden Verhandlungsgeschick und Überzeugungsarbeit mindestens so sehr gehören müssen wie Geld und Vorschriften.

Einen solchen Staat kann man sich als wirkungsvoller und effizienter zugleich vorstellen. Er ist nicht der «Expertenstaat», der zwischen Juristen und Markt kaum noch Raum lässt, sondern ein «offener Bürgerstaat», der den Schutz der Schwachen garantiert, indem er das Gemeinwesen zu gemeinschaftlicher Verantwortung ermuntert.

Eines jedoch darf bei der angestrebten «Rückkehr des Politischen» nicht außer Acht gelassen werden: Eine gute Gesellschaftspolitik ist ohne gute Wirtschaftspolitik nicht zu haben. Augenblicklich läuft die Wirtschaft Gefahr, sich auf internationale Notwendigkeiten zurückzuziehen. Für viele Menschen stellt sich das genau anders herum dar: Vieles an der Entwicklung ist ihnen zu weit entfernt, anderes zu individuell und zu vereinzelt. Politik hat hier die Aufgabe, ein neues, besseres Verhältnis zwischen Nähe und Distanz zu schaffen. Subsidiarität, die Rückgabe von Verantwortung an die Menschen, die diese Verantwortung tragen können und wollen, ist kein «Geschenk» des Staates, sondern gesellschaftspolitische Notwendigkeit.

Die Zivilgesellschaft folgt dem Prinzip der Rückkehr zu kleinen Einheiten. Sozialdemokratische Wirtschaftspolitik muss dafür sorgen, dass diese Einheiten lebbar und lebensfähig werden. (207)

Quelle: Schröder, Bürgergesellschaft, 2000, S. 201 – 203, 204, 207

George W. Bush, *Inaugural-Rede*, 2001

Bereits unter Bill Clinton hatte man sich in den USA der Tocqueville'schen Analysen über das amerikanische Gemeinwesen erinnert und beim «President's Summit for America's Future» im April 1997 Bürger aufgefordert, sich stärker für das Gemeinwesen zu engagieren.[350] *Als George W. Bush (geb. 1946) sich in seiner Inaugural-Rede vom 20. Januar 2001 auf die Werte der «civil society» berief, griff er aktuelle politische Überlegungen auf und fügte sie in die «Meistererzählung» amerikanischer Geschichte und Traditionen von Freiheit, Aufstieg und Eigeninitiative ein. Die Berufung auf die Zivilgesellschaft stellte keine spezifische Erfindung der Republikanischen Partei dar. Die Tugenden des «verant-*

wortlichen Bürgers» («responsible citizen») bilden das Fundament der ameri-
kanischen Gesellschaft; gehen sie verloren, kann keine Regierung diese fehlende
Basis ersetzen. In der Tradition eines Thomas Paine steht selbst bei den amerika-
nischen Neokonservativen – zumindest in der symbolisch aufgeladenen Inaugu-
ral-Rede, die weniger ein politisches Programm ausdrückt als vielmehr der
Selbstvergewisserung der Nation dient – die Gesellschaft über dem Staat. Deut-
lich wird aber auch, wie dieser Zivilgesellschaftsbegriff ein Gegenüber schafft –
die «Feinde der Freiheit», gegen die man seine eigenen Interessen durchsetzen
werde.

Amerika wurde nie durch Blut, Geburt oder Boden geeint. Wir sind durch
Ideale verbunden, die uns unabhängig von unserer Herkunft bewegen,
uns über unsere Interessen hinaus heben und uns zeigen, was es bedeutet, Bürger zu sein. Jedes Kind muss diese Grundsätze lernen. Jeder Bürger
muss sie aufrechterhalten. Und jeder Einwanderer, indem er diese Ideale
übernimmt, macht unser Land mehr, nicht weniger, amerikanisch.
Heute besiegeln wir eine neue Verpflichtung, die Verheißung unserer Nation durch Zivilität *(civility)*, Mut, Mitfühlen und Charakter auszuleben.
   Amerika, von seiner besten Seite, verbindet die Hingabe an seine Prinzipien mit der Sorge um die Zivilität. Eine Zivilgesellschaft *(civil society)*
fordert von jedem von uns Wohlwollen und Respekt, einen fairen Umgang und Vergebung. Einige scheinen zu glauben, dass es sich unsere
Politik leisten kann, kleinlich zu sein, da in einer Zeit des Friedens in unseren Debatten nicht so viel auf dem Spiel zu stehen scheint. Aber für
Amerika sind die Einsätze nie klein. Wenn unser Land den Kampf um die
Sache der Freiheit nicht führt, wird er nicht geführt. Wenn wir die Herzen der Kinder nicht für Wissen und Persönlichkeit öffnen, verlieren wir
ihre Gaben und untergraben ihren Idealismus. Wenn wir es zulassen,
dass unsere Wirtschaft einfach niedergeht und verfällt, leiden die
Schwächsten am meisten. Wir müssen der Berufung gerecht werden, die
wir teilen. Zivilität ist keine Taktik oder ein Gefühl. Sie ist die bewusste
Wahl von Vertrauen statt Zynismus, Gemeinschaft *(community)* statt
Chaos. Und dieses Engagement, wenn wir es beibehalten, ist ein Weg zur
gemeinsamen Vollendung.
   Amerika, von seiner besten Seite, ist auch mutig. Unser nationaler Mut

kam in Zeiten von Depression und Krieg deutlich zum Ausdruck, als die Verteidigung gegen gemeinsame Bedrohungen unser Gemeinwohl definierte. Nun müssen wir entscheiden, ob das Beispiel unserer Väter und Mütter uns anspornen oder verurteilen wird. Wir müssen Mut in einer segensreichen Zeit zeigen, indem wir uns Problemen stellen, statt sie an zukünftige Generationen weiterzugeben. Zusammen werden wir Amerikas Schulen zurückgewinnen, ehe Ignoranz und Teilnahmslosigkeit mehr junge Leben fordern. Wir werden das Sozialversicherungs- und Gesundheitssystem reformieren, um unsere Kinder vor Kämpfen zu bewahren, die wir verhindern können. Und wir werden die Steuern senken, um unsere Wirtschaft wieder in Schwung zu bringen und die Anstrengungen und den Unternehmungsgeist der arbeitenden Amerikaner zu belohnen. Wir werden unsere Verteidigung über die Herausforderungen hinaus aufbauen, damit Schwäche nicht zur Kampfansage einlädt. Wir werden Massenvernichtungswaffen den Kampf ansagen, damit dem neuen Jahrhundert neue Schrecken erspart bleiben. Die Feinde der Freiheit und unseres Landes sollen keinen Fehler machen: Durch seine Geschichte und seine Entscheidung engagiert sich Amerika weiterhin in der Welt, um ein Kräftegleichgewicht zu bilden, das die Freiheit begünstigt. Wir werden unsere Verbündeten und unsere Interessen verteidigen. Wir werden Entschlossenheit zeigen – ohne Arroganz. Wir werden Aggression und Arglist mit Standhaftigkeit und Stärke begegnen. Und gegenüber allen Nationen werden wir für die Werte eintreten, die bei der Geburt unserer Nation gewirkt haben.

Amerika, von seiner besten Seite, ist mitfühlend. Tief in unserem amerikanischen Bewusstsein wissen wir, dass extreme, lang andauernde Armut der Verheißung unserer Nation nicht würdig ist. Und wie auch immer unsere Meinungen zu den Ursachen ausfallen mögen, sind wir uns einig, dass nicht die Kinder der Gefährdeten daran schuld sind. Kindesaussetzung und -missbrauch sind nicht höhere Gewalt, sie sind ein Versagen der Liebe. Und die Verbreitung der Gefängnisse, trotz aller Notwendigkeit, ist kein Ersatz für Hoffnung und Ordnung in unseren Seelen. Wo Leid ist, ist auch Pflicht. Amerikaner in Not sind keine Fremden, sie sind Bürger, keine Problemfälle, sondern genießen Vorrang. Und wir alle werden schwächer werden, wenn einige ohne Hoffnung sind. […]

Unser öffentliches Interesse hängt vom persönlichen Charakter, von Bürgerpflichten, Familienbindungen und elementarer Gerechtigkeit ab, von unzähligem, ungeehrtem, ehrbarem Engagement, das unsere Freiheit leitet. Manchmal werden wir im Leben aufgefordert, große Taten zu vollbringen. Aber wie ein Heiliger unserer Zeit sagte, werden wir jeden Tag aufgefordert, kleine Dinge mit großer Liebe zu tun. Die wichtigsten Aufgaben einer Demokratie werden von jedem getan. Ich werde nach diesen Prinzipien leben und führen: Ich werde mit Zivilität meine Überzeugungen vorantreiben, das Gemeinwohl mit Mut verfolgen, für mehr Gerechtigkeit und Mitgefühl eintreten, mehr Verantwortung fordern und versuchen, dies auch zu leben. Auf dieser Art und Weise werde ich die Werte unserer Geschichte in die Obhut unserer Zeiten legen. Was Sie tun, ist genauso wichtig wie irgendetwas, das die Regierung tut. Ich fordere Sie auf, nach einem Gemeinwohl jenseits Ihrer Bequemlichkeit zu streben, notwendige Reformen gegen leichtfertige Attacken zu verteidigen, Ihrer Nation zu dienen, angefangen bei Ihrem Nachbarn. Ich fordere Sie auf, Bürger zu sein: Bürger, nicht Zuschauer; Bürger, nicht Untertanen; verantwortliche Bürger, die Gemeinden des Dienstes *(communities of service)* und eine Nation des Charakters bauen.

Amerikaner sind großzügig und stark und anständig, nicht weil wir an uns selbst glauben, sondern weil wir Überzeugungen jenseits unserer selbst haben. Wenn dieser Geist der Bürgerschaft fehlt, kann kein Regierungsprogramm ihn ersetzen. Wenn dieser Geist vorhanden ist, kann kein Unrecht sich ihm in den Weg stellen. [...]

Quelle: Bush, Inaugural-Adresse, 2001, www.whitehouse.gov/news/inaugural-address. html (übersetzt von Jeffrey Butler und J. S.)

Weltsozialforum, *Charta der Prinzipien*, 2001

Vom 25. bis 30. Januar 2001 fand in Pôrto Alegre / Brasilien das erste Weltsozialforum (WSF) statt. Um die Weiterarbeit dieser Initiative zu gewährleisten, wurde nach Abschluss des Forums eine Charta erarbeitet, die am 9. April 2001 durch das Organisationskomitee des WSF genehmigt und – mit Änderungen versehen – am 10. Juni 2001 vom Internationalen Rat des WSF angenommen

wurde. Das WSF präsentiert sich dabei als offene, basisdemokratische, partizi-
pative soziale Bewegung, die mit dem Mittel von Diskussion, Meinungsaus-
tausch und weltweiter Vernetzung eine gerechte Welt erstrebt.[351] *In der Selbstbe-*
schreibung sieht sich das WSF als Organisator und Vermittler für transnational
tätige zivilgesellschaftliche Akteure, ohne selbst die Rolle einer «Weltzivilgesell-
schafts-Institution» übernehmen zu wollen.[352] *Die Charta ist durch das Span-*
nungsverhältnis zwischen bewusster Distanz zur politisch-staatlichen Macht
einerseits und dem Streben nach Organisation und Einflussnahme andererseits
gekennzeichnet. Auch in der Zivilgesellschaftsdiskussion ist umstritten, inwie-
weit zivilgesellschaftliche Akteure sich von staatlicher Macht fernhalten sol-
len.[353]

1. Das Weltsozialforum ist ein offener Treffpunkt für reflektierendes
Denken, demokratische Debatte von Ideen, Formulierung von Anträgen,
freien Austausch von Erfahrungen und das Verbinden für wirkungsvolle
Tätigkeit, durch und von Gruppen und Bewegungen der Zivilgesellschaft, die sich dem Neoliberalismus und [der] Herrschaft der Welt durch
das Kapital und jeder möglichen Form des Imperialismus widersetzen,
und sich im Aufbauen einer planetarischen Gesellschaft engagieren, die
auf fruchtbare Verhältnisse innerhalb der Menschheit und zwischen dieser und der Erde engagieren.

2. Das Weltsozialforum in Pôrto Alegre war ein örtlich und zeitlich be-
grenztes Ereignis. Ab sofort, aus der in Pôrto Alegre proklamierten Ge-
wissheit: «Eine andere Welt ist möglich!», wird das Weltsozialforum ein
permanenter Prozess des Suchens und des Aufbauens von Alternativen
sein, der nicht auf die Ereignisse reduziert werden kann, die ihn unterstützen.

[…]

4. Die auf dem Weltsozialforum vorgeschlagenen Alternativen stehen
in Opposition zu einem Prozess der Globalisierung, der befohlen wird
von den großen multinationalen Konzernen und von den Regierungen
und internationalen Institutionen, die den Interessen jener Konzerne zu
Diensten sind, unter der Mittäterschaft nationaler Regierungen. Diese Alternativen sind so gestaltet, dass eine Globalisierung in Solidarität als
vorherrschendes neues Stadium in der Weltgeschichte sichergestellt

wird. Dieses wird die allgemeinen Menschenrechte respektieren, die Rechte aller Bürger – Männer und Frauen – aller Nationen, die Umwelt, und sie wird gestützt sein auf demokratische, internationale Systeme und Institutionen im Dienste sozialer Gerechtigkeit, Gleichheit und der Selbstbestimmung der Völker.

5. Das Weltsozialforum bringt Organisationen und Bewegungen der Zivilgesellschaft aus allen Ländern in der Welt nur zusammen und verbindet sie, aber beabsichtigt nicht, eine Institution zu sein, welche die Weltzivilgesellschaft repräsentiert.

6. Die Treffen des Weltsozialforums beraten nicht im Namen des Weltsozialforums als einer Institution. Folglich wird niemand im Namen irgendwelcher der einzelnen Veranstaltungen des Forums autorisiert, Positionen auszudrücken, die behaupten, die aller seiner Teilnehmer zu sein. Die Teilnehmer des Forums werden nicht ersucht, Beschlüsse als Institution zu treffen, weder durch Wahl noch durch Zuruf, über Erklärungen oder Anträge für Aktionen, die alle oder die Mehrheit binden würden, die Vorschläge als etablierende Positionen des Forums als Institution anzunehmen. Folglich stellt es weder einen Ort der Macht dar, über den von den Teilnehmern auf dessen Treffen zu diskutieren wäre, noch beabsichtigt es, die einzige Option für die Wechselbeziehungen und Aktivitäten der Organisationen und Bewegungen, die an ihr teilnehmen, festzusetzen.

7. Nichtsdestotrotz muss Organisationen oder Gruppen von Organisationen, die an den Treffen des Forums teilnehmen, das Recht zugesichert werden, während solcher Treffen, Erklärungen oder Aktionen zu beratschlagen, über die sie, einzeln oder in der Koordination mit anderen Teilnehmern, beschließen können. Das Weltsozialforum beabsichtigt, solche Beschlüsse mit den ihm zur Verfügung stehenden Verteilungsmitteln weiter zu verbreiten, ohne sie zu lenken, zu hierarchisieren, zu kritisieren oder einzuschränken, sondern als Ergebnisse der Organisationen oder der Gruppen von Organisationen, welche die Beschlüsse getroffen haben.

8. Das Weltsozialforum ist ein pluraler, breit gefächerter, nichtkonfessioneller, nichtstaatlicher und nichtparteiischer Zusammenhang, der auf dezentralisierte Art und Weise die Organisationen und Bewegungen

verknüpft, die durch konkrete Aktionen von der lokalen bis zur internationalen Ebene dabei mitwirken, eine andere Welt aufzubauen.

9. Das Weltsozialforum wird immer ein Forum sein, das offen ist für Pluralismus, Vielfältigkeit der Aktionen und Arten des Engagements der Organisationen und der Bewegungen, die sich entscheiden, an ihm teilzunehmen, sowie für Vielfalt der Geschlechter, der Ethnien, der Kulturen, der Generationen und der physischen Kapazitäten, vorausgesetzt sie halten sich an die Prinzipien dieser Charta. Weder Repräsentanten von Parteien noch militärische Organisationen können am Forum teilnehmen. Regierungsmitglieder und Staatsbeamte, die die Verpflichtungen dieser Chart[a] annehmen, können als Einzelpersönlichkeiten eingeladen werden.

10. Das Weltsozialforum widersetzt sich allen totalitären und reduktionistischen Ansichten der Wirtschaft, der Entwicklung und der Geschichte, und dem Einsatz von Gewalttätigkeit als Mittel der Sozialsteuerung durch den Staat. Es unterstützt Respekt für die Menschenrechte, die Praxis echter Demokratie, partizipatorische Demokratie, friedliche Beziehungen in Gleichheit und Solidarität zwischen Menschen, Ethnien, Geschlechtern und Völkern, und verurteilt alle Formen von Herrschaft und jede Unterdrückung eines Menschen durch einen anderen.

11. Als ein Diskussionsforum ist das Weltsozialforum eine Bewegung von Ideen, die zur Reflexion auffordern, und der transparenten Zirkulation der Ergebnisse dieser Reflexion, über die Mechanismen und Instrumente der Herrschaft durch Kapital, über die Mittel und Aktionen, dieser Herrschaft zu widerstehen und sie zu überwinden, und über die vorgeschlagenen Alternativen zur Lösung des Problems des Ausschlusses und der sozialen Ungleichheit, das der Prozess der kapitalistischen Globalisierung mit seinen rassistischen, sexistischen und umweltzerstörenden Dimensionen international und innerhalb von Ländern schafft.

12. Als ein Rahmen für den Austausch von Erfahrungen ermutigt das Weltsozialforum das Verständnis und die gegenseitige Anerkennung unter seinen teilnehmenden Organisationen und Bewegungen, und legt speziellen Wert auf den Austausch unter ihnen, besonders über alles das, was die Gesellschaft aufbaut, um die wirtschaftlichen und die politischen Aktivitäten dahin zu konzentrieren, dass sie den Bedürfnissen der

Menschen gerecht werden und die Natur respektieren, sowohl innerhalb der gegenwärtigen als auch für zukünftige Generationen.

13. Als ein Zusammenhang von Wechselbeziehungen versucht das Weltsozialforum nationale und internationale Verbindungen unter Organisationen und Bewegungen der Gesellschaft zu verstärken und neue zu schaffen, welche – sowohl im öffentlichen wie im privaten Bereich die Fähigkeiten zum gewaltfreien sozialen Widerstand gegen den Prozess der Entmenschlichung, den die Welt zur Zeit durchläuft, zu erhöhen und gegen die vom Staat ausgeübte Gewalt, und welche die humanen Maßnahmen verstärken, die durch die Aktionen dieser Organisationen und Bewegungen ergriffen werden [Satz sic].

14. Das Weltsozialforum ist ein Prozess, der seine Teilnehmerorganisationen und -bewegungen anregt, ihre Tätigkeiten in die Zusammenhänge von lokalen bis nationalen Ebenen hineinzustellen, und aktive Teilnahme im internationalen Kontext zu suchen, als Anliegen einer planetarischen Staatsbürgerschaft, und in die globale Agenda ihre Veränderung hervorbringenden Praktiken, mit denen sie experimentieren, eine neue Welt in Solidarität aufzubauen, einzubringen.

Quelle: Weltsozialforum, Charta, 2001, http://weltsozialforum.org/prinzipien/

Enquete-Kommission des Deutschen Bundestages, *Bürgerschaftliches Engagement*, 2002

Die Enquete-Kommission «Bürgerschaftliches Engagement» wurde am 14. Dezember 1999 vom Bundestag eingesetzt. Ihr gehörten elf Politiker von SPD, CDU/CSU, Bündnis 90/Die Grünen und FDP sowie elf Sachverständige an.[354] Die Kommission hatte die Aufgabe, «konkrete politische Strategien und Maßnahmen zur Förderung des freiwilligen gemeinwohlorientierten, nicht auf materiellen Gewinn ausgerichteten bürgerschaftlichen Engagements (kurz: Bürgerschaftliches Engagement) in Deutschland zu erarbeiten».[355] Die beiden folgenden Ausschnitte zeigen im ersten Teil die ‹gute Zivilgesellschaft›; er illustriert gewissermaßen die Umsetzung des staatstragenden Auftrags der Kommission. Der folgende Abschnitt verdeutlicht allerdings, dass die Enquete-Kommission nicht die Augen vor der ‹unzivilen Zivilgesellschaft› verschloss.

Eng verbunden mit dem Begriff der Bürgerin und des Bürgers ist die Idee der Bürgergesellschaft. Sie setzt die liberalen politischen Freiheitsrechte voraus, begnügt sich aber nicht mit ihnen. Der Begriff der Bürgergesellschaft ist ideengeschichtlich mit dem Begriff der «guten politischen Ordnung» verbunden. Die Idee der aktiven Bürgerschaft geht auf die antike Polis und auf die italienischen Stadtrepubliken der frühen Neuzeit zurück und bezeichnet bis heute den Status, der die mit gleichen Rechten und Pflichten ausgestatteten Mitglieder einer politischen Gemeinschaft auszeichnet. Demokratische Bürgerschaft ist gleichzeitig mit dem Anspruch aktiver Teilhabe verbunden, d. h. mit der Bereitschaft, sich informiert in die politische Willensbildung einzumischen, sich an Wahlen und Abstimmungen zu beteiligen sowie öffentliche Aufgaben und Ämter zu übernehmen. Da Demokratien zudem weitgehend auf Zwang verzichten wollen und können, wird bürgerschaftliches Engagement zur politischen Tugend, die die «gute Bürgerin» bzw. den «guten Bürger» auszeichnet. Es ist gleichzeitig der Gradmesser für die demokratische Qualität eines Gemeinwesens.

Bürgergesellschaft ist die Vision einer politischen Gemeinschaft, in der nicht allein oder vorrangig der Staat und seine Institutionen für die Zukunft der politischen Gemeinschaft Verantwortung tragen. Bürgergesellschaft heißt, sich von der Vorstellung der Allzuständigkeit des Staates zu verabschieden, zuzulassen und zu fordern, dass Bürgerinnen und Bürger in größerem Maße für die Geschicke des Gemeinwesens Sorge tragen. Bürgergesellschaft ist eine Gesellschaft selbstbewusster und selbstverantwortlicher Bürger, eine Gesellschaft der Selbstermächtigung und Selbstorganisation.

Die Verwirklichung dieser Idee erfordert, die Kräfte bürgerschaftlicher Selbstorganisation zu stärken und sich von der Vorstellung einer Staatsgesellschaft zu verabschieden. Dies bedeutet auf lokaler Ebene eine Öffnung der Verwaltungen für die Anliegen der Bürger; auch müssen den Bürgern Ressourcen zur Verfügung stehen, um die eigenen Angelegenheiten erfolgreich in die Hand nehmen zu können. Der Gedanke der Selbstorganisation meint schließlich, die Bürgerinnen und Bürger als Akteure für das Gemeinwohl ernst zu nehmen.

Verbunden mit dieser Vision der Bürgergesellschaft ist ein neues Verständnis von gesellschaftlicher Verantwortung und Bürgerpflicht. Unter dem Stichwort einer neuen Verantwortungsteilung wird in der Bürgergesellschaft mehr bürgerschaftliche Verantwortung von den Bürgerinnen und Bürgern erwartet – ohne dass dies vom Staat erzwungen wird. Die Idee der Bürgergesellschaft rechnet vielmehr mit einer freiwilligen Verantwortungsübernahme. Damit treten neben den Rechten auch die Pflichten wieder stärker in den Mittelpunkt der Aufmerksamkeit – allerdings verstanden im Sinne einer «freiwilligen Selbstverpflichtung»[356]. Formen der Selbstverpflichtung werden umso notwendiger, je stärker sich der Staat von geltenden Regelungsansprüchen zurückzieht und Aufgaben, die nicht staatlich geregelt werden (33) ‖ müssen, bürgerschaftlichen Akteuren überantwortet. Deregulierung, Ermöglichung, Subsidiarität und der Abbau bürokratischer Strukturen als Elemente bürgergesellschaftlicher Reformen brauchen zu ihrem Gelingen ein Gegenstück: die innere Haltung der Bürgerinnen und Bürger, für die Gemeinschaft aus einer freiwillig übernommenen Verantwortung etwas zu tun. Der alte Begriff dafür lautet: Bürgertugend; der Begriff der freiwilligen Selbstverpflichtung übersetzt dies in ein modernes Staats- und Gesellschaftsverständnis.

Diese Bürgertugenden müssen immer wieder neu erlernt und gepflegt werden. In der Antwort auf die Frage, wie der Prozess der Verantwortungsübernahme gefördert und unterstützt werden kann, ist im letzten Jahrzehnt der Begriff des sozialen Kapitals herangezogen worden. Untersuchungen haben ergeben, dass Bürgerinnen und Bürger sich häufiger engagieren, wenn sie soziale Kontakte haben und wenn in der Gesellschaft ein Klima des Vertrauens herrscht. Soziales Kapital sorgt dafür, dass Institutionen besser funktionieren, Demokratien lebendiger sind und Politikverdrossenheit abnimmt. Mit dem Begriff des sozialen Kapitals wird erneut die Bedeutung des bürgerschaftlichen Engagements für die Leistungs- und damit Zukunftsfähigkeit einer Gesellschaft hervorgehoben. Es sind die bürgerschaftlichen «Tugenden», auf die es ankommt. (34) [...][357]

Unzivile Formen der Bürgergesellschaft

Es gibt auch unzivile Formen des Engagements. Helmut Dubiel unterscheidet vier Grundformen unziviler Gesellschaft: Despotismus/Totalitarismus, Korruption, ethnozentrischer Nationalismus und Barbarei.[358] Hinzu kommen politisch und religiös motivierter Fundamentalismus, Gewaltbereitschaft, Intoleranz und viele Formen der sozialen und politischen Ausgrenzung. Diese unzivilen Formen missbrauchen die Möglichkeiten der Bürgergesellschaft und bekämpfen ihre Prinzipien. Sie beanspruchen dabei, Teil der Vielfalt des bürgerschaftlichen Engagements zu sein. Der Begriff der Bürgergesellschaft weist jedoch nicht nur auf die Vielfalt der Engagementformen hin, die ein Gemeinwesen erst lebendig werden lassen. Er enthält zugleich einen normativen Anspruch, mit dem unzivile Formen des Engagements kenntlich gemacht werden können. Unzivile Formen des Engagements verstoßen gegen die Prinzipien der Öffentlichkeit, der Transparenz, der Achtung der Menschenwürde, der Toleranz, der Meinungsfreiheit, der Gleichheit, der Solidarität und der Gewaltlosigkeit. Diese und andere Prinzipien – Rechtsstaatlichkeit, Verfassung, Demokratie, Sozialstaat – kennzeichnen seit mehr als zwei Jahrhunderten die politische Ordnung der westlichen Demokratien[359]. Auf diesen Prinzipien beruht auch die Bürgergesellschaft.

Zweifellos ist die Bürgergesellschaft heute bereits ein Stück weit Wirklichkeit, wie die Vielzahl der Engagierten und die Vielfalt der organisatorischen Formen des Engagements zeigen. Sie stellt aber die dauerhafte Aufgabe, stets ihre Gefährdung sensibel wahrzunehmen und sich gegen den Mi[ss]brauch ihrer Möglichkeiten zur Wehr zu setzen.

Extremistische Gewalt verfügt auch über «Engagement». Sie nährt sich durch soziale Netzwerke und bildet «soziales Kapital». Mit diesen Formen werden allerdings andere Bürgerinnen und Bürger ausgeschlossen und öffentliche Räume zerstört, in denen sich alle ungehindert bewegen und artikulieren können. So sprechen z. B. rechtsextremistische Gruppen ihren politischen Gegnern vielfach die Bürgerrechte ab. Sie nutzen das Engagement, um soziale Kontrolle und latente offene Gewalt gegenüber bestimmten Gruppen der Bevölkerung auszuüben.

Auch Korruption nutzt soziale Netzwerke. Bei Korruption wird öffentliche oder anvertraute Macht für privaten Nutzen missbraucht. Absprachen werden mündlich getroffen, Schmiergelder bar übergeben und die Beteiligten vereinbaren Verschwiegenheit. Korruption ist vor allem in den Sektoren anzutreffen, in denen öffentliche Aufträge, Konzessionen, Genehmigungen und Erlaubnisse vergeben oder politische Entscheidungen getroffen werden. Dort vollzieht sich die Vorteilsnahme der Mitglieder der korrupten sozialen Netze meist zu Lasten Dritter, der Steuer- und Gebührenzahler. Korruption verletzt das Gebot der Transparenz und der sparsamen Mittelverwendung. (34) [...] Bei extremistischer Gewalt sind nach wie vor staatliche Organe, Polizei und Verfassungsschutz gefordert. Gerade im Umgang mit unzivilen Formen müssen sich die Grundsätze der Bürgergesellschaft bewähren[360]. Zivilgesellschaftliche Netzwerke können darüber hinaus bereits im Vorfeld aktiv werden, um öffentliche Räume nicht den Extremisten zu überlassen. Sie können auch ein ermutigendes Klima für Zivilcourage schaffen, damit Bürgerinnen und Bürger sich trauen, bei Angriffen auf Personen einzuschreiten und ihren öffentlichen Raum zu verteidigen. Gegen Korruption ist in den öffentlichen Verwaltungen in den letzten Jahren mit den Antikorruptionsrichtlinien einiges bewirkt worden. Aber auch die Bürgergesellschaft kann gegen Korruption präventiv tätig werden. Mehr Beteiligung der Bürgerinnen und Bürger an der öffentlichen Verwaltung und mehr Transparenz, wie sie von zivilgesellschaftlichen Organisationen wie Transparency International gefordert wird, können helfen, Korruption zu verhindern oder wenigstens zu erschweren. Eine starke Bürgergesellschaft kann gerade im kommunalen Bereich mit dazu beitragen, Korruption und gemeinwohlschädigendes Verhalten zu verhindern. (36)

Quelle: Bericht der Enquete-Kommission, 2002, S. 33 f., 36 [361]

Rupert Graf Strachwitz, *Verantwortung*, 2005

Rupert Graf Strachwitz (geb. 1947) ist seit 1997 Direktor des Maecenata Instituts für Philanthropie und Zivilgesellschaft an der Humboldt-Universität zu Berlin. In diesem Rundfunkbeitrag plädiert er – mit Bezug auf Robert Putnams Sozialkapitalthese – für mehr Eigenverantwortung der Bürger, statt dass diese sich auf den Staat verlassen. In dieser plakativen Form werden die zahlreichen Vor-

aussetzungen wie Geld, Zeit oder Bildung, die bürgerschaftliches Engagement erst ermöglichen, völlig ausgeblendet.

Die Misserfolge der Bemühungen, unser Land zu reformieren, werden von Tag zu Tag bedrückender. Keine einzige der großen, mit viel Trommelwirbel angekündigten Maßnahmen scheint wirklich zu greifen. Niemand kann die täglichen Rituale des politischen Geschäfts mehr ertragen, die den Bürgerinnen und Bürgern vermittelt werden.

[...] Der Bundeskanzler[362] kann einem direkt leid tun, denn er wird heute an einem Satz gemessen, der schon 1998 falsch war, als er ausgesprochen wurde: er wolle, so hat er damals gesagt, bei einer Wiederwahl daran gemessen werden, ob er die Arbeitslosigkeit reduziert habe. Das konnte er in keinem Fall einlösen; er selbst hat ja allenfalls Zugriff auf Stellen im Dienst des Bundes; und davon gibt es wohl immer noch eher zu viele als zu wenige.

Neil Kinnock, der frühere Führer der britischen Labour Party,[363] eines extremen Liberalismus gewiss unverdächtig, hat einmal gesagt: «Der Staat ist nicht über uns, sondern der Boden unter unseren Füßen.» Ich rede also nicht über «die da oben», die machen, was sie wollen, aber nichts voranbringen, sondern über diesen Boden, der ausgetrocknet ist und kein Wachstum mehr zulässt. Wir, die Bürgerinnen und Bürger müssen, und nur wir in unseren Köpfen können daran etwas ändern. Wir sind keine «Bevölkerung», die einer «Obrigkeit» murrend folgt, sondern die Herren und Herrinnen des Prozesses und müssen unsere Freiheit ausleben. Freilich, wie George Bernard Shaw[364] es ausdrückt, «Freiheit heißt, sich Verantwortung aufzuladen. Deshalb wird sie von vielen auch so gefürchtet!»

Also, was nun? Mehr Engagement in den politischen Prozessen! Ja, gewiss. Aber das genügt nicht, der Boden ist zu hart geworden. Aber, es gibt eine Alternative: die Zivilgesellschaft, die Summe der vielen Initiativen, Gruppen, Vereine, Verbände, Stiftungen usw., die von der Kreativität, dem Ideenreichtum, den Geschenken von Zeit und Geld, kurz vom freiwilligen bürgerschaftlichen Engagement leben. Nicht in jedem Verein wird die Welt bewegt, aber in jedem Verein wird soziales Kapital erzeugt, dort entsteht der Kitt, der unsere Gesellschaft zusammenhält. Dort versammeln sich vielfach Bürger, die in unserem Land etwas bewegen wollen. Deshalb, um im Bild zu bleiben: was wir dem Boden anvertrauen, womit wir ihn aber auch beleben wollen, müssen wir oben in unseren Köpfen und Herzen neu durchdenken.

Fast überall auf der Welt weiß man, dass eine aktive, starke Zivilgesellschaft die Voraussetzung schlechthin dafür bildet, dass die Bürger aufrecht und furchtlos zusammenhelfen und den Boden unter den Füßen wieder fruchtbar machen. So entsteht Bürgergesellschaft, die Gemeinschaft aktiver und verantwortungsbewusster Bürger, die ihre Ideen und Möglichkeiten einander anbieten. Mit diesen Ideen werden wir die Probleme unseres Landes lösen. Ich denke, es ist höchste Zeit, dass auch wir unsere Gesellschaft wieder vom Kopf auf die Füße stellen.

Quelle: Strachwitz, Verantwortung, 2005, http://www.dradio.de/dkultur/sendungen/politischesfeuilleton/358644/

Satzung und Ziel eines Rotary Clubs

Die 1905 in den USA gegründeten Rotary Clubs haben sich gemeinwohlorientierten Aufgaben verschrieben, die in zahlreichen Projekten nach außen demonstriert werden – etwa in der Kampagne gegen Kinderlähmung.[365] Trotz der offiziellen Beschreibung der Mitgliederbasis als «Abbild des lokalen Berufslebens» versammeln sich in den örtlichen Organisationen Mitglieder aus gesellschaftlichen gehobenen Sozialschichten. Kritisiert wird an den Rotariern gelegentlich, dass neben die Orientierung am Gemeinwohl in der Praxis gleichberechtigt das Eigeninteresse tritt: Aus dem in den Clubs erworbenen «sozialen Kapital» ließe sich auch ökonomisches Kapital schlagen.[366] Die zivilgesellschaftliche Debatte um Gemeinwohl und Eigeninteresse findet hier ihren Niederschlag.

Das Ziel von Rotary ist Dienstbereitschaft im täglichen Leben. Rotary sucht diesem Ziel auf folgenden Wegen näher zu kommen: durch Pflege der Freundschaft als einer Gelegenheit sich anderen nützlich zu erweisen[;] durch Anerkennung hoher ethischer Grundsätze im Privat- und Berufsleben sowie des Wertes jeder für die Allgemeinheit nützlichen Tätigkeit[;] durch Förderung verantwortungsbewusster privater, geschäftlicher und öffentlicher Betätigung aller Rotarier [;] durch Pflege des guten Willens zur Verständigung und zum Frieden unter den Völkern, durch eine Weltgemeinschaft von Berufsleuten geeint im Ideal des Dienens[.]

Die Regeln

Die Mitglieder eines Rotary-Clubs stellen in der Regel einen Querschnitt der Bevölkerung dar, jeder mit seinen individuellen Stärken und Schwächen, Fähigkeiten und Fehlern.

Ein Unterschied besteht vielleicht darin, nach welchen Regeln der Mensch sein Leben gestaltet. Jeder Rotarier sollte alles[,] was er denkt, sagt oder tut, nach der 4-Fragen-Probe von Rot. Herbert J. Taylor prüfen:

1. Ist es *wahr*?
2. Ist es *fair* für alle Beteiligten?
3. Wird es *Freundschaft* und *guten Willen* fördern?
4. Wird es dem *Wohl* aller Beteiligten dienen?

Quelle: Satzung des Rotary Clubs Kiel, www.rc-kiel.de

2. Zivilgesellschaft in wissenschaftlichen Auseinandersetzungen

Robert Putnam, *Gemeinsinn und Gesellschaft*, 2001

In einem Mehr-Länder-Vergleich, in den die USA, Großbritannien, Schweden, Australien, Japan, Frankreich, Deutschland, Spanien und die USA einbezogen wurden, untersuchten mehrere Autoren die Bildung von sozialem Kapital in den jeweiligen Gesellschaften. Sozialkapital wird als ein System von Tugenden und dichten Sozialbeziehungen verstanden. In dieser Zusammenfassung konstatiert Robert Putnam (geb. 1941), dass seine ursprüngliche, in dem einflussreichen Aufsatz «Bowling Alone» vorgetragene und auf die USA bezogene These vom Niedergang des sozialen Kapitals nicht generalisiert werden kann.[367] In den neueren Untersuchungen unterscheidet daher Putnam zwischen «bonding capital» und «bridging capital». Während die erste Form die Binnenhomogenität und Außenabgrenzung der Vereine stärkt, also ausschließend wirkt, setzt die zweite Form auf die Vermittlung und Einbeziehung der gesellschaftlichen Glieder. Zwar hätten sich neue Assoziationsformen gebildet, die auch für eine jüngere Generation als die zwischen 1910 und 1940 Geborenen – die Putnam als entscheidende ‹ Vereinsbildner › in den USA ausgemacht hatte – attraktiv seien; allerdings nimmt in diesen neuen Vereinigungen die Exklusivität zu – oder mit Putnams Worten ausgedrückt, die Fähigkeit des «bridging», also soziale Abgrenzungen zu überwinden, wird mit diesen Assoziationen nicht mehr erreicht.

Wenn wir uns näher mit den Entwicklungen der letzten Jahrzehnte in den hier dargestellten Ländern befassen, entdecken wir bestimmte gemeinsame Muster. So scheint z. B. das rückläufige Engagement in Gewerkschaften, Kirchen und politischen Parteien praktisch ein universales Phänomen zu sein. Solche allgemeinen Muster sind aufgrund bestimmter Charakteristika der niedergehenden Institutionen besonders bedeutsam. Beispielsweise waren diese Formen des Sozialkapitals besonders wichtig, um den weniger gebildeten und weniger wohlhabenden Gesellschaftsmitgliedern Stimme und Gewicht zu verleihen. Sie verkörperten auch breitere soziale Zwecke – die Befreiung der Arbeiterklasse, die Seelsorge oder das Herbeiführen bestimmter programmatischer Veränderungen in der Gesellschaft –, nicht nur in ihren verbalen Zielsetzungen, sondern auch im Leben der einzelnen Aktivisten. Diese Vereinigungen predigten die Solidarität mit den Mitmenschen. Ihr Niedergang könnte deshalb mit dem Schwund des sozialen Vertrauens zusammenhängen, der selbst in Ländern wie Großbritannien auftritt, in denen die Mitgliedschaft in Vereinigungen als solche offenbar nicht rückläufig ist.

Dieser allgemeine Niedergang scheint jedoch zumindest teilweise durch die Zuwächse ausgeglichen zu werden, die bei informellen, fließenden und persönlichen Formen sozialer Beziehungen festzustellen sind – Beziehungen, die Rothstein «solidarischen Individualismus» nennt und Wuthnow als «lockere Beziehungen» kennzeichnet.[368] [...] Ebenfalls auffällig ist, dass die meisten von unseren Autoren «impressionistische» Belege vorlegen, dass dieses hypothetische Wachstum existiert. Wenn man annimmt, dass spätere Forschungen dieses Muster bestätigen, stellt dies den stärksten Beleg gegen die einfache These dar, dass die Bürgerinnen und Bürger überall zunehmend «allein kegeln».

Andererseits befürchten die meisten Autorinnen und Autoren in diesem Band, dass die neuen individualistischen Formen des bürgergesellschaftlichen Engagements weniger zur Verfolgung gemeinsamer Ziele beizutragen vermögen. Die älteren, jetzt im Schwinden begriffenen Formen verbanden individuelles Vergnügen mit kollektiven Zwecken und ragten in unterschiedliche Bereiche hinein, wie die katholischen Gewerkschaften oder parteinahe Sport-Ligen. Die neueren Formen des sozialen Engagements sind dagegen enger, weniger brückenbildend und weniger auf kollektive oder der Allgemeinheit dienende Zwecke fokussiert. Aus unserer ersten Untersuchung ergibt sich die wichtige Hypothese, dass die neueren Formen zwar befreiender wirken mögen, jedoch weniger solidarisch sind – sie kennzeichnen eine Art Privatisierung des Sozialkapitals.

Die zunehmende Unzufriedenheit mit den politischen Institutionen ist ein weiterer allgemeiner Grundzug in den von uns dargestellten Ländern, der jedoch nicht überall zutrifft. Die meisten (781) ‖ Autoren dieses Buches sind überzeugt, dass sich die Bürgerinnen und Bürger immer mehr in die Rolle von Zuschauern und weniger von Beteiligten begeben.

Die Parteien und Gewerkschaften in den meisten unserer Länder wandeln sich zu professionellen Agenturen, die im Auftrag der Bürger und Arbeitnehmer aktiv werden; sie sind nicht mehr solidarische gesellschaftliche Bewegungen. Die Privatisierung des Sozialkapitals, die in den meisten unserer Länder auftritt, könnte traditionelle Formen des politischen Engagements spürbar aushöhlen, und viele Europäer sorgen sich in der Tat über die Ausbreitung eines «American electoralism» (und über das, was Kirchheimer «catch-all»-Parteien nannte).[369] Dieser Trend lässt sich als Übergang von einer sozialkapital-intensiven Politik zu einer medien-intensiven, professionalisierten Politik beschreiben. Eine Konsequenz könnte darin bestehen, dass sich die Gelegenheiten für die direkte Mitwirkung der Bürgerinnen und Bürger ebenso verringern wie die Möglichkeiten zum Austausch gegensätzlicher Meinungen in unmittelbaren Begegnungen. (782)

[...]

Bei neueren Debatten über die Trends in der Bürgergesellschaft wird häufig die Ansicht vorgetragen, dass sich das Sozialkapital aufgrund des Aufstieges des Wohlfahrtsstaates verringert habe; die öffentliche Politik habe das private Handeln «verdrängt». In den Beiträgen zum vorliegenden Buch werden Beispiele angeführt, für die diese These zutrifft. Für die USA gibt es beispielsweise gewisse Hinweise, dass die private Philanthropie durch die öffentlichen Sozialleistungen marginal beeinträchtigt wird. Die in diesem Buch präsentierten Belege sprechen jedoch größtenteils, wenn überhaupt, für eine gegenteilige Sicht: dass der Wohlfahrtsstaat dazu beiträgt, das Sozialkapital zu erhalten, und es nicht unterminiert. Unter den hier vertretenen Ländern ist der Wohlfahrtsstaat in den USA (wo es viele Belege gibt, die die These des Rückgangs des Sozialkapitals stützen) beinahe am schwächsten ausgeprägt, während Schweden (wo sich die These des rückläufigen Sozialkapitals am deutlichsten widerlegen lässt) den größten Wohlfahrtsstaat darstellt. Andere Autoren führen Belege aus Japan, Frankreich, Großbritannien und auch aus den USA und Schweden an, wonach die staatlichen Sozialleistungen sogar positive und nicht nur negative Wirkungen auf das Sozialkapital haben.

Der Wohlfahrtsstaat und andere Politiken können Solidarität anregen, sowohl auf symbolische als auch auf praktische Weise. Öffentliche Politiken, wie die Sozialleistungen in Großbritannien oder die Steuerpolitik in den USA, lassen sich spezifisch so gestalten, dass sie ehrenamtliche Organisationen fördern. Skocpol argumentiert,[370] der amerikanische Staat habe sowohl die Gelegenheitsstrukturen geschaffen als auch direkt die Schaffung von Sozialkapital angeregt. […] Die G. I. Bill, die den amerikanischen Kriegsveteranen nach dem Zweiten Weltkrieg eine kostenlose Universitätsausbildung erlaubte, brachte dem Sozialkapital jener Generation einen kräftigen Aufschwung, indem sowohl die Quote der Menschen mit verbesserter Ausbildung erhöht wurde als auch das soziale Engagement der Söhne der unteren Mittel- und Arbeiter- (784) ‖ schicht. Neuere Studien haben gezeigt, dass die Wohltätigkeit dieses Regierungsprogramms im Grunde «den Gefallen erwiderte», indem diese Personen in bürgergesellschaftlichen Angelegenheiten in ihrem späteren Leben aktiver waren. Das «Hineindrängen» (Unterstützung des Sozialkapitels durch die Regierung) kann ebenso wichtig sein wie das «Verdrängen». […]

Das Sozialkapital ist im Allgemeinen ungleich verteilt – in den wohlhabenderen Segmenten der Gesellschaft herrscht größeres Vertrauen und größere Bereitschaft zum Engagement, höhere Wahlbeteiligung usw. Den Bürgern, denen der Zugang zu Finanz- und Humankapital fehlt, fehlt auch der Zugang zum Sozialkapital (Japan bildet hier möglicherweise die Ausnahme). Das meiste Sozialkapital wird in der Bevölkerungsgruppe gebildet, die es am wenigsten benötigt. Es könnte deswegen sogar noch ungleicher verteilt sein als finanzielles Kapital und Humankapital. (785) ‖ […]

Traditionell waren viele organisatorische Anstrengungen der Gewerkschaften, politischen Parteien und Kirchen darauf gerichtet, diese Situation der ungleichen Verteilung von Sozialkapital zu überwinden; jedoch handelt es sich hier auch um genau jene Organisationen, die in den letzten Jahrzehnten den deutlichsten Mitgliederschwund zu verzeichnen hatten. Mehrere Autoren berichten in diesem Band von einem überproportional starken Rückgang gerade solcher Formen von Sozialkapital, die die weniger Privilegierten begünstigten und die sozialen und ökonomischen Unterschiede überbrücken halfen. (786) ‖

Vereinigungen, die die Arbeiterschaft organisierten – Gewerkschaften,

Parteien, Kirchen und traditionelle Frauenorganisationen –, haben an Bedeutung verloren. Neuere Vereinigungen – wie Sportvereine, Umweltschutzgruppen, neue soziale Bewegungen – sind vor allem für die jüngeren Angehörigen der gebildeten Mittelschichten attraktiv. Skocpol argumentiert, dass ältere Vereinigungen, wie Bruderschaften oder Veteranengruppen, besser in der Lage gewesen seien, Klassengegensätze zu überwinden, als die funktional spezialisierten Lobbygruppen, die jetzt an ihre Stelle treten. Kurz gesagt, es gibt Anlass zu der Befürchtung, dass sich Ungleichheiten in der Verteilung von Sozialkapital vergrößern, und zwar sowohl durch Trends in der Vereinslandschaft als auch durch größere demographische Entwicklungen.

Wie aber lassen sich die wachsenden Unterschiede zwischen den Klassen im Hinblick auf das Sozialkapital erklären? Wenn die alten solidarischen Bindungen schwächer werden, könnte sich zeigen, dass Bildung und bürgergesellschaftliche Fähigkeiten sowie das dadurch geförderte kulturelle Kapital als Bestimmungsfaktoren des sozialen Engagements wichtiger werden. Wenn, wie einige unserer Autoren glauben, das sich in die Arbeiterschaft erstreckende Sozialkapital durch die jüngeren Entwicklungen besonders benachteiligt war, könnte das besonders schlecht für die Gleichheit sein. Die zunehmende Verzerrung des Sozialkapitals in Bezug auf Gesellschaftsschichten könnte mit der hier festgestellten zunehmenden Einkommensungleichheit in vielen fortgeschrittenen Gesellschaften zusammenhängen, ebenso mit der wachsenden ethnischen Zersplitterung.

Die Besorgnis über die Ungleichheit – vor allem über wachsende Ungleichheiten im Bereich des Sozialkapitals – stellt den vielleicht wichtigsten roten Faden der Länderstudien dieses Buchs dar. Sowohl Forscher als auch Aktivisten müssen der sozialen Verteilung von Sozialkapital mehr Aufmerksamkeit widmen. Die Autoren dieses Bandes hoffen, mit ihrer Arbeit einen Beitrag zur zukünftigen Auseinandersetzung mit Sozialkapital zu leisten. (787)

Quelle: Putnam, Schlussfolgerungen, 2001, S. 780–787

Helmut Anheier, Marlies Glasius, Mary Kaldor, *Global Civil Society*, 2001

Bereits in der Charta des Weltsozialforums sind uns Akteure einer global aktiven Zivilgesellschaft begegnet. Auch in der Forschung kommen diese bürgerschaftlich engagierten, grenzüberschreitend organisierten Träger der Zivilgesellschaft zunehmend in den Blick.[371] Im folgenden Textausschnitt wird der Versuch unternommen, die sehr unterschiedlichen Gruppen zu systematisieren. Zur Bestimmung der Stärke der Zivilgesellschaft arbeitet dieser Forschungsansatz vor allem mit quantitativen Methoden. So werden beispielsweise die Anzahl von Nichtregierungsorganisationen, ihre Mitglieder, die Themenfelder, mit denen sie sich beschäftigen, oder die Verbindungen zwischen den Organisationen gezählt.

Die erste Prämisse ist, dass *die Verbreitung des Begriffes ‹globale Zivilgesellschaft› einer grundlegenden gesellschaftlichen Realität entspricht.* Das, was wir in den 1990er Jahren beobachten können, ist die Entstehung einer supranationalen Sphäre der sozialen und gesellschaftlichen Beteiligung, worin Bürgergruppen, soziale Bewegungen und Individuen sich in Form von Dialog, Debatte, Konfrontation und Verhandlung miteinander und mit verschiedenen staatlichen Akteuren – international, national und lokal – sowie mit der Geschäftswelt beteiligen. Gewiss hatten die katholische Kirche oder der Islam seit langem ‹globale› Bestrebungen und erhielten seit Jahrhunderten weit reichende Unternehmungen aufrecht, Kolonialreiche kamen und vergingen, politische Einheiten wie das Commonwealth, die UNO und die Europäische Union entstanden, internationale Nichtregierungsorganisationen, wie das Rote Kreuz und der Rote Halbmond, operierten oberhalb der nationalen Ebene seit vielen Jahren, sowie politische Organisationen, wie die Sozialistische Internationale und die Friedens- und Umweltbewegungen. Was jedoch neu erscheint, sind der schiere Umfang und die beträchtliche Reichweite, die viele internationale und supranationale Organisationen in den letzten Jahren erhalten haben. Die Anzahl der Organisationen und Individuen, die Teil der globalen Zivilgesellschaft sind, ist wahrscheinlich nie größer und die Spannweite und Art der Felder, auf denen sie tätig sind, nie breiter gewesen: von UNO-Konferenzen über das soziale Wohl oder über die Umwelt bis hin zu Konfliktsituationen im Kosovo, von globalisiertem Widerstand gegen das *Multilaterale Abkommen über Investitionen* (MAI)[372] bis hin zu lokalen Menschenrechtsaktivitäten in Mexiko, Burma oder Timor und von weltumspannenden Medienunternehmen bis hin zu Kampagnen der indigenen Bevölkerung durch das Internet. (4)

[...]

Die zweite Prämisse ist, dass *die globale Zivilgesellschaft sich sowohl von der Globalisierung ernährt als auch auf sie reagiert.* Wie globale Zivilgesellschaft ist ‹Globalisierung› auch ein neuer Begriff mit unterschiedlichen Bedeutungen. Im alltäglichen Gebrauch wird er meist verwendet, um die Ausbreitung des globalen Kapitalismus zu bezeichnen. In der sozialwissenschaftlichen Literatur wird er üblicherweise als wachsende Vernetzung in politischen, sozialen und kulturellen Bereichen sowie in der Wirtschaft definiert, ein Faktor, der durch Reisen und neue Kommunikationsmittel sehr erleichtert wurde [...]. Er wird manchmal auch benutzt, um auf ein wachsendes globales Bewusstsein hinzuweisen, die Wahrnehmung einer kollektiven Gemeinschaft der Menschheit [...].

Die obige Prämisse gilt für alle drei Bedeutungen. Auf der einen Seite stellt die Globalisierung das Fundament für die globale Zivilgesellschaft bereit, die Angebotsseite des Phänomens, das sie antreibt. Es scheint eine starke und positive Korrelation zu geben zwischen dem, was man als ‹Cluster der Globalisierung› beschreiben könnte, oder was Held et al. (1999: 21−5) Gebiete «dichter Globalisierung» nennen,[373] und einem Cluster der globalen Zivilgesellschaft. Insbesondere ist die Tatsache, *dass die globale Zivilgesellschaft in Nordwesteuropa stark konzentriert ist,*[374] *eines der auffälligsten Ergebnisse des [hier vorliegenden] Jahrbuches [...].*

Auf der anderen Seite ist die globale Zivilgesellschaft auch eine Reaktion auf die Globalisierung, insbesondere auf die Konsequenzen der Ausbreitung des globalen Kapitalismus und der Vernetzung. Globalisierung ist ein uneinheitlicher Prozess, der Vorteile für viele gebracht, der aber auch viele ausgeschlossen hat. Diejenigen, denen der Zugang zu den Vorteilen des globalen Kapitalismus verwehrt ist und die außerhalb des Zauberkreises der Informations- und Kommunikationstechnologie bleiben, sind die Opfer des Prozesses und sie sind es auch, die sich in Reaktion darauf organisieren: der Nachfragesog der globalen Zivilgesellschaft. Jetzt verbinden sie sich mit jenen im Norden, die eine neue Art der Solidaritätsbewegung bilden. Die alte Solidaritätsbewegung unterstützte die nationalen Unabhängigkeitsbewegungen des Südens. Mitglieder dieser neuen Bewegung versuchen südliche und nördliche Selbstbestimmung wiederzubeleben, indem sie sich am Kampf gegen die Entmachtung und gegen die soziale Ungerechtigkeit durch den ungezügelten globalen Kapitalismus beteiligen. [...]

Aber es ist nicht nur die Reichweite und die Dichte der INGO [375]-Netzwerke, die von Bedeutung im Bezug auf die Globalisierung sind. Unsere Studien der spezifischen globalen Themen zeigen, *dass es besser ist, globale Zivilgesellschaft nicht hinsichtlich bestimmter Akteurstypen zu kennzeichnen, sondern hinsichtlich der Positionen der Akteure in Bezug auf die Globalisierung.* [...]

Die erste Position ist die der *Unterstützer:* Es handelt sich um jene Gruppen und Individuen, die von der Globalisierung begeistert sind, unabhängig davon, ob wir über die Verbreitung des globalen Kapitalismus und der Vernetzung oder über die Ausdehnung der globalen Rechtsstaatlichkeit und des globalen Bewusstseins reden. Diese Position schließt die Verbündeten transnationaler (7) ‖ Unternehmen, die Befürworter eines «gerechten Krieges für die Menschenrechte» und die Enthusiasten aller neuen technologischen Entwicklungen ein. Sie sind Mitglieder der Zivilgesellschaft, oft – aber nicht notwendig – regierungs- und unternehmensnah; sie glauben, dass Globalisierung in ihrer jetzigen Form eine ‹tolle Sache› ist und dass diejenigen, die Einwände gegen sie haben, die Vorteile nur nicht verstehen. Die zweite Position ist die der *Ablehnenden:* Es sind diejenigen, die Globalisierung umkehren und zu einer Welt der Nationalstaaten zurückkehren wollen. Diese Position schließt Befürworter der Neuen Rechten ein, die möglicherweise den Kapitalismus favorisieren, sich aber offenen Grenzen und der Verbreitung der globalen Rechtsstaatlichkeit entgegenstellen. Sie schließt auch Linke ein, die sich globalem Kapitalismus entgegenstellen, aber nichts gegen die globale Rechtsstaatlichkeit haben. Nationalisten und religiöse Fundamentalisten sowie traditionelle linke antikoloniale Bewegungen oder Kommunisten, die sich der Einmischung in die Staatshoheit entgegenstellen, gehören auch in diese Gruppe. Sie denken, dass alle oder die meisten Erscheinungsformen der Globalisierung schädlich sind, und sie stellen sich mit aller Gewalt ihr entgegen. [...]

Die dritte Position ist die der *Reformisten*, in der sich ein großer Teil der Zivilgesellschaft befindet. Es handelt sich hierbei um jene, welche die Ausbreitung des globalen Kapitalismus und der globalen Vernetzung als potenziell förderlich für die Menschheit akzeptieren, aber die Notwendigkeit sehen, den Prozess zu ‹zivilisieren›. Sie befürworten eine Reform der internationalen Wirtschaftsinstitutionen, wollen aber größere soziale Gerechtigkeit sowie strenge, faire und beteiligungsorientierte Prozeduren, um die Richtung neuer Technologien zu bestimmen. Sie treten entschieden für eine globale Rechtsstaatlichkeit ein und drängen darauf, dass sie durchgesetzt wird. Die Kategorie der Reformisten ist groß. Ihr gehören sowohl diejenigen an, die auf spezifische und schrittweise Reformen setzen, als auch Radikale, die auf eine größere und stärker umgestaltende Veränderung abzielen.[376] [...] (9) ‖

Wir nennen die letzte Gruppe die *Alternativen*: Dazu zählen Menschen und Gruppen, die sich weder notwendigerweise dem Globalisierungsprozess entgegenstellen noch ihn unterstützen, sondern aussteigen wollen, ihre eigene Handlungsoption verfolgen, unabhängig von der Regierung, internationalen Institutionen und transnationalen Unternehmen. Ihr primäres Anliegen ist, ihre eigene Lebensform zu entwickeln, ihren eigenen Raum zu schaffen, ohne Einmischung. Dies offenbart sich bei der Biotechnik im Anbau und Konsum von organischen Lebensmitteln, im Fall des globalen Kapitalismus in einer lokalen Geldwirtschaft,[377] in der Abkehr von Markenartikeln und in Versuchen, öffentliche Räume zurückzugewinnen, sowie im Fall humanitärer Interventionen in der Durchführung nichtmilitärischer «zivilgesellschaftlicher Interventionen» bei Konflikten.

In andern Worten: Eine Möglichkeit, globale Zivilgesellschaft zu definieren oder zu verstehen, ist wie *eine Debatte über die zukünftige Richtung der Globalisierung und vielleicht der Menschheit selbst.* (10)

Quelle: Anheier / Glasius / Kaldor, Introducing, 2001, S. 4–10 (übersetzt von Jeffrey Butler und dem Herausgeber)

Gunilla-Friederike Budde, *Das Öffentliche und das Private*, 2003

Bürgerschaftliches Engagement spielt sich im allgemeinen Verständnis im Bereich der Öffentlichkeit ab. In der langen Tradition des Zivilgesellschaftsbegriffs wurde diese Sphäre als Handlungsraum der Männer wahrgenommen. Gunilla-Friederike Budde (geb. 1960) geht es in ihrem Beitrag aber nicht darum, das inzwischen zahlreich belegte Engagement der Frauen in der Öffentlichkeit nachzuzeichnen, sondern generell «Gedanken über die ‹private› Seite der Zivilgesellschaft und die ‹öffentliche› Seite der Familie» zu entwickeln. Zum einen zeigt die Autorin, dass eine strikte Trennung in eine private und eine öffentliche Sphäre die vielen Überschneidungsebenen übersieht, zum anderen macht sie deutlich, dass gerade im privaten Bereich zivilgesellschaftliche Handlungsweisen eingeübt und erprobt wurden.

War die frühe Zivilgesellschaft ein Männerprojekt? Stößt man auf der Suche nach Optionen und Grenzen weiblicher Akteure in der Zivilgesellschaft des 19. Jahrhunderts vornehmlich auf Grenzen weiblicher Partizipation? Zumindest die Mehrheit der mittlerweile im Zuge der spektakulären Renaissance auch historisch inspirierten Forschungen zum Trendthema «Zivilgesellschaft» legt diese Vermutung nahe. «Civil Society», konstatierte Keith Tester lapidar, «is about what happens to us when we leave our family and got about our own lifes.»[378] Auch wenn sich die wenigsten früheren und heutigen Theoretiker der Zivilgesellschaft einer solch weiten Umschreibung anschließen würden, scheinen die meisten Tester zumindest in einem Punkt zuzustimmen: Bei allen Definitionsvarianten, die sich dem Begriff anzunähern und sich dabei vor allem, wie bei schwer fassbaren Begriffen üblich, zu vergewissern suchen, was Zivilgesellschaft *nicht* ist, herrscht weitgehender Konsens darüber, dass sie von der «Privatsphäre» abgegrenzt werden muss. […]

Für die Frauen des 19. Jahrhunderts hatte diese Festschreibung prekäre Konsequenzen: Als historische Akteurinnen wurden sie damit weitgehend aus der frühen Zivilgesellschaft herausgeschrieben. Je mehr sie seit dem 18. Jahrhundert ideologisch in die Privatsphäre der Familie eingeschlossen wurden, desto deutlicher blieben sie von der Öffentlichkeit der Zivilgesellschaft ausgeschlossen. Als (57) ‖ Akteurinnen der Zivilgesellschaft tauchten sie dieser Konstruktion entsprechend nur vereinzelt in den aufgrund des restriktiven Vereinsgesetzes wenigen ihnen offen stehenden Assoziationen auf und dann im Kaiserreich als Protagonistinnen der Frauenbewegung.

Vor allem die dichotomische Gegenüberstellung von «privat» und «öffentlich», die von der feministischen Geschichtswissenschaft seit einiger Zeit in Frage gestellt und empirisch widerlegt worden ist, scheint in dem Konzept einer von der «Privatsphäre» strikt getrennten Zivilgesellschaft wieder auferstehen zu können. Damit, so Nancy Frasers plausibler Einwand, geraten auch heutige Theoretiker der Zivilgesellschaft in Gefahr, eine «Rhetorik der Privatheit» aufzugreifen, die in der Vergangenheit «dazu verwendet worden ist, das Universum der legitimen öffentlichen Auseinandersetzung einzuschränken.» Ihrer Meinung nach muss jedoch eine haltbare Konzeption der Öffentlichkeit nicht den Ausschluss, sondern den Einbezug solcher Interessen und Probleme unterstützen, die von der bürgerlichen, «maskulinisierten» Ideologie als «privat» etikettiert werden.[379] (58)

[...]

Die Optionen weiblicher Akteure, an der Zivilgesellschaft zu partizipieren, waren, so lässt sich resümieren, vielfältig und zwiespältig. Als Mittlerinnen zivilgesellschaftlicher Werte konnten sie für die Zivilgesellschaft wappnen, jedoch auch zur Fortdauer ihrer Spannungen und Ambivalenzen beitragen. Mit den hier präsentierten Beispielen[380] lässt sich einerseits die bekannte These bestätigen, dass zivilgesellschaftliches Engagement Wege für Bürgerfrauen auch außerhalb der Familie ebnen und damit allmählich den weiblichen Aktionsradius erweitern konnten. Andererseits führte sie dieser Weg keineswegs weg von der Familie. Vielmehr nutzten sie das familiäre Netzwerk, um ihre wohltätigen und politischen Aktivitäten abzustützen und voranzutreiben. Damit bezeugten sie die untrennbare Verwobenheit von «Öffentlichkeit» und «Privatheit» – ungeachtet aller zeitgenössischen Diskurse und bis heute fortlebenden Vorstellungen, die ihre Trennung beschwören.

Die hier nur knapp umrissenen Vorstellungen sollten zeigen, dass die historische Zivilgesellschaft keineswegs nur außerhalb der Familie und weitgehend ohne weibliche Akteure stattfand. Wer die Familie generell zur Privatsphäre deklariert und damit aus der Zivilgesellschaft ausgrenzt, was in den gegenwärtigen wissenschaftlichen Diskussionen nicht selten geschieht, erliegt der Gefahr, hinter die dank der historischen Forschung mittlerweile differenzierte Perspektive einer Polarisierung von «öffentlich» und «privat» zurückzufallen. Einerseits gehörte der Schutz vor staatlichen Einmischungen sowie die Bereitstellung von Fürsorge, Geborgenheit und Intimität zu wesentlichen Aufgaben auch und gerade der Familie. Eben diese Option markierte die Zivilität einer Gesellschaft im Unterschied zu diktatorisch überformten Gesellschaften mit ihrer gewollten Durchdringung und damit Aufhebung des Privaten. Andererseits bewahrt der hier präsentierte primär handlungslogische Zugang zur Zivilgesellschaft davor, Räume und Sphären als mehr oder minder «nicht-öffentlich» zu definieren und damit ihre zivilgesellschaftlichen Aufgaben und Praktiken aus den Augen zu verlieren. Ebenso wenig wie die Zivilgesellschaft raumgebunden ist, kennt auch (72) ‖ zivilgesellschaftliches Handeln eine Grenze zwischen Privatheit und Öffentlichkeit.

Wie die hierarchisch strukturierte Geschlechterordnung war auch die von der Öffentlichkeit vollends abgeschottete Kernfamilie ein historisches Konstrukt und entsprach keineswegs der sozialen Realität des Kaiserreichs. Die Beschränkung der weiblichen Akteure auf den «kleinen Kreis», wie es sich zeitgenössische Publizisten wünschten und woran noch heutige Historiker glauben, verkennt die Wirkungsmacht und Ausstrahlungskraft der «Kultur der Zivilität», die in dem – zumindest im Kaiserreich – gar nicht so «kleinen Kreis» der Familie generiert und transferiert wurde. Schon die wenig hermetische Erziehungspraxis vermittelte durchaus nach außen gerichtete, auf die Zivilgesellschaft orientierte Wert- und Gefühlshaltungen wie Solidarität, Fremd- und Selbstvertrauen, Empathie, Anerkennung von Differenz, emotionale Aufgeschlossenheit sowie Kommunikationswillen und -vermögen. Daneben verfolgte sie aber auch Exklusionsstrategien, die der Zivilgesellschaft keineswegs fremd waren und sind.

Quelle: Budde, Das Öffentliche, 2003, S. 57 f., 72 f.

Sheri Berman, *Gesellschaft, Konflikt und Zivilgesellschaft*, 2006

Im Gegensatz zu Alexis de Tocqueville, der die Bedeutung von Assoziationen und Vereinen für die Entwicklung der Zivilgesellschaft betont hat, will Sheri Berman in ihrem Aufsatz zeigen, dass «Zivilgesellschaft unter bestimmten Bedingungen keineswegs Demokratie und gesellschaftliche Harmonie, sondern vor allem Gewalt, soziale Konflikte und antidemokratische politische Bewegungen begünstigt». Denn gerade die zivilgesellschaftlichen Akteure par excellence – die Vereine – können sich unter entsprechenden Rahmenbedingungen als Einfallstore für Extremisten erweisen. Um dies zu belegen, untersucht Berman den Aufstieg der Nationalsozialisten in der Weimarer Republik sowie die Entstehung extremistischer, islamistischer Bewegungen in Ägypten, Algerien sowie im Libanon und fasst im folgenden Abschnitt ihre Ergebnisse zusammen.[381]

Bei allen zu berücksichtigenden Unterschieden läßt schon eine flüchtige Betrachtung der Beispiele Deutschland und Ägypten auffallende Ähnlichkeiten erkennen. Beide Beispiele zeigen anschaulich, wie Zivilgesellschaft in Situationen, in denen der Staat und die etablierten nationalen politischen Institutionen nicht fähig oder willens sind, auf die Bedürfnisse und Forderungen der Bürger zu reagieren, diesen Raum besetzen kann. Zivilgesellschaftliche Aktivitäten, so zeigt sich weiter, sind ihrem Charakter nach zwar oft oppositionell, jedoch nicht notwendig demokratisch und friedlich, sondern können extremistischen Bewegungen dienen, die legitime Kritik an einer vorhandenen Ord- (46) ‖ nung zur Erreichung ihrer Ziele umdeuten. Deutlich wird, daß Zivilgesellschaft Ressourcen bereitstellen kann, auf die extremistische Bewegungen beim Aufbau effektiver, flexibler und reaktionsfähiger Strukturen und Organisationen angewiesen sind. In beiden Ländern haben extremistische Bewegungen Aktivisten in zivilgesellschaftlichen Vereinigungen rekrutiert und für ihren – auch gewaltsamen – Kampf gegen das System geschult. Nazis wie Islamisten haben gleichermaßen ihr breites Netz aus zivilgesellschaftlichen Kontakten und Verbänden dazu genutzt, die Bedürfnisse und Sorgen eines großen Teils der Bevölkerung kennenzulernen und auf ihre Weise mit diesen Nöten umzugehen. Nazis wie Islamisten ist es gelungen, ihre Anhänger durch das dichte Netz aus Verbänden, in das sie eingebunden wurden, von anderen Teilen der Gesellschaft zu isolieren, um sie für ihre jeweilige Sache zu mobilisieren und zu engagieren und eine hohe Bereitschaft vieler Mitglieder, sich an illegalen und gar gewalttätigen Aktionen gegen ihre Mitbürger zu beteiligen, herzustellen.

Deutlich wird in beiden Beispielen, daß Zivilgesellschaft nicht notwendig (wie viele ihrer Befürworter glauben) mit Frieden, Wohlstand und Demokratie assoziiert ist, sondern mit sozialen Konflikten, antidemokratischen Tendenzen und Gewalt einhergehen kann. Der signifikante Unterschied zwischen zivil- und nichtzivilgesellschaftlichen Staatsformen läßt sich nicht im Niveau der zivilgesellschaftlichen Aktivität ausmachen, sondern in der Untersuchung der politischen Institutionen einer Gesellschaft.

In den letzten zehn Jahren tendierten die Sozialwissenschaften dazu, die Frage, warum manche Länder friedlich und wohlhabend, während andere von Gewalt, Konflikt und politischer Instabilität geprägt seien, mit Hilfe der Erforschung von Zivilgesellschaft zu beantworten. Mittlerweile scheint es angebracht, einen Blickwechsel vorzunehmen und erneut die Rolle, die der Staat und andere traditionelle politische Institutionen bei der Verhinderung von Gewalt und Instabilität spielen, zu untersuchen.

Damit sei nicht behauptet, Staaten und politische Institutionen förderten ihrerseits nicht Gewalt und Instabilität – daß dem so ist, zeigt das Beispiel Deutschland besser als jedes andere. Es ist jedoch auch festzustellen, daß Gesellschaften ohne starke, reaktionsfähige Staaten und politische Institutionen mit höherer Wahrscheinlichkeit Gewalt oder zumindest gesellschaftliche Konflikte generieren. Max Weber zufolge haben sich Staaten seit jeher über ihr Gewaltmonopol definiert. Und dort, wo sie dieses Gewaltmonopol oder gar ihre Legitimität in den (47) ‖ Augen ihrer Bürger zu verlieren beginnen, zeichnet sich bereits am Horizont ein – möglicherweise gewaltsamer – Konflikt ab. Dieses Muster ist an den Beispielen Deutschland und Ägypten deutlich erkennbar. Die wachsende Zivilgesellschaft kompensierte die Unfähigkeit der politischen Institutionen beider Länder, Mißstände zu kanalisieren und zu beheben. Sie wurde für viele unzufriedene Bürger zu einer Alternative zur Politik und entfernte sie vom etablierten politischen Leben wie von ihren Mitbürgern. Dadurch entstand ein Umfeld, in dem Konflikte und gesellschaftliche Gewalt zwar nicht unausweichlich, aber auch nicht zu überraschenden Ereignissen wurden. Folgt man David Laitin und James Fearon,[382] gilt für die meisten gesellschaftlichen Konflikte und Gewalttaten: Bürgerkriege sind eher das Ergebnis schwacher Staaten als das ethnischer, religiöser oder anderer gesellschaftlicher Spaltungen.

Im Licht dieser Einsichten hat sich das Rad in der wissenschaftlichen Gemeinschaft bereits wieder zu drehen begonnen: Immer mehr Analysen konzentrieren sich auf die potentiell «dunkle Seite» der Zivilgesellschaft. Aber der einseitige Blick auf das negative Potential der Zivilgesellschaft wäre genauso falsch wie das unkritische Lob ihrer demokratischen und positiven Implikationen. Um zu verstehen, unter welchen Bedingungen die Zivilgesellschaft Gewalt und soziale Konflikte verhindern oder Demokratie fördern kann, gilt es eine isolierte Betrachtungsweise von Zivilgesellschaft zu überwinden. Zivilgesellschaft kann Staaten und deren politische Organisationen nicht ersetzen. Die Beziehung zwischen beiden Bereichen zu untersuchen, könnte zur Beantwortung der Frage beitragen, ob und wann Gesellschaften von Gewalt und Instabilität bedroht sind. (48)

Quelle: Berman, Gesellschaft, 2006, S. 46–48 (aus dem Amerikanischen von Irmgard Hoelscher)

Arnd Bauerkämper, Dieter Gosewinkel, Sven Reichardt, *Paradox oder Perversion?*, 2006

Die gegenwärtige Zivilgesellschaftsforschung versucht, homogenisierende, normativ aufgeladene Begriffe von der Zivilgesellschaft aufzubrechen. Um Zivilgesellschaft nicht nur zur Beschreibung der Gesellschaft, sondern auch als Analyseinstrument einsetzen zu können, werden die Ambivalenzen, die historischen Bedingungen und die Abgrenzungen, die dem Begriff zugrunde liegen, nutzbar gemacht.[383] Die Vielfalt, aber auch die Gebrochenheit und die Instrumentalisierbarkeit des Begriffs kommen damit in den Blick und erlauben eine Einordnung über die normative Vorstellung einer «guten» oder gar «besseren» Gesellschaft hinaus. Dies sind auch die fünf Perspektiven der Historiker Arnd Bauerkämper (geb. 1958), Dieter Gosewinkel (geb. 1956) und Sven Reichardt (geb. 1967), die diesen Band beschließen.

Denkt man über das Verhältnis von Zivilität, Zivilgesellschaft und Gewalt nach, lassen sich fünf wichtige Elemente für eine neue Sicht auf den Zivilgesellschaftsbegriff identifizieren. Sie blenden den normativen Gehalt des Zivilgesellschaftsbegriffs keineswegs aus, sondern dienen im Gegenteil dazu, diese Normativität zum Gegenstand der Analyse zu machen, sie also nicht einfach zu postulieren.

Erstens gilt es, «Zivilität» durch eine konsequente Historisierung in ihrem jeweiligen kulturellen Kontext zu interpretieren. Versteht man Gewalt als soziale Praxis und als diskursive Konstruktion, muß nach der kulturellen Verfaßtheit gefragt werden, die dazu beitrug, bestimmte Handlungen entweder als unzivile Gewaltakte oder nur als Erziehungsleistungen zu bewerten. Es geht also um Normsetzungsprozesse, um Legitimationschancen von Gewalt wie auch um die sich historisch wandelnden Kriterien der Definition von Gewalt. […]

Zweitens sollten die Gegenbegriffe zu dem, was unter Zivilgesellschaft verstanden wird, in die Untersuchung einbezogen werden. Schon während der frühen Neuzeit wurde der Begriff der «Zivilgesellschaft» eng mit religiöser Herrschaft verbunden. So unterschiedliche protestantische Reformer wie Jean Calvin, Martin Luther und Philipp Melanchthon umschrieben mit dem Wort «Zivilgesellschaft» Zivilität und Fähigkeit zur Differenzierung, die sie als ein kritisches Gegenprinzip gegen die meist sehr vage definierten Feindprinzipien des Fanatismus und der (28) ‖ Barbarei richteten. […] So ging die Bedrohung der «bürgerlichen Gesellschaft» für Hobbes wie für Hegel vom Bürgerkrieg aller gegen alle aus. Gerade wegen seiner Polysemie läßt sich das Konzept der Zivilgesellschaft im Wandel seiner theoretischen und soziologischen Grundlagen nicht zuletzt anhand seiner Kontrastierungen erschließen.

In der Tat hat sich das «andere», von dem sich die Zivilgesellschaft absetzte, im historischen Verlauf häufig gewandelt. Noch heute manifestieren sich im Gebrauch des Begriffs der Zivilgesellschaft unterschiedliche politische Abgrenzungsbedürfnisse. Bei den amerikanischen Kommunitaristen ist der Begriff gegen Individualisierung und Atomisierung in der modernen US-Gesellschaft gerichtet, bei den Globalisierungsgegnern spricht man von Zivilgesellschaft hingegen, um ein Gegenprinzip zum internationalen «Turbokapitalismus» zur Geltung zu bringen. Neoliberale Denker wiederum verwenden den Begriff, um sich vom Wohlfahrtsstaat zu distanzieren, während Radikaldemokraten mit dem Zivilgesellschaftsbegriff eine versteinerte Form der Demokratie kritisieren, die sich lediglich über professionalisierte Parteiapparate organisiert und auf den Parlamentarismus begrenzt bleibt. Politiker der Labour Party um Tony Blair und Sozialdemokraten um Gerhard Schröder wiederum wollen mit der Zivilgesellschaft unkontrollierte Formen des Marktwettbewerbs kulturell einbetten und unter den Staatsbürgern eine neue gesellschaftliche Verantwortung für die *res publica* initiieren.[384] Allein diese kurze Aufzählung verdeutlicht bereits, wie vielgestaltig das politische Programm der Zivilgesellschaft aufgefaßt werden kann.

Drittens sollte die Vereinbarkeit von gesellschaftlich-politischen Konflikten mit «zivilem» Verhalten zum Gegenstand der historischen Analyse erhoben werden, womit die einseitige Harmonisierung in Frage gestellt wäre, die im konsensuellen Zivilgesellschaftsbegriff vorherrscht. So sind seit dem Ende des Ost-West-Konfliktes in Zivilgesellschaften unkontrollierte Bürgerkriege entstanden, in denen sich die Trennung zwischen Armee, Regierung und Zivilisten aufgelöst hat. Nicht selten (29) ‖ sind Zivilgesellschaften, wie im 19. Jahrhundert, sogar aus zum Teil gewalttätigen Protesten hervorgegangen. Kriege haben gelegentlich wichtige Elemente der Zivilgesellschaft erst hervorgebracht, vor allem durch die Parallelität von Partizipationsverheißung und gesellschaftlicher Selbstorganisation einerseits und Gewaltbereitschaft andererseits. So führte etwa der Erste Weltkrieg eine weitgehende Massenmobilisierung herbei, förderte Demokratisierungsprozesse und den Übergang zu einer sozialstaatlichen Politik, Transformationen, die nicht von vornherein als gescheitert zu bewerten sind, da sie zur Vorgeschichte des Nationalsozialismus gehören [sic]. [...]

Viertens ist die Bedeutung staatlicher Monopolisierung von Gewalt als Bedingung der Entstehung und Entwicklung von Zivilgesellschaften zu rekonstruieren. Diese Fragestellung erschließt eine Vielgestalt von Problemen, so die Frage nach der Wertebasis von Zivilgesellschaften, nach der Bedeutung sozialer Disziplinierung und nach dem Interaktionsverhältnis von Staat und Zivilgesellschaft. [...]

Fünftens sollten die für zivilgesellschaftliche Organisationen typischen Machtverhältnisse untersucht werden. Widmet man sich den zivilgesellschaftlichen Organisationsformen und den für diese Sphäre maßgeblichen Machtstrukturen, so ist im Anschluß an Norbert Elias[385] zu (30) ‖ fragen, ob und inwiefern Sozialdisziplinierung, ein bestimmtes Maß an Zwang und Zurichtung, Selbstkontrolle und Selbstüberwachung der Preis für eine relative Gewaltfreiheit der Zivilgesellschaft war. Auch Antonio Gramsci und Michel Foucault haben Analyseinstrumente bereitgestellt, mit Hilfe deren diese «dunklen Seiten» der Zivilgesellschaft zu untersuchen wären, da beide Autoren die Elemente des Kampfes (Gramsci) beziehungsweise des Zwangs (Foucault) einerseits und des kommunikativen Konsenses andererseits durch die Begriffe der «kulturellen Hegemonie» und der «gouvernementalité» eng miteinander verzahnt haben.[386] (31)

Quelle: Bauerkämper / Gosewinkel / Reichardt, Paradox, 2006, S. 28 – 31

Anmerkungen

1. Im Deutschen bedeutet «zivil» nicht nur das «Nicht-Militärische» oder «den Bürger betreffend», sondern konnte und kann auch im Sinn von «gemäßigt, moderat, günstig, annehmbar» verwendet werden (Meyers Conversationslexikon, Abt. 1, Bd. 7. 2, 1842, S. 773; Duden, Das Fremdwörterbuch, Mannheim u. a. 1982, S. 810). Damit sind wir schon mitten im Thema nach den Fragen von Normen und Handeln in der Zivilgesellschaft.

2. Daraus resultiert auch die Kritik am Zivilgesellschaftsbegriff als Analyseinstrument in den Sozial- und Geisteswissenschaften (siehe Brumlik, Was heißt «Zivile Gesellschaft», 1991; Malinowski, Wie zivil war der deutsche Adel, 2004, bes. S. 255–257).

3. Siehe Gensicke, Bürgerschaftliches Engagement, 2006, S. 9, sowie das gesamte Themenheft «Bürgerschaftliches Engagement» der Beilage zur Wochenzeitung «Das Parlament» («Aus Politik und Zeitgeschichte», 12 / 2006, 20. März 2006). Oft wird damit in der Öffentlichkeit auch die Frage nach der Rückkehr einer neuen Bürgerlichkeit verbunden («Wir brauchen bewusste Bürger». Interview von Alexander Camann mit Ralf Dahrendorf und Paul Nolte, «taz», Nr. 7859 vom 31. Dezember 2005, S. 19–20; «Wie sollen wir leben?». Interview von Thomas Assheuer mit Manfred Hettling, «Die Zeit», Nr. 11, 9. März 2006, S. 50).

4. Siehe auch Pocock, Bürgergesellschaft, 1993, S. 141 ff., sowie das Vorwort von W. Sewing zu Pocock (Wiederentdeckung, 1993, S. 31 f.).

5. In den Beiträgen von Politikern wird der Zivilgesellschaft zumeist sowohl eine soziale als auch eine politisch-partizipative Integrationsleistung zugeschrieben. Manche Autoren kritisieren dagegen an zivilgesellschaftlichen Vorstellungen von Robert Putnam und Amitai Etzioni, dass sie die demokratischen Funktionen der Zivilgesellschaft mehr und mehr zugunsten eines ausschließlich sozialintegrativen Beitrags der Zivilgesellschaft vernachlässigen (siehe zu dieser Debatte: Klein, Diskurs, 2001, S. 14, Anm. 1).

6. Siehe grundlegend zur Öffentlichkeit Habermas, Strukturwandel, 1990 sowie zum Zusammenhang von Öffentlichkeit und Zivilgesellschaft: ders., Faktizität, 1992.

7. 1848 hieß es in der Zeitung «Die Verbrüderung», dem Organ der von Stephan Born gegründeten Arbeiterorganisation: «Zur Verbrüderung kann ich aber Niemand zwingen» Nr. 4, 13. 10. 1848. Zum Verhältnis von Zivilgesellschaft und Individualität siehe Hall, Making, 2000, S. 51.

8. Herzinger, Gemeinschaftsfalle, 1999, S. 131 ff.

9. Ebenfalls skeptisch: Schönherr-Mann, Zivilgesellschaft, 2003, S. 102; die Gegenposition von Nautz im Kommentar (Zukunft, 2003, S. 118 ff.).

10. Vgl. Nord, Introduction, 2000, S. XXVIII.

11. Siehe auch Trentmann, Introduction, 2000, S. 18–20, sowie den Beitrag von G.-F. Budde in Kap. VI. 2.

12. Siehe auch Aner, «Ich will […]», 2005.

13. Nolte, Zivilgesellschaft, 2004, S. 322 ff.

14. Eine Variante (und Ausdehnung) dieser Definition ist der «Dritte oder Non-Profit-Sektor», dem Organisationen zugerechnet werden, die «weder eindeutig dem Markt noch dem Staat zuzuordnen sind». Sie schließt auch Träger der freien Wohlfahrtspflege, Krankenhäuser in freier Trägerschaft, Berufsverbände, gemeinnützige GmbHs in die Definition mit ein (siehe zur Definition Priller / Zimmer, Bürgerschaftliches Engagement, 2001, S. 158; Birkhölzer u. a. (Hg.), Dritter Sektor, 2005, S. 9 f.).

15. Siehe «Aus Politik und Zeitgeschichte», Heft B 14/2004 vom 29. März 2004, das zahlreiche Beiträge zum Thema Stiftungen und Zivilgesellschaft vereint.

16. Siehe Klein, Diskurs, 1999, S. 262 f.

17. Die ‹bereichsbezogene› Herangehensweise lässt sich dann auch mit zivilgesellschaftlichem Handeln verbinden, indem man danach fragt, wie und in welcher Form bürgerschaftliches und zivilgesellschaftliches Engagement sich von staatlichem, ökonomischem und privatem Handeln unterscheidet bzw. mit ihm überschneidet (Kocka, Zivilgesellschaft, 2004, S. 33).

18. Siehe auch Adloff, Zivilgesellschaft, 2005, S. 136.

19. Siehe Heins, Das Andere, 2002, hier S. 8 f.; Alexander, Real Civil Societies, 1998.

20. Kocka, Zivilgesellschaft, 2004, S. 34; Adloff, Zivilgesellschaft, 2005, S. 91, 136. Siehe auch Niethammer, Einführung, 1990.

21. Koselleck, Gespräch, 1998.

22. Skinner, Visions, Vol. 1, 2002, S. 158–174; Palonen, Entzauberung, 2004; Schmitz, Homo democraticus, 2000, S. 20–23.

23. Montesquieu, Vom Geist der Gesetze, 1951, S. 5 f.

24. Flasch, Nikolaus von Kues, 1998, S. 656.

25. Koselleck, Drei bürgerliche Welten?, 1991, S. 119; Adloff, Zivilgesellschaft, 2005, S. 18.

26. Black, Guilds, 1984, S. 32.

27. Colas, Civil Society, 1997; Hall (Hg.), Civil Society, 1995, S. 7 ff.; so auch Koenen, Bürgerliche Gesellschaft, 2001, S. 87.

28. Koenen etwa verweist auf diese Zäsur und macht sie sich zu eigen (Bürgerliche Gesellschaft, 2001, S. 77); abwägend Terrier / Wagner, Civil Society, 2006, S. 11.

29. Siehe zum Folgenden Riedel, Gesellschaft, 1979; Kocka, Zivilgesellschaft, 2000,

S. 14–21; Adloff, Zivilgesellschaft, 2005; Klein, Zivilgesellschaft, 1999 (2001); Hallberg/Wittrock, *koinonìa politikè*, 2006, S. 28–53, die den Schwerpunkt auf das Spätmittelalter, die frühe Neuzeit und die italienischen Stadtstaaten der Renaissance legen (S. 30–45), die in der vorliegenden Textedition nicht berücksichtigt werden konnten.

30. Nach Charles Taylor erleichterte diese christliche Grundannahme zweier unterschiedlicher Reiche wesentlich die Herausbildung der Idee zweier getrennter Bereiche: den des Gesellschaftlichen und den des Politischen (siehe Trentmann, Introduction, 2000, S. 35).

31. Rolin, Ursprung, 2005, S. 16 ff.

32. Adloff hebt hervor, dass bei Hobbes der Staat für sich die absolute politische Macht in Anspruch nahm, sich aber nicht mehr für die «Sphäre der Gesinnungen» interessierte, die dem privaten Bereich überlassen blieben (Adloff, Zivilgesellschaft, 2005, S. 22). Der Bruch mit der bisherigen Tradition wurde noch dadurch verschärft, dass zu Hobbes' Zeit mit der Rückführung der politischen Herrschaft auf den Gesellschaftsvertrag der Grundstein für die neuzeitliche Staatsphilosophie gelegt wurde (Kersting, Gesellschaftsvertrag, 1994, S. 81 ff.; Hallberg/Wittrock, *koinonìa politikè*, 2006, S. 47).

33. Riedel, Gesellschaft, 1979, S. 746 f.

34. Auch Black verweist darauf, dass in Deutschland bereits im späten 17. Jahrhundert die Idee der Kommune als bewusste Opposition zur staatlichen Macht formuliert wurde: «They did so by developing a notion of ‹true community› and ‹communal existence› (*gemein Wesen*) as a distinctive but essential category of social life» (Black, Guilds, 1984, S. 146).

35. Taylor, Beschwörung, 1991, S. 64 ff.

36. Adloff, Zivilgesellschaft, 2005, S. 22.

37. Ehrenberg, Civil Society, 1999, S. 146 f.

38. Die Schweiz bot hier allerdings Alternativen, siehe Weinmann, Bürgergesellschaft, 2002.

39. Knapp dazu auch Probst, Idee, 2002, S. 29 f.

40. Siehe auch die Einschätzung von Uwe Hirschfeld und Werner Rügemer: «Entgegen landläufigen Meinungen sind wir überzeugt, daß die jetzt gescheiterten sozialistischen Gesellschaften und kommunistischen Parteien den bisher größten Zivilisierungsschub der menschlichen Geschichte – abgesehen von den Hochreligionen und bürgerlichen Revolutionen – verursacht haben, mittelbar und unmittelbar. Zivile Selbstorganisation, allgemeines Wahlrecht, soziale Sicherung, die politische Denkbarkeit von Abrüstung und globalem Frieden, das Recht der unterentwickelten Länder auf Entwicklung und Befreiung: Ohne sozialistische und kommunistische Bewegungen und Parteien wäre dies nicht so entstanden. Kurz: Die Zielsetzung der zivilen Gesellschaft hat der bürgerliche Kapitalismus

nur von einigen wichtigen Voraussetzungen her und im Denken einzelner hervorbringen können. Zum politischen und politisch denkbaren Ziel wurde sie erst durch die Bewegung zum Sozialismus.» (Hirschfeld/Rügemer (Hg.), Utopie und Zivilgesellschaft, 1990, S. 9 f.)

41. Die Homogenitätsforderung nimmt aber bei Schmitt totale Züge an (Becker, Parlamentarismuskritik, 1994, S. 55–58).

42. So bei Hall/Trentmann (Hg.), Civil Society, 2005, S. 12 f., 15.

43. Während Rosa Luxemburg mit ihren Revolutionsvorstellungen auf die Erfahrung der Russischen Revolution von 1905 reagierte, sah Gramsci sich mit der harten Realität starker (repressiver) staatlicher Strukturen konfrontiert (siehe Deppe, Aktualität, 1989, S. 18).

44. Siehe hierzu jetzt Arndt, Intellektuelle, 2007.

45. Vgl. Gosewinkel/Reichardt, Einleitende Bemerkungen, in: dies. (Hg.), Ambivalenzen, 2004, S. 1.

46. Randeria, Kastensolidarität, 2004, bes. S. 223–227.

47. Hinzu kommen die methodischen Schwierigkeiten des Begriffstransfers in außereuropäische Sprachen.

48. Angesichts der umfangreichen Sekundärliteratur zu den ‹männlichen Meisterdenkern› der bürgerlichen Gesellschaft und Zivilgesellschaft musste sich hier die Auswahl auf Werke beschränken, die entweder im unmittelbaren Umfeld des Fragekomplexes Zivilgesellschaft standen oder wichtige Interpretationshilfen für die ausgewählten Texte boten.

49. Adloff, Zivilgesellschaft, 2005; Klein, Diskurs, 1999 (2001); Forschungsjournal Neue Soziale Bewegungen 16 (2003); Riedel, Gesellschaft, 1979; Ehrenberg, Civil Society, 1999.

50. Hall/Trentmann (Hg.), Civil Society, 2005.

51. Jessen/Reichardt/Klein (Hg.), Zivilgesellschaft, 2004; Bauerkämper (Hg.), Praxis, 2003; Hildermeier/Kocka/Conrad (Hg.), Europäische Zivilgesellschaft, 2000.

52. Trentmann (Hg.), Paradoxes, 2000; Bermeo/Nord (Hg.), Civil Society, 2000.

53. Hall (Hg.), Civil Society, 1995; Alexander, Real Civil Societies, 1998; Kaviraj/Khilnani (Hg.), Civil Society, 2001; Chambers/Kymlicka, Alternative Conceptions, 2002.

54. Riedel, Gesellschaft, 1979, S. 719 f.

55. Zur Interpretation siehe Kersting, Platons «Staat», 1999, hier S. 147–158; Schmitz, Homo democraticus, 2000, S. 76–87.

56. Ehrenberg, Civil Society, 1999, S. 4–9.

57. Übersetzungsvariante bei Apelt: «Es teilt also gegebenen Falles der eine dem anderen von dem Seinen etwas mit […]» (Platon. Der Staat. Über das Gerechte. Übersetzt und erläutert von Otto Apelt, Hamburg: Felix Meiner 1961, S. 64). Apelt übersetzt «polis» mit Staat, nicht mit Stadt.

58. Es folgt eine ausführliche Beschreibung, welche einzelnen Berufe für die Gründung einer Stadt notwendig sind und wie allmählich eine Ausdifferenzierung der Berufe erfolgt.

59. Dies sind die vier Grundtugenden. Es folgen die Ausführungen zur Weisheit, Tapferkeit und Besonnenheit.

60. Dies wird aus der Argumentation abgeleitet, dass durch die Spezialisierung der Berufe und Stände man sich nur in seinem Spezialgebiet betätigen sollte.

61. Übersetzungsalternative: Leid.

62. Übersetzungsalternative nach Apelt: «Ist das nicht eine Folge davon, daß Worte wie ‹Mein› und ‹Nicht mein› im Staat nicht übereinstimmend angewendet werden? Und ebenso bei dem Worte ‹Fremd›?» (Platon, Der Staat, 1961, S. 195).

63. Da von Aristoteles keine vollständig erhaltenen Schriften überliefert sind, ist eine genaue Datierung nicht möglich. Man geht davon aus, dass zwar die aristotelischen Schriften auf ihn selbst zurückgehen, aber ihre Anordnung und Zusammenstellung erst um 70 v. Chr. erfolgte (Braun / Heine / Opolka, Politische Philosophie, 2002, S. 34 f.).

64. Schmitz, Homo democraticus, 2000, S. 126–128.

65. Siehe Ehrenberg, Civil Society, 1999, S. 9–19; Adloff, Zivilgesellschaft, 2005 S. 17 f.; zur Rezeption der Begriffe siehe auch Hallberg / Wittrock: From *koinonìa politikè*, 2006, S. 30–33.

66. Vgl. Koselleck, Bürgerliche Welten, 1991, S. 118–129, hier S. 124.

67. Siehe auch Kullmann, Mensch, 1980, S. 419–443.

68. Alternativübersetzung bei F. F. Schwarz: «staatsbürgerliche Gemeinschaft»; «bürgerliche Gemeinschaft» (Aristoteles: Politik. Schriften zur Staatstheorie. Übersetzt und hg. von Franz F. Schwarz, Stuttgart 1989).

69. Mann und Frau; Herr und Sklave; Hausgemeinschaft; Dorf.

70. Metöken waren frei geborene Personen, die ihre eigene *pólis* verlassen hatten, in der anderen *pólis* jedoch kein Bürgerrecht besaßen. Als Nicht-Athener gehörte Aristoteles bei seiner Ankunft in Athen (um 367 v. Chr.) ebenfalls zu dieser Gruppe.

71. Die Herrschaft des ersten Triumvirats (Pompeius, Caesar und Crassus, 60–53 / 49 v. Chr.) zeigte die Schwäche der republikanischen Strukturen. Nach dem Tod von Crassus im Jahr 53 kam es zum offenen Machtkampf zwischen Caesar und Pompeius, ein Konflikt, der auch den Senat spaltete und schließlich im Bürgerkrieg gipfelte. Cicero stand dabei auf Seiten Pompeius'.

72. Siehe Black, Guilds, 1984, S. 40.

73. Siehe auch Ehrenberg, Civil Society, 1999, S. 25 f.

74. Durch die Zerstörung des Originalmanuskripts ist der weitere Gedankengang nicht überliefert.

75. Quare cum lex sit civilis societatis vinculum […].

76. Quid est enim civitas nisi iuris societas civium?

77. Cicero hatte die Nachteile der verschiedenen Regierungsformen (Optimaten / Aristokratie, Demokratie, Königtum) herausgestellt.

78. Siehe die vorangehende Anmerkung.

79. Hier zeigt sich die «Selbstbeschreibungssymbolik» (J. Alexander) der bürgerlichen Gesellschaft am römischen Beispiel.

80. Laelius fragte nach dem «Mann der Lebensklugheit», der in der Lage sei, das richtige Staatswesen zu führen (II, 67).

81. Ehrenberg, Civil society, 1999, S. 30–38.

82. Höffe, Positivismus, 1997, S. 272–275. Siehe auch den Text von N. von Kues.

83. Koselleck, Bürgerliche Welten, 1991, S. 120.

84. Bosl, Theologisch-theozentrische Grund, 1993, S. 178 f.

85. Zum Bürgerbegriff bei Augustinus siehe Kamlah, Christentum, 1951.

86. Flasch, Nikolaus von Kues, 1998, S. 85; Kreuzer, Die konziliare Idee, 1993, S. 461. Kues ist in seinen späteren Lehren von diesem Ansatz abgerückt und hat sich einer ‹papsttreuen› Linie verschrieben (siehe Kandler, Nikolaus von Kues, 1997, S. 21).

87. Sigmund, Introduction, 1991, S. XXVI. Siehe abwägend zum Verhältnis zwischen der Modernisierung des cusanischen Denkens und seiner Vergegenwärtigung in ihrem historischen Kontext (Flasch, Nikolaus von Kues, 1998, S. 655).

88. Zu Marsilius von Padua siehe Ehrenberg, Civil Society, 1999, S. 52–54.

89. Siehe zum «Teilhabe»-Begriff aus theologisch-philosophischer Sicht Thomas, Teilhabegedanke, 1996.

90. Siehe Krämer, Konkordanz, 1994, S. 231–265; Sigmund, Verhältnis, 1994, S. 210–225.

91. Wer schweigt, scheint zuzustimmen (Bonifatius VIII).

92. Ausführlich geht Kues auf die Ausgestaltung des Wahlverfahrens ein; das unter anderem die geheime Wahl vorsah.

93. Bischof von Rom, gestorben 88 n. Chr.

94. Zum Subjekt-Begriff im Mittelalter siehe die Diskussion zu dem Beitrag von Krämer, Konkordanz, 1994, S. 268.

95. Herrschaft kommt sowohl von Gott als auch von den Menschen, «so wie Jesus der Sohn der Jungfrau Maria war. Demzufolge war Christus, Gott und Mensch, von der reinen und unbefleckten Jungfrau durch deren eigene Zustimmung geboren, als sie sagte: ‹Mir geschehe, wie Du gesagt hast›» (Lukas 1, 38 [– Maria gegenüber dem Erzengel Gabriel, der ihr die Geburt Jesu ankündigt]) (Nikolaus von Kues, Concordantia catholica, S. 214).

96. «Ja, gewiss ist's wahr, dass Christen um ihrer selbst willen keinem Recht und Schwert untertan sind und das nicht brauchen» (Martin Luther: Der Christ in der Welt, Stuttgart / Göttingen 1967, S. 9–51); Münkler, Politisches Denken, 1993, S. 636 f.

97. Ehrenberg, Civil Society, 1999, 69.

98. Als im Bauernkrieg 1524/25 von den Bauern das Widerstandsrecht politisch ausgelegt wurde, sah sich Luther missverstanden und attackierte die Bauern und ihre
Freiheitsbestrebungen scharf (siehe Braun/Heine/Opolka (Hg.), Politische Philosophie, 2002, S. 102–105).

99. Siehe als Überblick Borutta, Religion, 2005; Banner, Christianity, 2002,
S. 112–130.

100. Hobbes, Vom Bürger. Vom Menschen, 1966, S. 82 f., siehe auch Schmitz, Homo de-
mocraticus, 2000, S. 42 ff.; zum Bruch Hobbes' mit der aristotelischen politischen
Philosophie Münkler, Hobbes, 1993, S. 69–86, für unseren Zusammenhang bes.
S. 79 ff.; Nonnenmacher, Ordnung, 1989, S. 63–69.

101. Ebenso Schmitz, Homo democraticus, 2000, S. 64; siehe auch Kersting, Gesellschaftsvertrag, 1994, S. 82. Vergesellschaftung wird damit nicht nur als Chance,
sondern auch als Risiko begriffen. Dies ist eine Idee, die sich indirekt auch in der
Interpretation Sheri Bermans über das Vereinswesen der Weimarer Republik findet (siehe Bermanns Text in Kap. VI. 2).

102. Zu berücksichtigen ist aber auch, dass in Hobbes' Verständnis sich der Staat nicht
mehr für «die Sphäre der Gesinnungen» interessiert; «diese werden in den privaten Raum verschoben» (Adloff, Zivilgesellschaft, 2005, S. 22).

103. Ehrenberg, Civil Society, 1999, S. 74 f. Hobbes' Ansichten dienten auch der Legiti-
mierung des absolutistischen Staates. Darüber hinaus lässt sich aber auch interpretieren, dass der Staat der Marktgesellschaft, die sich zu Hobbes' Zeit entwickelte, gegenüber der traditionellen Gesellschaft zum Durchbruch verhilft (Röhrich, Denker, 1989, S. 34).

104. Anm. von Hobbes: «Da, wie wir sehen, die Gesellschaft unter Menschen schon
wirklich besteht, da niemand außerhalb der Gesellschaft lebt und jeder Umgang
und Unterhaltung sucht, so kann es als erstaunliche Torheit erscheinen, wenn
ein Schriftsteller gleich am Anfang seiner Staatslehre den Lesern den anstoßerre-
genden Satz entgegenstellt, daß der Mensch keineswegs von Natur zur Gesellschaft geeignet sei. Ich sage daher deutlicher, daß allerdings dem Menschen von
Natur oder soweit er Mensch ist, d. h. von seiner Geburt an fortdauernde Einsam-
keit unerträglich ist; denn die Kinder bedürfen zum bloßen Leben und die Erwachsenen zum angenehmen Leben der Hilfe anderer. Ich bestreite daher nicht,
daß die Menschen unter dem Zwang ihrer Natur einander aufsuchen; aber die
bürgerlichen Gesellschaften sind nicht bloße Zusammenkünfte, sondern Bündnisse, zu deren Abschluß Treue und Verträge notwendig sind. Die Bedeutung dieser wird von Kindern und Unwissenden, ihr Nutzen aber von denen, welche die
Nachteile der fehlenden Gesellschaft noch nicht selbst erfahren haben, nicht erkannt. Deshalb können jene diese Gesellschaft nicht eingehen, weil sie nicht wissen, was sie bedeutet, und diese kümmern sich nicht darum, weil sie (da alle als

Kinder geboren werden) zur Gesellschaft von Natur unfähig, und sehr viele (vielleicht die meisten) bleiben entweder aus Schwachsinnigkeit oder aus Mangel an Erziehung ihr ganzes Leben lang dazu unfähig. Dennoch haben sowohl jene Kinder wie diese Erwachsenen die Menschennatur, und deshalb wird der Mensch nicht von Natur, sondern durch Zucht zur Gesellschaft geeignet. Ja selbst wenn der Mensch von Natur bestimmt wäre, nach der Gesellschaft zu verlangen, so folgte doch nicht, daß er von Natur zur Eingehung der Gesellschaft auch geeignet sei: denn das Verlangen und die Fähigkeit sind verschiedene Dinge. Auch diejenigen verlangen nämlich nach der Gesellschaft, die ihres Stolzes wegen sich dennoch gleichen Bedingungen nicht unterwerfen mögen, ohne welche eine Gesellschaft nicht bestehen kann.»

105. Im Original: Of the state of men without civil society.
106. Im Original: Now union thus made is called a City, or civil society, and also a civil Person.
107. Hallberg, Nationalization, 2006, S. 72 f.
108. Siehe auch Hammerstein, Pufendorf, 1987, S. 179; Medick, Naturzustand, 1973, S. 40–63, der auf die ökonomische Seite der bürgerlichen Gesellschaft hinweist, die in den hier ausgewählten Ausschnitten nicht berücksichtigt werden konnte.
109. Siehe auch Behme, Gegensätzliche Einflüsse, 1996, S. 78.
110. Siehe Kersting, Gesellschaftsvertrag, 1994, S. 225 ff.
111. Riedel, Gesellschaft, 1979, S. 739 f.; Schneider, Leibniz, 1987, S. 214 f.
112. Lutterbeck, Staat, 2002, S. 185.
113. Riedel, Gesellschaft, 1979, S. 744.
114. Dies gilt allerdings nur für die Unterscheidung zwischen «civitas» und «res publica»; der Begriff «societas civilis» steht nach wie vor auch bei Wolff für den Staat (siehe hierzu Lutterbeck, Staat, 2002, S. 182–194).
115. Lutterbeck, Staat, 2002, S. 200.
116. Siehe zur zentralen Bedeutung der «gemeinen Wohlfahrt» für Wolffs Staatsdenken: Thormann, Christian Wolff, 1987, S. 266 f.
117. Riedel, Gesellschaft, 1979, S. 754. Hinsichtlich der Eigentumsordnung formuliert Schlözer auch: «Der Bürger tut alles selbst; die Regierung leitet nur» (Schlözer, StatsRecht, 1970, S. 23).
118. Schlözer, StatsRecht, 1970, S. 75. Siehe auch Hennies, Politische Theorie, 1985, bes. S. 201–227, hier S. 209 f.
119. Schlözer, StatsRecht, 1970, S. 64 ff.
120. Siehe zur Idee der «Erfindung» auch Lessings Freimaurerdialog.
121. Anmerkung von Schlözer: Selbst die Wilden auf den Gebirgen von Lüzon, machen keine Ausname: *Sonnerat*, Reisen nach OstIndien, II, S. 87 [Pierre Sonnerat: Reise nach Ostindien und China, auf Befehl des Königs unternommen vom Jahr 1774 bis 1781, Zürich 1783, 3 Bände].

122. Anmerkung von Schlözer: Den wesentlichen Unterschied zwischen bürgerlicher und StatsGesellschaft (Societas civilis oder Civitas und societas civilis cum imperio oder Imperium) setze ich hier voraus: StatsAnz. Heft 67, S. 354. CAESAR de Bello gall. VII.4: Vercingetorix, summae potentiae adolescens, cujus pater (Celtillus) principatum Galliae totius obtinuerat, et ob eam causam, quod regnum appetebat, ab civitate erat interfectus ... [Vercingetorix war der Sohn des Celtillus, ein junger Mann von höchstem Einfluß. Sein Vater hatte eine führende Rolle in ganz Gallien gehabt, war jedoch von seinem Stamm umgebracht worden, weil er die Alleinherrschaft anstrebte ...].

123. Im folgenden Ausschnitt gibt Schlözer hierauf eine knappe Antwort.

124. «Der Ähnliche freut sich über den Ähnlichen», im Sinne von «gleich und gleich gesellt sich gern».

125. Eine der Regeln des heiligen Benedikt von Nursia (480–545/547): «Was du selbst nicht erleiden willst, das tu auch keinem anderen an.»

126. Zu Fichtes Konzeption des Bürgervertrags siehe auch in Kap. II. 3 dessen Beitrag über die Französische Revolution.

127. Siehe auch Riedel, Gesellschaft, 1979, S. 767.

128. Besonders im Kapitel «Of Property» (§§ 25–51). Siehe Taylor, Beschwörung, 1991, S. 64f., 68f.; Röhrich, Denker, 1989, S. 37–55; Medick, Naturzustand, 1973, S. 64–133, bes. 104–115, 130f.; Tester, Civil Society, 1992, S. 34–45.

129. Robert Filmer: Patriarcha Non Monarcha, London 1681 (siehe Braun/Heine/Opolka, Politische Philosophie, 2002, S. 138; Nonnenmacher, Ordnung, 1989, S. 92f.). Eine deutsche Übersetzung Filmers ist in der Übersetzung von Lockes «Zwei Abhandlungen» von Hilmar Wilmanns enthalten (Halle 1906).

130. Adloff, Zivilgesellschaft, 2005, S. 22f.; Ehrenberg, Civil Society, 1999, S. 84–90.

131. Mangel an feststehenden Gesetzen, an unparteiischen Richtern und an einer Gewalt, die die Vollstreckung von Urteilen unterstützt (§§ 124–126).

132. Ehrenberg, Civil Society, 1999, S. 145–148.

133. Hall/Trentmann stellen dagegen Montesquieus Überlegungen über den zivilisierenden Effekt des Handels für die Zivilgesellschaft heraus (Hall/Trentmann (Hg.), Civil Society, 2005, S. 7, 71–75).

134. Siehe hierzu die Einleitung sowie Taylor, Beschwörung, 1991, S. 68f.

135. Siehe auch in Kapitel V. 1 die Überlegungen von Michnik über den «Neuen Evolutionismus», der statt der Revolution die allmähliche Verbesserung der Zustände durch vermittelndes Verhalten favorisiert.

136. Siehe Röhrich, Denker, 1989, S. 13f., 62–66; Schmitz, Homo democraticus, 2000, S. 207–212.

137. Siehe auch Kalbfleisch, Freiheit, 1999, S. 52f.

138. Erläuterung des Übersetzers: «Gleich zu Beginn des Zweiten Teils nennt Rousseau die zweite ‹real gegebene Tatsache› beim Namen. Als *société civile* bezeichnet

Rousseau die politisch-verfaßte Gesellschaft. Sie unterscheidet sich von der *société sauvage* durch die Einrichtung einer souveränen Gewalt und durch die Gesetze, die diese Gewalt gibt. Die *société civile* ist die Gesellschaft des *état civil* und des *homme civil* schlechthin und somit, diesseits des *état de nature*, keiner bestimmten historischen Epoche oder besonderen Gesellschaftsformation zugeordnet. Rousseau verwendet *société civile* und *société politique* als synonyme Begriffe [...], im selben Sinne, in dem vor ihm etwa Locke von «Political or Civil Society» sprach [...] oder Barbeyrac, der durch seine Übersetzungen von Grotius, Pufendorf und Cumberland den politischen Sprachgebrauch des 18. Jahrhunderts nachhaltig beeinflußte, *civitas* mit *société civile* wiedergab. Im *Contrat social* tritt *société civile* später ganz hinter dem Begriff *corps politique* zurück. – Wo immer im Text oder in den Fußnoten dieser Ausgabe bürgerliche Gesellschaft zu lesen steht, ist von der bürgerlichen oder politischen Gesellschaft im präzisierten Sinne die Rede und nicht von der bürgerlichen Gesellschaft, wie sie nach Hegels Unterscheidung von Staat und Gesellschaft und Marx' historisch-ökonomischer Verortung des Begriffs heute gewöhnlich verstanden wird.»

139. Unerschütterlichkeit; Ideal der Seelenruhe.

140. Braun / Heine / Opolka, Politische Philosophie, 2002. S. 172.

141. Siehe auch Fetscher, Rousseaus politische Philosophie, 1999, S. 111 f., 118; Adloff, Zivilgesellschaft, 2005, S. 27 f.

142. Schmitz, Homo democraticus, 2000, S. 217–224; Braun / Heine / Opolka, Politische Philosophie, 2002, S. 175; Kalbfleisch, Freiheit, 1999, S. 54–56.

143. «Wenn sich also in dem Augenblick, da der Gesellschaftsvertrag geschlossen wird, Andersdenkende finden, so macht deren Gegnerschaft den Vertrag nicht ungültig, sie verhindert nur, daß sie dazugezählt werden; sie sind Fremde unter den Bürgern» (Rousseau, Gesellschaftsvertrag, Viertes Buch, 2. Kap. S. 115 f.). Zur Frage, inwieweit Rousseau hier die argumentative Grundlage für die modernen Diktaturen kommunistischer Prägung legte, siehe Taylor, Beschwörung, 1991, S. 75 sowie allgemein Kersting, Gesellschaftsvertrag, 1994, S. 170–180, mit anderer Wertung.

144. Vgl. Hasenöhrl, Zivilgesellschaft, 2005.

145. Fußnote von Rousseau: «Der wahre Sinn dieses Wortes ist bei den Neueren fast völlig verschwunden; die meisten verwechseln Stadt [ville] und Polis [cité], Städter [bourgeois] und Bürger [citoyen]. Sie wissen nicht, daß die Häuser die Stadt, die Bürger aber die Polis machen. Der nämliche Irrtum ist damals den Karthagern teuer zu stehen gekommen. Ich habe noch nie gelesen, daß der Titel eines *cives* jemals dem Untertanen irgendeines Fürsten gegeben worden wäre, nicht einmal in der Antike den Makedonen noch heutzutage den Engländern, obwohl diese der Freiheit viel näher sind als alle anderen. Nur die Franzosen bedienen sich ganz zwanglos des Begriffes *Bürger*, weil sie davon auch nicht die leiseste wirkliche

Vorstellung haben, wie man aus ihren Wörterbüchern sehen kann, sonst würden sie sich nämlich bei seiner anmaßenden Verwendung des Verbrechens der Majestätsbeleidigung schuldig machen: dieses Wort drückt bei ihnen eine Tugend aus und nicht ein Recht. Als Bodin [Jean Bodin, 1529 (oder 1530)–1596)] von unseren Bürgern und Städtern sprechen wollte, machte er einen groben Schnitzer, da er die einen mit den andern verwechselte. D'Alembert [Jean Baptiste le Rond d'Alembert, 1717–1783] hat sich nicht getäuscht und in seinem Artikel Genf genau die vier (fünf sogar, wenn man die einfachen Fremden dazuzählt) Klassen von Menschen in unserer Stadt unterschieden, von denen nur zwei die Republik bilden. Kein anderer französischer Autor hat meines Wissens den wirklichen Sinn des Wortes *Bürger* verstanden.»

146. Vgl. auch Gauchet, Erklärung, 1991 (dort S. 9–12 Hinweise auf weitere Übersetzungen); «bürgerliche Gesellschaft» in der Präambel wird dort mit «Gliedern des Gesellschaftskörpers» übersetzt; Fritsche, Menschenrechte, 2004, S. 193–195 (dort mit «Mitgliedern des gesellschaftlichen Verbandes» übersetzt).

147. Böckenförde, Ordnungsideen, 1991, bes. S. 104, 111.

148. Siemann, Revolution, 1985, S. 135–140.

149. Übersetzungsvariante bei W. Mönke: «gesellschaftlicher Verband» (Thomas Paine: Die Rechte des Menschen. Hrsg., übersetzt und eingeleitet von Wolfgang Mönke, Berlin/DDR: Akademie-Verlag 1962, S. 207).

150. Burke/Gentz, Französische Revolution, 1991, S. 140.

151. Siehe auch knapp Ehrenberg, Civil Society, 1999, S. 157–160; Stanlis, Burke, 1992, S. 101 f.

152. Burke: «If civil society be made for the advantage of man, all the advantages for which it is made become his right.»

153. «Industrie» im Sinne von «Fleiß».

154. Burke: «If civil society be the offspring of convention, that convention must be its law.»

155. Merkurialmittel waren Quecksilberpräparate für Schwerkranke; Kanthaalidentränke (aus zerriebenen Käfern gewonnen) konnten als Aphrodisiakum, als Heilmittel und auch als Gift verabreicht werden.

156. [Mönke] Einleitung, 1962, S. 60 f.; Taylor, Beschwörung, 1991, S. 73 f.; Adloff, Zivilgesellschaft, 2005, S. 28 f.

157. Paine, Rechte, Zweiter Theil, 1793, S. 9.

158. In neuer Übersetzung lautet der Absatz: «Der Mensch hat eine natürliche Fähigkeit, sich jeder Lage anzupassen, zumal in der Gesellschaft, denn sie umfaßt eine größere Mannigfaltigkeit von Kräften und Hilfsmitteln. In dem Augenblick, wo die formelle Regierung abgeschafft wird, beginnt die Gesellschaft in Tätigkeit zu treten» (Paine, Rechte des Menschen, 1962, S. 267).

159. Paine leitet die Erkenntnis des vorangegangenen Absatzes aus den Erfahrungen

des Unabhängigkeitskrieges der amerikanischen Kolonien ab, die trotz Abschaffung der alten Regierung und einer fehlenden neuen staatlichen Macht «in der Zwischenzeit Ordnung und Harmonie eben so unverletzlich erhalten als in irgend einem Land von Europa» (Paine, Rechte des Menschen, 1793, S. 3).

160. In neuer Übersetzung lautet der Absatz: «Es sind die großen und fundamentalen Prinzipien der Gesellschaft und Zivilisation – der gewöhnliche, auf allgemeines Übereinkommen gegründete und gegen- und wechselseitig unterhaltene Brauch – der unaufhörliche Umlauf des Interesses, das durch Millionen Kanäle die gesamte Masse der zivilisierten Menschen durchströmt und sie belebt – diese Dinge sind es, von denen Sicherheit und Wohlstand der einzelnen und des Ganzen unendlich viel mehr abhängen als von allem, was die besteingerichtete Regierung leisten kann» (Paine, Rechte des Menschen, 1962, S. 268).

161. Neuere Übersetzung: «[…] weil dies im Interesse aller Beteiligten liegt […]» (Paine, Rechte des Menschen, 1962, S. 269).

162. Siehe auch Riedel, Gesellschaft, 1979, S. 765.

163. «Es ist kein Wunder, daß die allgemeine Stimme der Menschheit denen, welche Freiheitsprojekte entwerfen, Freiheit verkündigen und für Freiheit kämpfen, triumphierender und belohnender zujauchzt als denen, welche die weisesten und wohltätigsten Regierungspläne ersannen oder durchsetzten. Jenes ist ein leichtes und glänzendes Geschäft, dieses ist ein mühsames und unscheinbares Amt. […] Es erfordert oft eine Reihe von Jahren, um eine einzige Frucht der weisesten Veranstaltungen, welche das vereinigte Nachdenken der geübtesten Staatsmänner ans Licht brachte, zu pflücken: dagegen eine blinde Schwärmerei in wenig Minuten ein König absetzen und in einer Stunde alle Thronen von Europa zum Untergange verdammen kann.» (Burke / Gentz, Französische Revolution, 1991, S. 413). Siehe zu Gentz: Kronenbitter, Wort, 1994.

164. Negt, Kant und Marx, 2003, S. 25.

165. Siehe auch Pocock, Bürgergesellschaft, 1993, u. a. S. 56 f.

166. Terrier / Wagner, Civil Society, 2006, S. 19. Einen ‹anderen› Hume stellt Tester vor (Tester, Civil Society, 1992, S. 45 – 47): «To Hume, there was originally nothing more to civil society than brute force» – im folgenden Zitat allerdings mit Bezug auf «government»!).

167. Batscha / Medick, Einleitung, 1986, S. 9.

168. Siehe zur Kampfrhetorik auch unten in Kap. V.2 Ernst Jünger.

169. Siehe auch Hall / Trentmann, Civil Society, 2005, S. 11 f., 85 f.

170. Siehe Terrier / Wagner, Civil Society, 2006, S. 15; Ehrenberg, Civil Society, 1999, S. 95 f.; Adloff, Zivilgesellschaft, 2005, S. 24, sowie allgemein Oz-Salzberger, Translating the Enlightenment, 1995, S. 87 – 166, bes. S. 145 ff.

171. Siehe zu dieser Interpretation zusammenfassend Adloff, Zivilgesellschaft, 2005, S. 25; Ehrenberg, Civil Society, 1999, 100 – 108.

172. «Von einer unsichtbaren Hand werden sie [die Reichen] dahin geführt, beinahe die gleiche Verteilung der zum Leben notwendigen Güter zu verwirklichen, die zustandegekommen wäre, wenn die Erde zu gleichen Teilen unter alle ihre Bewohner verteilt worden wäre» (Adam Smith: Theorie der ethischen Gefühle, Nach der Auflage letzter Hand übersetzt und mit Einleitung, Anmerkung und Registern herausgegeben von Walter Eckstein, Hamburg: Felix Meiner 1977, S. 316).

173. Siehe auch Medick, Naturzustand, 1973, bes. 288–295, hier S. 292; Stecker, Solidarität, 2004, S. 116, 120 ff.

174. Anders die Wertung bei Ehrenberg, Civil Society, 1999, S. 99.

175. «Allerdings kann in einem solchen Gemeinwesen [bei «primitiven Völkern»] auch niemand jenen hohen Grad vertieften Wissens erreichen, der einzelne Mitglieder in zivilisierten auszeichnet. Obwohl in einem primitiven Volke die Aufgaben des einzelnen recht mannigfaltig sind, fehlt doch die Vielfältigkeit in der Gesamtheit. Jedermann leistet fast alles oder wäre dazu in der Lage, was jeder andere ebenfalls leistet oder leisten kann. Jeder besitzt ein beachtliches Maß an Wissen, Einfallsreichtum und Phantasie, aber kaum einer eine außergewöhnliche Intelligenz. Das allgemeine geistige Niveau reicht gewöhnlich dazu aus, um die einfachen Aufgaben dieses Gemeinwesens zu bewältigen. In einem zivilisierten hingegen ist das Tätigkeitsfeld des einzelnen eng begrenzt, das der Gemeinschaft in ihrer Gesamtheit jedoch von einer fast unübersehbaren Vielfalt.» (Smith, Wohlstand, 1974, S. 663). Siehe auch Wielands Dialog im «Teutschen Merkur» aus dem Jahr 1797: «Sie wissen also, daß die Einwohner dieser großen Südsee-Insel [d. i. Neuseeland, J. S.] sich noch auf einer so niederen Stufe der Kultur befinden, daß wir ihren Zustand ohne Gefahr zu irren, für den rohen Naturzustand des Menschen annehmen können. Gewiß ist wenigstens, daß sie zwar in einer Art von kleinern oder größern Horden leben, aber das Bedürfniß in eine *bürgerliche* Gesellschaft zusammen zu treten, noch so wenig fühlen, daß sie nicht einmahl [sic] einen Begriff von ihr zu haben scheinen.» (Christoph Martin Wieland: Gespräche unter vier Augen. Viertes Gespräch über Demokratie und Monarchie, in: Der neue Teutsche Merkur, 5. Stück, Mai 1798, S. 3–48, hier S. 8 f.).

176. Im folgenden Abschnitt weist Smith – ähnlich wie Ferguson – darauf hin, dass für das Funktionieren der bürgerlichen Gesellschaft dafür gesorgt werden muss, dass die Bürger in ihrer Gesamtheit die Fähigkeit bewahren, sich zu verteidigen. Dabei verweist er außer auf die antike Tradition auf das positive Beispiel der Schweiz. Dort gilt der Grundsatz: «Einem Feigling aber, einem Menschen, der unfähig ist, sich selbst zu verteidigen oder zu rächen, fehlt augenscheinlich ein ganz wesentlicher Zug männlichen Charakters» (667).

177. Eine betont kritische Sicht auf die exklusive Praxis der Freimaurer des 19. Jahrhunderts findet sich bei M. Weber (s. Kap. III. 4).

178. Anders interpretiert bei Hall/Trentmann (Hg.), Civil Society, 2005, S. 11. Siehe

auch Roman Dziergwa, der darauf hinweist, dass sich Lessing gegen die ‹real existierende› Freimaurerei seiner Zeit abgrenzte und statt dessen die Freimaurerei «zum Projektionsfeld seiner politisch-gesellschaftlichen und geschichtsphilosophischen Idealvorstellungen machte» (Dziergwa, Lessing, 1992, S. 135, 142–145). Zur Diskussion siehe auch den «Kommentar» in: Lessing, Werke, 2001, S. 745–749.

179. Siehe ‹realgeschichtlich› zu den Freimaurern: Hoffmann, Politik, 2000.

180. Die Anregung für das Gespräch kommt bei der Beobachtung eines Ameisenhaufens. «*Falk*: Die Ameisen leben in Gesellschaft, wie die Bienen. *Ernst*: Und in einer noch wunderbarern Gesellschaft als die Bienen. Denn sie haben niemand unter sich, der sie zusammen hält und regiert. *Falk*: Ordnung muß also doch auch ohne Regierung bestehen können. *Ernst*: Wenn jedes einzelne sich selbst zu regieren weiß: warum nicht? *Falk*: Ob es wohl auch einmal mit den Menschen dahin kommen wird? *Ernst*: Wohl schwerlich! *Falk*: Schade!» (S. 23) – siehe auch in Kap. II. 3 T. Paine.

181. Die bürgerliche Gesellschaft entspringt nach Lessings Meinung demnach nicht dem (aristotelischen) *zôon politikón*, dem Bedürfnis nach Gemeinschaft, sondern ist eine «Erfindung» der Menschen (siehe auch oben den Beitrag von A. L. Schlözer).

182. Siehe auch Ehrenberg, Civil Society, 1999, 116 f., sowie Belwe, Ungesellige Geselligkeit, 2000; Ritter, Immanuel Kant, 1987, S. 332–354.

183. «Der Hausbediente, der Ladendiener, der Taglöhner, selbst der Friseur sind bloß *operarii*, nicht *artifices* (in weiterer Bedeutung des Wortes) und nicht Staatsglieder, mithin auch nicht Bürger zu sein qualifiziert» (Immanuel Kant, Metaphysik der Sitten, § 46, zit. nach Riedel, Gesellschaft, 1979, S. 762); siehe auch Kalbfleisch, Freiheit, 1999, S. 69 f.

184. Vgl. oben Rousseau, Vom Gesellschaftsvertrag.

185. Siehe auch die Quellen in Kapitel 3. Zur Kritik an der Idee der bürgerlichen Gesellschaft als Projekt bürgerlicher, *männlicher* Meisterdenker siehe zusammenfassend Budde in Kap. VI. 2.

186. Umfassend jetzt Spitta, Staatsidee, 2004, bes. S. 65 ff.

187. Siehe die Quellen in Kapitel VI. 1.

188. Koselleck, Preußen, 1989.

189. Siehe auch Thamer, Citoyen, 2000, bes. S. 293 ff.

190. Siehe in Kap. II. 4 den Text von I. Kant.

191. Siehe am Beispiel Berlins Grzywatz, Stadt, 2003, bes. S. 160–165.

192. Rousseau kritisiert dagegen im «Gesellschaftsvertrag» dieses Vorgehen (siehe Kap. II. 2).

193. Nipperdey, Verein, 1976, S. 174–205; Hardtwig, Strukturmerkmale, 1984, S. 11–50; Hoffmann, Geselligkeit, 2003.

194. Es folgt ein Blick auf die USA und Großbritannien: es werden die positiven Auswirkungen des Assoziationswesens in diesen Ländern auf das Selbstbewusstsein
seiner Bürger und ihrer Bereitschaft zur «Theilnahme am Gemeinwesen» hervorgehoben.

195. Es folgt eine Auflistung der Mittel, die den Bürgersinn heben: Öffentlichkeit, Erziehung, Pressefreiheit, Waffenübungen und Volksfeste.

196. Gemeint sind die Wahlen zur Nationalversammlung in der Paulskirche, die im
Mai 1848 stattfanden.

197. Vgl. auch W. von Humboldts Überlegungen in Kapitel II. 4.

198. Wahrscheinlich spielen die Autoren des Flugblatts auf die Errichtung von Natio-
nalwerkstätten in Frankreich an, die eine Art staatlich finanzierte Arbeitsbe-
schaffungsmaßnahme darstellten. Als sie im Sommer 1848 aufgelöst wurden,
kam es zu Aufständen in Paris, die blutig niedergeschlagen wurden.

199. Siehe Welskopp, Banner, 2000; Schmidt, Zivilgesellschaft, 2004.

200. Siehe den Beitrag von Robert Putnam in Kapitel VI. 2.

201. Gemeint ist die Märzrevolution von 1848.

202. Die Revolution war 1849 in allen deutschen Ländern endgültig niedergeschlagen
worden, und restaurative Tendenzen waren seitdem unübersehbar.

203. Zum Gesamtkonzept, das Hegel in seiner Rechtsphilosophie entwickelt, siehe
Braun / Heine / Opolka, Politische Philosophie, 2002, S. 224–244, sowie knapp
Klein, Diskurs, 1999, S. 287–292.

204. Adloff, Zivilgesellschaft, 2005, S. 31; Klein, Diskurs, 1999, S. 282 f.

205. Siehe grundlegend Taylor, Beschwörung, 1991, S. 76–78.

206. Siehe auch: «Die bürgerliche Gesellschaft ist die Differenz, welche zwischen die
Familie und den Staat tritt, wenn auch die Ausbildung derselben später als die des
Staates erfolgt; denn als Differenz setzt sie den Staat voraus, den sie als Selbstän-
diges vor sich haben muß, um zu bestehen» (Hegel, Philosophie des Rechts, § 182,
Zusatz); allgemein Ehrenberg, Civil Society, 1999, S. 124 f.; Wagner, Introduction,
2006, S. 1 f.

207. Siehe auch die Debatte vom Herbst 2006 über die Existenz von Unterschichten in
der Bundesrepublik Deutschland (Gross, Boheme, 2006; Müller-Hilmer, Gesellschaft, 2006; Heine, Proll-Problem, 2006).

208. Siehe in Kap. VI. 2 den Text von Anheier / Glasius / Kaldor über die «Global Civil
Society».

209. Siehe etwa Dahrendorf, Gesellschaft, 1966, S. 225–229; Popper, Falsche Propheten, 1958, S. 40 ff.; Adloff, Zivilgesellschaft, 2005, S. 35. – Siehe hierzu auch
§ 256.

210. Bei den folgenden Paragraphen handelt es sich um die Erörterung der Elemente
«Polizei» (§§ 230 ff.) und «Korporationen» (§ 250 ff.) der «bürgerlichen Gesellschaft».

211. Die folgenden Auslassungen innerhalb der einzelnen Paragraphen beziehen sich ausschließlich auf Querverweise Hegels.
212. Die folgenden Paragraphen beziehen sich auf die «Korporationen».
213. Siehe allgemein zu Hegels Konzept der Anerkennung Honneth, Kampf, 1992, bes. S. 11 f., 20 ff.
214. Trennen, entfremden, sich lösen.
215. Der Titel des Beitrags rührt daher, dass Marx sich mit den beiden Schriften von Bruno Bauer «Die Judenfrage» (1843) und «Die Fähigkeit der heutigen Juden und Christen frei zu werden» (1843) auseinandersetzte. Bauer hatte gemeint, dass nicht die politische Gleichstellung die Emanzipation der Juden sichern würde, sondern umgekehrt: Erst müssten sich alle von allen Religionen emanzipieren, um die Demokratie vor staatlichen Übergriffen zu schützen. Marx kritisierte, dass Bauer die Verhältnisse zwischen Staat und Privatsphäre / Religion völlig falsch einschätze. Die Abschaffung der Religion alleine würde zu Gleichheit weder im Staat noch in der Wirtschaft führen (Ehrenberg, Civil Society, 1999, S. 133).
216. Eine intensive Auseinandersetzung mit der Marx'schen Verwendung des Begriffs «bürgerliche Gesellschaft» findet sich bei Cohen, Class, 1982.
217. Kocka, Civil Society, 2004, S. 66 f.
218. Klein, Diskurs, 1999, S. 103.
219. Diese Position findet sich vor allem in den frühen Schriften von Marx; sie wird später relativiert (siehe Klein, Diskurs, 1999, S. 103 f.). Siehe auch Röhrich, Denker, 1989, S. 90.
220. Es folgen Zitate und Kommentare zu den Menschenrechtserklärungen in Bezug auf die Religionsfreiheit.
221. Im Original in französischer Sprache.
222. Im Original in französischer Sprache.
223. Monade bezeichnet hier die Existenzform des einfachen, unteilbaren, realen Wesens. G. W. Leibniz hatte eine eigene Monadenlehre entwickelt, die in der Philosophiegeschichte lange nachwirkte.
224. Im Original in französischer Sprache.
225. Im Original in französischer Sprache.
226. Zygmunt Bauman sieht heute am Beginn des 21. Jahrhunderts angesichts der Angst des Staates vor den «Ausgegrenzten der Moderne» eine Entwicklung vom Sozialstaat hin zum Sicherheitsstaat («Wenn Menschen Abfall werden», «Die Zeit», Nr. 47, 17. November 2005, S. 65 f.; Bauman, Verworfenes Leben, 2005).
227. Siehe auch den Beitrag von G. Landauer in Kap. IV. 1.
228. Im Original in französischer Sprache.
229. Die Kraft, die die Emanzipation vollbringen kann, ist das Proletariat: «Wo also die *positive* Möglichkeit der Deutschen Emanzipation?
Antwort: In der Bildung einer Klasse mit *radikalen Ketten*, einer Klasse der bürger-

lichen Gesellschaft, welche keine Klasse der bürgerlichen Gesellschaft ist, eines Standes, welcher die Auflösung aller Stände ist, einer Sphäre, welche einen universellen Charakter durch ihre universellen Leiden besitzt und kein *besondres Recht* in Anspruch nimmt, weil kein *besondres Unrecht*, sondern das *Unrecht schlechthin* an ihr verübt wird, welche nicht mehr auf einen *historischen*, sondern nur noch auf den *menschlichen* Titel provozieren kann, welche in keinem einseitigen Gegensatz zu den Konsequenzen, sondern in einem allseitigen Gegensatz zu den Voraussetzungen des deutschen Staatswesens steht, einer Sphäre endlich, welche sich nicht emanzipieren kann, ohne sich von allen übrigen Sphären der Gesellschaft und damit alle übrigen Sphären der Gesellschaft zu emanzipieren, welche mit einem Wort der *völlige Verlust* des Menschen ist, also nur durch die *völlige Wiedergewinnung des Menschen* sich selbst gewinnen kann. Diese Auflösung der Gesellschaft als ein besonderer Stand ist das *Proletariat.*» (Karl Marx, Zur Kritik der Hegelschen Rechtsphilosophie, in: K. Marx / F. Engels, Werke. Band 1, Berlin/DDR 1976, S. 390)

230. Im Zusammenhang mit dem 140-jährigen Gründungsjubiläum des ADAV im Jahr 2003 war es verstärkt zu solchen Bemühungen gekommen. Siehe hierzu auch Schmidt, Zivilgesellschaft, 2004, S. 3, 5–10.

231. Siehe auch Welskopp, Banner, 2000, S. 543–550.

232. Lassalle beantwortet diese Frage in einem großen historischen Bogen, der vom Mittelalter über die Bauernkriege und die Französische Revolution bis zur Industrialisierung des 19. Jahrhunderts führt. Die Bestimmung des «Arbeiterstandes» erfolgt dabei in Abgrenzung zur Bourgeoisie und durch die besondere Rolle des «vierten Standes» innerhalb des Staates. Siehe hierzu die folgenden Textausschnitte.

233. Siehe in Kap. IV. 1 den Text von A. Gramsci.

234. Anmerkung von Lassalle: Diese Staatsidee, welche den Staat eigentlich ganz aufhebt und ihn in die bloße bürgerliche Gesellschaft der egoistischen Interessen umwandelt, ist die Staatsidee des Liberalismus und von ihm historisch produziert worden. Sie bildet bei der Macht, die sie notwendig erlangt hat und die im direkten Verhältnis zu ihrer Oberflächlichkeit steht, die wahrhafte Gefahr geistiger und sittlicher Versumpfung, die wahrhafte Gefahr einer «modernen Barbarei», welche heute besteht. In Deutschland kämpft ihr zum Glück mächtig entgegen die antike Bildung, welche nun einmal die unverlierbare Grundlage des deutschen Geistes geworden ist. Von ihr aus erzeugt sich die Ansicht, «der Begriff des Staates sei vielmehr notwendig dahin zu erweitern, bis wohin er meines Erachtens zu erweitern ist, daß der Staat die Einrichtung sei, in welcher die ganze Tugend der Menschheit sich verwirklichen solle» (Worte August Boeckhs in seiner Universitätsfestrede vom 22. März 1862.) [Ferdinand Boeck (1785–1867), Professor für Philologie in Berlin].

235. Bei den Anhängern der Lassalle'schen Richtung.

236. Neben programmatischen Differenzen waren auch die beiden Arbeiterparteien organisatorisch unterschiedlich strukturiert. Der ADAV war auf die Führungspersönlichkeit Lassalle (und seine Nachfolger) ausgerichtet, der VDAV hatte sehr viel stärker dezentrale Strukturen.

237. Bedingt durch das Zensus-Wahlrecht bei den Landtagswahlen im sächsischen Wahlkreis Hohenstein-Ernstthal-Meerane-Waldenburg hatte Bebel nur 42 Prozent der Stimmen erhalten und war nicht gewählt worden.

238. Wilhelm Liebknecht (1826–1900), einer der Gründungsväter der Arbeiterbewegung; Julius Motteler (1838–1907), ‹Spitzenfunktionär› des VDAV bzw. der ab 1875 vereinigten Sozialdemokratie.

239. Freilich gilt es auch Tocquevilles kritischen Blick auf Amerika nicht aus dem Auge zu verlieren, etwa im Kapitel über die Indianerverfolgungen (siehe auch Henning Ritter: Die dunkle Seite, Frankfurter Allgemeine Zeitung, Nr. 126, 2. Juni 2004, S. N 3).

240. Klein, Diskurs, 1999, S. 263 f.; Adloff, Zivilgesellschaft, 2005, S. 39 f., Offe, Selbstbetrachtung, 2004, S. 44–49; Ehrenberg, Civil Society, 1999, S. 161–165.

241. Edwards / Foley / Diani (Hg.), Beyond Tocqueville, 2001.

242. Siehe auch Hall / Trentmann (Hg.), Civil Society, 2005, S. 116.

243. Vgl. dagegen die Haltung Steins in seiner Nassauer Denkschrift (Kap. III. 1).

244. Es handelt sich um das Kapitel «Über den Gebrauch, den die Amerikaner im bürgerlichen Leben von Zusammenschlüssen machen».

245. Siehe in Kap. II. 4 ebenso W. v. Humboldt.

246. In diesem Kapitel untersucht Tocqueville die Beziehungen zwischen den bürgerlichen und den politischen Vereinen.

247. In diesem Abschnitt fragt Tocqueville danach, «wie sich bei den Amerikanern der Sinn für materielle Genüsse mit Freiheitsliebe und mit der Sorge für die öffentlichen Angelegenheiten verbindet».

248. Freilich im Vergleich zu konservativen Autoren (siehe unten Riehl und Treitschke) ist Rottecks Position sehr viel näher an den Vorstellungen Tocquevilles.

249. Schöttle, Theorien, 1994, bes. S. 50–55; Zunhammer, Zwischen Adel, 1995.

250. Nolte, Gemeindebürgertum, 1994, bes. 151–161.

251. Siehe Einleitung.

252. Riedel, Gesellschaft, 1979, S. 780 f.

253. Im zweiten Teil seines Vortrags fragt Riehl nach dem Verhältnis von bürgerlicher Gesellschaft und Erwerbsgesellschaft.

254. Die Internationale Arbeiter-Assoziation (IAA) wurde im September 1864 in London gegründet. Ihr gehörten Vertreter aus 13 europäischen Staaten und den USA an. Karl Marx hatte den Programmentwurf für die IAA verfasst.

255. Die kollektiv-genossenschaftliche Selbsthilfe sollte in Form von Arbeiter-Genossenschaftswesen organisiert werden: «Jawohl! Dieses Genossenschaftswesen wird die Arbeiterklasse zunächst vor den Irrgängen einseitig individualisirender [sic], alles Gemeinleben zersetzender Zielrichtung bewahren, sie an eine kollektive Initiative und gemeinschaftliche Bestrebung, wenn anfänglich auch nur gruppenweise gewöhnen, ihr eine Gelegenheit und Schule bieten, die rechten Talente in Leitung, Verwaltung, Gesetzgebung aufzufinden und auszubilden, ihr gründlicher in der Praxis, als es je die Theorie vermag, von allen Palliativmitteln jeden Schein der Hinlänglichkeit und der Alleinglückseligmachung abstreifen und sie endlich, durch die ihr gewordene Einsicht, einen wohldurchdachten Selbsterhaltungstrieb und die stete Wucht der Thatsachen, zur allmäligen [sic] Vereinigung aller Gruppen drängen, wird endlich die Herstellung eines sicheren, solidarisch haltbaren Ganzen und somit die Vollendung des einheitlichen, freien Volksstaats gleichsam durch sich selbst bewirken.» (Programm der Internationalen Arbeiter-Assoziation, in: Deutsche Arbeiterhalle, Nr. 14 vom 27. Juli 1868)

256. Vgl. etwa einen Wahlaufruf des Allgemeinen Deutschen Arbeitervereins (ADAV) aus dem Jahr 1871: «Als selbständige Männer habt ihr im eigenen Interesse tätig zu sein. Nicht nur um Eurer selbst, auch um der Nation, des Vaterlandes willen habt ihr dies zu tun; denn wir, das arbeitende Volk, bilden die ungeheure Mehrzahl im Staate, unsere Interessen sind die wahren Interessen des Staates und der Gesellschaft. Alle anderen Parteien, alle anderen Gesellschaftsklassen haben Sonderinteressen, die den Arbeiterinteressen gegenüber stehen» (zitiert nach Parisius, Groll, 1985, S. 139 f.). Bürgerschaftliches Engagement, Sorge für das große Ganze werden in diesem Aufruf unmissverständlich propagiert, dennoch wird die instrumentelle Verwendung der Begriffe deutlich. Doch was, wenn Parteien in ihrem Selbstverständnis wie in der Wahrnehmung der Öffentlichkeit für das Gemeinwohl eintreten: Werden dann Parteien zu zivilgesellschaftlichen Akteuren? Siehe hierzu auch: Enquete-Kommission, Engagement in Parteien, 2003.

257. Der Protest wurde von 26 Delegierten unterzeichnet, die bereits an der am nächsten Verhandlungtag anberaumten Debatte um das Programm nicht mehr teilnahmen.

258. Siehe den Beitrag von G.-F. Budde in Kap. VI. 2 sowie allgemein zum Verhältnis von Privatsphäre und Öffentlichkeit Pateman, Fraternal Social Contract, 1988, S. 101 – 148; Hull, Sexuality, 1996, bes. S. 194 ff., 371 ff.; Philipps, Feminism, 2002, S. 71 – 90; Hagemann, Familie, 2000, S. 57 – 84. Siehe auch den Beitrag «Bürgersinn» in Blums «Handbuch» (Kap. III. 1).

259. Siehe zu Treitschke in der Zivilgesellschaftsdebatte auch Hall / Trentmann, Civil Society, 2005, S. 14 f., 138 f., sowie im Zusammenhang der Begriffsgeschichte der «bürgerlichen Gesellschaft» Riedel, Gesellschaft, 1979, S. 793 – 796.

260. Treitschke könnte sich sowohl auf die Schiffsklassifikations-Gesellschaft «Ger-

manischer Lloyd», auf die Reederei «Norddeutscher Lloyd» als auch auf die Ver-
sicherungsbörse «Lloyds of London» beziehen.

261. Robert von Mohl (1799–1875), Staatswissenschaftler.

262. Lorenz von Stein (1815–1890), Staatsrechtler.

263. Friedrich Julius Stahl (1802–1861), Jurist.

264. Anmerkung von Treitschke: [Friedrich] Schleiermacher, [Über] [d]ie Begriffe der
verschiedenen Staatsformen, [Berlin] 1814.

265. Siehe zu diesen Begriffen auch den Text von Ferguson in Kap. II. 4.

266. Anmerkung von Treitschke: [Carl Ludwig von] Haller, Restauration der Staatswissenschaften [Bd.] I, [Winterthur 1816], S. 471; Aristoteles Politik, 3,9.

267. Siehe allgemein Osterkamp, Gemeinschaft, 2005; Clausen u. a. (Hg.), Hundert
Jahre, 1991.

268. Zum Verhältnis von Tönnies' Gemeinschaft und den Ideen der Kommunitarier
siehe Ehrke, Zivilgesellschaft, 2000, S. 10 (electronic ed.).

269. Siehe hierzu knapp Gosewinkel / Rucht, History, 2004, S. 47 f.

270. Konvention nennt Tönnies die «einfache Form des allgemeinen gesellschaftlichen Willens, sofern er dieses Naturrecht setzt». Unter «diesem Naturrecht»
versteht Tönnies die Setzung einer «neuen künstlichen Freiheit» in einer Sozietät (§ 24, S. 50).

271. Der «Wesenwille» als selbstverständliche (natürliche) Form des Willens führt
zur Gemeinschaft, während der moderne, neuzeitliche «Kürwille» zur Gesellschaft führt.

272. Siehe auch Adloff, Zivilgesellschaft, 2005, S. 100 f.

273. Zunächst hatte Weber sich mit der «Soziologie des Zeitungswesens» auseinandergesetzt (S. 434–441).

274. Webers Umrechnung der Vereinsdichte auf «Familien*väter*» sagt viel über die exklusiven Vorstellungen hinsichtlich des Vereinswesens aus. Zur Exklusion von
Frauen aus der Zivilgesellschaft siehe auch in Kap. VI. 2 G.-F. Budde.

275. Das ideale *Bild* der Freimaurer findet sich dagegen bei Lessing (siehe Kap. II. 4).

276. Anmerkung von Weber: Es ist hier namentlich an die Arbeiten von Prof. G. A.
Leist gedacht. [Weber bezieht sich hier auf Gerhard Alexander Leist: Vereinsherr-
schaft und Vereinsfreiheit im künftigen Reichsrecht, Jena 1899 sowie ders., Untersuchungen zum inneren Vereinsrecht, Jena 1904.]

277. anziehen

278. Weber geht im Folgenden nicht weiter auf diese Fragen ein. Er beschließt seine
Ausführungen zu den Vereinen mit dem Hinweis auf mögliche Quellen, die zur
Beantwortung seiner Fragen herangezogen werden könnten.

279. Wolf, Landauer, 1988, S. 51.

280. Siehe Wolf, Landauer, 1988, S. 61–63; allgemein Matzigkeit (Hg.), Sensation,
1995.

281. Etienne de La Boétie (1530–1563). Landauer hatte das Werk «Discours de la servitude volontaire» (Diskurs über die freiwillige Knechtschaft) 1910 ins Deutsche übersetzt («Knechtschaft»).

282. Heinrich IV. (1367–1413), Oliver Cromwell (1599–1658).

283. Pierre-Joseph Proudhon (1809–1865) strebte eine «gerechte Wirtschaftsordnung des allgemeinen kleinen Besitzes» an. Um dies zu erreichen, sollten alle Zinsen abgeschafft werden und Güter gegen Güter oder Güter gegen zinslose Kredite getauscht werden (siehe Fenske u. a., Geschichte, 1987, S. 431 f.).

284. Gottfried Keller (1819–1890) im Gedicht «Rote Lehre» (Gesammelte Gedichte, Stuttgart / Berlin 1910, 2. Band, S. 20).

285. Dies geschieht in dem Vortrag Landauers «Aufruf zum Sozialismus».

286. Siehe Schmitz, Homo democraticus, 2000, S. 230–254, bes. S. 246–250.

287. Gustav Landauer, in: Der Sozialist, 27. Mai 1893, zit. nach Schmitz, Homo democraticus, 2000, S. 248.

288. Matzigkeit (Hg.), Sensation, 1995, S. 187–204.

289. Die II. Internationale wurde 1889 in Paris gegründet. Auf dem Gründungskongress, der maßgeblich auf Initiative von Friedrich Engels stattfand, stellte die sozialdemokratische Delegation unter den 20 Staaten das stärkste Kontingent. Bei Ausbruch des Ersten Weltkriegs schwenkten die sozialistischen und sozialdemokratischen Parteien auf die nationalen Linien ihrer ‹Herkunftsländer› ein; der Pakt der internationalen Solidarität zerbrach.

290. Siehe auch Flechtheim, Luxemburg, 1985, S. 64 f. Die neueste Debatte um das «Prekariat», die Vorwürfe des SPD-Parteivorsitzenden Kurt Beck gegen «unrasierte», «ungewaschene» Arbeitslose im Dezember 2006 schlägt von daher alte Schlachten.

291. Colas, Civil Society, 1997.

292. Siehe auch in Kap. V.1 Václav Havels Forderung nach Selbstdisziplinierung der Akteure in der «parallelen Polis».

293. Hirschfeld / Rügemer (Hg.), Utopie, 1990; Kebir, Gramscis Zivilgesellschaft, 1991; Gramsci, Gefängnishefte, Band 1, 1991, S. 19. In einem Aufsatz aus dem Jahr 1977 hatte Karin Priester noch dafür plädiert, Gramscis «società civile» mit «bürgerlicher Gesellschaft» zu übersetzen (Priester, Staatstheorie 1977, S. 515–517).

294. Siehe die von K. Michalski herausgegebenen Texte in Kapitel V. 2.

295. Siehe knapp zur Entstehungsgeschichte der Gefängnishefte Neubert, Gramsci, 2001, S. 18 f.

296. Klein, Diskurs, 1999, S. 107 f., 110.

297. Neubert, Gramsci, 2001, S. 56–69, hier S. 59, 61 (Neubert erkennt eine klare Trennung zwischen Zivilgesellschaft und Staat).

298. Adloff, Zivilgesellschaft, 2005, S. 43.

299. Gramsci bezieht sich auf B. Croces Buch «Elementi di politica», von dem 1924 un-

ter dem deutschen Titel «Grundlagen der Politik» eine gekürzte Ausgabe erschien.

300. Siehe oben den Text von F. Lassalle in Kapitel III. 2.

301. Marschall Ferdinand Foch (1859–1929).

302. Im Original ‹civiltà›, sonst teils mit ‹Zivilisation›, teils mit ‹Kultur› wiedergegeben. Hier reagiert der Ausdruck mit ‹cittadino› (‹Staatsbürger›) und ‹società civile› (‹Zivilgesellschaft›). (Anm. der Übersetzer)

303. Siehe auch knapp Münkler, Weimarer Republik, 1987, Bd. 5, S. 306–308.

304. Iring Fetscher/Herfried Münkler (Hg.): Pipers Handbuch der politischen Ideen. Bd. 5: Neuzeit. Vom Zeitalter des Imperialismus bis zu den neuen sozialen Bewegungen, München/Zürich 1987, S. 293.

305. Siehe auch Tester, Civil Society, 1992, S. 138 f.

306. Siehe Becker, Parlamentarismuskritik, 1994, bes. S. 32–52; Hansen/Lietzmann (Hg.), Schmitt, 1988, bes. S. 10 f., 63–69; Mehring, Schmitt, 2001, S. 36–42; Münkler, Weimarer Republik, 1987, S. 295–303.

307. Siehe auch Hall/Trentmann, Civil Society, 2005, S. 182.

308. Schmitt hatte zuvor das Ideal des Parlamentarismus geschildert: «Es sind die beiden Prinzipien, auf denen in einem überaus konsequenten und umfassenden System konstitutionelles Denken und Parlamentarismus beruhen. Dem Gerechtigkeitsgefühl einer ganzen Epoche erscheinen sie wesentlich und unumgänglich. Was die durch Öffentlichkeit und Diskussion garantierte Balance eigentlich bewirken sollte, war nicht weniger als Wahrheit und Gerechtigkeit selbst. Durch Öffentlichkeit und Diskussion allein glaubte man die bloß tatsächliche Macht und Gewalt […] überwinden und den Sieg des Rechts über die Macht herbeiführen zu können» (Schmitt, Geistesgeschichtliche Lage, 1969, S. 61).

309. Der Aufruf fand internationale Beachtung; die Charta 77 wurde nicht nur in der «FAZ», sondern auch in der Londoner «Times» abgedruckt. In einem Kommentar der «FAZ» vom 10. Januar 1977 hieß es, dass es sich zwar nur um eine kleine Gruppe handle, dass sie es aber wage, sich «namentlich und öffentlich für ihre Ziele ein[zu]setzen», mache «ihre innenpolitische Wirkung aus» und symbolisiere den Autoritätsverlust der kommunistischen Regierungen. Siehe auch Eduard Neumaier: Gespenster aus der Kiste. Die Bürgerrechtler lassen sich nicht mehr einschüchtern, «Die Zeit», Nr. 4, 14. 1. 1977, S. 6.

310. Grundlegend für die Entwicklung der Zivilgesellschaft in Osteuropa während der 1980er Jahre: Thaa, Wiedergeburt, 1996, bes. S. 141 ff.

311. Siehe auch Václav Havel in seiner Verteidigungsrede vom 21. Februar 1989 vor einem Prager Gericht: «Die ‹Charta› hat immer die Gewaltlosigkeit und die Rechtmäßigkeit ihres Wirkens betont. Ihr Programm war und ist nicht die Organisierung von Straßenunruhen. Nicht nur einmal habe ich öffentlich darauf hingewiesen, daß das Maß an Respekt gegenüber nichtkonformen und kritisch den-

kenden Bürgern ein Gradmesser für den Respekt vor der öffentlichen Meinung schlechthin ist. Ich habe schon oft gesagt, daß die dauerhafte Mißachtung friedlicher Äußerungen der öffentlichen Meinung am Ende nur immer deutlichere und nachdrücklichere Proteste der Gesellschaft hervorrufen kann. Ich wiederhole hier noch einmal: Niemandem wird geholfen, wenn die Regierung so lange wartet, bis die Menschen demonstrieren und streiken. All dem könnte man sehr einfach durch sachlichen Dialog und durch den guten Willen, auch kritische Stimmen anzuhören, vorbeugen» (Havel, In Wahrheit leben, 1990, S. 7).

312. Zu Havels Konzeption siehe Tester, Civil Society, 1992, S. 129–133; Ehrenberg, Civil Society, 1999, S. 193–195; Jensen/Miszlivetz, Second Renaissance, 2006, S. 137 f.

313. Siehe auch in Kap. IV. 1 Rosa Luxemburgs Vision der sozialistischen Gesellschaft.

314. Siehe hierzu auch in Kap. V. 2 den Text von J. Keane.

315. Siehe auch Ehrenberg, Civil Society, 1999, S. 190.

316. In seinem Aufsatz «Ein Jahr Solidarność» charakterisierte Michnik 1981 die Gewerkschaft mit dem Begriff «société civile», die unabhängig von staatlichen Institutionen entstanden sei: «sie baute zerstörte gesellschaftliche Bindungen wieder auf und schuf eine Organisation zur Selbstverteidigung beruflicher, staatsbürgerlicher und nationaler Rechte. In Polen kam es zum erstenmal in der Geschichte des kommunistischen Systems zur Rekonstruktion der ‹société civile› und zu einem echten Kompromiß mit dem Staat» (in: H. Hirsch (Hg.), Polnischer Friede, S. 55–62, hier S. 55). Grundlegend für die polnische Entwicklung jetzt Arndt, Intellektuelle, 2007, zu Michniks Konzept des «Evolutionismus» bes. Kap. 4. 1.

317. In Portugal wurde 1975 die annähernd 50 Jahre bestehende Diktatur durch einen Militärputsch, dem sich die Mehrzahl der Bevölkerung in der «Nelkenrevolution» anschloss, beseitigt. Dagegen vollzog sich in Spanien nach dem Tod des Diktators Francisco Franco unter König Juan Carlos ein allmählicher Übergang zur Demokratie.

318. Es handelt sich zum einen um sozialistisch orientierte polnische Intellektuelle, die an die Erneuerbarkeit und Reformierbarkeit des Kommunismus glaubten («Revisionisten», darunter etwa Leszek Kolakowski), zum anderen um Nichtkommunisten, meist aus dem katholischen Umfeld, die durch ihre Mitarbeit versuchten, das System positiv mitzugestalten (siehe Michnik, Neuer Evolutionismus, 1985, S. 40–47; ausführlich Arndt, Intellektuelle, 2007, Kap. 2. 1).

319. Die Breschnew-Doktrin aus dem Jahr 1968 legitimierte nachträglich den Einmarsch sowjetischer Truppen in die CSSR damit, dass die sozialistischen Staaten im Einflussbereich der UdSSR nur über begrenzte Souveränitätsrechte verfügten. Erst unter Michael Gorbatschow wurde diese Doktrin 1988 außer Kraft gesetzt.

320. Siehe auch den Beitrag von John Keane in Kap. V. 2.

321. Siehe allgemein Probst, Bürgerbewegungen, 1993, zur «zivilen Gesellschaft» bzw. ihrem Fehlen in der DDR bes. S. 71–80.

322. Siehe als Überblick Mühlen, Aufbruch, 2000.

323. Siehe auch Klein, Diskurs, 1999, S. 118–124.

324. Krishan Kumar: Rezension zu John Keane «Civil Society. Old visions, new images» (Cambridge 1998), in Political Studies 48 (2000), S. 1048 f.

325. Anderer Ansicht ist Tester, Civil Society, 1992, S. 128 f.

326. Siehe auch Adloff, Zivilgesellschaft, 2005, S. 98 f.; zur Diskussion um dieses Verhältnis zwischen Staat und Zivilgesellschaft siehe auch Terrier / Wagner, Return, 2006, S. 229.

327. Keane bezieht sich auf Formen der Solidarität, auf die Gründung von Vereinen gegen die Atomisierung der Gesellschaft und auf die Partizipation in lokalen Initiativen, die dazu beitragen können, den eigenen Horizont zu erweitern (Keane, Limits, 1988, S. 21).

328. Georg Simmel (1858–1918), Soziologe.

329. Hugues Félicité Robert de Lamennais (1782–1854), Philosoph.

330. Apoplexie – Schlaganfall, Gehirnschlag; Anämie – Blutarmut.

331. Wie bereits im Zusammenhang mit den Texten von Antonio Gramsci erwähnt, illustriert die Veröffentlichung der Castelgandolfo-Gespräche vom Sommer / Herbst 1989 begriffsgeschichtlich den noch nicht vollzogenen Übergang zum Neologismus «Zivilgesellschaft»: Eine Übersetzung des Begriffs «civil society» als «bürgerliche Gesellschaft» kam nicht in Frage, ein deutscher Begriff war noch nicht gefunden. Der Begriff «Zivilgesellschaft» wurde zu diesem Zeitpunkt vielleicht noch ausschließlich in der Gramsci-Tradition gesehen, sodass man nicht auf ihn zurückgriff.

332. In einem weiteren Beitrag, der sich ebenfalls in dem von Krzysztof Michalski herausgegebenen Band findet, weist W. Theodore de Bary darauf hin, wie westlich geprägt Shils' Ausgangspunkt – und der anderer Autoren – ist. De Bary sucht deshalb in seinem Aufsatz auch nicht nach begrifflichen Entsprechungen zu «civil society», sondern «nach jenen Begriffen», «die von Chinesen spontan gebraucht oder erinnert werden, wenn sie auf ihre Weise über das Problem nachdenken» (De Bary, Konfuzianismus, 1991, S. 196–199).

333. «Zu den zentralen Institutionen einer *civil society* gehören ihre gesetzgebende, ihre richterliche und ihre ausführende Gewalt, außerdem die Organe der öffentlichen Meinungsäußerung und der öffentlichen Information, ihre Kirchen und ihre Streitkräfte, ihr Bildungssystem von den Grundschulen bis zu den Universitäten, ihre wissenschaftlichen Institutionen und Gesellschaften, ihre bedeutenden privaten Gesellschaften, ihre großen Wirtschaftsunternehmen und ihre großen Traditionen. Alle diese Institutionen können einer *civil society* ebenso förderlich wie abträglich sein» (Shils, 1991, S. 16).

334. Siehe auch in Kap. II. 3 den Text von F. Gentz.

335. Begriffsgeschichtlich ist hier in der deutschen Übersetzung ein weiterer Schritt in Richtung «Zivilgesellschaft» gegangen worden.

336. Siehe auch Walzer, Equality, 2002, S. 34–49. Zu Walzer jetzt ausführlich Haus, Philosophie, 2000, bes. S. 196–226, zum vorliegenden Text bes. S. 207–215.

337. Siehe auch oben die Skepsis bei Dahrendorf.

338. Siehe Klein, Diskurs, 1999, S. 179–184. Walzer gehört (u. a. mit dieser Position) zu den profiliertesten Vertretern des Kommunitarismus.

339. Auf die Frage nach dem «guten Leben» hatte sich Walzer mit der «republikanischen Idee», der wirtschaftlichen Tätigkeit («Homo faber»), dem Konsumenten und der «Gemeinschaft der Nation» auseinandergesetzt.

340. Edward Morgan Forster (1879–1970), Schriftsteller und Essayist.

341. Systemkritische Literatur in der UdSSR und anderen sozialistischen Ländern vor 1989.

342. Siehe den Beitrag von V. Havel.

343. Siehe zur Frage um die Macht Pollack, Zivilgesellschaft, 2003, S. 49.

344. Vgl. Adloff, Zivilgesellschaft, 2005, S. 90 f.; Klein, Diskurs, 1999, S. 177, 267–275.

345. Siehe auch Montesquieu: «Eine monarchische oder despotische Regierung bedarf zu ihrer Erhaltung oder Stütze keiner sonderlichen Rechenschaft. Bei der einen ist es die Macht der Gesetze, bei der anderen der stets erhobene Arm des Fürsten, der alles in Ordnung und im Zaume hält. In einem Volksstaat aber bedarf es noch einer weiteren Triebkraft, nämlich der *Tugend.* […] Wenn die Tugend verlorengeht, so zieht der Ehrgeiz in die dafür empfänglichen Herzen und Habgier in alle Gemüter ein. Die Wünsche wechseln ihre Ziele. Was man früher liebte, liebt man nicht mehr; war man früher mit den Gesetzen frei, so will man es jetzt gegen sie sein [sic]; jeder Bürger ist wie ein Sklave, der seinem Herrn aus dem Hause gelaufen ist; was *Grundsatz* war, heißt jetzt *Härte,* was *Ordnung, Zwang,* was früher *Achtung* hieß, bedeutet jetzt *Angst,* und *Sparsamkeit,* nicht *Habsucht,* nennt man jetzt *Geiz.* Früher bildete das Vermögen der einzelnen das Staatsvermögen, jetzt aber wird der Staatsschatz zum Privatgut des einzelnen. Die Republik wird zur Beute, und ihre Stärke besteht nur noch in der Macht einiger Bürger und der Zügellosigkeit aller» (Montesquieu, Vom Geist der Gesetze, Buch III, Kap. 3, S. 34–36).

346. Siehe auch Schröder / Kocka / Neidhardt (Hg.), Governance, 2002.

347. Bereits in seiner Programmrede auf dem Parteitag vom November 2003 kam der Ausdruck Zivilgesellschaft nicht vor (www.spd-parteitag.de). Dagegen ist er bei den Liberalen noch von großer Bedeutung. Im jüngsten Programm des Berliner Landesverbandes der FDP hat der Begriff «Zivilgesellschaft» in Form der «Bürgergesellschaft» einen zentralen Stellenwert inne (Berliner Freiheit, 2004).

348. Begriffsgeschichtlich stand «zivil» zum einen als Gegensatz zu «militärisch»,

zum anderen trug es immer die Konnotation von «bürgerlich / den Bürgerstand betreffend» in sich (siehe z. B. Meyers Conversationslexikon, Abt. 1, Bd. 7. 2, 1842, S. 773). Diese Begriffsumschreibungen finden sich auch noch in der Auflage aus dem Jahr 1908.

349. Alain Touraine (geb. 1925), Soziologe. Siehe auch Touraines Beitrag «Loblied auf die Zivilgesellschaft», «Die Zeit», Nr. 49 vom 2. Dezember 1999.

350. Ankündigung des «President's Summit» durch Bill Clinton am 27. Januar 1997: «The challenges we face today, especially those that face our children, require something of all of us – parents, religious and community groups, business, labor organizations, schools, teachers, our great national civic and service organizations, every citizen. […] Citizen service belongs to no party, no ideology. It is an American idea which every American should embrace. Today I am pleased to announce that we are taking an important step to give more Americans the opportunity to fulfill that promise.» (http://clinton3.nara.gov/WH/new/summit/remark.html); siehe auch Ehrenberg, Civil Society, 1999, S. IX.

351. Vgl. zu diesem Ideal auch Immanuel Kant: «Der Charakter der Gattung [= Menschheit], so wie er aus der Erfahrung aller Zeiten und unter allen Völkern kundbar wird, ist dieser: Daß sie, kollektiv (als ein Ganzes des Menschengeschlechts) genommen, eine nach- und nebeneinander existierende Menge von Personen ist, die das friedliche Beisammensein nicht entbehren und dabei dennoch einander beständig widerwärtig zu sein nicht vermeiden können; folglich eine durch wechselseitigen Zwang, unter von ihnen selbst ausgehenden Gesetzen, zu einer, beständig mit Entzweiung bedrohten, aber allgemein fortschreitenden Koalition in eine *weltbürgerliche Gesellschaft* (cosmopolitismus) sich von der Natur bestimmt fühlen: welche an sich unerreichbare Idee aber kein konstitutives Prinzip (der Erwartung eines, mitten in der lebhaftesten Wirkung und Gegenwirkung der Menschen bestehenden, Friedens), sondern nur ein relatives Prinzip ist: ihr, als der Bestimmung des Menschengeschlechts, nicht ohne gegründete Vermutung einer natürlichen Tendenz zu derselben, fleißig nachzugehen» (Immanuel Kant: Anthropologie in pragmatischer Hinsicht, 1798, in: ders., Schriften zur Anthropologie, Geschichtsphilosophie, Politik und Pädagogik 2. Hrsg. von Wilhelm Weischedel (Werkausgabe XII), Frankfurt am Main, 9. Aufl. 1995 (1968), S. 395–690, hier S. 687 f.; siehe zu Kants Konzeption auch Niethammer, Einführung, 1990, S. 17–37.

352. Siehe Rucht, Kapitalismuskritik, 2003, S. 411–433.

353. Siehe knapp Pollack, Zivilgesellschaft, 2003, S. 49.

354. Pott, Enquete-Kommission, 2003, S. 97–106.

355. http://www.bundestag.de/parlament/gremien/kommissionen/archiv14/enga/ enga_aha.html. Ein im Februar 2006 eingerichteter Unterausschuss zur «Zukunft des bürgerschaftlichen Engagements» arbeitet weiter an der Umsetzung

der von der Kommission erarbeiteten Richtlinien. Im Zusammenhang und im Umfeld der Enquete-Kommission entstanden eine Fülle weiterer Studien, siehe als Beispiel aus der Politik: Sozialministerium Baden-Württemberg (Hg.), Wege, 2004, sowie als Beispiel aus der Forschung: Haus (Hg.), Bürgergesellschaft, 2002.

356. Anmerkung im Bericht: Herfried Münkler: Bürgerschaftliches Engagement in der Zivilgesellschaft, in: Deutscher Bundestag (Hg.): Bürgerschaftliches Engagement und Zivilgesellschaft, Opladen 2002, S. 29–36, hier S. 34.

357. Es folgen ein Abschnitt über «Soziales Kapital» mit Bezug auf Robert Putnam (siehe auch unten Kapitel VI. 2) sowie ein Abschnitt über «Öffentlichkeit».

358. Anmerkung im Bericht: Vgl. Helmut Dubiel: Unzivile Zivilgesellschaft, in: Soziale Welt 52 (2001), S. 133–150; Keane 1998 [John Keane: Civil society. Old images, new visions, Cambridge 1998].

359. Anmerkung im Bericht: *Sondervotum des sachverständigen Mitglieds Prof. Dr. Roland Roth*: Diese Aussage ist, wird sie beschreibend verstanden, unzutreffend. Da sich Deutschland nach dem Intermezzo der Weimarer Republik erst nach dem Zweiten Weltkrieg bzw. dem Ende der DDR im Kreise der westlichen Demokratien befindet, kann seine Geschichte besonders für potenzielle und aktuelle gesellschaftliche Entwicklungen in westlichen Demokratien sensibilisieren, die demokratisch bürgerrechtliche Normen verletzen. Bürgergesellschaft meint im historischen Rückblick und angesichts gegenwärtiger Entwicklungen noch stets einen Sollzustand, der in der Verfassungswirklichkeit mehr oder weniger unterschritten wurde bzw. wird. Quellen unziviler Entwicklungen liegen dabei nicht nur in der Zivilgesellschaft selbst, sondern auch in der Dynamik «kreativer Selbstzerstörung» kapitalistisch verfasster Ökonomien und der Staatsgewalt, deren bürgerrechtliche Zivilisierung keineswegs garantiert ist: «Wie der allmähliche Abbau der verfassungsmäßigen Grundrechte in der Bundesrepublik Deutschland zeigt, sind sie auch beim demokratischen Staat, dem das Grundgesetz ihre Garantie anvertraut, keineswegs in den besten Händen» (Wolfgang Reinhard: Geschichte der Staatsgewalt. Eine vergleichende Verfassungsgeschichte Europas von den Anfängen bis zur Gegenwart. München 2000, S. 479).

360. Anmerkung im Bericht: *Sondervotum des sachverständigen Mitglieds Prof. Dr. Roland Roth*: Das für die Bundesrepublik Deutschland grundlegende Konzept der «wehrhaften» bzw. «streitbaren» Demokratie – in den frühen Parteienverboten des Bundesverfassungsgerichts bekräftigt und in den folgenden Dekaden als «System der inneren Sicherheit» ausgebaut – ist von einem grundlegenden staatlichen Misstrauen gegenüber den demokratischen Potenzialen der Bürgerschaft geprägt. Im Gegensatz zur liberalen Tradition wird dabei vor allem staatlichen Diensten und Institutionen die Aufgabe des Verfassungsschutzes zugewiesen. Was kurz nach dem Ende der nationalsozialistischen Herrschaft plausibel erscheinen mochte, hat sich längst zu einem obrigkeitlichen Sicherheitsstaat aus-

gewachsen, der immer wieder die Freiheitsrechte der Bürgerinnen und Bürger einschränkt (Fredrik Roggan: Auf legalem Weg in den Polizeistaat. Entwicklung des Rechts der Inneren Sicherheit, Bonn 2000). Im Zuge der Reaktionen auf die Anschläge des 11. September 2001 hat das «System der inneren Sicherheit» neuerliche Wachstumsringe verzeichnen können. Dass die gesteigerten polizeilichen und geheimdienstlichen Kontroll-, Überwachungs- und Eingriffsrechte mit einem demokratisch-bürgerrechtlich fundierten Verständnis von Bürgergesellschaft unvereinbar sind, wurde nicht nur von ehemaligen DDR-Bürgerrechtlern, sondern auch von zahlreichen Bürgerrechtsgruppen der «alten» Bundesrepublik immer wieder moniert – vgl. die jüngste Ausgabe des seit 1997 jährlich erscheinenden Grundrechte-Reports (Till Müller-Heidelberg u.a.: Grundrechte-Report 2002. Zur Lage der Bürger- und Menschenrechte in Deutschland, Reinbek 2002).

361. Eine Buchausgabe erschien unter dem gleichen Titel bei Leske und Budrich, Opladen 2002 (dort finden sich die ausgewählten Texte auf den S. 76 f. und 79 – 82).

362. Der Text wurde noch zur Amtszeit Gerhard Schröders ausgestrahlt. Aus Sicht von Strachwitz' hätte er den Beitrag auch so unter der Kanzlerschaft Angela Merkels veröffentlichen können.

363. Neil Kinnock (geb. 1942) war von 1983 bis 1992 Vorsitzender der Labour Party, von 1995 bis 2004 EU-Kommissar.

364. George Bernard Shaw (1856 – 1950), Schriftsteller.

365. www.rotary.org.

366. Siehe auch in Kap. III. 4 Max Webers Einwände gegen das amerikanische Vereinswesen.

367. Putnam, Bowling Alone, 1995, S. 65 – 78; ders., Bowling Alone, 2000.

368. Bo Rothstein, geb. 1954, Politologe; Robert Wuthnow, geb. 1946, Soziologe. Die beiden erwähnten Zitate finden sich in dem Buch, aus dem auch Putnams Beitrag stammt.

369. Putnam bezieht sich auf Otto Kirchheimer: Der Wandel des westeuropäischen Parteiensystems, in: Politische Vierteljahresschrift 9 (1965), S. 20 – 41.

370. Theda Skocpol, Professorin für Politikwissenschaft in Harvard / USA. Putnam bezieht sich hier auf Skocpols Beitrag über das bürgergesellschaftliche Engagement in den USA in dem Band, aus dem auch dieser Textausschnitt stammt.

371. Siehe auch Grefe / Greffrath / Schumann (Hg.), attac, Berlin 2002; Rucht, Social Movements, 2006, S. 189 – 212.

372. Das Abkommen sollte die Auslandsinvestitionen zwischen den beteiligten Ländern erleichtern (siehe Lori Wallach / Patrick Woodall: Whose Trade Organization? A comprehensive guide to the WTO, New York u.a. 2004). Die Verhandlungen begannen im Mai 1995, wurden aber erst 1997 einer breiteren Öffentlichkeit bekannt. Daraufhin organisierte sich Widerstand gegen diese Bestrebungen. Auf

politischer Ebene scheiterten die MAI-Verhandlungen am Widerstand Frankreichs (de.wikipedia.org).

373. Anm. von Anheier/Glasius/Kaldor: David Held u. a., Global Transformation, Cambridge 1999.

374. Siehe auch Knodt/Finke (Hg.), Zivilgesellschaft, 2005.

375. Internationale Nichtregierungsorganisation (International Non-Governmental Organization).

376. Siehe auch die Unterscheidung bei Adam Michnik in Kapitel V. 1.

377. Siehe auch Landauers Ansatz in Kapitel IV. 1.

378. Anmerkung von Budde: Tester, Civil Society, 1992, S. 8.

379. Anmerkung von Budde: Nancy Fraser, Die halbierte Gerechtigkeit. Schlüsselbegriffe des postindustriellen Sozialstaats, Frankfurt am Main 2001, S. 141–143, 149.

380. Budde untersuchte die familiären und außerhäuslichen Aktivitäten von Helene Eyck, Helene Lange und Ida Baumgartner an der Wende zum 20. Jahrhundert.

381. Zwar ist Bermans These für die Weimarer Republik überzeugend, allerdings bleibt die Vergleichsperspektive dieses Aufsatzes kritisch zu hinterfragen.

382. Anmerkung von Berman: James Fearon/David Laitin, Ethnicity, Insurgency, and Civil War, in: American Political Review 97 (2003).

383. Siehe grundlegend Colas, Civil Society, 1997; Gosewinkel/Reichardt (Hg.), Ambivalenzen, 2004.

384. Siehe den Beitrag von Gerhard Schröder in Kap. VI. 1.

385. Norbert Elias (1897–1990), Soziologe; hier mit Bezug auf sein Hauptwerk «Über den Prozess der Zivilisation».

386. Siehe oben den Beitrag von A. Gramsci. Anmerkung von Bauerkämper/Gosewinkel/Reichardt: Thomas Lemke, Susanne Kraßmann/Ulrich Böckling, Gouvernementalität, Neoliberalismus und Selbsttechnologie. Eine Ein[leitung], in: dies. (Hg.), Gouvernementalität der Gegenwart, Studien zur Ökonomisierung des Sozialen, Frankfurt am Main 2000, S. 7–40.

Quellennachweise

Anheier, Helmut / Marlies Glasius / Mary Kaldor: Introducing Global Civil Society, in: dies. (Hg.), Global Civil Society 2001, Oxford / New York: Oxford University Press 2001, S. 3–22.

Aristoteles: Politik. Nach der Übersetzung von Franz Susemihl, mit Einleitung, Bibliographie und zusätzlichen Anmerkungen von Wolfgang Kullmann, Reinbek bei Hamburg: Rowohlt 2003 (1965).

Augustinus: Vom Gottesstaat (De civitate dei). Aus dem Lateinischen übertragen von Wilhelm Thimme. Eingeleitet und kommentiert von Carl Andresen, 2 Bände (Buch 1 bis 10, Buch 11 bis 22), München: dtv 1977 / 1978.

Bauerkämper, Arnd / Dieter Gosewinkel / Sven Reichardt: Paradox oder Perversion? Zum historischen Verhältnis von Zivilgesellschaft und Gewalt, in: Mittelweg 36, Heft 1, 15. Jg. (2006), Hamburger Edition HIS Verlag, S. 22–32.

Bebel, August: Brief an Friedrich Engels vom 21. September 1875, in: ders., Ausgewählte Reden und Schriften. Bd. 1: 1863 bis 1878. Hg. vom Institut für Marxismus-Leninismus beim ZK der SED, Zentralinstitut für Geschichte bei der Deutschen Akademie der Wissenschaften zu Berlin. Bearbeitet von Rolf Dlubek und Ursula Martin unter Mitarbeit von Dieter Malik, Berlin / DDR: Dietz 1978.

Bericht der Enquete-Kommission «Zukunft des Bürgerschaftlichen Engagements». Bürgerschaftliches Engagement: Auf dem Weg in eine zukunftsfähige Bürgergesellschaft, Deutscher Bundestag, 14. Wahlperiode, Drucksache 14 / 8900, 3. 6. 2002.

Bericht über den Fünften Vereinstag der deutschen Arbeitervereine am 5., 6., und 7. September 1868, in: Berichte über die Verhandlungen der Vereinstage deutscher Arbeitervereine 1863–1869. Nachdrucke herausgegeben von Dieter Dowe, Berlin / Bonn: Verlag J. H. W. Dietz Nachf. 1980, S. [145]–[184].

Berman, Sheri: Gesellschaft, Konflikt und Zivilgesellschaft, in: Mittelweg 36, Heft 1, 15. Jg. (2006), Hamburger Edition HIS Verlag, S. 33–48 (aus dem Amerikanischen von Irmgard Hoelscher).

Blum, Robert (Hg.): Volksthümliches Handbuch der Staatswissenschaften und Politik. Ein Staatslexicon für das Volk, herausgegeben von Robert Blum, Erster Band A–K, Leipzig: Zentralantiquariat der DDR 1973 (Reprint der Ausgabe von 1848).

Budde, Gunilla-Friederike: Das Öffentliche des Privaten, in: Arnd Bauerkämper (Hg.), Die Praxis der Zivilgesellschaft. Akteure, Handeln und Strukturen im internationalen Vergleich, Frankfurt am Main / New York: Campus 2003, S. 57–75.

Burke, Edmund / Friedrich Gentz: Über die Französische Revolution. Betrachtungen und Abhandlungen. Hg. und mit einem Anhang versehen von Hermann Klenner, Berlin: Akademie Verlag Berlin 1991 [1793].

Bush, George W: Inaugural-Adresse vom 20. Januar 2001, http://www.whitehouse.gov/news/inaugural-address.html.

Charta 77, in: Frankfurter Allgemeine Zeitung, Nr. 5, 7. Januar 1977, S. 5.

Cicero: De re publica. Vom Gemeinwesen. Lateinisch / deutsch. Übersetzt und hg. von Karl Büchner, Stuttgart: Philipp Reclam jun. 1983 (1979).

Cusa, Nicholas of: Catholic Concordance. Ed. and translated by Paul E. Sigmund, Cambridge u. a.: Cambridge University Press 1991.

Dahrendorf, Ralf: Die gefährdete Civil Society, in: Krzysztof Michalski (Hg.): Europa und die Civil Society. Castelgandolfo-Gespräche 1989. Institut für die Wissenschaften vom Menschen, Stuttgart: Klett-Cotta 1991, S. 247–263.

Ferguson, Adam: Versuch über die Geschichte der bürgerlichen Gesellschaft. Hg. und eingeleitet von Zwi Batscha und Hans Medick, Frankfurt am Main: Suhrkamp 1986 (Edinburgh 1767).

Fichte, Johann Gottlieb: Beiträge zur Berichtigung der Urtheile des Publicums über die Französische Revolution (2. Auflage 1795), in: Fichtes Werke. Hg. von Immanuel Hermann Fichte, Bd. VI. Zur Politik und Moral, Neudruck Berlin: Walter de Gruyter 1971 (Berlin: Veit & Comp. 1845 / 46), S. 39–288.

Fichte, Johann Gottlieb: Grundlage des Naturrechts nach Principien der Wissenschaftslehre, in: Fichtes Werke. Hg. von Immanuel Hermann Fichte, Bd. III: Zur Rechts- und Sittenlehre I, Neudruck Berlin: Walter de Gruyter 1971 (Berlin: Veit & Comp. 1845 / 46).

Flugblatt aus Hessen (Marburg), März / April 1848, http://1848.ub.uni-frankfurt.de; Signatur: SF 16 / 104 / B 6.

Gramsci, Antonio: Gefängnishefte, Bde. 4, 5, 6. Hg. von Klaus Bochmann und Wolfgang Fritz Haug, unter Mitwirkung von Peter Jehle und Gerhard Kuck, Hamburg: Argument 1992 / 1993.

Gründungsaufruf des Neuen Forum, 1989, in: Charles Schüddekopf (Hg.), «Wir sind das Volk!». Flugschriften, Aufrufe und Texte einer deutschen Revolution. Mit einem Nachwort von Lutz Niethammer, Reinbek bei Hamburg: Rowohlt Taschenbuch Verlag 1990, S. 29–31.

Havel, Václav: Versuch in der Wahrheit zu leben. Aus dem Tschechischen von Gabriel Laub, Reinbek bei Hamburg: Rowohlt Taschenbuch Verlag 1990.

Hegel, Georg Friedrich: Grundlinien der Philosophie des Rechts. Mit Hegels eigenhändigen Randbemerkungen in seinem Handexemplar der Rechtsphilosophie. Hg. von Johannes Hoffmeister, 4. Auflage, Hamburg: Felix Meiner 1955.

Hobbes, Thomas: Vom Menschen. Vom Bürger. Auf der Grundlage der Übersetzung von Max Frischeisen-Köhler eingeleitet und herausgegeben von Günter Gawlick, 2., verbesserte Auflage, Hamburg: Felix Meiner 1966.

Humboldt, Wilhelm von: Wie weit darf sich die Sorgfalt des Staates um das Wohl seiner Bürger erstrecken?, in: Gesammelte Werke. 2. Band, Berlin: G. Reimer 1841, S. 242–263 (Erstveröffentlichung in der Zeitschrift «Thalia», 1792).

Hume, David: Über den ursprünglichen Vertrag, in: ders.: Politische und ökonomische Essays. Übersetzt von Susanne Fischer. Mit einer Einleitung hg. v. Udo Bermbach, Teilband 2, Hamburg: Felix Meiner 1988, S. 301–324.

Jünger, Ernst: Der Kampf als inneres Erlebnis. Vierte Auflage, Berlin: Mittler & Sohn 1929 (Berlin 1922).

Kant, Immanuel: Über den Gemeinspruch, das mag in der Theorie richtig sein, taugt aber nicht für die Praxis, in: ders., Schriften zur Anthropologie, Geschichtsphilosophie, Politik und Pädagogik 1. Hg. von Wilhelm Weischedel (Werkausgabe XI), 12. Auflage, Frankfurt am Main: Suhrkamp 2001, S. 125–172.

Keane, John: The Limits of State Action, in: ders., Democracy and Civil Society. On the Predicaments of European Socialism, the Prospects for Democracy, and the Problem of Controlling Social and Political Power, London/New York: Verso 1988, S. 1–30.

Landauer, Gustav: Aufruf zum Sozialismus. Ein Vortrag, Berlin: Verlag des Sozialistischen Bundes 1911 (2. Auflage Köln: F. J. Marcan Verlag 1925).

Landauer, Gustav: Revolution, Berlin (West): Karin Kramer Verlag 1974 (Frankfurt am Main 1907).

Lassalle, Ferdinand: Arbeiterprogramm, in: ders., Gesammelte Reden und Schriften. Hg. und eingeleitet von Eduard Bernstein, Berlin: Paul Cassirer 1919, Bd. 2, S. 139–202.

Leibnitz' [sic] Deutsche Schriften, herausgegeben von G. E. Guhrauer, 1. Band, Berlin: Verlag von Veit und Comp. 1838.

Lessing, Gotthold Ephraim: Ernst und Falk. Gespräche für Freimäurer, 2. Gespräch, in: ders., Werke 1778–1781 (Gotthold Ephraims Lessings Werke und Briefe, Bd. 10). Hg. von Arno Schilson und Axel Schmitt, Frankfurt am Main: Deutscher Klassiker Verlag 2001, S. 22–34.

Locke, John: Zwei Abhandlungen über die Regierung. Übersetzt von H. J. Hoffmann, hg. und eingeleitet von Walter Euchner, Frankfurt am Main/Wien: Europäische Verlagsanstalt/Europa Verlag 1967.

Luther, Martin: Dass eine christliche Versammlung oder Gemeinde Recht und Macht habe, alle Lehre zu urteilen und Lehrer zu berufen, ein- und abzusetzen, Grund und Ursache aus der Schrift, in: ders., Kirche und Gemeinde, Stuttgart/Göttingen: Ehrenfried Klotz/Vandenhoeck & Ruprecht 1966 (Luther Deutsch. Die Werke Martin Luthers in neuer Auswahl für die Gegenwart. Hg. v. Kurt Aland, Bd. 6), S. 47–55.

Luxemburg, Rosa: Entwurf zu den Junius-Thesen, in: dies., Gesammelte Werke, Bd. 4: August 1914 bis Januar 1919, Berlin/DDR: Dietz Verlag 1974, S. 43–47.

Luxemburg, Rosa: Die Sozialisierung der Gesellschaft, in: dies., Gesammelte Werke. Bd. 4: August 1914 bis Januar 1919, Berlin/DDR: Dietz Verlag 1974, S. 431–434.

Marx, Karl: Zur Judenfrage, in: Karl Marx / Friedrich Engels, Werke. Bd. 1, Berlin: (Karl) Dietz Verlag, Berlin / DDR 1976, S. 347–377 (geschrieben August bis Dezember 1843).

Michnik, Adam: Der neue Evolutionismus, in: ders., Polnischer Frieden. Aufsätze zur Konzeption des Widerstands. Hg. von Helga Hirsch, Berlin: Rotbuch Verlag 1985, S. 40–54.

Montesquieu: Vom Geist der Gesetze. In neuer Übertragung eingeleitet und herausgegeben von Ernst Forsthoff, Erster Band, Tübingen: H. Laupp'sche Buchhandlung 1951.

Münkler, Herfried: Zivilgesellschaft und Bürgertugend. Bedürfen demokratisch verfasste Gemeinwesen einer sozio-moralischen Fundierung, Antrittsvorlesung 10. Mai 1993, Humboldt Universität zu Berlin, Fachbereich Sozialwissenschaften, Berlin 1994.

Ordnung für sämmtliche Städte der Preußischen Monarchie mit dazugehöriger Instruktion, Behuf der Geschäftsführung der Stadtverordneten bei ihren ordnungsmäßigen Versammlungen. Vom 19ten November 1808, in: Sammlung der für die Königlichen Preußischen Staaten erschienenen Gesetze und Verordnungen von 1806 bis zum 27. Oktober 1810, Berlin 1822, S. 324–360.

Paine, Thomas: Die Rechte des Menschen. Eine Antwort auf Herrn Burke's Angriff gegen die französische Revolution. 2., verbesserte Auflage, Kopenhagen: Christ. Gottl. Prost 1793.

Paine, Thomas: Die Rechte des Menschen. Zweiter Theil. Worin Grundsätze und Ausübung verbunden sind. Zweite Auflage, Kopenhagen: Christian Gottlieb Prost 1793.

Platon: Sämtliche Werke. In der Übersetzung von Friedrich Schleiermacher mit der Stephanus-Numerierung herausgegeben von Walter F. Otto, Ernesto Grassi, Gert Plamböck, Bd. 1 und 3, Reinbek bei Hamburg: Rowohlt 1988, 1989.

Pufendorf, Samuel von: Über die Pflicht des Menschen und des Bürgers nach dem Gesetz der Natur. Hg. und übersetzt von Klaus Luig, Frankfurt am Main / Leipzig: Insel 1994 (Lund 1673).

Putnam, Robert D.: Schlussfolgerungen, in: ders. (Hg.), Gesellschaft und Gemeinsinn, Gütersloh 2001, S. 751–790.

Riehl, Wilhelm Heinrich: Über den Begriff der bürgerlichen Gesellschaft. Vortrag in der öffentlichen Sitzung der kgl. Akademie der Wissenschaften am 30. März 1864, München 1864.

Rotteck, Carl v.: Artikel «Gemeinde» und «Gemeingeist», in: Carl von Rotteck / Carl Theodor Welcker, Das Staatslexikon oder Encyclopädie der sämmtlichen Staatswissenschaften für alle Stände, Altona: Johann Friedrich Hammerich 1847 (1837), Bd. 5, S. 475–501, S. 514–522.

Rousseau, Jean-Jacques: Diskurs über die Ungleichheit. Discours sur l'inégalité. Kritische Ausgabe des integralen Textes. Mit sämtlichen Fragmenten und ergänzenden Materialien nach den Originalausgaben und den Handschriften neu ediert, übersetzt und kommentiert von Heinrich Meier, Paderborn u. a.: Ferdinand Schöningh (UTB) 1984 (Amsterdam 1755).

Rousseau, Jean-Jacques: Vom Gesellschaftsvertrag oder Grundsätze des Staatsrechts. In Zusammenarbeit mit Eva Pietzcker neu übersetzt und hg. von Hans Brockard, Stuttgart: Philipp Reclam jun. 1977 (Amsterdam 1762).

Satzung des Rotary Clubs Kiel, www.rc-kiel.de.

Schlözer, August Ludwig: Allgemeines StatsRecht und StatsVerfassungsLehre. Voran: Einleitung in alle StatsWissenschaften. Encyclopädie derselben. Metapolitik, Frankfurt am Main: Verlag Ferdinand Kneip 1970 (ND Göttingen: Vandenhoeck & Ruprecht 1793).

Schmitt, Carl: Die geistesgeschichtliche Lage des heutigen Parlamentarismus, 4. Auflage, Berlin: Duncker & Humblot 1969 (Berlin 1923).

Schröder, Gerhard: Die zivile Bürgergesellschaft. Zur Neubestimmung der Aufgaben von Staat und Gesellschaft, in: Die Neue Gesellschaft / Frankfurter Hefte 47 (2000), Heft 4, S. 200 – 207.

Shils, Edward: Was ist eine *Civil Society*?, in: Krzysztof Michalski (Hg.), Europa und die Civil Society. Castelgandolfo-Gespräche 1989. Institut für die Wissenschaften vom Menschen, Stuttgart: Klett-Cotta 1991, S. 13 – 51.

Smith, Adam: Der Wohlstand der Nationen. Eine Untersuchung seiner Natur und seiner Ursachen. Aus dem Englischen übertragen und mit einer Würdigung von Horst Claus Recktenwald, München: C. H. Beck 1974 (London [1776], 1789).

Stein, Karl Freiherr vom: Nassauer Denkschrift, in: ders., Briefe und amtliche Schriften. Bearbeitet von Erich Botzenhart. Neu herausgegeben von Walther Hubatsch. Zweiter Band, Erster Teil. Neu bearbeitet von Peter G. Thielen, Stuttgart: W. Kohlhammer 1959, S. 380 – 398.

Strachwitz, Rupert Graf: Verantwortung ohne Obrigkeit. Vom Nutzen der Zivilgesellschaft, in: Deutschlandradio Kultur, Sendung vom 22. März 2005, http://www.dradio.de/dkultur/sendungen/politischesfeuilleton/358644/.

Tocqueville, Alexis de: Über die Demokratie in Amerika. Erster Teil von 1835. Aus dem Französischen neu übertragen von Hans Zbinden, Zürich: Manesse 1987 [1959 / 62]; Zweiter Teil von 1840. Aus dem Französischen neu übertragen von Hans Zbinden. Mit einem Nachwort von Theodor Eschenburg, Zürich: Manesse 1987 [1959 / 62].

Tönnies, Ferdinand: Gemeinschaft und Gesellschaft. Grundbegriffe der reinen Soziologie, 4. und 5. Auflage, Berlin: Karl Kurtius 1927 (1. Auflage 1887).

Treitschke, Heinrich von: Die Gesellschaftswissenschaft. Ein kritischer Versuch, Halle / Saale: Max Niemeyer 1927 (Leipzig 1859).

Die Verbrüderung. Correspondenzblatt aller deutschen Arbeiter. Hg. vom Centralcomité für die deutschen Arbeiter. Redigiert von Stefan Born, Franz Schwenninger, Karl Gangloff. Unveränderter Nachdruck mit einer Einleitung von Rolf Weber, Leipzig: Zentralantiquariat der DDR 1975.

Walzer, Michael: Zivile Gesellschaft und amerikanische Demokratie. Aus dem Amerikanischen von Christiane Goldmann. Herausgegeben und mit einer Einleitung von Otto Kallscheuer, Berlin: Rotbuch Verlag 1992, S. 64–97.

Weber, Max: Rede auf dem ersten Deutschen Soziologentag in Frankfurt 1910, in: ders., Gesammelte Aufsätze zur Soziologie und Sozialpolitik, Tübingen: J. C. B. Mohr (Paul Siebeck) 1924, S. 431–449.

Weltsozialforum: Charta der Prinzipien, 2001, http://weltsozialforum.org/prinzipien/.

Wolff, Christian: Vernünfftige Gedancken von dem gesellschaftlichen Leben der Menschen und insonderheit dem gemeinen Wesen. Mit einer Einleitung von Hans Werner Arndt, Hildesheim/New York: Georg Olms 1975 (Neudruck der 4. Auflage Frankfurt am Main/Leipzig 1736).

Sekundärliteratur

Adloff, Frank: Zivilgesellschaft. Theorie und politische Praxis, Frankfurt am Main /
New York 2005.

Alexander, Jeffrey (Hg.): Real Civil Societies. Dilemmas of Institutionalization, London
u. a. 1998.

Aner, Kirsten: «Ich will, dass etwas geschieht». Wie zivilgesellschaftliches Engagement entsteht – oder auch nicht, Berlin 2005.

Arndt, Agnes: Intellektuelle in der Opposition. Diskurse zur Zivilgesellschaft in der
Volksrepublik Polen, Frankfurt am Main 2007.

Banner, Michael: Christianity and Civil Society, in: Chambers / Kymlicka (Hg.), Alternative Conceptions, 2002, S. 112 – 130.

Batscha, Zwi / Hans Medick: Einleitung, in: Ferguson, Versuch, 1986, S. 7–93.

Bauerkämper, Arnd (Hg.): Die Praxis der Zivilgesellschaft. Akteure, Handeln und Strukturen im internationalen Vergleich, Frankfurt am Main / New York 2003.

Bauman, Zygmunt: Verworfenes Leben. Die Ausgegrenzten der Moderne, Hamburg
2005.

Becker, Hartmuth: Die Parlamentarismuskritik bei Carl Schmitt und Jürgen Habermas,
Berlin 1994.

Behme, Thomas: Gegensätzliche Einflüsse in Pufendorfs Naturrecht, in: Fiammetta
Palladini / Gerald Hartung (Hg.), Samuel Pufendorf und die europäische Frühaufklä-
rung. Werk und Einfluss eines deutschen Bürgers der Gelehrtenrepublik nach 300
Jahren (1694 – 1994), Berlin 1996, S. 74 – 82.

Belwe, Andreas: Ungesellige Geselligkeit. Kant: Warum die Menschen einander
‹nicht wohl leiden›, aber auch ‹nicht voneinander lassen› können, Würzburg
2000.

Berliner Freiheit – Ideen für eine liberale Bürgergesellschaft. Beschlossen vom Landes-
parteitag am 27. November 2004, Berlin 2004.

Bermeo, Nancy / Philip Nord (Hg.): Civil Society Before Democracy. Lessons from Nine-
teenth-Century Europe, Lanham 2000.

Birkhölzer, Karl u. a. (Hg.): Dritter Sektor / Drittes System. Theorie, Funktionswandel
und zivilgesellschaftliche Perspektiven, Wiesbaden 2005.

Black, Anthony: Guilds and Civil Society in European Political Thought from the
Twelfth Century to the Present, London, 1984.

Böckenförde, Ernst-Wolfgang: Die sozialen und politischen Ordnungsideen der Französischen Revolution, in: Michalski (Hg.), Europa, 1991, S. 103 – 117.

Borutta, Manuel: Religion und Zivilgesellschaft. Zur Theorie und Geschichte ihrer Beziehung, Berlin: WZB discussion papers 2005.

Bosl, Karl: Der theologisch-theozentrische Grund des mittelalterlichen Weltbildes und seiner Ordnungsidee, in: Fetscher/Münkler (Hg.), Pipers Handbuch, 1993, Bd. 2, S. 175–188.

Braun, Eberhard/Felix Heine/Uwe Opolka: Politische Philosophie. Ein Lesebuch. Texte, Analysen, Kommentare, Reinbek bei Hamburg 2002 (1984).

Brix, Emil/Peter Kampits (Hg.): Zivilgesellschaft zwischen Liberalismus und Kommunitarismus, Wien 2003.

Brumlik, Micha: Was heißt «Zivile Gesellschaft»? Versuch, den Pudding an die Wand zu nageln, in: Blätter für deutsche und internationale Politik 36 (1991), S. 987–993.

Chambers, Simone/Will Kymlicka (Hg.): Alternative Conceptions of Civil Society, Princeton/Oxford 2002.

Clausen, Lars u. a. (Hg.): Hundert Jahre «Gemeinschaft und Gesellschaft». Ferdinand Tönnies in der internationalen Diskussion, Opladen 1991.

Cohen, Jean L.: Class and Civil Society. The Limits of Marxian Theory, Amherst 1982.

Colas, Dominique: Civil Society and Fanaticism. Conjoined histories, Stanford 1997.

Dahrendorf, Ralf: Gesellschaft und Demokratie in Deutschland, München 1966.

De Bary, W. Theodore: Konfuzianismus und *Civil Society*, in: Michalski (Hg.), Europa, 1991, S. 196–221.

Deppe, Frank: Zur Aktualität der politischen Theorie von Luxemburg und Gramsci, in: Die «Linie Luxemburg–Gramsci». Zur Aktualität marxistischen Denkens, Hamburg 1989, 14–32.

Dziergwa, Roman: Lessing und die Freimaurer. Untersuchungen zur Rezeption von G. E. Lessings Spätwerk «Ernst und Falk. Gespräche für Freymäurer» in den freimaurerischen und antifreimaurerischen Schriften des 19. und 20. Jahrhunderts (bis 1933), Frankfurt am Main u. a. 1992.

Edwards, Bob/Michael W. Foley/Mario Diani (Hg.): Beyond Tocqueville. Civil Society and the Social Capital Debate in Comparative Perspective, Hanover/London 2001.

Ehrenberg, John: Civil Society. The Critical History of an Idea, New York/London 1999.

Ehrke, Michael: Zivilgesellschaft und Sozialdemokratie. Bonn 2000 (Electronic Edition Friedrich Ebert Stiftung).

Enquete-Kommission «Zukunft des Bürgerschaftlichen Engagements» des 14. Deutschen Bundestages: Bürgerschaftliches Engagement in Parteien und Bewegungen, Opladen 2003.

Fenske, Hans u. a.: Geschichte der politischen Ideen. Von Homer bis zur Gegenwart, Frankfurt am Main 1987 (Königstein/Ts. 1981).

Fetscher, Iring: Rousseaus politische Philosophie, Frankfurt am Main 1999 (1975).

Fetscher, Iring / Herfried Münkler (Hg.): Pipers Handbuch der politischen Ideen. Bd. 2: Von den Anfängen des Islams bis zur Reformation, München / Zürich 1993.

Fetscher, Iring / Herfried Münkler (Hg.): Pipers Handbuch der politischen Ideen. Bd. 5: Vom Zeitalter des Imperialismus bis zu den neuen sozialen Bewegungen, München / Zürich 1987.

Flasch, Kurt: Nikolaus von Kues. Geschichte einer Entwicklung. Vorlesungen zur Einführung in seine Philosophie, Frankfurt am Main 1998.

Flechtheim, Ossip K.: Rosa Luxemburg zur Einführung, Hamburg 1985.

Fritsche, K[arl] Peter: Menschenrechte. Eine Einführung mit Dokumenten, Paderborn u. a. 2004.

Gauchet, Marcel: Die Erklärung der Menschenrechte. Die Debatte um die bürgerlichen Freiheiten 1789, Reinbek bei Hamburg 1991.

Gehringer, Thomas: Bürgerschaftliches Engagement in Deutschland, in: Aus Politik und Zeitgeschichte 56 (2006), Heft 12, 20. März 2006, S. 9–16.

Gensicke, Thomas: Bürgerschaftliches Engagement in Deutschland, in: Aus Politik und Zeitgeschichte, Nr. 12 vom 20. März 2006, S. 9 – 17.

Gosewinkel, Dieter / Sven Reichardt (Hg.): Ambivalenzen der Zivilgesellschaft. Gegenbegriffe, Gewalt und Macht, Berlin: WZB discussion paper 2004.

Gosewinkel, Dieter / Dieter Rucht: «History meets sociology»: Zivilgesellschaft als Prozess, in: Gosewinkel u. a. (Hg.), Zivilgesellschaft, 2004, S. 29 – 60.

Gosewinkel, Dieter u. a. (Hg.): Zivilgesellschaft – national und transnational, Berlin 2004.

Grefe, Christiane / Mathias Greffrath / Harald Schumann (Hg.): attac. Was wollen die Globalisierungskritiker?, Berlin 2002.

Gross, Thomas: Von der Boheme zur Unterschicht. Job, Geld, Leben – nichts ist mehr sicher. Eine neue Klasse der Ausgebeuteten begehrt auf: Das Prekariat, in: «Die Zeit», Nr. 18, 27. April 2006.

Grzywatz, Berthold: Stadt, Bürgertum und Staat im 19. Jahrhundert. Selbstverwaltung, Partizipation und Repräsentation in Berlin und Preußen 1806 bis 1918, Berlin 2003.

Habermas, Jürgen: Faktizität und Geltung. Beiträge zur Diskurstheorie des Rechts und des demokratischen Rechtsstaates, Frankfurt am Main 1992.

Habermas, Jürgen: Strukturwandel der Öffentlichkeit. Untersuchungen zu einer Kategorie der bürgerlichen Gesellschaft, Frankfurt am Main, Neuauflage 1990 (1962).

Hagemann, Karen: Familie – Staat – Nation. «Bürgergesellschaft» in geschlechtergeschichtlicher Perspektive, in: Hildermeier / Kocka / Conrad (Hg.), Europäische Zivilgesellschaft, 2000, S. 57 – 84.

Hall, John A. (Hg.): Civil Society. Theory, History, Comparison, Cambridge 1995.

Hall, John A.: The Making of Civil Society, in: Trentmann (Hg.), Paradoxes, 2000, S. 47 – 57.

Hall, John A./Frank Trentmann (Hg.): Civil Society. A Reader in History, Theory and Global Politics, Basingstoke 2005.

Hallberg, Peter: The Nationalization and Popularization of Political Language: the Concept of «Civil Society» in Swedish, in: Peter Wagner (Hg.), Languages, 2006, S. 55–82.

Hallberg, Peter/Björn Wittrock: From *koinonìa politikè* to *societas civilis*: Birth, Disappearance and First Renaissance of the Concept, in: Wagner (Hg.), Languages, 2006, S. 28–53.

Hammerstein, Notker: Samuel Pufendorf, in: Stolleis (Hg.), Staatsdenker, 1987, S. 172–196.

Hansen, Klaus/Hans Lietzmann (Hg.): Carl Schmitt und die Liberalismuskritik, Opladen 1988.

Hardtwig, Wolfgang: Strukturmerkmale und Entwicklungstendenzen des Vereinswesens in Deutschland 1789–1848, in: Otto Dann (Hg.), Vereinswesen und bürgerliche Gesellschaft in Deutschland, München 1984, S. 11–50.

Hasenöhrl, Ute: Zivilgesellschaft, Gemeinwohl und Kollektivgüter, Berlin: WZB discussion paper 2005.

Haus, Michael (Hg.): Bürgergesellschaft, soziales Kapital und lokale Politik. Theoretische Analysen und empirische Befunde, Opladen 2002.

Haus, Michael: Die politische Philosophie Michael Walzers. Kritik, Gemeinschaft, Gerechtigkeit, Wiesbaden 2000.

Heine, Matthias: Das Proll-Problem, in: Frankfurter Allgemeine Sonntags-Zeitung, Nr. 41, 15. Oktober 2006, S. 59.

Heins, Volker: Das Andere der Zivilgesellschaft. Zur Archäologie eines Begriffs, Bielefeld 2002.

Hennies, Werner: Die politische Theorie August Ludwig Schlözers zwischen Aufklärung und Liberalismus, München 1985.

Herzinger, Richard: In der Gemeinschaftsfalle. Ohne Individualismus keine Verantwortung oder: Plädoyer für einen über sich selbst aufgeklärten Egoismus, in: Friedrich Wilhelm Graf/Andreas Platthaus/Stephan Schleissing, Soziales Kapital in der Bürgergesellschaft, Stuttgart u. a. 1999, S. 131–146.

Hildermeier, Manfred/Jürgen Kocka/Christoph Conrad (Hg.): Europäische Zivilgesellschaft in Ost und West. Begriff, Geschichte, Chancen, Frankfurt am Main 2000.

Hirschfeld, Uwe/Werner Rügemer (Hg.): Utopie und Zivilgesellschaft. Rekonstruktionen, Thesen und Informationen zu Antonio Gramsci, Berlin 1990.

Höffe, Ottfried: Positivismus plus Moralismus: zu Augustinus' eschatologischer Staatstheorie, in: Christoph Horn (Hg.), Augustinus. De civitate dei, Berlin 1997, S. 258–287.

Hoffmann, Stefan-Ludwig: Geselligkeit und Demokratie. Vereine und zivile Gesellschaft im transnationalen Vergleich 1750–1914, Göttingen 2003.

Hoffmann, Stefan-Ludwig: Die Politik der Geselligkeit. Freimaurerlogen in der deutschen Bürgergesellschaft 1840–1918, Göttingen 2000.

Honneth, Axel: Kampf um Anerkennung. Zur moralischen Grammatik sozialer Konflikte, Frankfurt am Main 1992.

Hull, Isabel V.: Sexuality, State, and Civil Society, Ithaca/London 1996.

Jensen, Jody/Ferenc Miszlivetz: The Second Renaissance of Civil Society in East Central Europe – and in the European Union, in: Wagner (Hg.), Languages of Civil Society, 2006, S. 131–158.

Jessen, Ralph/Sven Reichardt/Ansgar Klein (Hg.): Zivilgesellschaft als Geschichte. Studien zum 19. und 20. Jahrhundert, Wiesbaden 2004.

Kalbfleisch, Herb: Bürgerliche Freiheit. Politische Philosophie von Hobbes bis Constant, Freiburg/München 1999.

Kamlah, Wilhelm: Christentum und Geschichtlichkeit. Untersuchungen zur Entstehung des Christentums und zu Augustins «Bürgerschaft Gottes», Stuttgart 1951.

Kandler, Karl-Hermann: Nikolaus von Kues. Denker zwischen Mittelalter und Neuzeit, Göttingen 1997.

Kaviraj, Sudipta/Sunil Khilnani (Hg.): Civil Society. History and Possibilities, Cambridge 2001.

Keane, John (Hg.): Civil Society and the State. New European Perspectives, London/New York 1988.

Keane, John (Hg.): Civil Society – Berlin Perspectives, New York/Oxford 2006.

Kebir, Sabine: Antonio Gramscis Zivilgesellschaft. Alltag, Ökonomie, Kultur, Politik, Hamburg 1991.

Kersting, Wolfgang: Platons «Staat», Darmstadt 1999.

Kersting, Wolfgang: Die Politische Philosophie vom Gesellschaftsvertrag, Darmstadt 1994.

Klein, Ansgar: Der Diskurs der Zivilgesellschaft. Politische Kontexte und demokratietheoretische Bezüge der neueren Begriffsverwendung, Diss. FU Berlin 1999 (Opladen 2001).

Knodt, Michèle/Barbara Finke (Hg.): Europäische Zivilgesellschaft. Konzept, Akteure, Strategien, Wiesbaden 2005.

Kocka, Jürgen: Civil Society from a historical perspective, in: European Review 12 (2004), S. 65–79.

Kocka, Jürgen: Zivilgesellschaft als historisches Problem und Versprechen, in: Hildermeier/Kocka/Conrad (Hg.), Europäische Zivilgesellschaft, 2000, S. 13–39.

Kocka, Jürgen: Zivilgesellschaft in historischer Perspektive, in: Jessen/Reichardt/Klein (Hg.), Zivilgesellschaft, 2004, S. 29–42.

Koenen, Elmar J.: Bürgerliche Gesellschaft, in: Georg Kneer/Armin Nassehi/Markus Schroer (Hg.), Klassische Gesellschaftsbegriffe der Soziologie, München 2001, S. 73–110.

Koselleck, Reinhart: Drei bürgerliche Welten? Theoriegeschichtliche Vorbemerkun-gen zur vergleichenden Semantik der bürgerlichen Gesellschaft in Deutschland, England und Frankreich, in: Michalski (Hg.), Europa, 1991, S. 118–129.

Koselleck, Reinhart: Gespräch mit Christoph Dipper. Begriffsgeschichte, So-zialgeschichte, begriffene Geschichte, in: Neue Politische Literatur 43 (1998), S. 187–205.

Koselleck, Reinhart: Preußen zwischen Reform und Revolution. Allgemeines Land-recht, Verwaltung und soziale Bewegung von 1791 bis 1848, München 1989 (Stutt-gart 1967).

Krämer, Werner: Konkordanz und Konsens in Kirche und Respublica Christiana. In-haltliche Tragweite und geschichtlicher Hintergrund, in: Kremer/Reinhardt (Hg.), Nikolaus von Kues, 1994, S. 231–265.

Kreibich, Rolf/Christian Trapp (Hg.): Bürgergesellschaft. Floskel oder Programm, Ba-den-Baden 2002.

Kremer, Klaus/Klaus Reinhardt (Hg.): Nikolaus von Kues: Kirche und Respublica Christiana. Konkordanz, Repräsentanz und Konsens. Akten des Symposiums in Trier vom 22. bis 24. April 1993, Trier 1994.

Kreuzer, Georg: Die konziliare Idee, in: Fetscher/Münkler (Hg.), Pipers Handbuch, 1993, Bd. 2, S. 447–465.

Kronenbitter, Günther: Wort und Macht. Friedrich Gentz als politischer Schriftsteller, Berlin 1994.

Kullmann, Wolfgang: Der Mensch als politisches Lebewesen bei Aristoteles, in: Her-mes 108 (1980), S. 419–443.

Lutterbeck, Klaus-Gert: Staat und Gesellschaft bei Christian Thomasius und Christian Wolff. Eine historische Untersuchung in systematischer Absicht, Stuttgart-Bad Cannstatt 2002.

Malinowski, Stephan: Wie zivil war der deutsche Adel? Anmerkungen zum Verhältnis von Adel und Zivilgesellschaft zwischen 1871 und 1933, in: Jessen/Reichardt/Klein (Hg.), Zivilgesellschaft, 2004, S. 239–260.

Matzigkeit, Michael (Hg.): «…Die beste Sensation ist das Ewige…». Gustav Landauer – Leben, Werk und Wirkung, Düsseldorf 1995.

Medick, Hans: Naturzustand und Naturgeschichte der bürgerlichen Gesellschaft. Die Ursprünge der bürgerlichen Sozialtheorie bei Samuel Pufendorf, John Locke und Adam Smith, Göttingen 1973.

Mehring, Reinhard: Carl Schmitt zur Einführung, Hamburg 2001.

Michalski, Krzysztof (Hg.): Europa und die Civil Society. Castelgandolfo-Gespräche 1989. Institut für die Wissenschaft vom Menschen, 1991.

Michnik, Adam: Ein Jahr Solidarność, in: ders., Polnischer Frieden. Aufsätze zur Kon-zeption des Widerstands. Hg. von Helga Hirsch, Berlin 1985, S. 55–62.

[Mönke, Wolfgang]: Einleitung, in: Paine, Rechte des Menschen, 1962, S. 7–113.

Müller-Hilmer, Rita: Gesellschaft im Reformprozess, Friedrich Ebert Stiftung, Bonn / Berlin 2006.

Münkler, Herfried: Die politischen Ideen der Weimarer Republik, in: Fetscher / Münkler (Hg.), Handbuch, 1987, Bd. 5, S. 283 – 318.

Münkler, Herfried: Thomas Hobbes, Frankfurt am Main / New York 1993.

Münkler, Herfried: Politisches Denken in der Zeit der Reformation, in: Fetscher / Münkler (Hg.), Pipers Handbuch, 1993, Bd. 2, S. 615 – 683.

Nautz, Jürgen: Unsere Zukunft: Die Zerfledderung des Gemeinwohls? Kommentar zu Hans-Martin Schönherr-Mann, in: Brix / Kampits (Hg.), Zivilgesellschaft, 2003, S. 117 – 123.

Negt, Oskar: Kant und Marx. Ein Epochengespräch. Göttingen 2003.

Neubert, Harald: Antonio Gramsci: Hegemonie – Zivilgesellschaft – Partei. Eine Einführung, Hamburg 2001.

Niethammer, Lutz: Einführung: Bürgerliche Gesellschaft als Projekt, in: ders., Bürgerliche Gesellschaft. Historische Einblicke, Fragen, Perspektiven, Frankfurt am Main 1990, S. 17 – 38.

Nipperdey, Thomas: Der Verein als soziale Struktur in Deutschland im späten 18. und frühen 19. Jahrhundert, in: ders., Gesellschaft, Kultur, Theorie, Göttingen 1976, S. 174 – 205.

Nolte, Paul: Gemeindebürgertum und Liberalismus in Baden 1800 – 1850. Tradition – Radikalismus – Republik, Göttingen 1994.

Nolte, Paul: Zivilgesellschaft und soziale Ungleichheit. Konzeptionelle Überlegungen zur deutschen Gesellschaftsgeschichte, in: Jessen / Reichardt / Klein (Hg.), Zivilgesellschaft, 2004, S. 305 – 326.

Nonnenmacher, Günther: Die Ordnung der Gesellschaft. Mangel und Herrschaft in der politischen Philosophie der Neuzeit: Hobbes, Locke, Adam Smith, Rousseau, Weinheim 1989.

Nord, Philip: Introduction, in: Bermeo / Nord (Hg.), Civil Society, 2000, S. XIII–XXXIII.

Offe, Claus: Selbstbetrachtung aus der Ferne. Tocqueville, Weber und Adorno in den Vereinigten Staaten. Adorno-Vorlesungen 2003, Frankfurt am Main 2004.

Osterkamp, Frank: Gemeinschaft und Gesellschaft. Über die Schwierigkeit einen Unterschied zu machen. Zur Rekonstruktion des primären Theorieentwurfs von Ferdinand Tönnies, Berlin 2005.

Oz-Salzberger, Fania: Translating the Enlightenment. Scottish Civic Discourse in Eighteenth-Century Germany, Oxford u. a. 1995.

Paine, Thomas: Die Rechte des Menschen. Hg., übersetzt und eingeleitet von Wolfgang Mönke, Berlin 1962.

Palonen, Kari: Die Entzauberung der Begriffe. Das Umschreiben der politischen Begriffe bei Quentin Skinner und Reinhart Koselleck, Münster 2004.

Parisius, Bernhard: Vom Groll der «kleinen Leute» zum Programm der kleinen

Schritte. Arbeiterbewegung im Herzogtum Oldenburg 1840–1890, Oldenburg 1985.

Pateman, Carol: The Fraternal Social Contract, in: Keane (Hg.), Civil Society and the State, 1988, S. 101–148.

Philipps, Anne: Does Feminism Need a Conception of Civil Society, in: Chambers/Kymlicka, Alternative Conceptions, 2002, S. 71–90.

Pocock, John G. A.: Die andere Bürgergesellschaft, Zur Dialektik von Tugend und Korruption, Frankfurt am Main/New York/Paris 1993.

Pollack, Detlef: Zivilgesellschaft und Staat in der Demokratie, in: Forschungsjournal Neue soziale Bewegungen 16 (2003), S. 46–58.

Popper, Karl R.: Falsche Propheten. Hegel, Marx und die Folgen (Die offene Gesellschaft und ihre Feinde, Bd. II), Bern 1958.

Pott, Ludwig: Die Enquete-Kommission als soziales System, in: Forschungsjournal Neue Soziale Bewegungen, 2003, S. 97–106.

Priester, Karin: Zur Staatstheorie bei Antonio Gramsci, in: Das Argument 104/1977, S. 515–532.

Priller, Eckhard/Annette Zimmer: Bürgerschaftliches Engagement und Dritter Sektor, in: WSI-Mitteilungen 54 (2001), Heft 3, S. 157–164.

Probst, Lothar: Idee und Gestalt der Bürgergesellschaft, in: Kreibich/Trapp (Hg.), Bürgergesellschaft, 2002, S. 26–33.

Probst, Lothar: Ostdeutsche Bürgerbewegungen und Perspektiven der Demokratie. Entstehung, Bedeutung und Zukunft, Köln 1993.

Putnam, Robert: Bowling Alone. America's Declining Social Capital, in: Journal of Democracy 6 (1995), S. 65–78.

Putnam, Robert: Bowling Alone. The Collapse and Revival of American Community, New York 2000.

Putnam, Robert: Schlussfolgerungen, in: ders. (Hg.), Gesellschaft und Gemeinsinn. Sozialkapital im internationalen Vergleich, Gütersloh: Bertelsmann Stiftung 2001, S. 751–760.

Randeria, Shalini: Kastensolidarität als Modus zivilgesellschaftlicher Bindungen? Gemeinschaftliche Selbstorganisation und Rechtspluralismus im (post)kolonialen Indien, in: Gosewinkel u. a. (Hg.), Zivilgesellschaft, 2004, S. 223–243.

Riedel, Manfred: Gesellschaft, bürgerliche, in: Otto Brunner/Werner Conze/Reinhart Koselleck (Hg.), Geschichtliche Grundbegriffe. Historisches Lexikon zur politisch-sozialen Sprache in Deutschland, Stuttgart 1975 (Neudruck 1979), Bd. 2, S. 719–800.

Ritter, Christian: Immanuel Kant, in: Stolleis (Hg.), Staatsdenker, 1987, S. 332–354.

Röhrich, Wilfried: Denker der Politik. Zur Ideengeschichte der bürgerlichen Gesellschaft, Opladen 1989.

Rolin, Jan: Der Ursprung des Staates. Die naturrechtlich-rechtsphilosophische Legitimation von Staat und Staatsgewalt im Deutschland des 18. und 19. Jahrhunderts, Tübingen 2005.

Rucht, Dieter: Kapitalismuskritik im Namen der globalisierungskritischen Zivilgesellschaft – alter Wein in neuen Schläuchen?, in: Gosewinkel u. a. (Hg.), Zivilgesellschaft, 2003.

Rucht, Dieter: Social Movements Challenging Neoliberal Globalization, in: Keane (Hg.), Civil Society, 2006, S. 189–212.

Schmidt, Jürgen: Zivilgesellschaft und nichtbürgerliche Trägergruppen. Das Beispiel der frühen deutschen Arbeiterbewegung (ca. 1830–1880), Berlin: WZB discussion paper 2004.

Schmitz, Sven-Uwe: Homo democraticus. Demokratische Tugenden in der Ideengeschichte, Opladen 2000.

Schneider, Hans-Peter: Gottfried Wilhelm Leibniz, in: Stolleis (Hg.), Staatsdenker, 1987, S. 197–226.

Schönherr-Mann, Klaus-Martin: Die Zivilgesellschaft als Utopie einer konkreten Gemeinschaft?, in: Brix / Kampits (Hg.), Zivilgesellschaft, 2003, S. 99–115.

Schöttle, Rainer: Politische Theorien des süddeutschen Liberalismus im Vormärz. Studien zu Rotteck, Welcker, Pfizer, Murhard, Baden-Baden 1994.

Schröder, Gerhard / Jürgen Kocka / Friedhelm Neidhardt (Hg.): Progressive Governance for the XXI Century. Contribution to the Berlin Conference, München u. a. 2002.

Sewing, Werner: John G. A. Pocock und die Wiederentdeckung der republikanischen Traditionen, in: Pocock, Bürgergesellschaft, 1993, S. 7–32.

Siemann, Wolfram: Die deutsche Revolution von 1848/49, Frankfurt am Main 1985.

Sigmund, Paul E.: Introduction, in: Nicholas of Cusa, The Catholic Concordance, 1991.

Sigmund, Paul E.: Das Verhältnis von Papst und Bischöfen nach Cusanus und sein Postulat eines «ständigen kleinen Konzils», in: Kremer / Reinhardt (Hg.), Nikolaus von Kues, 1994, S. 210–225.

Skinner, Quentin: Visions of Politics. Volume 1: Regarding method, Cambridge 2002.

Sozialministerium Baden-Württemberg, Stabsstelle Bürgerengagement (Hg.): Wege in die Bürgergesellschaft. Ein Leitfaden für die Praxis, Stuttgart 2004.

Spitta, Dietrich: Die Staatsidee Wilhelm von Humboldts, Berlin 2004.

Stanlis, Peter J.: Burke, Rousseau, and the French Revolution, in: Steven Blakemore (Hg.), Burke and the French Revolution. Bicentennial Essays, Athens 1992, S. 97–119.

Stecker, Christina: Woher kommt die Solidarität? Zur Genese des Bürgersinns und Adam Smiths «moral sense», in: Jessen / Reichardt / Klein (Hg.), Zivilgesellschaft, 2004, S. 115–134.

Stolleis, Michael (Hg.): Staatsdenker des 17. und 18. Jahrhunderts. Reichspublizistik – Politik – Naturrecht, Frankfurt am Main 1987.

Taylor, Charles: Die Beschwörung der Civil Society, in: Michalski (Hg.), Europa, 1991, S. 52–81.

Terrier, Jean / Peter Wagner: Civil Society and the Problématique of Political Modernity, in: Wagner (Hg.), Languages, 2006, S. 9–27.

Terrier, Jean / Peter Wagner: The Return of Civil Society and the Reopening of the Political Problématique, in: Wagner (Hg.), Languages, 2006, S. 223–234.

Tester, Keith: Civil Society, London / New York 1992.

Thaa, Winfried: Die Wiedergeburt des Politischen. Zivilgesellschaft und Legitimitätskonflikt in den Revolutionen von 1989, Opladen 1996.

Thamer, Hans-Ulrich: Der Citoyen und die Selbstverwaltung des 19. Jahrhunderts, in: Annette Zimmer / Stefan Nährlich (Hg.), Engagierte Bürgerschaft. Traditionen und Perspektiven, Opladen 2000, S. 289–302.

Thomas, Michael: Der Teilhabegedanke in den Schriften und Predigten des Nikolaus von Kues (1430–1450), Münster 1996.

Thormann, Marcel: Christian Wolff, in: Stolleis (Hg.), Staatsdenker, 1987, S. 257–283.

Trentmann, Frank: Introduction, in: ders. (Hg.), Paradoxes, 2000, S. 3–46.

Trentmann, Frank (Hg.): Paradoxes of Civil Society. New Perspectives on Modern German and British History, New York / Oxford 2000.

Wagner, Peter: Introduction, in: ders. (Hg.), Languages, 2006, S. 1–6.

Wagner, Peter (Hg.): The Languages of Civil Society, New York / Oxford 2006.

Walzer, Michael: Equality and Civil Society, in: Chambers / Kymlicka, Alternative Conceptions, 2002, S. 34–49.

Weinmann, Barbara: Eine andere Bürgergesellschaft. Klassischer Republikanismus und Kommunalismus im Kanton Zürich im späten 18. und 19. Jahrhundert, Göttingen 2002.

Welskopp, Thomas: Das Banner der Brüderlichkeit. Die deutsche Sozialdemokratie vom Vormärz bis zum Sozialistengesetz, Bonn 2000.

Wolf, Siegbert: Gustav Landauer zur Einführung, Hamburg 1988.

Zunhammer, Thomas: Zwischen Adel und Pöbel. Bürgertum und Mittelstandsideal im Staatslexikon von Karl v. Rotteck und Karl Theodor Welcker. Ein Beitrag zur Theorie des Liberalismus im Vormärz, Baden-Baden 1995.

Zur Mühlen, Patrik von: Aufbruch und Umbruch in der DDR. Bürgerbewegungen, kritische Öffentlichkeit und Niedergang der SED-Herrschaft, Bonn 2000.